Konzepte der Humanwissenschaften

Michael und Enid Balint

Psychotherapeutische Techniken in der Medizin

Aus dem Englischen
übersetzt von Käte Hügel

Klett-Cotta

Klett-Cotta
Die Originalausgabe erschien unter dem Titel
„Psychotherapeutic Techniques in Medicine"
im Verlag Tavistock Publications, London

Printed in Germany
Umschlag: Klett-Cotta-Design
Auf säure- und holzfreiem Werkdruckpapier
gedruckt und gebunden von WB-Druck, Rieden am Forggensee
Fünfte Auflage, 1995

Die Deutsche Bibliothek – CIP-Einheitsaufnahme
Balint, Michael
Psychotherapeutische Techniken in der Medizin /
Michael und Enid Balint.
[Aus dem Engl. übers. von Käte Hügel]. –
5. Aufl. – Stuttgart: Klett-Cotta, 1995
(Konzepte der Humanwissenschaften)
Einheitssacht.: Psychotherapeutic techniques in medicine ⟨dt.⟩
ISBN 3-608-95762-6
NE: Balint, Enid:

INHALT

VORWORT

Das klinische Material dieses Buches stammt fast ausschließlich aus den Seminaren, die von der Tavistock-Klinik in London zum Thema „Seelische Probleme in der Praxis des Arztes“ veranstaltet wurden; in diesen Seminaren wird Ausbildung mit Forschung kombiniert. Als wir 1949 das erste derartige Seminar planten und begannen, geschah es in der Hoffnung, daß diese Kombination sowohl der Ausbildung als auch der Forschung zugute kommen würde. Inzwischen haben an diesen teils von uns, teils von Kollegen geleiteten Kursen über zweihundert Ärzte teilgenommen; viele von ihnen würden uns gewiß zustimmen, daß unsere Hoffnung nicht getrogen hat. Sie meldeten sich zu den Seminaren in der Absicht, sich eine gewisse Technik anzueignen; aber indem sie sich diese Ausbildung erwarben, arbeiteten sie zugleich an den Forschungsaufgaben mit. Die Ergebnisse oder doch einige der Ergebnisse dieser Forschungsarbeit sind es, die in dem vorliegenden Buch dargestellt werden. Neuerdings haben auch das Cassel Hospital und die Family Planning Association Seminare nach dem gleichen Prinzip eingerichtet, so daß wir die Erfahrungen, die dort gewonnen wurden, mit heranziehen konnten.

Allen Ärzten, die an den von den Autoren gemeinsam oder getrennt abgehaltenen Seminaren teilgenommen haben, sind wir zu Dank verbunden, denn auf ihren Beobachtungen beruhen die klinischen Teile dieses Buches. Es ist nicht möglich, sie alle einzelnen aufzuführen; die Liste würde zu lang. Jedoch möchten wir diejenigen Ärzte namentlich nennen und ihnen besonders danken, die uns ihre Fallberichte überließen, um damit unsere Ideen zu veranschaulichen oder unsere Schlußfolgerungen zu belegen. Es sind Dr. M. B. Clyne, Dr. S. Dawkins, Dr. B. R. Finlay, Dr. J. C. Foster, Dr. A. J. Hawes, Dr. D. M. Hill, Dr. A. Lask, Dr. J. E. Lennard-Jones, Dr. R. M. Lloyd-Thomas, Dr. R. E. D. Markillie, Dr. V. J. Marmery, Dr. P. R. Saville und Dr. G. Tintner.

Ebenso gilt unser Dank den Mitarbeitern des Family Discussion Bureau, die uns erlaubten, drei ihrer Fälle anzuführen, sowie Herrn A. Pollock für die Genehmigung, einen psychologischen Testbericht von ihm zu benutzen.

Zwei der Forschungsvorhaben wurden durch Stipendien von Seiten des Tavistock Institute for Human Relations und der Family Planning Association unterstützt, wodurch die Kosten für die Protokollführung gedeckt werden konnten. Fast alle Fallberichte, die in diesem Buch angeführt werden, beruhen auf diesen Protokollen. Wir danken den beiden Instituten für ihre fortgesetzte Unterstützung und verbinden mit unserem Dank die Hoffnung, daß auch andere Organisationen oder Stiftungen unsere Forschungsarbeit unterstützungswürdig finden und mit Geldmitteln einspringen möchten, die wir dringend benötigen.

Sehr herzlich danken wir unserer Sekretärin, Miss Doris Young, die nicht nur die Diskussionen eines der Seminare aufnahm und niederschrieb, sondern die das ganze Material ordnete, die verschiedenen Teile des Manuskriptes abschrieb und kollationierte und ganz allgemein die Verantwortung für die Verwaltungsarbeit hatte, die mit der Entstehung dieses Buches zusammenhing; ohne ihre gewissenhafte, kompetente Mitarbeit hätte es nicht in so verhältnismäßig kurzer Zeit abgeschlossen werden können. Ferner möchten wir unserer zweiten Sekretärin, Mrs. Linda Martin, für ihre verständnisvolle, zuverlässige Hilfe danken. Sie war für die Aufnahme und Niederschrift des Protokolls des von der Family Planing Association durchgeführten Seminars verantwortlich.

Dr. Richard Bayliss, Mitglied des Beratenden Ausschusses für die Reihe von Monographien, in welcher dieses Buch erscheint, hat das Manuskript gelesen und viele ausgezeichnete Ratschläge beigesteuert. Mr. John Harvard-Watts übernahm die mühevolle Arbeit der Herausgabe. Beiden Herren danken wir für ihr freundliches Interesse und ihre wertvolle Hilfe. Den Kollegen Dr. A. J. Hawes und Dr. J. L. Wilson danken wir für die Arbeit des Korrekturlesens.

Die folgenden Zeitschriften erlaubten uns die Wiederverwendung von ursprünglich bei ihnen veröffentlichtem Material: Die Deutsche Medizinische Wochenschrift, das Journal of the Hillside Hospital, The Lancet, The Medical World, Psyche und die Revue de Médicine

Psychosomatique. Wir sind ihnen dafür sehr zu Dank verbunden.

Schließlich möchten wir der Übersetzerin, Frau Käte Hügel, unseren besonderen Dank aussprechen für ihre zuverlässige, sinngetreue und klare Wiedergabe unserer Gedankengänge. An einigen Stellen erreichte sie es sogar, unsere Vorstellungen im Deutschen präziser zu fassen, als es uns auf Englisch gelungen war. Ferner danken wir Herrn Dr. C. de Boor für die Durchsicht der Übersetzung im Hinblick auf die medizinische Terminologie.

EINLEITUNG

Die Stellung der Psychotherapie innerhalb der Medizin ist in mehr als einer Hinsicht ungeklärt. Ihre Anhänger halten sie für die weitaus wichtigste Heilmethode; ihre Feinde behaupten, sie habe keinerlei wissenschaftliche Berechtigung. Der Standpunkt der offiziellen Medizin befindet isch irgendwo zwischen diesen Extremen. Immerhin wird zögernd zugegeben, daß eine gewisse empirische Rechtfertigung für ihre Anwendung vorhanden sei, vor allem wenn sie in Verbindung mit anderen Methoden wie Placebos, Physiotherapie usw. verwendet werde. Die Psychoanalyse betrachtet die Psychotherapie als einen schwachen Ersatz, eine Art verwässerter Psychoanalyse. Die Schulpsychiatrie widmet ihr nur ein sehr begrenztes Interesse im Vergleich zu physikalischen und chemischen Heilmethoden. Wegen dieser umstrittenen Stellung gibt es heute kaum einen Arzt, der sich ausdrücklich zu ihr bekennt; obgleich manche Ärzte als Psychotherapeuten tätig sind, bezeichnen sie sich lieber als Psychiater, Psychoanalytiker usw.

Wir treffen auf die gleiche ungeklärte Lage, wenn wir nach den spezifischen Methoden der ärztlichen Psychotherapie fragen, also welche Kenntnisse und Fähigkeiten von den Ärzten gefordert werden, die sie zu praktizieren wünschen, und auf welche Weise diese Kenntnisse und Fähigkeiten erworben werden können. Zwar geben einige Universitätskliniken an, Psychologie bzw. sogar dynamische Psychopathologie in ihren Unterrichtsplan aufgenommen zu haben, aber uns ist keine Klinik bekannt, die eine systematische Ausbildung in Psychotherapie bietet. An einigen größeren amerikanischen Universitäten gibt es jetzt schon Abteilungen für Psychoanalyse, an denen Medizinalpraktikanten, die sich für Psychiatrie oder Psychoanalyse spezialisieren wollen, ausgebildet werden. Offenbar ist es aber bisher noch nicht für notwendig erachtet worden, den Medizinstudenten in den vorklinischen Semestern etwas über Psychotherapie zu sagen.

Wie steht es also mit der Psychotherapie? Hat sie das Recht auf einen Platz innerhalb der Medizin? Gibt es wissenschaftlich fundierte psychotherapeutische Methoden, die man erlernen kann? Und falls ja, welches sind sie und wer kann sie lehren? Das sind die Fragen, die in diesem Buch zu klären versucht werden, und zwar nicht theoretisch, sondern auf der Grundlage konkreten klinischen Materials.

Es ist wohl kaum zu bezweifeln, daß ein erheblicher Teil der Beschwerden, wegen welcher die Patienten den Arzt aufsuchen, nicht in erster Linie oder ausschließlich körperliche Ursachen hat, sondern mit seelischen Konflikten zusammenhängt. Für unsere Zwecke ist es unerheblich, wie hoch der genaue Anteil ist; die in der Literatur genannten Ziffern gehen weit auseinander, vermutlich deshalb, weil sie ebenso sehr von der Persönlichkeit und den Vorurteilen des betreffenden Forschers wie von dem Patientenmaterial abhängig sind, auf das er sich stützt.[1] Um die Extreme zu nennen: die niedrigsten Angaben sprechen von 10 %, die höchsten von 60–80 % und sogar mehr. Wenn wir eine konservative Schätzung zugrundelegen, also etwa 25 % aller Patienten – eine Ziffer, die nach unseren Erfahrungen eher zu niedrig ist –, so ergibt sich die unvermeidliche Schlußfolgerung, daß die Medizin vor der Aufgabe steht, zuverlässige Methoden zu entwickeln, um mit diesem Problem fertig zu werden.

Diese Entwicklung, die durch das wachsende Gewicht des oben genannten Beweismaterials in Bewegung gekommen ist, hat bereits die ganze wissenschaftliche Welt ergriffen und wird nicht nur die tägliche ärztliche Praxis beeinflussen, sondern muß sich ganz unvermeidlich

[1] Um die Zuverlässigkeit solcher Schätzungen zu testen, unternahmen wir mit mehreren Gruppen von Ärzten an der Tavistock-Klinik folgendes Experiment: Jeder Arzt mußte einen Bericht von allen Patienten liefern, die ihn an einem bestimmten Tag in der Sprechstunde aufgesucht hatten. Dann wurde die Gruppe aufgefordert, nach einer 11stufigen Skala die organische bzw. neurotische Ätiologie jedes Falles zu beurteilen – also 0 = rein organisch, 10 = rein neurotisch. Das Experiment ließ sich jedoch nicht durchführen. Obwohl wir einander damals schon recht gut kannten und verabredet hatten, daß sehr weit auseinandergehende Urteile erklärt werden sollten, ergab es sich, daß die Beurteilungen weit mehr auf der Persönlichkeit und den vorgefaßten Vorstellungen des Beurteilers zu beruhen schienen als auf der Art der berichteten Fälle.

auch auf das Medizinstudium auswirken. Die Anzeichen mehren sich, daß die gegenwärtige, überlieferte Verteilung von Zeit, Energie und Gewicht auf die verschiedenen vor-medizinischen und medizinischen Fächer für unbefriedigend gehalten wird. Es wird vielfach dafür plädiert, daß dem Studium des Körpers *und* der Seele des Menschen in ihren jeweiligen Strukturen und Funktionen sowohl von Seiten der Studenten wie des Lehrkörpers ungefähr gleich viel Zeit und Energie gewidmet werden sollte. Die Vorkämpfer dieser revolutionären Idee sind schon so kühn geworden, gelegentlich die Frage aufzuwerfen, ob es gerechtfertigt sei, daß der zukünftige Arzt so viel Zeit in dem traditionellen Heiligtum der Medizin, der Anatomie, verbringen muß. Sie haben befürwortet – und sind an einzelnen Fakultäten sogar damit durchgedrungen –, die auf die Anatomie verwendete Zeit zugunsten des Studiums der Psychologie und Pathopsychologie zu beschneiden.

Die gleiche Forderung kann mit noch größerer Berechtigung hinsichtlich des Studiums der pharmakotherapeutischen im Vergleich zu den psychotherapeutischen Techniken erhoben werden. Das ist natürlich nicht von heute auf morgen zu erreichen. Wir haben zu wenig in Psychotherapie ausgebildete Lehrer, und das Gebiet selber ist noch zu wenig erforscht. Es wird daher in der nächsten Zukunft so viel wie irgend möglich daran gewendet werden müssen, diese Forschung voranzutreiben und die zukünftigen Lehrer auszubilden.

Sollte aber die Medizin es ablehnen, für diese Seite ihrer Aufgaben die Verantwortung zu übernehmen, so gibt es eine Anzahl anderer Berufszweige, die nur zu bereit sind, sie für sich in Anspruch zu nehmen; darunter einige, die sich auf eine lange Tradition berufen können, andere, die darauf hinweisen können, daß ihre Mitglieder während ihrer Ausbildung nicht unerhebliche Kenntnisse auf einzelnen psychotherapeutischen Gebieten erhalten. Der älteste dieser Berufe ist die Geistlichkeit, die eine „Pastoralpsychologie“ genannte Spezialwissenschaft entwickelt hat, die sich auf die praktische seelsorgerische Erfahrung stützt. Ferner bekunden die Juristen, und zwar einerseits die Kriminologen, andererseits die mit Familien- und Scheidungsangelegenheiten befaßten Rechtsanwälte und Richter, ein wachsendes Interesse an diesem Gebiet. Zahlreiche fachlich ausgebildete Sozialarbeiter leisten sogar laufend psychotherapeutische Arbeit, zum Teil auf ausgezeichnetem Niveau; ich nenne die Krankenhausfürsorger, Bewährungshelfer, Beamte und Beamtinnen der Jugendämter, Familien- und Gesundheitsfürsorge und vor allem die an Psychiatrischen Anstalten tätigen Sozialarbeiter bzw. -arbeiterinnen. Schließlich haben, vor allem seit Ende des Krieges, die Psychologen sich für diese Probleme zu interessieren begonnnen.

Hier erhebt sich die Frage: welche Art von Psychotherapie soll an den Universitätskliniken gelehrt werden? Darauf möchten wir antworten: *Nicht* die Psychotherapie, die heute weitgehend angewandt wird, die auf einem freundlichen Umgangston am Krankenbett, ein bißchen Mitgefühl und den Lebensregeln des praktischen Verstandes beruht und deren Hauptmittel in Sedativa, Tranquillizern und gutem Zureden bestehen. Der Nutzen dieser „therapeutischen" Techniken ist in der psychologischen Medizin ebenso begrenzt wie in der somatischen. Was wir jetzt und für die zukünftige Ärztegeneration brauchen, sind therapeutische Methoden, die zusammen ein eigentliches Fachwissen und -können ausmachen, entsprechend dem Wissen und Können anderer Spezialgebiete. Das muß sich natürlich auf etwas anderes gründen als den bloßen praktischen Verstand, Sympathie oder Erfahrung, und zwar muß es sich auf echte, kritische medizinische Forschung gründen.

Ein weiterer Punkt ist hier zu erwähnen, nämlich daß die psychotherapeutischen Techniken unserer Meinung nach vor allem auf dem persönlichen Können beruhen müssen und durch Buchwissen nicht zu ersetzen sind. Erstaunlicherweise muß diese simple Wahrheit, die für die Chirurgie, Geburtshilfe, Röntgenologie usw. selbstverständlich ist, in unserem Fach besonders betont werden. Wissen läßt sich auch aus Büchern und Vorlesungen erwerben; Können erwirbt man sich nur durch Tun, und in der Psychotherapie besteht der Preis, der dafür bezahlt werden muß, in einer *wesentlichen, wenn auch begrenzten Wandlung in der eigenen Persönlichkeit* des künftigen Psychotherapeuten.[1] Ohne diese ist die sogenannte Psychotherapie nichts als ein wohlgemeinter, amateurhafter Versuch; erst die Persönlichkeitswandlung erhebt sie zur ärztlichen Kunst.

---

[1] Siehe auch M. Balint: „Der Arzt, sein Patient und die Krankheit", Anhang I: Ausbildung. Stuttgart (Ernst Klett) 1957.

Der Leser wird .infolgedessen aus diesem Buch keine beruflichen Fertigkeiten erlernen können, auch der ärztliche Leser nicht durch die Lektüre allein zum Psychotherapeuten werden. Wozu aber haben wir es dann geschrieben? Unser Hauptziel war, eine erste Orientierung über das Gebiet zu geben, indem wir die von uns gemeinte Fach-Psychotherapie, ob von Psychiatern oder Nicht-Psychiatern ausgeübt, von dem unterscheiden, was wir die „Psychotherapie des gesunden Menschenverstandes" genannt haben.

Wir wollen so vorgehen, daß wir konkretes klinisches Material anführen, um zu zeigen, daß die Psychotherapie ein eigenes Fachkönnen mit differenzierten Techniken erfordert. Damit hoffen wir deutlich zu machen, welcher Art dieses Können ist, daß der Psychotherapeut beherrschen muß, um mit den Problemen, mit denen er es zu tun hat, fertigzuwerden. Wir werden einige Vorschläge machen, wie der Arzt hierbei vorgehen kann. Wir sind uns aber völlig klar darüber, daß wir damit noch kein Lehrbuch der Psychotherapie verfaßt haben, so notwendig ein solches auch gebraucht wird. Unseres Erachtens reicht unser Wissen auf diesem Gebiet noch nicht aus, um eine regelrechte systematische Darstellung zu wagen.

Obwohl also eine richtige psychotherapeutische Ausbildung nur in der praktischen Arbeit unter Kontrolle erworben werden kann, meinen wir, daß dieses Buch doch einigen Nutzen stiften kann, indem es a) eine erste Orientierung für diejenigen bietet, die zu den in London und andernorts bestehenden Ausbildungsinstituten wegen der Entfernung ihres Wohnortes keinen Zugang haben; b) denjenigen Psychiatern, die an anderen Orten ähnliche Seminare einrichten wollen, einige Anleitung gibt; c) den Kollegen, die an unseren Seminaren teilgenommen haben, hilft, ihre Vorstellungen zu klären; und schließlich d) indem es uns selber gezwungen hat, vage Vorstellungen, die wir über die während der Psychotherapie und psychotherapeutischen Ausbildung ablaufenden Vorgänge hatten, zu klären und präzise zu formulieren.

Als ein Nebenziel verbinden wir mit diesem Buch die Hoffnung, bei den Psychiatern und besonders den Psychoanalytikern für diese Probleme, deren große Bedeutung für die gesamte Medizin wir unter Beweis stellen möchten, stärkeres Interesse erwecken zu können.

Wie schon weiter oben festgestellt, erlaubt unser gegenwärtiger

Wissensstand in der Psychotherapie noch keine systematische Behandlung des Stoffes in Form eines Lehrbuches. Die Schuld für diese unbefriedigende Situation müssen freilich wir Psychoanalytiker zum Teil auf uns nehmen. Zur Hundertjahrfeier des Geburtstages von Sigmund Freud im Jahre 1956 wurde wiederholt Freuds Vortrag auf dem Budapester Kongreß 1918[1] zitiert, um zu beweisen, daß Freud schon damals die künftige starke Nachfrage nach einer Psychotherapie für die breiten Bevölkerungsschichten vorausgesagt habe. Freuds Ansprache endete mit einer weiteren richtigen Vorhersage, nämlich: wie immer diese zukünftige Psychotherapie sich gestalten möge, „ihre wirksamsten und wichtigsten Bestandteile werden gewiß die bleiben, die von der strengen, der tendenzlosen Psychoanalyse entlehnt worden sind." Aber die Rede enthält auch noch einen Satz, der wegen seiner Bildhaftigkeit auf die Fachkollegen immer einen starken Eindruck gemacht hat: „Wir werden auch sehr wahrscheinlich genötig sein, in der Massenanwendung unserer Therapie das reine Gold der Psychoanalyse reichlich mit dem Kupfer der direkten Suggestion zu legieren, und auch die hypnotische Beeinflussung könnte dort ... wieder eine Stelle finden." Aber diese wünschbare Legierung zwischen dem reinen Gold der Psychoanalyse und irgendeinem anderen, weniger kostbaren Metall ist noch immer nicht gefunden worden. Ein Grund hierfür ist vielleicht bei der in diesem Gleichnis enthaltenen Hybris zu suchen. Obwohl es fraglich ist, ob Freud diesen Vergleich so wörtlich aufgefaßt wissen wollte, steht fest, daß sich die Psychoanalytiker – und nicht nur diese – so verhalten haben, als seien diese Worte ein Adelsbrief, der ihnen, den alleinigen Besitzern des reinen Goldes, Vorrang und Vorrechte zusicherte. Alle anderen Bestandteile, also alles, was von anderen Wissenschaftszweigen beigetragen werden könnte, mußte dann eo ipso etwas unvergleichlich weniger Wertvolles sein. So fühlen sich die Psychoanalytiker unsicher, sobald sie mit anderen Methoden als der reinen Psychoanalyse experimentierten; es war ihnen fast so, als hätten sie ihre heilige Sache verraten oder ihre Patienten betrogen, wenn sie sie mit etwas minderem als der „großen" Psychoanalyse behandelten. Wenn sie trotz dieser Gefühle

[1] Sigmund Freud: „Wege der psychoanalytischen Therapie". Ges.Werke XII, 193–194.

sich in anderen psychotherapeutischen Methoden versuchten, taten sie es in so herablassender Weise, daß sie die Chancen einer fruchtbaren Zusammenarbeit mit ihren nicht-analytischen Kollegen von vornherein verdarben. Die Nicht-Analytiker ihrerseits traten an solche Projekte mit dem Eingeständnis ihrer Minderwertigkeit heran, aber dieses Eingeständnis war zugleich unaufrichtig und ambivalent. Der Preis für die Zusammenarbeit mit Analytikern war immer wieder die Forderung bedingungsloser Annahme des Grundsatzes, daß die Psyochanalyse, die in der Psychotherapie allem anderen überlegen sei, die letzte Antwort auf alle Probleme habe. Kein Wunder, daß in dieser unbehaglichen Atmosphäre keine wahre gemeinsame Forschung zustande kam und sich statt dessen eine zwiespältige, unfruchtbare Lehrer-Schüler-Beziehung entwickelte, in welcher der Analytiker ohne weiteres die Rolle des überlegenen Mentors übernahm. So kam es zu der ambivalenten Bewunderung der Kunst des Psychoanalytikers, die entweder zu Hemmungen oder einer armseligen, verwässerten analytischen Technik führte, deren sich der Mentor ebenso wie der Schüler mit Recht schämten. Dieses Buch enthält u. a. den Nachweis über den Wert einer völlig anderen Methode, nämlich der, die wir in unserer Forschungsarbeit verwenden. Obwohl wir kein Goldkörnchen der psychoanalytischen Entdeckungen verschmähten, haben wir uns überwunden, auch ihre Begrenzungen offen zuzugeben, vor allem diejenigen, die durch den Rahmen erwachsen, in welchem die psychoanalytische Behandlung stattfindet. Diese neue Einstellung bereitete unserer Forschungsarbeit keine erheblichen Schwierigkeiten, war sie doch die einfache Folge unserer Taktik, unsere nicht-analytischen ärztlichen Kollegen als völlig gleichrangig willkommen zu heißen. Ihre klinischen und therapeutischen Erfahrungen in dem weiten Feld jenseits des Behandlungszimmers des Analytikers wurden als ebenso echte und wertvolle Beiträge betrachtet wie unsere analytischen Erfahrungen. Wir hoffen, daß dieses Buch den Geist der Gleichheit, der unsere ganze Forschungsarbeit kennzeichnete, ehrlich widerspiegelt.

Entgegen der Annahme Freuds werden in den von uns erarbeiteten und dann von unseren Kollegen, die an den Forschungsprojekten mitarbeiteten, in der Praxis angewandten Methoden weder die direkte Suggestion noch die hypnotische Beeinflussung verwendet. Damit soll über den Wert oder die Anwendbarkeit dieser Methoden nichts ausgesagt werden; wir stellen nur fest, daß wir sie nicht benützen. Dagegen wird aus unserer Darstellung hervorgehen, daß wir versuchten, die in den verschiedenen ärztlichen Gegebenheiten, die wir studiert haben, enthaltenen spezifischen psychotherapeutischen Möglichkeiten herauszuarbeiten – wobei wir natürlich durch unsere eigene analytische Einstellung stark beeinflußt waren. Dennoch glauben wir, daß unsere Befunde Lösungen für einige der zahllosen Probleme bieten könnten, die auf dem Wege zu einer Psychotherapie für breitere Bevölkerungsschichten liegen. Falls sich diese Erwartung erfüllt, kann unser Buch ein Baustein zu einer systematischen Psychotherapie sein, die dann auch lehrbar sein wird.

Mit Absicht haben wir uns in diesem Buch auf Psychotherapie und Psychodiagnostik durch den Arzt beschränkt. Wir haben natürlich die Ergebnisse anderer Zweige bzw. Kreise der Medizin und der Psychotherapie nicht außer Acht gelassen, haben aber für das vorliegende Buch dieses begrenzte Feld gewählt. Bevor wir die Gründe darlegen, die uns dazu veranlaßten, möchten wir uns gegen den Verdacht verwahren, von irgendwelchen Vorurteilen gegen die nichtärztliche Psychotherapie geleitet zu sein. Von den Autoren ist der eine (E.B.) zwar Psychoanalytikerin, besitzt aber große Erfahrung in sozialer Fall-Arbeit und ist auch weiterhin ständig auf diesem Gebiet tätig. Der andere (M. B.) hat sich immer für die Gleichberechtigung von ärztlichen und nichtärztlichen Psychoanalytikern eingesetzt und hat jahrelang Sozialfürsorger in Psychotherapie ausgebildet.

Der hauptsächliche Grund, weshalb wir dieses begrenzte Gebiet wählten, ist die Tatsache, daß wir nunmehr einige Jahre lang intensiv an einem Forschungsprojekt über Psychotherapie durch Nicht-Psychiater in Gestalt von kombinierten Ausbildungs-Forschungs-Seminaren mit praktischen Ärzten und den Fachärzten der Tavistock-Klinik gearbeitet haben. Obwohl unser Hauptziel bei beiden Gruppen darin bestand, sie zur Wahrnehmung und zum Verständnis der seelischen, emotionalen Faktoren zu führen, die in den Krankheiten ihrer Patienten enthalten sind, und wir ihnen sozusagen nur helfen wollten, ihr eigenes Gebiet besser zu beherrschen, wurde es den Seminarteilnehmern freigestellt beziehungsweise – in ausgewählten Fällen – nahegelegt, sich auch in der Psychotherapie zu versuchen. Dies wurde stets gern wahrgenommen und als Mutprobe betrachtet, und ein beträchtlicher Teil der Seminarzeit wurde darauf verwendet, den Fortgang dieser psychotherapeutischen Kuren zu diskutieren und die dynamischen Aspekte zu erkennen. Wie erwähnt, beabsichtigen wir nicht, unsere Erfahrungen mit anderen, nicht-medizinischen Berufsgruppen außer Acht zu lassen und werden auch gelegentlich auf sie zurückgreifen, wenn wir sie benötigen, um eine bestimmte Seite unseres Problems zu beleuchten.

Im Ergebnis ist dieses Buch ein Erweiterungsband der früheren Schrift, „Der Arzt, sein Patient und die Krankheit", die der eine von uns (M. B.) 1957, auch in deutscher Übersetzung, veröffentlichte. Beide Bücher stützen sich auf die kombinierte Ausbildungs-Forschungsmethode, die von uns gemeinsam ausgearbeitet wurde. Dem Prinzip nach handelt es sich dabei um das Studium der zwischenmenschlichen Beziehungen zwischen dem Patienten und seinem Arzt; es geschieht in einer Gruppe von Ärzten, deren Mitglieder die volle, dauernde Verantwortung für ihre Patienten tragen. Das genannte frühere Buch konnte sich nur auf Erfahrungen mit praktischen Ärzten stützen, während das vorliegende nun auch Erfahrungen mit verschiedenen Facharztgruppen, mit Ärzten der Spezialkliniken der „Family Planning Association" und mit einer Gruppe von Psychoanalytikern, die ein Forschungsvorhaben über „Fokaltherapie" bearbeiten, heranziehen kann. Das frühere Buch wollte vor allem die Wichtigkeit der Arzt-Patienten-Beziehung für die Medizin und besonders für die Allgemeinpraxis beweisen; das vorliegende dagegen hat ein begrenzteres Ziel und handelt von bestimmten technischen und theoretischen Aspekten der Psychotherapie durch Nicht-Psychiater.

Das Buch setzt sich aus vier weitgehend voneinander unabhängigen Teilen zusammen. Im ersten Teil wird der Einfluß des äußeren Rahmens, in welchem die Psychotherapie stattfindet, auf die Methoden und Ergebnisse dieser Behandlung erörtert. Wir wollen zeigen, daß sowohl Psychiater als auch Psychoanalytiker nur wenig mit den großen psychotherapeutischen Möglichkeiten vertraut sind, die sich aus den verschiedenen Formen der medizinischen Praxis ergeben, und daß ihre Beiträge zu diesem Thema daher oft schlecht begründet und sogar irrig sind. Andererseits ist eine gemeinsam von Psychiatern und nicht-psychiatrischen praktizierenden Ärzten durchgeführte Forschung außerordentlich vielversprechend.

Der zweite Teil, „Einige generelle Probleme der Psychotherapie", behandelt die Alltagsprobleme, auf die der Arzt stößt; es wird erörtert, wie man eine psychotherapeutische Behandlung einleitet, worauf der Arzt besonders achten muß, welche Fallstricke er vermeiden muß; schließlich wird der Platz der Psychotherapie in der Medizin untersucht.

Diese ersten beiden Teile des Buches sollen das Interesse an einer nicht-psychiatrischen ärztlichen Psychotherapie erwecken. Wir hoffen, daß der Psychiater daraus entnehmen wird, wie sehr dieses Feld seine Aufmerksamkeit verdient, und daß die Ärzte allgemein, die unter dem Eindruck ihrer täglichen Erfahrungen gemerkt haben müssen, wieviele ihrer Patienten psychiatrische Hilfe brauchten, Mut fassen, die entsprechenden Techniken zu erwerben.

Der dritte Teil ist mehr technischer und abstrakter Art. Er wird vielleicht weniger allgemeines Interesse erwecken, aber wir hoffen doch, daß selbst der Anfänger einigen Einblick in die psychotherapeutischen Fachkenntnisse erhalten und sich aufgerufen fühlen wird, jene Art älterer Psychotherapie aufzugeben, von der wir schon sprachen und die sich aus der Haltung des „guten Onkel Doktors" heraus mit beruhigendem Zureden und dem „gesunden Menschenverstand" begnügt.

Mit dieser Darstellung wollten wir eine vorläufige Übersicht über die psychotherapeutischen Methoden geben, die man als die maßgebenden Fachkenntnisse bezeichnen könnte und die deshalb in Zukunft in die Ausbildung des Mediziners aufgenommen werden müßten. Sicherlich wird noch eine Menge klinischer Erfahrung auf unserem Gebiet gesammelt werden müssen, bevor die in diesem Teil erörterten Probleme in ihrer vollen Bedeutung erfaßt werden können, aber wir hoffen, daß die allgemeine Richtung unserer Gedankengänge deutlich wird.

Die Grundlage jeglicher Art von psychotherapeutischer Intervention ist das psychiatrische Interview. Im vierten Teil unseres Buches wird daher versucht, die Ergebnisse zusammenzufassen, die unsere Forschungsarbeit auf diesem besonderen Feld erbrachte. Andererseits wird auf die vielen ungelösten Probleme hingewiesen, die noch der Bearbeitung harren.

Um die Anonymität der Patienten, deren Fälle in diesem Buch berichtet werden, zu wahren, haben wir die gleichen Vorsichtsmaßnahmen ergriffen, die sich schon in dem voraufgehenden Buch als nützlich erwiesen hatten. Die Namen der Ärzte werden nicht genannt; nur in einem Falle (Nr. 2) wird das Geschlecht des betreffenden Arztes erwähnt, da es für die Entwicklung der Arzt-Patienten-Beziehung wesentlich war. Wir haben unser Bestes getan, die einzelnen Patienten unkenntlich zu machen, indem wir sie nur mit einem Buchstaben bezeichneten und ihre äußeren Umstände so weit wie möglich veränderten, aber das geht doch nur bis zu einem gewissen Punkt, damit nicht die Falldarstellung so weit vom Original abweicht, daß sie einer Fälschung gleichkommt. Wir durften also die wesentlichen Züge, besonders aber die seelischen Eigenschaften, nicht entstellen. Dadurch kann es sich leider ereignen, daß ein Patient sich erkennt, falls er seinen Fallbericht zu Gesicht bekommt. Um diese Möglichkeit zu verringern, haben wir nur Fälle aufgenommen, bei denen es unwahrscheinlich ist, daß die betreffenden Patienten das Buch lesen. Aber trotz aller Vorsichtsmaßregeln könnte unsere Veröffentlichung durch einen unglücklichen Zufall dem einen oder dem anderen der erwähnten Patienten in die Hände kommen, der sich in der Darstellung erkennt und sich peinlich oder gar schmerzlich berührt fühlt. In diesem Falle können wir nur unser aufrichtiges Bedauern aussprechen und versichern, daß es im höchsten Grade unwahrscheinlich ist, daß außer dem Betreffenden selbst irgend jemand ihn erkennt.

I. Teil

DER EINFLUSS DES ÄUSSEREN RAHMENS

1. *Psychotherapie durch Nicht-Psychiater*

Die Psychotherapie durch Nicht-Psychiater hat sich erst seit dem letzten Krieg durchgesetzt. Ein Beweis dafür ist die Jahr für Jahr zunehmende Zahl von Büchern und Artikeln zu diesem Thema. Soweit sie medizinisch sind, behandeln sie zumeist nur die Psychotherapie im Rahmen der Allgemeinpraxis. Der Einfachheit halber wollen wir in diesem Kapitel zunächst ebenso vorgehen, möchten aber betonen, daß unsere Darstellung sich mutatis mutandis auch auf die anderen Zweige der Medizin ausdehnen läßt.

Auffälligerweise beruhen die meisten Publikationen zur Psychotherapie, seien sie von praktischen Ärzten oder von Psychiatern verfaßt, auf einer vorgefaßten, halb richtigen, halb falschen Vorstellung, die unseres Erachtens einem wirklichen Fortschritt auf unserem Gebiet im Wege steht. Etwas grob ausgedrückt, sieht diese Vorstellung folgendermaßen aus:

„Der Allgemeinpraktiker weiß nur wenig von Psychiatrie oder gar Psychotherapie; man kann ihm infolgedessen nur äußerste Vorsicht anraten. Der Psychiater dagegen weiß von beiden Gebieten eine ganze Menge, und es ist daher seine Pflicht und sein Recht, dem praktischen Arzt Ratschläge zu erteilen, was er tun und lassen solle."

Diese Überzeugung beruht zum großen Teil auf unzulässigen Vereinfachungen und Vorurteilen und ist daher keineswegs wohlbegründet. Wir werden also in erster Linie die Wahrheit von der Halbwahrheit trennen und dann einige Wege zeigen müssen, die sowohl dem praktischen Arzt als auch dem Psychiater offen stehen, sobald die Hindernisse dieser fortschrittsfeindlichen Halbwahrheiten einmal beseitigt sind.

Beginnen wir mit demjenigen Teil der genannten Vorstellung, der der Wahrheit entspricht. Man kann nicht leugnen, daß die traditionelle medizinische Ausbildung dem zukünftigen praktischen Arzt keine

Kenntnisse oder Techniken in der Psychotherapie vermittelt. Man ist sich zwar an den Universitätskliniken in den letzten Jahren dieser Lage mehr oder weniger bewußt geworden – besonders in Amerika, in England schon sehr viel weniger – und hat versucht, etwas dagegen zu tun. Es handelt sich dabei aber, mit wenigen Ausnahmen, immer nur um halbe Maßnahmen, wenn nicht gar um potemkinsche Dörfer. Wir verweisen auf den Überblick, den das „British Medical Journal“ am 6. September 1958 veröffentlichte und in welchem das *College of General Practitioners* nachwies, daß nicht eine einzige der Universitätskliniken in Großbritannien einen systematischen Lehrgang für Studenten in Psychotherapie veranstaltet hatte. Es ist von ominöser Bedeutung, daß diese Übersicht nicht von einem der psychiatrischen Fachverbände, sondern von einer Körperschaft der Allgemeinpraktiker für notwendig befunden und durchgeführt wurde.

Dies ist umso beklagenswerter, als allgemein die Überzeugung sich durchgesetzt hat, daß ein großer Prozentsatz der Patienten, die in die Sprechstunde des praktischen Arztes kommen, etwas Psychotherapie nötig hätte. Da die wenigen Psychiater diese Riesenaufgabe unmöglich übernehmen können, ist der Allgemeinpraktiker gezwungen, den Hauptteil auf sich zu nehmen. Weil er nun aber keine angemessene Ausbildung auf diesem Gebiet besitzt, kann er nichts anderes tun als sich mittels Versuch und Irrtum einige rudimentäre, auf dem gesunden Menschenverstand beruhende psychotherapeutische Methoden anzueignen. Leider ist dies aber kein einfaches Unterfangen. Die stille Hoffnung, daß es dem Arzt schon gelingen werde, sich empirisch eine Technik für den Hausgebrauch zuzulegen, mit der er die von seinen Patienten geklagten seelischen Konflikten behandeln kann, ist selten gerechtfertigt. Solche aus dem Alltag des Lebens und der Praxis zusammengesuchten empirischen Methoden würde man auf jedem anderen Fachgebiet der Medizin mit höchstem Mißtrauen betrachten; sie dürfen auch in der Psychotherapie nicht mehr gelten. Wir werden im zweiten und dritten Teil des Buches noch auf dieses Thema zurückkommen.

Die eine Hälfte der obenerwähnten Ansicht, nämlich daß der praktische Arzt für Psychotherapie nicht ausgebildet sei, hat sich also als ziemlich korrekt erwiesen. Wie steht es mit der zweiten Hälfte, nämlich daß der Psychiater etwas von Psychotherapie versteht und den praktischen Arzt infolgedessen belehren kann, was er tun und nicht tun dürfe? Man weiß, daß ein Teil der Psychiater sich ohnehin nicht gern auf Psychotherapie einläßt und andere chemische oder physikalische Heilmethoden wie Tabletten und die verschiedenen Schocktherapien vorzieht. Man kann wohl mit Recht annehmen, daß diese Psychiater nicht viel von Psychotherapie verstehen. Und die übrigen? Haben sie irgendwelche systematischen Kenntnisse über Psychotherapie? Sind sie sich untereinander einig, was man in Fällen, die psychotherapeutischer Hilfe bedürfen, zu tun und zu lassen habe? Wir fürchten sehr, daß darüber durchaus keine Einigkeit besteht.

Man wird wohl sagen dürfen, daß diejenige psychotherapeutische Methode, die am systematischsten ausgearbeitet ist, die Psychoanalyse ist. Es fragt sich jedoch, ob ihre Techniken und Kriterien für jede Art von Psychotherapie verwendbar sind und auch außerhalb des Rahmens der analytischen Situation vergleichbare Erfolge garantieren. Die Autoren, beide Psychoanalytiker, meinen, daß dies nicht der Fall ist. Man braucht nur die Methoden und Ergebnisse der eigentlichen Psychoanalyse mit denen der psychoanalytisch orientierten Gruppentherapie zu vergleichen. Jeder, der auf beiden Gebieten Erfahrung besitzt, wird zustimmen, daß die therapeutischen Ergebnisse jeweils ganz verschieden sind, obwohl es schwer zu beschreiben ist, worin der genaue Unterschied besteht. Versuchen wir immerhin eine, wenn auch grob umrissene und keineswegs gut belegte Definition zu geben, die wenigstens die Richtung aufweisen soll, in welcher dieser Unterschied zu suchen ist. Man könnte vielleicht sagen, daß der Patient nach einer erfolgreichen psychoanalytischen Behandlung *deutlich weniger neurotisch* (oder psychotisch), *aber vielleicht nicht unbedingt wirklich reif* geworden ist; nach einer erfolgreichen Behandlung mit Gruppenmethoden ist der Patient *nicht notwendigerweise weniger neurotisch, aber deutlich reifer.*

Die Gründe für diese verschiedenen Ergebnisse liegen bei der unterschiedlichen therapeutischen Rahmensituation, in welcher die Konflikte des Patienten angegangen werden. In der Psychoanalyse besteht eine sehr enge und intensive Zweier-Beziehung, und der Patient besitzt die volle, ungeteilte Aufmerksamkeit des Analytikers. Die ganze Situation ist um ihn zentriert, er und seine Konflikte sind allein wichtig; was nicht ihn betrifft, hat keine Bedeutung. Dies setzt im Patienten mächtige regressive Tendenzen in Bewegung, sowohl was seine Objektbeziehungen als was seine Triebwünsche betrifft. Die regressiven Wünsche, Affekte, Triebe usw., die gewöhnlich mit „prägenitaler Übertragung" bezeichnet werden, bilden einen sehr wichtigen Teil des Materials, das in der analytischen Behandlung durchgearbeitet wird. Die prägenitale (regressive) Übertragung ist – wie schon aus der Bezeichnung korrekt hervorgeht – ein wichtiger Faktor für die sich bildende Beziehung des Patienten zu seinem Analytiker, obwohl sie gegen Ende der Behandlung an Intensität abnimmt und in der Regel einer reiferen Beziehung Platz macht. Diese reifere Beziehung sollte im Idealfall von regressiven Elementen frei sein, da der Patient seine Übertragung vor Beendigung der Analyse durchgearbeitet haben soll. Das ist jedoch ein von außen hinzukommender, nicht eigentlich zur analytischen Behandlung gehörender Faktor; an sich hängt die analytische Situation nicht von der Reife des Patienten ab.

In der Gruppe dagegen muß sich der Patient während der gesamten Therapie an den Gedanken gewöhnen, daß er mit anderen teilen muß, und das ist keineswegs leicht. Jeder Patient erhält seinen Anteil an Beachtung, aber eben niemals die ganze Zuwendung des Gruppenleiters; er muß sie mit den übrigen Gruppenmitgliedern zu etwa gleichen Proportionen teilen. Da die anderen Mitglieder unvermeidlich immer da sind und ihre Interessen dauernd mit berücksichtigt werden müssen, besteht sehr viel weniger Aussicht, eine urtümliche Zweierbeziehung mit dem Arzt einzugehen. Es kann sein, daß die Gruppe als ganze in ihrem Verhalten gegenüber dem Psychotherapeuten regrediert, aber der einzelne Patient kann nicht umhin, andere Menschen als gleichberechtigt neben sich anerkennen zu müssen und dadurch reifer zu werden. Ein weiterer wichtiger Punkt ist der, daß der Patient immer wieder die Versagungen und Nöte, Leiden und Ängste anderer Menschen zur Kenntnis nehmen muß und sich nicht allein den seinigen überlassen kann. Ja, mehr noch: die Anerkennung der Hilfsbedürftigkeit anderer und die tatsächliche Hilfeleistung bei der Lösung ihrer Konflikte gehört zur allgemeinen Atmosphäre der Gruppensituation, und jeder Patient begreift rasch, daß seine eigenen Fortschritte mit denen seiner „Nächsten" in der Gruppe eng verbunden sind. All dies ist eine sehr überraschende Erfahrung, unter deren Einfluß der Patient, anstatt zu regredieren, in Richtung auf größere Reife progrediert, mindestens insofern er an den Nöten und Leiden anderer Menschen ehrlich Anteil nimmt. Natürlich beruhen die eigentliche Psychoanalyse und die psychoanalytisch orientierte Gruppenpsychotherapie auf den gleichen theoretischen Grundlagen, und der Psychotherapeut versteht und deutet das sich ergebende Material in ziemlich der gleichen Weise. Um nur ein Beispiel zu nennen: in beiden Behandlungsweisen hütet er sich, Ratschläge, beruhigenden Zuspruch oder Anweisungen zu geben; dahin zielende Wünsche der Patienten deutet er hier wie dort etwa im Sinne des Ödipuskonflikts oder noch primitiverer Beziehungen. Trotzdem sind die Ergebnisse ganz verschieden. Wenn man diesen Unterschied und die soeben vorgeschlagene Erklärung dafür annimmt, so drängt sich unweigerlich eine Reihe wichtiger Schlußfolgerungen auf. Sie sind zum Teil einfach und naheliegend; man sollte sie jedoch einmal ausdrücklich festhalten.

Es scheint also, daß andere Formen von Psychotherapie auch andere therapeutische Prozesse beim Patienten einleiten und infolgedessen wohl auch verschiedene Teile oder Schichten der Seele ansprechen. Einer der Autoren hat dies in einer besonderen Arbeit behandelt,[1] sodaß hier ein kurzer Hinweis genügt. Zweifellos sind die therapeutischen Unterschiede, die in Reaktion auf die verschiedenen Therapieformen beobachtet werden, einerseits durch die Persönlichkeit und Krankheit des Patienten, andererseits durch das Können, Wissen und die Persönlichkeit des Therapeuten determiniert, aber es kommt noch etwas hinzu. *Der äußere Rahmen, in welchem die Psychotherapie durchgeführt wird, scheint einen wichtigen Einfluß auf den therapeutischen Prozeß und das therapeutische Ergebnis auszuüben.*

Wir alle wissen, daß der Psychotherapeut seine Technik je nach dem Alter, der Krankheit und der Persönlichkeit seines Patienten variieren muß. Solche Variationen sind in den Lehrbüchern und Veröffentlichungen über Psychoanalyse und Psychotherapie zur Genüge diskutiert worden. Wir wissen auch, daß die therapeutische Technik in gewissem Grade oder sogar weitgehend mit der Persönlichkeit des Psychotherapeuten variieren kann, ein Faktor, der in den letzten Jahren mehr und

---

[1] M. Balint: „The Three Areas of the Mind". Int. J. Psycho-Anal. *39* (1958). Ders.: Die drei seelischen Bereiche. PSYCHE XI (1957/58).

mehr Aufmerksamkeit erweckt hat und als „Gegenübertragung“ oder unter Titeln wie „Die Benutzung der Gegenübertragung für die Psychotherapie“ in die Literatur eingegangen ist. Worauf wir hinauswollen, ist jedoch etwas anderes: wir wollen den *Einfluß das äußeren Rahmens,* in welchem die Psychotherapie stattfindet, auf die Technik und die Erfolge der Behandlung erörtern.

Die beiden Autoren dieses Buches haben in den letzten zehn Jahren, mehr oder weniger unter eigener Verantwortung, eine Reihe von Forschungsvorhaben an der Tavistock-Klinik in die Wege geleitet, in welchen die äußeren Voraussetzungen für die Psychotherapie studiert wurden. Vielleicht am wichtigsten war unsere Forschungsarbeit über Pyschotherapie im Rahmen der ärztlichen Allgemeinpraxis, also durch den Hausarzt.[1] Ferner wurde der Rahmen des „Family Discussion Bureau“[2] untersucht, innerhalb dessen ausgebildete Sozialarbeiter in Ehefragen beratend tätig sind. Als neuestes Vorhaben wurde eine Forschungsgruppe gebildet, die psychotherapeutische Techniken in der Praxis des Facharztes, vor allem der nicht-psychiatrischen, studieren soll. Schließlich ist noch eine Forschungsgruppe tätig, in welcher die Techniken und Resultate untersucht werden, die mit sogenannter Kurz- oder Fokaltherapie erzielt werden können, in denen also entweder die Zeit oder die therapeutische Zielsetzung von vornherein begrenzt ist.[3] Ferner beobachten wir die Situation in den Spezialkliniken der „Family Planning Association“. Dort sind Ärzte mit besonders großer Erfahrung in Gynäkologie und Methoden der Empfängnisverhütung bemüht, den Patienten zu einer besseren Anpassung in der Ehe zu verhelfen. Und schließlich die beiden Hauptstützen unseres therapeutischen Potentials, nämlich die eigentliche Psychoanalyse und die psychoanalytisch orientierte Gruppenpsychotherapie.

Noch ist keines dieser Vorhaben abgeschlossen. Immerhin konnten wir jedoch einige Feststellungen machen, die auf die verschiedenen

---

[1] M. Balint: „Der Arzt, sein Patient und die Krankheit.“

[2] Ein vorläufiger Bericht über diese Tätigkeit wurde von den Mitarbeitern des Büros unter dem Titel „Social Casework in Marital Problems“ herausgegeben. London (Tavistock Publications) 1955.

[3] Die Forschungsgruppe bereitet einen Zwischenbericht über dieses Projekt unter dem Titel „Fokaltherapie“ vor.

Möglichkeiten der einzelnen Rahmensituationen ein deutliches Licht werfen. Man könnte daher den betreffenden Teil dieses Buches als Zwischenbericht einer vergleichenden Untersuchung über die von uns beobachteten verschiedenen Psychotherapien betrachten, d. h. über die ihnen anhaftenden, untrennbar mit ihnen verbundenen situativen Unterschiede.

Beginnen wir mit dem Unterschied zwischen der Psychotherapie in der Allgemeinpraxis und in der Psychoanalyse. Der Psychoanalytiker übernimmt die Behandlung seines Patienten nur für eine bestimmte Zeitspanne. Es kann sich um eine sehr lange Zeit bis zu mehreren Jahren handeln – aber die Zeit ist doch nicht unbegrenzt. Wenn irgend möglich, sollte vor oder nach der Behandlung kein Kontakt zwischen Arzt und Patient bestehen. Wir wissen nur zu gut, welche Schwierigkeiten sich ergeben – z. B. während der analytischen Ausbildung –, wenn die Beziehung nicht mit Beendigung der eigentlichen Analyse aufhört. Im Idealfall ist es jedenfalls wünschenswert, daß nach einem erfolgreichen Abschluß der Therapie Arzt und Patient sich endgültig trennen.

In der Allgemeinpraxis bzw. Praxis des Hausarztes ist die Atmosphäre eine ganz andere.[1] Dort kennt nicht nur der Arzt seinen Patienten und dessen Familie seit langem, in manchen Fällen seit Generationen, sondern Arzt und Patient trennen sich nach einer erfolgreichen Psychotherapie keineswegs, sondern kehren zu der früher zwischen ihnen bestehenden Beziehung zurück. Es wäre ein Verlust für beide, wenn sie dies nicht täten, denn diese fortgesetzte Beziehung zwischen Arzt und Klientel ist geradezu das Wesen der Allgemeinpraxis. Je mehr sie einander kennen, umso besser sind die Aussichten für eine beiderseitig befriedigende Beziehung in Gesundheit und Krankheit.

Psychiater und Psychoanalytiker wissen wenig über die therapeutischen Möglichkeiten und Risiken dieser fortgesetzten Beziehung, da sich ihre Erfahrung nicht in dieser Richtung erstreckt. Darüber hinaus sieht der Hausarzt seine Patienten unter allen möglichen Umständen, in seiner Sprechstunde, in der Wohnung des Patienten, auf der Straße, in der Wohnung des Nachbarn; er kann ihn in der Kirche, im Wirts-

[1] „Der Arzt, sein Patient und die Krankheit", Kapitel XIII und XVIII.

haus, im Kino oder bei einer Geselligkeit treffen; er sieht ihn voll bekleidet, halb und ganz ausgezogen; er untersucht ihn von Kopf bis Fuß, sogar an Stellen, die sonst niemand zu sehen bekommt. Zweifellos bringt dieser intime Kontakt höchst bedeutsame psychische Rückwirkungen und therapeutische Möglichkeiten mit sich, aber der Psychiater und erst recht der Psychoanalytiker besitzt über diese wichtigen dynamischen Faktoren praktisch keinerlei Erfahrung.

Wenn ferner der Psychoanalytiker bei der Behandlung seines Patienten auf irgendwelche Schwierigkeiten trifft, ist es in der Regel nicht ratsam, daß er sich an die Verwandten oder Freunde des Patienten wendet, um das Hemmnis auf indirektem Wege zu beseitigen. Was in der Psychoanalyse nur in seltenen Ausnahmen geschehen darf, ist jedoch für die hausärztliche Praxis gang und gäbe. Der Hausarzt kennt die nächsten Verwandten, Freunde und Nachbarn seines Patienten und hält die enge Beziehung zu ihnen bewußt und unverhüllt aufrecht, um sie – wiederum offen und ohne Umschweife – zur Einholung von Information über seinen Patienten zu benutzen und ihm auf diesem indirekten Wege zu helfen. Wir haben in unserem Forschungsseminar zahlreiche Fälle studiert, in denen dies zum größten Nutzen des bedrängten Patienten getan werden konnte und sogar mußte.

Wenn wir nun von der etwas esoterischen und abgeschlossenen Atmosphäre der Psychoanalyse zur Praxis des Psychiaters und anderer Fachärzte übergehen, so scheint der Unterschied im seelischen Klima gegenüber dem beim Hausarzt herrschenden allerdings groß zu sein. Der Facharzt sieht den Patienten über eine noch weit kürzere Zeitspanne als der Psychoanalytiker. Manchmal handelt es sich nur um einen einzigen oder einige wenige Besuche. Wenn also der Facharzt versuchen wollte, seinen Patienten psychotherapeutisch zu beeinflussen, so müßte er eine höchst konzentrierte Methode finden, die während dieses kurzen Kontaktes wirksam wird, denn das ist die einzige Zeit, die ihm zur Verfügung steht. Seine Beziehung zum Patienten ist spannungsgeladen, hochintensiv – aber kurz. Dagegen ist die Beziehung des Hausarztes zu seinem Patienten alltäglich, freundlich und vor allen Dingen lang.

Der Psychiater steht zwischen den beiden Extremen. Entweder er sieht, wie auch sonst im allgemeinen der Facharzt, seinen Patienten nur zu einer kurzen diagnostischen Beratung, oder er nimmt eine Art Zwischenstellung ein und übernimmt den Patienten für eine kürzere oder längere psychotherapeutische Behandlung. Niemals aber ist seine Beziehung zum Patienten so lang wie die des Hausarztes.

Wenn wir nun unter diesem Gesichtswinkel das ganze Feld überblicken, können wir sagen, daß der Hausarzt mit seiner Allgemeinpraxis die meisten Eisen im Feuer hat. Er hat die sicherste Position und kann mit seinem Patienten wohlerwogene Risiken eingehen, die man bei seinen spezialisierten Fachkollegen als bedenklich betrachten müßte. Ist er ein guter Arzt, ein Arzt aus Berufung, so ist seine Beziehung zu seinem Patienten kräftig und vielseitig genug, um eine Fülle von Schwierigkeiten zu überwinden.

Angenommen, es unterläuft ihm ein Fehler. Dann bleibt der Patient vielleicht eine Weile weg, aber früher oder später taucht er doch wieder auf, entweder weil seine Medizin zuende gegangen ist oder weil er sich eine leichte Erkrankung zugezogen hat, eine Erkältung oder dergleichen, oder weil er den Arzt wegen seiner Kinder, seiner Frau oder sogar seines Großvaters konsultieren muß. Selbst wenn der Patient selber sich weigert, den Arzt aufzusuchen, kann dieser seine Behandlung fortsetzen, z. B. über die Ehefrau, die ihn zu einer Schwangerschaftsuntersuchung aufsucht, oder wenn er die Kinder impft. Notfalls kann der Arzt sogar beim Patienten hineinschauen, nachdem er einen Nachbarn, der in der gleichen Straße wohnt, aufgesucht hat.

Für den Facharzt oder den Psychoanalytiker existieren diese Möglichkeiten nicht. Wenn ihre Beziehung zum Patienten abgebrochen ist, aus welchen Gründen auch immer, können sie kaum etwas anderes tun als warten – und hoffen.

Um es anders auszudrücken: man kann sagen, daß der Hausarzt ein Stück reales Leben für den Patienten darstellt. Er trifft ihn auf der Straße, er weiß, wo seine Frau einkauft, wieviele Kinder er hat, ob er Pfeife raucht, Antialkoholiker ist usw. Die Fachärzte und besonders die Psychoanalytiker gehören zu einer ganz anderen Welt und tragen in der Regel Sorge, ihre Welt von der des Patienten getrennt zu halten. Natürlich hat der Facharzt für den Patienten etwas Bedeutendes; er ist ein Mann von Rang, aber doch ein Fremder; die Beziehung zwischen dem Patienten und dem Facharzt ist selten real und gehört mehr in die

Welt der Phantasie. Dies ist ein wichtiger Unterschied und erklärt vielleicht, warum der Facharzt gelegentlich Erfolge erzielen kann, die dem praktischen Arzt wie Wunder erscheinen; es erklärt umgekehrt aber auch, warum der Hausarzt Situationen beherrscht, die der Facharzt nicht anrühren würde. Über beides werden wir in den Kapiteln 2 und 3 Näheres hören.

Nach alledem scheint die Behauptung, von der wir ausgingen, nämlich daß der Psychiater recht viel von Psychotherapie verstehe und den Allgemeinpraktiker beraten könne, ziemlich unbegründet, im besten Falle aber weit übertrieben. Die beiden Techniken scheinen erheblich voneinander abzuweichen, und wenn der Psychiater oder Psychoanalytiker versuchte, seine in seiner eigenen Praxis bewährte Technik dem praktischen Arzt mitzuteilen, so würde er nur Unheil anrichten.

Andererseits gibt es in den verschiedenen Therapieformen gewiß eine Anzahl identischer technischer Probleme, von denen der berufsmäßige Psychotherapeut und vor allem der Psychoanalytiker allerdings mehr weiß als der praktische Arzt oder der nichtpsychiatrische Facharzt. Von diesen Problemen handeln die Teile II und III dieses Buches. Wir hoffen, daß unser Buch im ganzen getreulich den Geist unserer Forschungsarbeit widerspiegelt, indem es beschreibt, was wir – die Psychoanalytiker und Psychiater – von unseren nicht-psychiatrischen Kollegen gelernt haben und was andererseits sie von uns lernen konnten.

2. Der Rahmen der Allgemeinpraxis

Eine systematische Untersuchung der besonderen psychologischen Kennzeichen der medizinischen Allgemeinpraxis ist gar kein so einfaches Unternehmen. Eine Hauptschwierigkeit ist ihre Vielseitigkeit, von der wir schon im vorigen Kapitel sprachen. Demgegenüber könnte man den Rahmen, innerhalb dessen der Facharzt arbeitet, ziemlich konstant und denjenigen des Psychoanalytikers geradezu genormt nennen. Vermutlich werden einige unserer psychoanalytischen Kollegen diese Feststellung unannehmbar finden und die immensen Variationen erwähnen, die innerhalb einer einzigen psychoanalytischen Sitzung eintreten können. Wir haben das nicht übersehen und wollen es in seiner Bedeutung auch durchaus nicht verringern; wir meinen jedoch, daß der *Rahmen*, in welchem diese Variationen sich ereignen, ziemlich feststehend ist. Es gehört ja zu den wichtigsten analytischen Techniken, diesen Rahmen konstant zu halten. Der Nicht-Psychoanalytiker, und vor allem der praktische Arzt muß mit sehr unterschiedlichen Bedingungen rechnen, unter denen er seine therapeutische Arbeit leistet. Über die Welt des Facharztes werden wir noch im nächsten Kapitel etwas aussagen.

Obwohl wir die psychologischen Probleme der Allgemeinpraxis nun seit über zehn Jahren studieren – unter diesem Titel laufen unsere Seminare in der medizinischen Presse –, können wir noch immer nicht behaupten, daß wir etwas Systematisches darüber wissen. Statt einer systematischen Übersicht wollen wir daher nur zwei Seiten der Allgemeinpraxis anführen, durch welche sie sich unserer Meinung nach von allen anderen Zweigen der Medizin unterscheidet. Zur besseren Begründung wollen wir unsere Behauptungen auf konkretes klinisches Material stützen.

Die zwei Aspekte, die wir erörtern wollen, sind: a) Wie kann es sich auswirken, wenn es dem Arzt, ungeachtet der unterschiedlichen Umstände, unter denen er arbeiten muß, gelingt, mit seinem Patienten eine konstante Beziehung aufrechtzuerhalten? und b) welche Veränderungen können sich unter der Behandlung ergeben, falls der Rahmen, in welchem die Psychotherapie geschieht, sich wandelt (auch wenn Arzt und Patient glauben mögen, daß diese Veränderungen nicht auf dem verwandelten Rahmen, sondern auf der Krankheit des Patienten oder seiner Persönlichkeit beruhen)?

Der erste, einfachere der beiden Fälle, die wir berichten wollen, zeigt, was ein praktischer Arzt innerhalb einer ununterbrochenen psychotherapeutischen Beziehung zu seinem Patienten erreichen konnte, und wo und warum sein nicht an psychologischen Problemen interessierter Kollege mit dem gleichen Patienten an einen toten Punkt kam. Unser zweiter Fall ist komplizierter. Es gab einen Moment, wo die betreffende Ärztin die Gelegenheit ergreifen und dem Patienten ein erhebliches Stück auf dem Wege zur Wiedererlangung seines Gleichgewichts helfen konnte; ein anderes Mal gelang es ihr jedoch nicht, weil sie die Bedeutung der Symptome nicht verstand. Aber gerade diese versäumte Gelegenheit ist ein eindrucksvolles Beispiel insofern, als die Diskussion in unserem Seminar die Wandlungen in der persönlichen Beteiligung der Ärztin an dem betreffenden Fall ans Licht brachte, eine veränderte Einstellung, welche den äußeren Rahmen unabsichtlich, aber grundlegend änderte und sie daran hinderte, das Optimum an Hilfe zu leisten.

Fall 1

Unsere Kenntnis des Falles von Frau Q[1] reicht bis zum Februar 1952 zurück, als nämlich unser Seminarteilnehmer Dr. M. der damals 23jährigen Patientin anbot, sie psychotherapeutisch zu behandeln. Die Symptome, wegen deren sie ihn konsultiert hatte, waren gelegentliches Zittern, Schmerzen im rechten Unterbauch, Angst, es könnte eine Blinddarmentzündung sein, Zwangsgedanken über die Gefahren einer eventuell notwendigen Operation, Todesfurcht und zahlreiche kleinere Beschwerden, vor allem aber Schmerzen. Bis in die späte Pubertät hinein war sie Bettnässerin gewesen und hatte sich die Fingernägel abgekaut. Sie sprach ohne Scheu von ihrer Onanie, die sie betrieb, solange sie nur denken konnte. Sie war nach allem eine unreife Frau; sie hatte zwar geheiratet, mußte aber nach ganz kurzer Zeit mit ihrem Ehemann zu ihrer Mutter zurückkehren, der sie sich ganz in die Hände gab. Sie war sogar einverstanden, daß der Ehemann das Haushaltsgeld der Mutter aushändigte, die ihr davon ein wöchentliches Taschengeld von drei Mark bewilligte. Nach zwei Monaten brach die Patientin die Behandlung mit der Begründung ab, sie fühle sich schon viel besser; der Arzt war dagegen mit den Erfolgen nicht zufrieden. Im Herbst kam sie wieder. Dr. M., dem nicht klar war, was er jetzt mit ihr anfangen sollte, schickte sie zu einer psychologischen Untersuchung in die Tavistock-Klinik. Diese geht bei uns so vor sich, daß der Patient von einem Psychologen und einem Psychiater gesehen wird, die ihn unabhängig voneinander untersuchen und ihre Befunde dann dem Seminar mitteilen. Der Fall ist insofern von besonderem Interesse, als er einer der wenigen war, in welchem die beiden Untersucher verschie-

[1] Nähere Einzelheiten über diesen Fall s. unter „Fall 21“ in M. Balint: „Der Arzt, sein Patient und die Krankheit.“

dener Meinung waren. Der Psychologe veranstaltete einen „Object Relations Test“ und fand überhaupt keine zusammenhängende Persönlichkeit, fast gänzliches Fehlen von Beherrschung der primitiveren Triebwünsche, sehr schlechten Kontakt mit der Wirklichkeit, sehr wenig Fähigkeit, sich zu ändern; seine Prognose war dementsprechend schlecht. Dies stimmte mit der Meinung des Psychiaters so wenig überein, daß wir einen zweiten Psychologen hinzuzogen; aber dessen Befunde (diesmal anhand eines Rorschach-Tests) entsprachen völlig denen des ersten Tests. Trotz dieser bedenklichen Befunde hielt der Psychiater an seiner Meinung fest, daß man Frau Q. mit einer Psychotherapie helfen könnte. Seiner Meinung nach war die größte Schwierigkeit Frau Q.s Angst vor Schmerzen; ihr eine Behandlung aufzudrängen, bedeutete für sie, ihr Schmerzen zuzufügen, und sie würde darauf wieder nur dadurch reagieren, daß sie die Behandlung abbrach. Wahrscheinlich würde ihre Mitarbeit nur zu gewinnen sein, wenn man ihr dieses Problem offen und wiederholt vor Augen führte und ihr geduldig zeigte, daß man ihr nur helfen könnte, wenn sie es selber wollte. Nebenbei bemerkt, kann das ein praktischer Arzt besser fertigbringen als der Facharzt mit seinem weniger elastischen Stundenplan. Der praktische Arzt ist eben immer bei der Hand, wenn er gebraucht wird.

Dr. M. ging darauf ein, und wir hörten bald, daß ein äußeres Ereignis ihm zur Hilfe gekommen war. Frau Q.s Großmutter mütterlicherseits war plötzlich gestorben, so daß Frau Q.s Mutter ihren Vater zu sich nehmen mußte. Das bedeutete, daß Frau Q. ausziehen und sich eine eigene Wohnung suchen mußte. Unsere Erwartungen bestätigten sich: im Frühjahr 1953 bat Frau Q. um psychotherapeutische Hilfe.

Die Behandlung verlief natürlich recht bewegt, mit vielen kritischen Perioden. Neben ihrer Furcht vor Schmerzen mußte ihre ungewöhnlich starke Mutterfixierung und ihre heftige Eifersucht auf Schwester und Schwägerin durchgearbeitet werden. Gegen Weihnachten 1953 war Frau Q. schon sehr viel gereifter, konnte eine Tätigkeit außerhalb des Hauses übernehmen und wurde Anfang 1954 schwanger. Dies war ein großes Ereignis, denn vor der Behandlung war der Gedanke an Kinder und besonders an die Geburtswehen ihr entsetzlich gewesen.

Die Psychotherapie wurde allmählich eingestellt, aber die Arzt-Patienten-Beziehung blieb weiterhin in recht erheblichem Umfange bestehen. Frau Q. bestand darauf, daß Dr. M. die üblichen Schwangerschaftsuntersuchungen bei ihr vornahm und auch bei der Geburt anwesend war. Charakteristischerweise mußte die Geburt im Hause der Mutter, nicht in der Wohnung der Patientin stattfinden. Nach Dr. M. war die Geburt die leichteste, die ihm seit Jahren vorgekommen war. Frau Q. hatte gut mitgearbeitet, wollte sogleich das Kind sehen und hatte für seine Pflege alles aufs beste und mütterlichste vorbereitet.

Bevor wir mit unserem Bericht fortfahren, möchten wir auf zwei Punkte aufmerksam machen. Einmal darauf, daß Dr. M. seiner Patientin auf so vielfache Weise helfen konnte. Er war ihr regulärer Hausarzt, zu dem sie kommen konnte, um über ihre Bauchschmerzen zu klagen. Er untersuchte sie und diagnostizierte die Schmerzen korrekt als funktionell bedingt. Dann verwandelte er sich in einen Psychotherapeuten und leistete trotz erheblicher Schwierigkeiten ein Stück guter Arbeit. Danach kehrte er zu seiner Rolle als Hausarzt zurück, übernahm die Schwangerschaftsuntersuchungen und war später auch ihr Geburtshelfer, so daß er zugegen war, als die Patientin ihre schwerste Prüfung, die Geburtswehen, durchstand. Aber das ist noch nicht alles. Dr. M. schloß seine Aufgabe nicht, wie es ein Gynäkologe getan haben würde, mit der Geburt des Kindes ab; er ist bis zum heutigen Tage noch immer der Hausarzt und vertraute Freund der ganzen Familie. Das muß besonders hervorgehoben werden, da das kein Facharzt fertiggebracht hätte. Das ist eben die für den praktischen Arzt und Hausarzt charakteristische Vielseitigkeit. Übrigens waren Dr. M. bei seiner psychotherapeutischen Unternehmung seine Kontakte als praktischer Arzt und umgekehrt in seiner Rolle als Geburtshelfer seine psychotherapeutische Arbeit mit der Patientin äußerst nützlich. So spricht alles dafür, daß der praktische Arzt alle diese Funktionen beibehält, ja, daß sie nach Möglichkeit noch erweitert werden, so daß er im Laufe seiner Praxis kleinere und gelegentlich sogar größere psychotherapeutische „Operationen" übernehmen kann.

Der zweite Punkt ist ebenso wichtig. Als praktischer Arzt war Dr. M. immer und ohne Umstände erreichbar, sobald er benötigt wurde. Die Patientin konnte kommen und gehen, wie sie wollte oder wie ihre Triebwünsche oder neurotischen Impulse sie trieben. War sie fortgeblieben und wollte sie zurückkommen, so fand sie ihren Doktor – den selben Doktor, wie wir unterstreichen möchten – auf sie warten. Tatsächlich wissen wir, daß die Patientin dreimal während ihrer Psychotherapie die Behandlung demonstrativ abbrach. Obwohl geärgert und gekränkt, konnte der Arzt sich damit abfinden, weil der Rahmen seiner Praxis diese Arbeitsweise zuließ. Bei einem Facharzt mit festgelegtem Stundenplan wäre das viel schwieriger gewesen. Der Stundenplan hätte dem Arzt und der Patientin Schranken auferlegt, die in diesem Falle fast mit Sicherheit zum Abbruch der Behandlung geführt hätten.

Im Jahre 1958 unternahmen wir mit einer Ärztegruppe eine Katamnese der Fälle, die in den Seminaren der Jahre 1952, 1953 und 1954 vorgekommen waren. So kam auch Frau Q. aufs Tapet. Dr. M. berichtete wie folgt:

„Sie erinnern sich, daß der Psychologe meinte, es könnte gefährlich sein, ihre Abwehrmaßnahmen zu durchbrechen, so daß man sie besser ließe, wie sie sei. Trotzdem gingen wir ziemlich in die Tiefe. Sie war frigide und hatte Angst vor dem Kinderkriegen. Jetzt ist die Frigidität weitgehend behoben und sie hat ein Kind. Sie ist eine ziemliche Schlampe, ihre Wohnung ist immer schmuddelig, das Kind auch, sie selber sieht nicht allzu appetitlich aus. Aber sie schafft es immerhin. Ich sehe sie immer einmal wieder. Anfangs dieses Jahres hatte sie Schmerzen in der Brust. Ich fand ein Knötchen und ließ es entfernen. Sie ist jetzt 28 Jahre alt. Neulich besuchte sie mein Partner, weil ich gerade meinen praxisfreien Tag hatte. Er berichtete, sie hätte eine Erkältung. Ein paar Tage später kam wieder ein Anruf, und diesmal ging ich hin. Sie lag im Bett; von einer Erkältung war keine Rede, sie könne nur nicht aufstehen. Eva, ihre Schwester, hätte eine so merkwürdige Krankheit gehabt, die Füße seien ihr beim Gehen plötzlich zusammengeknickt. Ich hätte Eva zum Psychiater geschickt, und nun sei ihre Mutter gekommen und hätte berichtet, Eva sei wieder in Ordnung, der Psychiater sei ein wunderbarer Arzt. Bei ihr, Frau Q., wäre es ganz dasselbe wie bei Eva, auch ihr knickten die Beine unter dem Leib zusammen. – Wir unterhielten uns nun über die Schwester und die Schwägerin und Frau Q.s alten Geschwisterneid. Schließlich sagte sie: „Ja, das ist es in Wirklichkeit. Meine Mutter zieht meine Schwester und meine Schwägerin vor. Sie gibt Ivy (der Schwägerin) Geld, weil sie mit ihrem Geld nicht auskommt; mir gibt sie keinen Pfennig. Sie hat Ivys Baby ein Kleidchen gekauft, meinem aber nicht.“ Nachdem sie sich ausgeklagt hatte, sagte sie, jetzt fühlte sie sich besser, stand auf und konnte gehen. Ich sagte: „Kommen Sie noch einmal zu mir, damit wir das zu Ende bringen“. Ein paar Tage später kam sie. Wir sprachen eine Viertelstunde lang über ihr Verhältnis zu der Schwester, und sie begann zum erstenmal zu weinen. Sie weiß, daß ich da bin, und so geht sie nach Hause und schafft es wieder ein Weilchen, und wenn sie mich braucht, so kommt sie. Wenn sie eine organische Krankheit hat, weiß sie selber sehr gut, was ihr fehlt; aber sie kann nicht an die Wurzel eines seelischen Konflikts gelangen. Dazu braucht sie meine Hilfe, und dann ist sie wieder in Ordnung."

Man muß hinzufügen, daß Dr. M.s Partner ein sehr guter, gewissenhafter und besorgter Arzt ist. Dennoch konnte er Frau Q. nicht helfen, obwohl er gewiß alle notwendigen Untersuchungen vornahm und die übliche Behandlung für die Krankheit, die er vorfand, verschrieb – nur daß er eben die wahre Krankheit nicht fand. Dr. M. dagegen brauchte gar keine Untersuchung vorzunehmen, er setzte sich nur zur Patientin, und sie nahmen zu zweit den Faden wieder auf, wo sie ihn vor ein paar Monaten oder auch vor ein paar Jahren fallen gelassen hatten. Zwei kurze Interviews, eines im Hause der Patientin, das andere im Sprechzimmer des Arztes, genügten, um das Gleichgewicht wieder herzustellen, so daß die Patientin, wie Dr. M. sagt, wieder weitermachen kann.

Diese Katamnese beweist aufs neue, wie wichtig es ist, daß die Arzt-Patienten-Beziehung in der Hausarztpraxis so stabil und langdauernd ist. Ein neuer Arzt, auch wenn er ebenso gut oder sogar besser ist, hätte nicht so viel in so kurzer Zeit erreichen können.

Fall 2

Unsere zweite Krankengeschichte ist noch länger.[1] Sie begann 1949, als der damals 26jährige Patient, Herr V., die Psychiatrische Abteilung einer berühmten Universitätsklinik in London aufsuchte. Er klagte über Angstzustände, besonders unter vielen Menschen, Angst, sich zu verletzen, schlechte Träume, Schlafstörungen, Schwitzen und Zittern.

Er war 1942 Soldat geworden, in den Mittleren Osten gekommen und dort in deutsche Gefangenschaft geraten. Im Kriegsgefangenenlager hatte er Böses erlebt; nach seiner Entlassung kam er heim, heiratete 1946, und 1947 wurde ihm eine Tochter geboren. Sein Zustand verschlimmerte sich jedoch, und er bat um Hilfe. Er wurde in ein Sanatorium für Kriegsneurosen geschickt, wo er vier Monate blieb und nach

[1] Nähere Einzelheiten unter Fall 22 in M. Balint: „Der Arzt, sein Patient und die Krankheit".

einer „Abreaktionsmethode" behandelt wurde. Seine Entlassungsdiagnose lautete „Angstzustand bei hysterischer Persönlichkeitsstruktur", die Prognose „gut hinsichtlich des gegenwärtigen Angstzustandes, nicht gut hinsichtlich der zugrundeliegenden Ichschwäche".

Seit seiner Entlassung aus dem Sanatorium Anfang 1950 war er ab und zu bei dem Klinikpsychiater erschienen; man hatte jedoch nicht viel mit ihm gemacht, außer ihm weiterhin Sedativa zu verschreiben.

Im Frühjahr 1953, also drei Jahre nach seiner Entlassung aus dem Sanatorium, klagte die Frau des Patienten ihrer Hausärztin, Frau Dr. H., daß ihr Mann verstimmt und deprimiert sei, überall Schmerzen hätte, oft aufbrauste und mit Gegenständen nach ihr werfe. Die Frau war so verzweifelt, daß sie an Scheidung dachte. Frau Dr. H. bestellte den Patienten ein, und die Behandlung begann. Auch in dieser ging es stürmisch zu, wie nach den Diagnosen in den Kliniken nicht anders zu erwarten. Die Psychotherapie dauerte etwa ein Jahr. Sie konzentrierte sich auf zwei Hauptthemen: die zwanghafte Neigung des Patienten, sich gegen Vaterfiguren aufzulehnen, besonders wenn es darum ging, jüngere Geschwister – in diesem Falle seine Untergebenen – gegen ungerechte Behandlung zu verteidigung; er nahm dabei oft die Schuld für Fehler auf sich, die er gar nicht begangen hatte, was dann gewöhnlich zu einem schweren Angstanfall führte, der einem Zusammenbruch nahekam. Das andere Thema war sein zwanghaftes Bedürfnis, schwache, mißhandelte Frauen – Mutterfiguren – zu beschützen und alles in seiner Macht Stehende zu tun, um sie zufriedenzustellen. Auch seine Berufswahl war durch seine Probleme bestimmt gewesen: er war, wie sein Vater, Maler und Dekorateur und fühlte sich in ständigem Konkurrenzkampf mit diesem; seine Beschäftigung, Häuser und Wohnungen schöner und anziehender zu machen, konnte man symbolisch auch auf die Mutter beziehen.

Anfang November 1955 berichtete Frau Dr. H., daß es Herrn V. offenbar gut ginge. Er hätte nun über ein Jahr lang als Vorarbeiter in einer großen Maler-Firma gearbeitet, hatte seinen Posten also nicht, wie so oft, aufgegeben und hatte keinen Tag gefehlt. Gelegentlich, etwa einmal im Vierteljahr, kam er mit kleineren Beschwerden zum Arzt. Statt ihm etwas zu verschreiben, ließ Frau Dr. H. ihn sich aussprechen, und das schien zu helfen. Seine Frau war wieder schwanger, diesmal mit Zustimmung beider Eheleute. Selbst die kleine Tochter, die bei Beginn der Behandlung des Patienten eine Enuresis hatte, war jetzt ganz in Ordnung.

Einige Wochen später hatte sich der Patient jedoch wieder verpflichtet gefühlt, die Schuld für irgendein Versehen auf sich zu nehmen, das einem anderen passiert war, er bekam wieder Angst und warf seine Arbeit hin. Das ereignete sich kurz vor Weihnachten, und der Patient verbrachte ein sehr bedrücktes Fest. Nach einem harten Kampf mit sich selbst läutete er den Geschäftsführer seiner Firma an und fragte, ob man ihn wieder aufnehmen würde, was anstandslos geschah. Erst danach bat er Frau Dr. H. um ein Interview. Als sie ihn fragte, warum er denn nicht früher, während der Aufregungen, gekommen sei, antwortete er: „Ich wollte Sie nicht enttäuschen.“ Frau Dr. H. konnte ihm zeigen, daß er wieder Kindheitskonflikte mit seinem Vater auf den Geschäftsführer übertragen und sie selbst als Mutter-Stellvertreterin behandelt hätte. Er kam nach einer Woche wieder und berichtet, es sei alles in Ordnung. Drei Monate lang sah Frau Dr. H. nichts von ihm. Im April 1956 rief er an und erzählte freudig bewegt, daß das zweite Kind geboren sei. Er schloß mit der Bemerkung, er sei doch ein Glückspilz.

Als wir bei unserer katamnestischen Studie auch zum Falle des Herrn V. kamen, berichtete Frau Dr. H. folgendes (Februar 1958):

„Es geht ihm wider alles Erwarten gut. Er hat in seiner Firma einen Kollegen gefunden, mit dem zusammen er 1957 ein eigenes Geschäft eröffnet hat. Er sucht mich kaum noch auf, es besteht keinerlei Grund dafür. Seine Frau erzählte mir, daß er mehrere Angestellte beschäftigt, viel zu tun hat und das Geschäft gut geht. Sie erwarten im März ihr drittes Kind, haben eine größere Wohnung bezogen, sich nett eingerichtet. Vor einem Vierteljahr, im November 1957, kam das Ehepaar in die Sprechstunde. Es handelte sich um ihre Mutter, die kürzlich in unseren Stadtteil zugezogen war und schwere hysterische Symptome zeigte. Sie baten mich, der Mutter klarzumachen, daß sie krank sei, ihren Beschwerden einen Namen zu geben, denn dann wäre sie zufrieden. Ich benutzte die Gelegenheit, mit ihnen über Hysterie zu sprechen; zugleich erklärte ich ihnen, daß ihre Vorschläge nicht helfen würden. Seither habe ich sie nicht wiedergesehen.

Eines ist merkwürdig. Die ganze Familie scheint sich von mir abzuwenden. Wenn eines der Kinder krank ist, rufen sie meinen Partner in seiner Wohnung an, nicht in der Praxis, die bei mir im Hause ist. Frau V. ist allerdings von meinem Partner behandelt worden, da er Gynäkologe ist; sie war auch in seiner Klinik. Wenn jetzt irgendetwas nicht in Ordnung ist, ruft sie ihn privat an, und ich bin abgemeldet."

Ähnliche Fälle, bei denen der Patient oder eine ganze Familie ohne erkennbaren Grund den Arzt wechselt, hat unser Seminar mehrfach studiert. In jedem Falle hatten wir gefunden, daß der Grund für den Wechsel ausnahmslos eine beträchtliche aber nicht offen zugegebene Spannung zwischen Patient und Arzt war. Es ist nicht leicht, Grad und Ursprung dieser Spannung zu entdecken, da der Arzt selbst in der Regel von ihrem Vorhandensein nichts weiß. Er bemerkt nur die Folge, das fait accompli des Arztwechsels. Auch in diesem Falle war Frau Dr. H., als das Seminar die Frage nach dem Grund des Verhaltens der Familie V. aufwarf, nur verwundert und konnte sich keinen denken. Im Gegenteil, alles schien doch bestens in Ordnung; seit Weihnachten 1955 war es zu keinem Rückfall mehr gekommen. Ja, obwohl Herrn V.s Partner ein herrschsüchtiger Mensch ist, kommen sie gut miteinander aus. Herr V. hat seinen Vater, der niemals selbständig war, jetzt weit überflügelt, was angesichts der Krankheitsgeschichte eine wichtige Errungenschaft genannt werden muß.

Wir blieben dabei, daß während der letzten Monate etwas vorgekommen sein müsse, was unerkannt von Frau Dr. H. zu Spannungen und in der Folge zu dem Arztwechsel geführt hatte. Wir baten Frau Dr. H., die Ereignisse der jüngsten Vergangenheit noch einmal durchzugehen und sie ehrlich aus einem neuen Blickwinkel zu betrachten. Schließlich gab Frau Dr. H. zu, daß vor etwa sechs Monaten, im Sommer 1957, sich etwas ereignet haben könnte. Damals hatte Herr V. eben sein selbständiges Geschäft gegründet, und gleich darauf war seine Frau zum drittenmal schwanger geworden. Dies mußte ihn aus dem Gleichgewicht gebracht haben, denn er rief den Partner von Frau Dr. H. in dessen Privatwohnung an und bat um eine Konsultation, und zwar mit ihm und nicht mit Frau Dr. H., da er sich nicht wohlfühlte und Frau Dr. H. ihm ja keine Medizin geben wollte. Er erhielt einen Termin, nahm ihn aber nicht wahr, sondern erschien eine Woche später bei Frau Dr. H. selber. Er war etwas bedrückt, aber ein oder zwei Interviews halfen ihm über seine Verstimmung hinweg.

Dieser Bericht erweckte unsere Verwunderung, und wir baten um weitere Aufklärung. Zuerst meinte Frau Dr. H., Herr V. habe sie vielleicht deshalb nicht aufsuchen wollen, weil seine Frau seine enge Beziehung zu einer anderen Frau nicht gern sah. Dann erinnerte sich Frau Dr. H., daß dieser Zwischenfall eigentlich zu Herrn V.s üblichem Verhalten paßte. Er hatte einige Aggressivität aufgebracht, indem er sie vermied und ihren Partner konsultieren wollte, mußte dann aber seinen Entschluß wieder umwerfen, und kam schließlich doch zu ihr.

Während jener zwei Interviews war das Hauptthema Herrn V.s Sorge gewesen, daß seine Frau das Kind zuhause bekommen wollte. Das würde bedeuten, daß er die Geburtswehen seiner Frau miterleben müßte, die doch in gewisser Weise durch ihn verschuldet wären. Wir erinnerten uns auch, daß Herr V. Innendekorateur war und Unordnung in einem Haus, d. h. in einer Frau, nicht ertragen konnte. Die Interviews endeten damit, daß Herr V. der Ärztin berichtete, er habe zugestimmt, daß das Kind zuhause geboren würde, unter der Bedingung, daß er in der Zeit bei seiner Schwiegermutter wohnen dürfte. Was er wohl wünschte, war, daß Frau Dr. H. diesem Arrangement zustimmte. Das war die letzte Aussprache, die er mit ihr hatte.

Wir waren sehr beeindruckt von der Stärke seiner Furcht vor seinen eigenen aggressiven Gefühlen. Sobald man ihm die Konsequenzen vor Augen führte, mußte er entweder davonlaufen oder zusammenbrechen. Hier fügte Frau Dr. H. hinzu, daß sie diese Deutung dem Patienten damals absichtlich nicht gegeben hätte, weil sie nicht eine weitere Periode intensiver Psychotherapie beginnen wollte; sie hatte sich bewußt in eine gewöhnliche Hausärztin zurückverwandelt. Damit veränderte sie aber den Rahmen, in welchem die Behandlung stattgefunden hatte, obwohl sie sich der Bedeutung ihrer Handlung nicht bewußt war. Eine Zeittafel der wesentlichen Ereignisse soll uns die Verfolgung der etwas komplizierten Erörterung dieses Falles erleichtern:

1923 Geburtsjahr

1946 Heirat

1947 Geburt der Tochter

1949 Ambulante Behandlung in Psychiatrischer Klinik

Anfang 1950 Stationäre Behandlung in Sanatorium für Kriegsneurosen

1953–54 Intensive psychotherapeutische Behandlung. Frau Dr. H. heiratet und hat ein Kind.

November 1955 Katamnese: wenige geringfügige Beschwerden. Geplante Schwangerschaft der Frau. Enuresis der Tochter geheilt.

Dezember 1955 Anfall von Panik, Arbeitsniederlegung.

Januar 1956 Wiederaufnahme der Arbeit, weitere Hilfe durch Frau Dr. H.

April 1956 Geburt des zweiten Kindes. „Glückspilz".

Anfang 1957 Gründung des eigenen Geschäfts. Malerarbeiten an Frau Dr. H.s *neuem* Haus.

Sommer 1957 Beginn der dritten (ungeplanten) Schwangerschaft. Versuch, Frau Dr. H.s Partner zu konsultieren; schließlich Konsultation bei Frau Dr. H. selbst. V. übernimmt Malerarbeiten am Hause von Frau Dr. H.s Partner, dem *alten* Haus von Frau Dr. H.

November 1957 Konsultation bei Frau Dr. H. wegen Schwiegermutter.

März 1958 Geburt des dritten Kindes.

Während der Jahre 1953–54, der Zeit der intensiven Psychotherapie, war der Rahmen so strukturiert, daß er eine enge Arzt-Patient-Beziehung ermöglichte. Nach Beendigung der Psychotherapie wurde diese innige Zweierbeziehung etwas lockerer; sobald aber Herr V. sich in Schwierigkeiten befand – wie etwa um die Weihnachtszeit 1955 –, konnte er sich an seine Ärztin wenden, die bereitwillig die Beziehung in demselben Intensitätsgrad wieder aufnahm, wie er während der eigentlichen Psychotherapie bestanden hatte. Dann aber zog Frau Dr. H. sich von dieser Heilmethode zurück, und nun wurden einige Aspekte ihrer Beziehung zueinander, vor allem diejenigen, die mit tiefen, intensiven Emotionen einhergingen, von der Ärztin übersehen oder nicht erkannt und vom Patienten natürlich gar nicht verstanden. Das sind die unvermeidlichen Begleiterscheinungen des „anderen Niveaus", wie Frau Dr. H. es nannte. Hier ergeben sich zahlreiche Probleme. War der Übergang auf das „andere Niveau" gute Therapie? Was veranlaßte Frau Dr. H. zu diesem Schritt? Inwieweit war die veränderte Haltung Herrn V.s eine direkte Folge des „anderen Niveaus", oder hing diese Änderung mehr mit seiner Krankheit und seiner Persönlichkeit zusammen?

Um die Situation richtig beurteilen zu können, mußten wir in unserem Seminar den ganzen Fall noch einmal aufrollen. Frau Dr. H. erinnerte uns daran, daß sich ihre Praxis seit 1953 erheblich entwickelt hatte. Sie hatte ferner ein kleines Kind und konnte daher ihren Patienten nicht mehr soviel Zeit und vielleicht auch nicht mehr soviel Libido widmen. Dann hörten wir, daß das jüngste Kind der Familie V. dadurch zur Welt gekommen war, daß Frau V. sich nicht an die Verhütungsregeln gehalten hatte; Herr V. hatte also sozusagen ein ihm aufgezwungenes Kind annehmen müssen. Wir wußten aus der ursprünglichen Krankengeschichte, daß Frau Dr. H. während der intensiven Psychotherapie mit Herrn V. heiratete und schwanger wurde – was sicherlich den Wünschen von Herrn V. zuwiderlief. Ferner fiel Herrn V.s Behandlung in eine Zeit, als unsere ganze Ärztegruppe sich für Psychotherapie begeisterte. Mehrere der Teilnehmer hatten bemerkenswerte Erfolge, darunter Frau Dr. H. mit Herrn V., und alle Ärzte gaben zu, daß sie nur ungern erlebten, wenn einer der erfolgreich behandelten Patienten jetzt mit neuen oder den alten Beschwerden wiederkam. Wenn man noch weitere Besserung erzielen kann, war ja wohl der ursprüngliche Erfolg doch nicht so entscheidend. Nur zögernd kamen wir zu dem Schluß, daß der ideale praktische Arzt immer bereit sein müßte, seinen Heilerfolg noch zu verbessern, daß für ihn kein Fall endgültig abgeschlossen sei – daß das aber sehr hohe Anforderungen seien.

Es kamen dann weitere Einzelheiten heraus. Als Herr V. seine selbständige Firma aufmachte, hatte er als ersten größeren Auftrag Frau Dr. H.s neues Haus anstreichen und tapezieren müssen; nachdem er mit seiner Arbeit fertig war, zogen Frau Dr. H., ihr Mann und das Kind dorthin um. Hier stoßen wir wieder auf eine der Verhaltensstereotype von Herrn V. Schließlich ist das Haus ein Symbol für die Frau; er hatte also geholfen, Frau H. attraktiver, angenehmer zu machen. Auch die Daten sind interessant. Herrn V.s zweites Kind kam im April 1956 zur Welt, er verließ seine alte Firma endgültig Anfang 1957, begann mit der Arbeit an Frau Dr. H.s Haus im April 1957, hatte einige Wochen daran zu tun, und das Versäumnis in der Verhütungsmaßnahme muß etwa im Juni oder Juli des gleichen Jahres passiert sein. Wir erfuhren auch, daß zwischen dem Ehemann von Frau Dr. H. und Herrn V. Meinungsverschiedenheiten wegen der Arbeit bestanden hatten und daß Frau Dr. H. Mühe gehabt hatte, es nicht zum offenen Streit kommen zu lassen.

So zeigten sich nach genauerer Betrachtung der Arzt-Patienten-Beziehung während der genannten zwei Jahre drei auffallende Ereignisse. Das erste fand im Januar 1956 statt, als Frau Dr. H. die Psychotherapie fortsetzen und Herrn V. helfen konnte, eine bessere Anpassung zu finden. Das zweite geschah im Sommer 1957, nachdem Frau V. zum drittenmal schwanger geworden war, als nämlich der Patient sich zunächst an Dr. H.s Partner wandte und das „andere Niveau" betreten wurde. Das dritte fand im November 1957 statt, als Herr V. mit seiner Frau zu Frau Dr. H. kam, um sich wegen seiner Schwiegermutter Rat zu holen; diesmal kam es zu keinem rechten Kontakt, und infolgedessen konnten die tieferen Nöte des Patienten nicht erkannt werden.

Beim erstenmal war die Behandlung durch Frau Dr. H. tadellos. Ohne Zögern griff sie die therapeutische Arbeit auf und half Herrn V., seine Gesundheit wiederzugewinnen. Beim zweitenmal war die Situation schon verändert, aber es konnte doch etwas erreicht werden. Frau Dr. H. war nur ungern bereit gewesen, sich wieder in eine psychotherapeutische Beziehung einzulassen – daher das „andere Niveau". Beim drittenmal konnte oder wollte Frau Dr. H. die Situation nicht erkennen, und es konnte keine Therapie geleistet werden. Zugegeben, die Situation war viel schwieriger, besonders wegen der Anwesenheit von Frau V. Man kann nicht ohne weiteres sich vorstellen, was Frau Dr. H. unter diesen Umständen hätte tun können, um die therapeutische Beziehung zu Herrn V. wieder aufleben zu lassen. Das ist aber ein rein technisches Problem. Das Hauptproblem, wie das Seminar es sah, bestand darin, daß Frau Dr. H. bei dieser Gelegenheit nicht zu einer richtigen Beurteilung der Bedürfnisse des Patienten gekommen war.

Als das Seminar zu dieser Erkenntnis vorgedrungen war, bekannte Frau Dr. H. in ihrer freimütigen Art, sie habe einfach nicht erkannt, daß die Schwiegermutter nur das vorgeschobene Symptom war und es sich in Wirklichkeit um Herrn V.s eigenes Befinden handelte.[1] Sie sagte wörtlich: „Ich muß gestehen, daß ich erst jetzt, wo wir darüber

---

[1] „Presenting symptom", das dargebotene oder vorgeschobene Symptom, ist ein in unseren Seminaren oft gebrauchter Ausdruck. In diesem Falle hatte es etwa die folgende Bedeutung: Der Patient kam diesmal mit offenkundig neurotischen Problemen (nämlich denen der Schwiegermutter), womit er ja sagen wollte, daß nicht ein gewöhnlicher praktischer Arzt wie Frau Dr. H.s Partner gebraucht würde, sondern jemand, der wirklich etwas davon verstand, wie es früher Frau Dr. H. bewiesen hatte.

sprechen, klarer sehe. Als er kam, war ich wirklich erfreut, denn ich wußte, daß er in letzter Zeit immer meinen Partner aufgesucht hatte." Dann folgte eine Pause; Frau Dr. H. hatte einen gewissen Widerstand zu überwinden, konnte uns dann aber erzählen, daß etwa 6 Monate vor seinem Besuch Herr V. die Malerarbeiten am Hause ihres Partners übernommen hatte, das zugleich Frau Dr. H.s früheres Haus war, in welchem 1953–1954 die Behandlung stattgefunden hatte. Sie erkannte, daß es für Herrn V. ein störendes Erlebnis gewesen sein mußte, als er das Zimmer tapezierte, das während der intensiven Psychotherapie ihr Behandlungszimmer gewesen war.

Man kann daraus folgern, daß Dr. H. ihrem Patienten eine gute psychotherapeutische Behandlung geben konnte, solange ihre eigene Beteiligung ihr in gewissen Grenzen genehm war. Als sich ihre Lebensumstände änderten und sie glaubte, daß ihr Patient vielleicht mehr psychotherapeutische Hilfe brauchte, als sie ihm ohne besonderen Einsatz geben konnte, zog sie sich etwas zurück; das geschah bei dem zweiten Besuch des Patienten im Sommer 1957. Schließlich wurde sie wieder der durchschnittliche Allgemeinpraktiker, der vernünftige Ratschläge oder höchstens etwas oberflächliches Verständnis bereit hielt, wie es bei Herrn V.s letztem Besuch der Fall war.

Kehren wir jetzt zu unserer Behauptung zurück, daß der äußere Rahmen, in welchem der Allgemeinpraktiker seine psychotherapeutische Arbeit leistet, anders ist als der des Psychiaters oder Psychoanalytikers, so daß eine einfache Übernahme von deren Methoden unmöglich ist. Die beiden obigen Fälle beweisen zur Genüge, daß der Rahmen, in welchem der praktische Arzt tätig ist, unvergleichlich variabler ist als der aller anderen Mediziner.

Nehmen wir den Fall von Frau Q. Es ist höchst unwahrscheinlich, daß irgendeinem anderen als dem praktischen Arzt so viele Aufgaben zugemutet werden könnten, wie Dr. M. ohne weiteres übernahm. Desgleichen kommt es wohl selten vor, daß ein Patient seine Frau in die analytische Sitzung mitbringt, um mit dem Arzt zu besprechen, was man mit der schwierigen Schwiegermutter machen könnte. Ein Psychoanalytiker hätte eine solche Zumutung als „Agieren" betrachtet, hätte die mitgekommene Ehefrau schleunigst an die Luft gesetzt und wäre dann mit der analytischen Arbeit fortgefahren.

In der Allgemeinpraxis gilt die mitgekommene Ehefrau in der Regel nicht als Störenfried, sondern ebenfalls als Patientin, die man nicht an die Luft setzt, sondern die mit gleicher Aufmerksamkeit und ärztlicher Kunst behandelt wird. Wenn ein Ehepaar den Arzt konsultiert, was mit der kranken Schwiegermutter geschehen sollte, wie es Herr und Frau V. taten, muß der Arzt sich überlegen, ob dies das wichtigste Symptom ist, das untersucht werden muß, oder ob darüber hinaus andere unterirdische Konflikte vorhanden sind, entweder im Zusammenhang mit früheren Krankheiten des Mannes oder der Frau oder mit aktuellen Eheproblemen, die zu beachten sind. Diese Frage, welches der Patient ist, der im Moment am nötigsten ärztliche Hilfe braucht, oder wem man diese Hilfe im gegebenen Augenblick mit größtem Erfolg angedeihen lassen kann, muß vom praktischen Arzt täglich mehrmals gelöst werden. Dagegen tritt sie an den Psychoanalytiker – außer einmal in einem besonders verzwickten diagnostischen Interview – kaum jemals heran.

Es sei hinzugefügt, daß diese zwei Fälle nur einen winzigen Ausschnitt aus der Fülle von Situationen darstellen, die wir in unserer Forschung zusammengetragen haben, Situationen, die bisher niemals untersucht wurden und daher dem Facharzt, auch dem Psychiater und Psychoanalytiker, unbekannt sind. Es besteht also kein gerechtfertigter Grund für den Anspruch, jeder Psychiater ohne Unterschied sei imstande, den praktischen Arzt zu lehren, wie er Psychotherapie betreiben könne; stattdessen scheint sich eher so etwas wie eine Aufgabe oder sogar eine Pflicht für den Psychiater herauszuschälen, die speziellen psychotherapeutischen Methoden zu studieren, die sich durch das Wesen der Allgemeinpraxis ergeben.

Andererseits kann der Psychiater und speziell der Psychoanalytiker ohne Frage Wesentliches zum Verständnis gewisser Einzelaspekte der Psychotherapie in den Händen des praktischen Arztes beitragen. Schon unser erster Fall zeigt den Wert der Kontinuität und lehrt uns, was diese Kontinuität psychologisch gesprochen bedeutet. Man kann sie auf verschiedene Weise beschreiben, – am besten vielleicht damit, daß man die Intensität der Arzt-Patient-Beziehung zum Ausgangspunkt nimmt. Der äußere Rahmen kann sich ändern – wie stark, sahen wir im Falle der Patientin Q. –, und die Art und Weise, in welcher Arzt und Patient sich ausdrücken, kann sich ändern, aber die Intensität ihrer Beziehung muß sich ungefähr gleichbleiben.

Im Kapitel 12 werden wir unter „Varianten der Psychotherapie" unsere Behauptung noch genauer formulieren. In der Beziehung zwischen Frau Q. und Dr. M. wurde diese Bedingung ziemlich gut erfüllt.

Ändert sich jedoch die Intensität – oder Intimität – der Arzt-Patient-Beziehung, so kommt ein neuer Faktor ins Spiel, wie es sich im Falle des Patienten V. zeigte. Übrigens war sich Frau Dr. H. dieser Wandlung voll bewußt. Sie selbst hatte sie uns als das „andere Niveau" beschrieben, auf dem sie die Behandlung fortsetzte. Und doch erkannte sie nicht, wie sehr dieser Faktor den Patienten beeinflußt hatte. Herr V. hatte vertrauensvoll angenommen, daß seine Ärztin ihn in jedem neuen Notfall mit dem gleichen Verständnis begegnen würde wie während der Zeitspanne seiner intensiven Psychotherapie. Die Ereignisse um Weihnachten 1955, die erfolgreiche Behandlung seines Anfalls von Panik und Flucht von seinem Arbeitsplatz, hatten dieses Vertrauen gewiß noch verstärkt. Als er daher Ende 1956 und vor allem 1957 statt der erwarteten Intensität das „andere Niveau" antraf, muß er sich verwirrt, ja enttäuscht gefühlt haben. Jetzt verstehen wir besser, warum er zuließ, daß seine Frau den Kollegen von Frau Dr. H. aufsuchte, warum auch er selber in dieser Richtung trieb und es zu dem merkwürdigen Schwanken zwischen den beiden Ärzten im Sommer 1957 kam. Da er immer noch nicht fand, was er so dringend nötig hatte, weil eben das „andere Niveau" da war, brachte er seine schwierige Schwiegermutter aufs Tapet, als Repräsentantin seiner eigenen Unsicherheit.

Diese Folge von Ereignissen ist der analytischen Technik wohlbekannt. Wenn der Analytiker aus irgendwelchen Gründen die richtige Antwort auf die Mitteilungen des Patienten nicht findet (in seinem Falle: nicht die richtige Deutung gibt), ist der Patient in der Regel gezwungen, neue, eindrucksvollere „Angebote" zu machen, gelegentlich in Gestalt des Agierens, um den Analytiker zu größeren Anstrengungen zu bewegen. Unsere Studien der allgemeinen Praxis zeigten, daß sich zwischen dem nichtverstandenen Patienten und seinem Arzt das Gleiche ereignet. In gewissen Fällen kann das neue „Angebot" sogar die Gestalt einer alarmierenden körperlichen Erkrankung annehmen.

Dieser unerwartete Wandel im Verhalten oder in der Symptomatologie des Patienten wird fast immer einem äußeren Umstand zugeschrieben, etwa Veränderungen in der Umwelt, einer plötzlichen Infektion, dem Zufall, der bekannten Undankbarkeit der Patienten oder seinem unberechenbaren Charakter usw. – kaum jemals aber der Veränderung in der Arzt-Patient-Beziehung.

Genau dasselbe geschah auch in dem vorliegenden Fall. Dr. H. dachte an Eifersucht der Ehefrau, die normale vertraute Beziehung zwischen dem Geburtshelfer und seinen Patientinnen, Herrn V.s kurzlebige Dankbarkeit usw. Das führte natürlich zu einer falschen Beurteilung der Lage und dadurch zu dem wohlgemeinten, aber wirkungslosen Therapieversuch. Die Diskussion in unserem Seminar öffnete Frau Dr. H. die Augen; aber ohne den Druck unserer systematischen Katamnesen hätte sie gewiß nicht das Bedürfnis gefühlt, über diesen Gang der Ereignisse zu berichten.

Und noch ein Punkt. Vielleicht die aufschlußreichste Periode in der Geschichte einer Krankheit ist die Zeit, bevor noch Patient und Arzt übereingekommen sind, um was für eine Krankheit es sich handelt und sich daran machen, sie zu behandeln. Während dieser noch offenen, „unorganisierten" Periode ist es nicht schwer, die verschiedenen „Angebote" des Kranken und die entsprechenden „Antworten" des Arztes zu verfolgen. Dieses Spiel geht so lange, bis schließlich eine Einigung erreicht werden kann. 1956 und 1957 mußte Herr V. offenbar durch eine ähnlich ungeklärte Periode gehen; hoffen wir, daß unsere Diskussion Frau Dr. H. geholfen hat, die richtige Antwort zu finden, und daß sich der Druck, unter dem Herr V. stand, daraufhin milderte, so daß er nicht gezwungen war, dem Arzt eine neue, eindrucksvollere Krankheit darzubieten.

Dieser Zwiespalt zwischen Patient und Arzt und seine unvermeidlichen Folgen wurden, wie gesagt, zuerst in der Psychoanalyse studiert. Es handelt sich dabei jedoch um eine recht subtile Aufgabe, da das sich wandelnde Verständnis beim Psychoanalytiker gewöhnlich weder sehr auffällig noch leicht aufzeigbar und die Veränderungen beim Patienten auch nicht einfach und durchsichtig sind. Hier bietet die Allgemeinpraxis ein bequemeres Forschungsfeld, da die Veränderungen beim Patienten, seine verschiedenen „Angebote", offen daliegen, aufzeigbar und sozusagen dramatisch sind. Desgleichen sind die Antworten des Arztes darauf leichter erkennbar als die entsprechenden Reaktionen des Analytikers. Ferner besteht die Allgemeinpraxis im ganzen aus nichts anderem als – erfolgreichen oder erfolglosen – Versuchen, „Angebote“ und „Antworten“ aufeinander abzustimmen, und so kann eine Untersuchung dieses Wechselspiels ein sehr lohnendes Unternehmen sein.

Es sei noch ergänzt, daß der Facharzt in seiner diagnostischen Praxis diese Dinge nicht leicht zu fassen bekommt, da der Kontakt zwischen ihm und seinem Patienten viel zu kurz ist. Es ist jedoch keine Frage, daß dieses Wechselspiel die diagnostischen Befunde gelegentlich stark beeinflussen kann, so daß sich auch sein Studium wohl lohnen würde.

3. Der Rahmen der Facharztpraxis

Bevor wir unsere Untersuchung auf die Praxis des Facharztes ausdehnen, wollen wir feststellen, daß wir zwar nicht sicher sein konnten, ob unsere Arbeit mit den praktischen Ärzten alle wesentlichen Punkte der Arzt-Patient-Beziehung erfaßt hatte; aber wir konnten die volle Bedeutung praktisch jeden, vom Arzt unternommenen Schrittes einsehen. Dies war möglich einmal aus dem Grunde, weil die Arbeitsweise unserer Seminare die genaueste Betrachtung und Zergliederung jeder Einzelheit eines jeden vorgetragenen Falles nicht nur erlaubt, sondern regelrecht fordert. Die Kontinuität der Arzt-Patient-Beziehung einerseits und die Kontinuität unserer Seminare andererseits gestatteten uns, die Wirkung jeder einzelnen therapeutischen Intervention zu verfolgen, vor allem festzustellen, ob sie zu dem beabsichtigten Ergebnis oder zu welchem anderen geführt hatte. Auf diese Weise konnten wir die einzelnen therapeutischen Schritte wie auch die Gesamtatmosphäre, in welcher die Behandlung vor sich ging, recht zuverlässig bewerten.

Im Rahmen der Facharztpraxis ist die Lage durchaus anders. Zunächst fehlt die für die Hausarztpraxis charakteristische Kontinuität. Der Facharzt sieht die Patienten, die ihm zur Untersuchung überwiesen werden, nur ein-, zweimal, oder etwa eine Woche lang. Er bildet sich seine Meinung, schreibt den Bericht für seinen Kollegen, den behandelnden praktischen Arzt, und verliert in den meisten Fällen den Patienten für immer aus den Augen. Grundsätzlich ändert sich an dieser vorübergehenden Begegnung auch nichts, wenn der Patient für kurze Zeit, etwa für einige Wochen, in ein Krankenhaus oder eine Spezialklinik eingewiesen werden muß. Der Facharzt erfährt kaum jemals, wie der Patient seine diagnostischen oder therapeutischen Interventionen verarbeitet, welches die Ergebnisse auf die Dauer gesehen sind, inwiefern sie nicht genützt haben. Der praktische Arzt erfährt zwar vom Patienten einiges von diesen Folgen, aber sein Respekt vor dem Spezialisten behindert eine freie Diskussion über das Ausmaß oder die Grenzen der Kunst, des Taktes oder der Idiosynkrasien des Facharztes bei der Behandlung des Patienten. Falls eine Katamnese gemacht wird, wird sie in der Regel nicht vom Facharzt selbst, sondern vom praktischen Arzt durchgeführt, eventuell auch von einem Assistenten des Facharztes, der die Beweggründe und therapeutischen Absichten des Facharztes versteht oder auch nicht voll versteht – beziehungsweise nicht voll damit einverstanden ist, wodurch ein fremdes Element in die Arzt-Patienten-Beziehung hineinkommt.

Der zweite Grund für den Unterschied ist der Aufbau unseres ursprünglichen Projektes, das auf den praktischen Arzt ausgerichtet war. Die Heranziehung von Fachspezialisten zur Behandlung der Patienten geschah weder systematisch noch war sie geplant; sie wurden gelegentlich hinzugezogen, wenn der praktische Arzt Hilfe zu brauchen glaubte. Das war natürlich eine etwas subjektive Indikation, zumal sich die Einstellung der Ärzte je nach der Entwicklung der jeweiligen Gruppe oft erheblich änderte. Der beratende Facharzt, der hinzugezogen wurde, war ferner entweder der Fach-Psychiater, der die Gruppe leitete, oder einer seiner Kollegen. Obwohl wir versuchten, uns streng an den Grundsatz der Gleichheit zu halten, bleibt ein Leiter doch immer der Leiter und die anderen sind die Mitglieder der Gruppe. Daher untersteht die Arbeit des Leiters doch nicht ganz der gleichen unparteiischen Kritik wie die der anderen Mitglieder; sie wird entweder zu unkritisch respektiert oder erweckt eine stärker ambivalente Kritik. Falls aber die psychiatrische Begutachtung durch einen anderen Fachpsychiater erfolgte, war die Atmosphäre durch die übliche Rivalität zwischen Elternfiguren getrübt. Wir konnten diese Komplikationen, obwohl wir uns ihrer bewußt waren, nicht ganz vermeiden. Das alles muß bei der Diskussion der nächsten Fälle mit in Rechnung gestellt werden. Wir wollen uns wiederum zwei Patienten zuwenden.

Fall 3

Im September 1952 erwähnte einer der Ärzte der Gruppe seine Patientin, Fräulein I., eine sehr anziehende 25jährige Telefonistin. Sie hatte eine Vielzahl von Beschwerden, darunter bewußt lesbische Neigungen. Diese waren zwar nicht manifest, aber es bestand Furcht und Neugier in dieser Richtung. Die Störung hatte begonnen, als die Patientin im Alter von 20 Jahren in ein weibliches Dienstcorps eintrat; es kam zu zwanghafter, fast täglicher Onanie mit schweren Gewissenskämpfen, Schuldgefühlen, ferner Furcht vor verschiedenen Krankheiten wie Lepra, Tuberkulose, Krebs. Die Patientin hatte auch Angst, sie könnte ihren 12 Jahre jüngeren Bruder oder andere junge Burschen im Autobus angreifen; sie konnte deshalb kaum noch im Autobus fahren, ging von zuhause weg und wohnte in einem Heim. Das verstärkte wieder ihre lesbische Neigung und führte zu depressiven Gefühlen, Todesfurcht, Selbstmordgedanken.

Nach einigen erfolglosen Versuchen, seine Patientin zu verstehen, schickte der Hausarzt sie im März 1952 zu einem Psychiater, der die Diagnose Hysterie bei leichter Depression stellte und ihr Psychotherapie anbot. Fräulein I. kam zu einigen Sitzungen und gab es dann wieder auf. Bald danach erschien sie wieder bei ihrem Hausarzt und klagte über epigastrische Schmerzen und Übelkeit. Der Arzt gab die entsprechende symptomatische Behandlung. Im September 1952 erschien sie wieder und berichtete, ihre Selbstmordgedanken bedrängten sie stärker, alles erschiene ihr unwirklich, sie war tief deprimiert, konnte mit ihrer Arbeit nicht mehr fertigwerden und hatte ihre Stellung aufgegeben. Sie könne sich nicht denken, daß sie jemals wieder arbeitsfähig sein oder an irgendetwas Freude haben würde. Da sie sehr hübsch war, hatten sich mehrere Männer für sie interessiert, sie war auch mehrmals verlobt, mußte aber jede Verlobung nach einigen Monaten immer wieder abbrechen.

Jetzt hatte der Hausarzt ernstlich das Gefühl, daß die Patientin ein zu schwieriger Fall wäre und fachärztlichen Rat brauchte, und er bat um kurzfristige Beratung in unserer Klinik. Wie üblich, wurde sie unabhängig von einem Psychologen und einem Psychiater gesehen. Auch der Psychologe fand sie sehr attraktiv. Unwillkürlich reagierte auch er positiv auf sie, obwohl er die geringe Tiefe ihrer Depression und ihr Bedürfnis, Sympathie zu fordern, erkannte. Im „Object Relations"-Test waren zehn von den dreizehn auf die vorgelegten Bilder gegebenen Inhaltsangaben depressiven Charakters, und in den drei übrigen durfte sich gar nichts ereignen. Im ganzen wurden die Elternfiguren der Geschichten undeutlich gehalten; wenn eine Mutterfigur sich abzeichnete, war es eine idealisierte, aber machtlose Gestalt, unfähig, die Liebe zu geben, die die Patientin brauchte; der Vater war durch und durch schlecht und dazu noch feindlich gegen die idealisierte Mutterfigur eingestellt. Ziemlich deutlich zeigten sich Zerstörungsphantasien, oft in der Form von Selbstzerstörung und Vernichtung. Die schließliche Diagnose des Psychologen lautete auf Hysterie mit begleitender Depression, diese aber ziemlich oberflächlich, weitgehend dazu bestimmt, Sympathie zu erwecken, weniger auf Suizidgefahr hindeutend. Insgesamt hielt er sie für sehr krank. Sie verwende verschiedene hysterische Mechanismen zur Abwehr tieferer depressiver Konflikte und habe nur wenige Kraftreserven in ihrer Persönlichkeit.

Der Psychiater war objektiver in seiner Einstellung und weniger sympathiegebend. Infolgedessen brach die Patientin während des Interviews mehrmals in Tränen aus, während sie beim Testen mit dem mitfühlenden Psychologen ihre Tränen hatte zurückhalten können. Sie erzählte dem Psychiater dieselben Dinge wie dem praktischen Arzt, und dem Psychiater fiel die Starre des Berichtes auf: sie benutzte genau die gleichen Phrasen und Wörter, die im Bericht des Hausarztes standen, so daß man den Eindruck haben konnte, das Ganze sei sorgfältig einstudiert und könne jetzt ganz ohne Gefühl und papageienartig vorgetragen werden.

Das Gehaben der Patientin hatte etwas Hohles, Unbestimmtes, Märchenartiges, eine Maske, die Eindruck machen und sie selbst gegen die Bewußtwerdung ihrer eigenen wahren Gefühle schützen sollte, nämlich daß sie eifersüchtig, ungezogen und falsch sei, unerlaubte sexuelle Begierden habe, nicht wirklich ehrlich arbeiten wolle usw. Der Psychiater versuchte, die ganze Vorspiegelung beiseitezuräumen und sie dazu zu bringen, über ihre wirklichen Konflikte zu sprechen, womit er auch bis zu einem gewissen Grade Erfolg hatte. Seine Diagnose stimmte mit der des Psychologen überein, mit Ausnahme der Beurteilung der Schwere des Falles. Seiner Meinung nach bestand keine Ursache zu Besorgnis: Fräulein I. litt zwar an einer leichten Hysterie mit schwach depressiven Zügen, aber die Prognose war nicht ungünstig. Man konnte sie für eine Psychoanalyse vormerken oder aber sie konnte auch von ihrem Hausarzt behandelt werden, falls dieser sich nicht von den Vorspiegelungen der Patientin täuschen lassen würde.

Der Hausarzt sah sie einige Tage nach dem psychiatrischen Interview; die Patientin wünschte eine Röntgenuntersuchung, da sie fürchtete, Tuberkulose zu haben. Bei dieser Gelegenheit beklagte sie sich, das Gespräch mit dem Psychiater sei sehr unangenehm gewesen, er habe nach Intimitäten ihres Sexuallebens gefragt, was sie sehr gekränkt habe. Insgesamt hätte sie das Gefühl, sie sei verständnislos behandelt worden, da er ihre vielen eindrucksvollen Beschwerden – Angst vor der Zukunft, Todesfurcht, Depression, Furcht, sie könnte ihren Bruder oder andere junge Burschen angreifen, Tuberkulosefurcht, Krebsfurcht – nicht ernstgenommen habe.

Der Hausarzt sah sie nun etwa ein Jahr lang nicht. Erst im Herbst 1953 kam sie wieder und klagte über etwas Husten. In der Zwischenzeit hatte sie gearbeitet, ja, hatte nicht einen Tag wegen Krankheit versäumt. Sie ließ durchblicken, daß sie nicht mehr viel an ihre alten Beschwerden gedacht hätte, und schien in ganz gutem Zustand.

Im Februar 1954 erwähnte der Arzt sie noch einmal. Er sah die Patientin selten, sie war augenscheinlich durch das eine Interview in der Klinik geheilt. Nachdem sie früher bis zu sechs Monaten wegen Krankheit nicht gearbeitet hatte, hatte sie inzwischen keinen Tag mehr gefehlt. Mehr noch: sie war glücklich und hatte sich verlobt.

1957, bei unserer Katamnesenerhebung, kamen wir noch einmal auf sie zu sprechen, also 5 Jahre nach dem Interview in der Klinik. Der Hausarzt berichtete, sie sei jetzt eine ziemlich gut gepolsterte Ehefrau, die ihn vielleicht einmal im Jahr wegen einer Erkältung oder dergleichen aufsuche. Wenn sie komme, strahle sie ihn an. Er weiß, daß sie glücklich verheiratet ist, und zwar weiß er das nicht nur von ihr, sondern auch von ihrer Schwester, die er öfter sieht. Das Ehepaar ist noch kinderlos, aber sie sind dabei, sich außerhalb von London ein Häuschen im Bungalowstil zu bauen und wollen ein Kind haben, sobald sie dort hinausgezogen sind. Bei ihrem letzten Besuch sagte die Patientin: „Was man doch für komische Gedanken hat! Das ist das Leben; das Leben muß sich herausarbeiten. Wenn ich mich daran erinnere, was ich früher für merkwürdige Gedanken hatte, kommt es mir vor, als wäre ich das gar nicht ich selbst gewesen." Der Arzt fügte hinzu: „In der Tat hat sie seit jenem psychiatrischen Interview nicht mehr nach rückwärts geschaut."

Es ist schwer zu erklären, was diese ganz bemerkenswerte Kur zuwegegebracht hat, aber unbestreitbar hat die Besserung unmittelbar nach dem psychiatrischen Interview eingesetzt. Es handelt sich demnach um einen Fall von Psychotherapie durch den Facharzt, obwohl eine solche keineswegs beabsichtigt war. Nicht nur verschwand nach diesem einen Interview ihre eindrucksvolle Kollektion von Symptomen, sondern dieses hübsche Mädchen, das eine Reihe von Männern angelockt hatte und dann vor ihnen weggelaufen war, sobald es ernst wurde, konnte sich jetzt für einen Ehemann entscheiden, ihn heiraten und, wie im Märchen, von nun an froh und glücklich leben.

Jedesmal, wenn der Hausarzt von dieser erstaunlichen Heilung berichtete, fragten wir uns, ob man die Patientin zu einer psychiatrischen Nachuntersuchung einbestellen sollte. Jedesmal aber kamen wir nach längerer Diskussion einstimmig zu dem Schluß, daß man besser die Finger davon lassen sollte. Es ging ihr gut, sie war glücklich verheiratet, beabsichtigte, Kinder zu haben; es bestand also kein triftiger Grund, warum man sie einem unnötigen Risiko oder auch nur einem ihr unbehaglichen Arztgespräch aussetzen sollte. Aber schon die Tatsache, daß wir zögerten, dieses Risiko einzugehen, zeigt, daß wir nicht fest überzeugt waren, die Heilung sei ganz stabil und unerschütterlich. Ein weiterer wichtiger Punkt ist ihr verändertes Aussehen. Das früher unglückliche, aber schlanke und sehr anziehende Mädchen war zu einer vollbusigen, lächelnden Frau geworden. Ist das eine normale Entwicklung – aus einem geängstigten Mädchen wird eine zufriedene Ehefrau –, oder haben wir es vielleicht mit einem Fall von Freßsucht zu tun, wie sie viele Depressive zeigen? Da eine erhebliche Gewichtszunahme jedoch bei jungverheirateten Frauen – und auch Männern – ziemlich häufig vorkommt, muß man etwa jede normale Heirat als eine Abwehr gegen Depression betrachten? Das ist ein unlösbares Problem, und wir wenden uns daher unserem nächsten Fall zu, auch einer scheinbaren psychotherapeutischen Wunderheilung durch den beratenden Facharzt.

Fall 4

Im Oktober 1953 erwähnte einer unserer Ärzte einen sonderbaren Fall. Es handelte sich um einen 34jährigen Patienten, Herrn N., der in einer verantwortlichen Stellung tätig, seit 12 1/2 Jahren verheiratet war, eine Tochter von 9, einen Sohn von 8 Jahren hatte. Alle vier Personen waren dem Arzt bekannt, und er hielt sie für eine sehr glückliche, normale Familie. Obwohl es im Elternhaus von Herrn N. Spannungen gegeben hatte – sein Vater war sehr ruhig, die Mutter dominierend –, war Herr N. ein guter Schüler gewesen, hatte sich in der Armee bewährt und es bis zum Hauptfeldwebel gebracht, hatte verschiedene Sportarten getrieben und war noch aktiver Fußballer. Er stellte an sich und alle Welt sehr hohe Anforderungen, war zu Hause und in seinem Amt ordentlich und methodisch. Obwohl daraus mitunter Reibungen erwuchsen, der Sohn z. B. Schulschwierigkeiten hatte, konnte die Familie offenbar damit fertigwerden, da sie ihrem Hausarzt bis dahin keine Sorgen gemacht hatte.

Herr N. kam also zum Arzt und klagte über Impotenz, die plötzlich nach Rückkehr von seinem letztjährigen Urlaub eingesetzt habe. Die Familie hatte, wie schon seit vielen Jahren, den Urlaub in einem Seebad verbracht, dem Heimatort der Frau. Sie hatten bei der verheirateten Cousine der Frau gewohnt. Er habe den Urlaub durchaus genossen, könne sich nichts denken, was die Störung herbeigeführt haben könnte, außer daß er in letzter Zeit viel Überstunden gemacht habe. Er hatte das ganze Jahr über gezögert, zum Arzt zu gehen und kam jetzt auch nur auf Betreiben seiner Frau. Außerdem hatte er vor kurzem einen Traum mit Einnässen gehabt, der ihn so bekümmerte, daß er dem Drängen seiner Frau nachgab.

Da der Arzt bei diesem wohlabgeschirmten Mann nicht recht vorankam, kam er auf den Gedanken, die Frau einzubestellen. Von ihr erfuhr er, daß Herr N. am ersten Tag nach dem Urlaub sehr aufgeregt aus dem Amt nach Hause gekommen war. Er hatte Krach mit einem seiner Untergebenen gehabt. Der Untergebene war entlassen worden, und das hatte Herrn N. wieder sehr aufgeregt. Übrigens hatte er diesen jüngeren Mann nicht leiden können, er hatte ihn an seinen Schwiegervater erinnert, den er haßte, weil er ein Taugenichts war und seiner Familie das Leben zur Hölle machte.

Der Arzt sah wieder kein Weiterkommen und trug den Fall dem Seminar vor. Es wurde zugegeben, daß Herr N. auf Grund seiner gutfunktionierenden Abwehrmechanismen schwierig zu behandeln sein würde; andererseits wurde vermutet, daß der Hausarzt vielleicht deswegen keine Behandlungsmöglichkeiten sah, weil er nur ungern seine günstige Meinung über diese Familie revidieren mochte. Er hatte sie immer für eine besonders nette, glückliche Familie gehalten, und es tat ihm leid, zugeben zu müssen, daß nicht alles so erfreulich war. Der Arzt versprach, es noch einmal zu versuchen, berichtete aber eine Woche später, daß er absolut nicht vorangekommen war. Er hatte den Patienten gesehen, dieser hatte aber wiederholt, daß sein Eheleben vollkommen in Ordnung sei und es keinerlei Schwierigkeiten gebe. Nun stellte der Arzt den Antrag, den Fall psychiatrisch begutachten zu lassen.

Aus verwaltungstechnischen Gründen konnte der psychologische Test nicht sogleich durchgeführt werden, so daß wir zunächst nur das Ergebnis der psychiatrischen Untersuchung vorliegen hatten. Diese bestätigte im großen ganzen die Befunde des praktischen Arztes, ergänzte sie aber noch durch einige interessante Befunde. Vor allem unterstrich der Psychiater die Starrheit im Zwangscharakter des Patienten. Wie immer in solchen Fällen, war Herr N. vernünftig und bereitwillig, soweit es sich um die Realität handelte, konnte aber schlechthin nichts über sein inneres Seelenleben aussagen. Man erfuhr, daß seine Sexualentwicklung verhältnismäßig spät erfolgt war und daß er niemals onaniert habe. Mit 21 Jahren, als er zur Armee eingezogen wurde, war er praktisch noch unaufgeklärt. Er habe sich niemals sehr für das Geschlechtliche interessiert, und es hatte auch über ein Jahr gedauert, bis seine Frau im Geschlechtsverkehr eine echte Befriedigung gefunden hatte. Obwohl sie sich beide gern haben, genieren sie sich, sich voreinander auszuziehen; Herr N. mochte nur ungern daran erinnert werden, daß seine Frau Verhütungsmittel gebrauchte. Das Eheleben bedeutete ihnen keinen freien, sondern eher einen verstohlenen Genuß; immerhin hatten sie bis zu jenem Ferienaufenthalt etwa zweimal wöchentlich ziemlich befriedigenden Geschlechtsverkehr ausgeübt.

Seine Impotenz hatte ihn nicht sehr beunruhigt, obwohl er zugab, daß so etwas bedenklich sei und daß seine Frau meinen könnte, er liebte sie nicht mehr, was aber nicht der Fall sei. Nur um das zu beweisen, hatte er den Vorschlag seiner Frau, einen Arzt aufzusuchen, befolgt. In den vergangenen 14 Monaten hatte er sechs- oder siebenmal Geschlechtsverkehr versucht, davon etwa zur Hälfte ohne Erfolg.

Die Familie hatte in den letzten fünf, sechs Jahren jeden Sommer die Ferien bei der Cousine der Frau verbracht. 1952 hatte zwischen der Cousine und deren Mann eine Spannung bestanden, die mehrmals zu Explosionen geführt hatte. Die Cousine war offenbar sehr wütend gewesen und hatte sich mit ihrem Mann verzürnt. Der Mann war einer seiner engsten Freunde, so daß Herr N. ihn sehr bedauerte und befürchtete, daß ihre Anwesenheit zu der drückenden Atmosphäre beigetragen haben könnte. Darum hatten sie beschlossen, 1953 nur eine Woche dort zu verbringen. Ein weiterer Grund für diesen Entschluß war, daß das Haus recht klein war und die heranwachsenden vier Kinder, je zwei von jeder Familie, zusammen in einem Zimmer schlafen mußten, was Herrn N. wegen möglicher sexueller Erregung der Kinder nicht tunlich erschien. Nach Meinung des Psychiaters war der Urlaub des Jahres 1952 für Herrn N. regelrecht traumatisch verlaufen; er hatte erkennen müssen, daß es Familien gab, wo man sich stritt und wo die Kinder sexuell erregt wurden. Offenbar war das eine zu schwere Bedrohung seiner eigenen Abwehrmechanismen. Damit erklären sich vielleicht auch die Fragen des Patienten am Ende des Interviews, ob körperlich etwas bei ihm nicht in Ordnung wäre und ob eine Therapie den Zustand nicht noch verschlimmern könnte.

In der Diskussion war das Seminar nicht sicher, was man ihm empfehlen sollte. Der praktische Arzt berichtete aber, daß Herr N. sich nach dem psychiatrischen Interview sehr erfreut über die Aufmerksamkeit geäußert hatte, mit der man ihn in der Klinik behandelt habe. Er hatte das Gefühl, daß endlich einmal etwas Richtiges für ihn getan werden würde, und zwar für ihn allein. Den versprochenen Test erwartete er mit freudiger Spannung. Obwohl nicht zu übersehen war, daß er auch ziemlich geängstigt war, was man bei ihm aufrühren werde, beschloß das Seminar auf Grund des Arztberichtes, den Test durchzuführen.

Das Ergebnis des Rorschach-Testes läßt sich folgendermaßen zusammenfassen: Herr N. hat einen gut abgeschirmten Zwangscharakter und konnte seine aggressiven Impulse bis jetzt durch starre Zwangshaltungen kontrollieren. Es muß sich kürzlich etwas ereignet haben, das dieses Gleichgewicht erschütterte; entweder ist seine Aggressivität, vor allem gegen Frauen, angestachelt worden oder seine Zwangsmechanismen wurden geschwächt. Nun hat er das Gleichgewicht verloren und ist gezwungen, aus Vorsicht eine Distanz zwischen sich und jegliche Frau zu legen. Der Psychologe glaubte nicht an die Gefahr eines psychotischen Zusammenbruchs, konnte aber nicht sagen, ob Herr N. eine weitere Vermehrung der Spannung ertragen können würde, etwa durch eine psychotherapeutische Behandlung, die seiner Meinung nach zu einem schweren neurotischen Zusammenbruch führen könnte.

Unter dem Gewicht dieser zwei Berichte, die einander verstärkten, wurde die Diskussion im Seminar mit großer Vorsicht geführt. Alle fürchteten, eine radikale Therapie würde den Patienten schwer erschüttern, so daß ein vorübergehender Zusammenbruch erfolgen könnte. Keiner aber schlug vor, daß der Psychiater die Behandlung übernehmen sollte. Einige praktische Ärzte erklärten sich für einfache Beruhigung und Stützung; nur die mutigsten waren dafür, daß der Hausarzt Herrn N. behandeln und vorsichtig versuchen sollte, ihn dazu zu bringen, etwas freier zu sprechen. Im ganzen war die Diskussion ziemlich unlustig, planlos, fast defaitistisch.

Man muß zugeben, daß der Bericht sowohl des Psychologen als auch besonders der des Psychiaters nicht viel hoffnungsvoller waren. Aus der Distanz mehrerer Jahre gesehen, erscheint die Einstellung des Psychologen zwar lehrbuchmäßig richtig, aber nicht gerade kühn; die des Psychiaters erscheint deutlich gehemmt. Sein Bericht enthält eine Anzahl ins Auge fallender Momente, die er offenbar entweder nicht bemerkte oder nicht benutzte. Abgesehen von dieser allgemeinen Gehemmtheit hatte er auch nicht versucht, irgendwelche Therapie anzubieten. Er war einzig auf Diagnose eingestellt. Aber selbst diese war in ziemlich unbeteiligter Weise angegangen worden und war im Ergebnis denn auch nicht sehr aufschlußreich. Wegen der erwähnten verwaltungsmäßigen Verzögerung hatte es noch dazu recht lange gedauert, bis wir wenigstens dieses Ergebnis zustandebrachten. Der Fall war im September 1953 zur Sprache gekommen, der Test fand erst Mitte Dezember, also drei Monate später statt.

Zu unserem Erstaunen hörten wir Mitte Februar 1954, also zwei Monate nach dem psychologischen Test, durch den Hausarzt, daß Herr N. ein neuer Mensch geworden sei. Obwohl er keinerlei weitere Psychotherapie gehabt hatte, hatten die zwei Interviews ihn offenbar aufgerüttelt. Der eheliche Geschlechtsverkehr war wieder normal, und das Paar war offenbar ganz zufrieden. Dies war ein durchaus unerwarteter Erfolg, und wir konnten uns nicht denken, daß er von Dauer sein würde. Unsere Skepsis war jedoch unbegründet. Der nächste Bericht erreichte uns 1956, also mehr als zwei Jahre nach dieser Wunderkur. Der Hausarzt hatte zwar nicht den Ehemann, aber die Frau gesprochen, und diese hatte bestätigt, daß alles in Ordnung sei. Herr N. hatte sich völlig erholt, das Eheleben war normal. Der Hausarzt meinte, daß ihm keinerlei Verdienst an dieser Veränderung zum Guten zukäme, denn er habe keine Psychotherapie gegeben. Es mußte sich in den Interviews in der Klinik etwas ereignet haben, das den Umschwung herbeiführte.

Anläßlich unseres katamnestischen Forschungsvorhabens stießen wir im Dezember 1957, vier Jahre nach jener Episode, wieder auf den Fall. Der Hausarzt hatte noch immer engsten Kontakt mit der Familie und berichtete, daß es Herrn N. sehr gut gehe. Er hatte über nichts geklagt, die beiden Kinder hätten sich gut entwickelt, selbst der Junge hatte seine Hemmungen und seinen Mangel an Selbstvertrauen etwas überwunden. Das einzige, was in dieses rosige Bild nicht ganz hineinpaßte, war eine vorübergehende Depression der Frau mit Kopfschmerzen und Schlaflosigkeit. Sie war mit diesen Beschwerden im Mai 1957 zum Arzt gekommen und hatte ihn gebeten, sie auf eine Woche zur Erholung wegzuschicken. Am Ende dieser Woche hatte sie sich jedoch wieder arbeitsfähig schreiben lassen, und es war weiter nichts nachgekommen.

Wir müssen an dieser Stelle festhalten, daß wir nicht der Meinung sind, Herrn N.s Neurose sei geheilt worden. Im Gegenteil: die vorübergehende Depression der Ehefrau muß als Signal der fortdauernden Spannung in dieser Ehe gewertet werden. Nichtsdestoweniger bleibt die Tatsache bestehen, daß die Impotenz des Patienten, die seit etwa fünfzehn Monaten bestanden hatte, durch ein einziges Interview kuriert war; wie die Katamnese zeigt, hatte die Kur über vier Jahre gewirkt, und es gab keine Anzeichen dafür, daß ein Rückfall drohte.

Demnach muß man die beiden Fälle 3 und 4 als zwar begrenzte, aber unzweifelhafte therapeutische Erfolge buchen. In beiden Fällen wurde das Ergebnis anscheinend in einem einzigen Interview erreicht. Eine weitere unerwartete Tatsache ist, daß in beiden Fällen das Interview rein diagnostisch ausgerichtet war. Im Falle des Herrn N. hatte sich der Psychiater damit begnügt, ausreichendes Material für eine begründete Diagnose zusammenzutragen. Bei der Telefonistin war er etwas ehrgeiziger vorgegangen und hatte bewußt versucht und auch erreicht, ihre Abwehrmechanismen zu durchbrechen; aber auch das war nicht in therapeutischer Absicht geschehen.

Hier zeigt sich ein großer Unterschied zur Arbeit des praktischen Arztes. Dieser begnügt sich niemals mit der Diagnose; er ist immer und vor allen Dingen Therapeut. Dagegen hat der Facharzt oft nur die Aufgabe, den Patienten zu untersuchen und ihn mit einer Diagnose und einigen therapeutischen Empfehlungen an den Hausarzt zurückzuschicken, der sich dann in seiner Behandlung danach richtet. Trotz dieses erheblichen Unterschiedes können, wie unsere beiden Fälle beweisen, gelegentlich ganz beachtliche Erfolge erzielt werden.

Der Psychoanalytiker ist in der Lage, zur Erklärung dieser beiden Heilerfolge einige Vorstellungen oder Einfälle beizusteuern. Da die Übertragungsbeziehung im Falle des Herrn N. nur eben angedeutet, nicht aber näher beschrieben wurde, kann man nur auf die allgemeinen Erkenntnisse zurückgreifen. Die Interviews beim Psychiater wie auch die Test-Sitzungen sind plötzliche Ereignisse und können daher im Gegensatz zu einer länger bestehenden Behandlung traumatisch wirken. Der durch das Interview erlebte Schock kann eine therapeutische Wirkung haben, besonders wenn er sich in einer vom Arzt geschaffenen und vom Patienten übernommenen aufrichtigen, rückhaltlosen Beziehung ereignet. Unter diesen Umständen kann der Patient das Erlebnis haben, daß er wirklich verstanden wird, d. h. er sieht, daß wenigstens einige seiner vielen ihm bisher unerklärlichen Probleme durch die Beleuchtung, die ihnen der Fachmann gibt, einen Sinn bekommen. So kurz dargestellt, muß diese Erklärung zu einfach, zu rosig und vielleicht sogar unexakt erscheinen. Wir werden in den Kapiteln 10 und 11 noch genauer darauf eingehen.

Im Falle des Fräuleins I. stehen wir auf etwas sichereren Füßen, da wir etwas über die im Laufe des Interviews eingetretenen Entwicklungen wissen. Der Psychiater sah etwas von den Konflikten der Patientin, die hinter ihren Abwehrhaltungen verborgen lagen, und brachte sie trotz ihres Widerstandes dazu, seiner Auffassung ihrer Lage zuzuhören. Dadurch war seine Arbeit gezielt und nicht nur ein Zufallstreffer, wie es vielleicht im Falle des Herrn N. sich ereignete. Es ist nicht sicher, ob eine solche Technik im Rahmen einer laufenden Behandlung wirksam wäre. Fräulein I. wußte, daß sie den Psychiater nicht wiederzusehen brauchte, und konnte ihn deshalb ohne Schuldgefühle hassen und schlechtmachen; dadurch konnte sie nach einiger Zeit aber auch ohne Demütigung und Verlust an Selbstgefühl seine Empfehlungen befolgen. Es ist sogar anzunehmen, daß sie, wenigstens zeitweilig, einfach vergaß oder verdrängte, daß ihre neuen Einsichten von dem verhaßten Psychiater stammten. Wenn der behandelnde Arzt eine solche Technik anwendete, würde er seinen Patienten in einen schweren Konflikt stürzen; sein Haß, der aus der ihm aufgezwungenen schmerzlichen Einsicht stammte, würde entweder dazu führen, daß er alles, was mit dem Arzt zusammenhing, verwerfen und zerstören müßte, oder er müßte seine Entrüstung und Verbitterung niederkämpfen, um die neue Einsicht als wahr und heilend annehmen zu können. Dieser schwierige Prozeß – dessen verschiedene Aspekte in der psychoanalytischen Literatur als Durcharbeitung, Annahme von Unlust, Annahme einer Depression beschrieben sind – verlangt erhebliche Zeit und Energie, wenn er sich in einer laufenden psychotherapeutischen Behandlung ereignet. Unsere beiden Fälle lassen annehmen, daß ein Teil davon gegebenenfalls vom Patienten allein bewältigt werden kann.

Ein weiterer Unterschied ergibt sich daraus, daß in einem diagnostischen Interview, im Gegensatz zur psychotherapeutischen Behandlungssituation, der Patient weniger geschont wird. Der Psychotherapeut wägt in der Regel sorgfältig ab, ob er seinen Patienten mit einem Stück neuer Einsicht belasten darf; man nennt das die Deutungstechnik. In einem diagnostischen Kontakt wird der Patient nicht „behandelt", sondern „untersucht"; die schützende – vielleicht überbeschützende – psychotherapeutische Atmosphäre fehlt. Dies kann dem Patienten helfen zu entdecken, daß das Aufgeben einiger Abwehrhaltungen nicht unbedingt mit äußerster Vorsicht, unter Schonung und Rücksicht geschehen muß; auch wenn es grob und etwas schmerzhaft vor sich geht, muß es nicht zur Katastrophe führen.

Alle diese Erklärungen – man könnte noch andere anfügen – sind bloße Spekulationen, vor allem, wenn man sie mit der genauen Analyse vergleicht, die wir im vorigen Kapitel an den Techniken des praktischen Arztes vornahmen. Das liegt eben an dem grundlegenden Unterschied zwischen der notwendigerweise diagnostischen Methode des Facharztes und der überwiegend therapeutischen des praktischen Arztes. Es ist jedoch noch ein weiterer Unterschied vorhanden. Die freundschaftliche Atmosphäre unserer Forschungsseminare macht es den Teilnehmern möglich, ihren natürlichen Widerstand zu überwinden und ihre persönlichen Beiträge zu den therapeutischen Prozessen zu enthüllen. Dadurch konnten diese persönlichen Einflüsse, die in den Fachveröffentlichungen kaum jemals erwähnt werden, durch unsere Forschungsmethode in objektive wissenschaftliche Beobachtungen verwandelt werden, auf Grund derer wir beachtliche Einblicke in die komplexe Wechselwirkung von Arzt und Patient, die man die ärztliche Behandlung nennt, tun konnten. Man könnte sagen, daß das Behandlungszimmer des Arztes mit seinen eifersüchtig gehüteten Geheimnissen sich durch unsere Untersuchungsmethoden in ein wissenschaftliches Laboratorium verwandelt, in dem objektiv beobachtete psychologische Experimente durchgeführt werden. Das kann man vom Behandlungszimmer des Facharztes noch nicht sagen. Vorläufig ist sein Sprechzimmer noch immer ein Sanktum, in dem sich gelegentlich auch Wunder ereignen können – wie die beiden oben berichteten.

Wir betrachteten diesen Stand der Dinge als eine reizvolle Herausforderung. Wenn Wunder, wie die beiden berichteten, sich ereignen können, warum sollte man sie nicht bewußt herbeiführen? Man braucht dazu nur ähnliche Voraussetzungen für den Facharzt zu schaffen, wie wir es für den praktischen Arzt bereits getan haben. Unter solchen Voraussetzungen kann man hoffen, daß auch die Fachärzte, wie die Allgemeinpraktiker, imstande sein werden, ihren natürlichen Widerstand gegen die Enthüllung ihrer persönlichen Beiträge zu den therapeutischen Prozessen, die sich in ihren Sprechzimmern ereignen, zu überwinden.

Das würde jedoch erfordern, daß die Fachärzte, wie jetzt die praktischen Ärzte, bereit sind, freimütig die kleinsten Einzelheiten ihrer täglichen Arbeit zu erörtern und sie der Kritik ihrer Kollegen zu unterbreiten. Das ist nicht einfach, aber es ist auch nicht unmöglich. Wir haben seit nunmehr fünf Jahren ein „Forschungslabor“ nach diesen Grundsätzen für praktizierende Psychoanalytiker durchgeführt; neuerdings haben wir ein ähnliches „Labor“ einrichten können, in dem praktisch alle Spezialisten der medizinischen Praxis vertreten sind: Kinderärzte, Gynäkologen, Dermatologen, Internisten. Es ist vielleicht nicht bedeutungslos, daß der letzte, den wir für unser Forschungsvorhaben gewinnen konnten, der Chirurg war.

4. Die Frage der Bewertung

Wir haben jetzt zwei medizinische Umwelten etwas eingehender betrachtet: die des praktischen Arztes und die des Facharztes, die sich voneinander sehr grundlegend unterscheiden. In beiden können unbestreitbare psychotherapeutische Erfolge erzielt werden. Wir haben diese Umwelten oder Rahmen dann mit denjenigen des Psychoanalytikers verglichen und gefunden, daß die Techniken und vielleicht auch die Ergebnisse erheblich voneinander abweichen.

Hier stellt sich sogleich eine nächste Frage: kann man therapeutische Erfolge überhaupt vergleichen? Bevor wir die schwierige Frage der Bewertung anschneiden, möchte ich an einen alten Scherz erinnern, der die vor uns liegenden Schwierigkeiten illustriert. Ein ängstlicher Mann hatte ein Bein gebrochen, und sein Doktor legte ihm ein Pariser Pflaster auf. Der Mann plagte in seiner Furcht den Arzt mit Fragen, ob sein Bein wieder ganz heil werde, wie lange es dauern werde, ob er jemals wieder gehen, schnell laufen könne usw. Schließlich verlor der Arzt die Geduld und sagte in seiner Verzweiflung: „Sie werden in sechs Wochen nicht nur gehen und laufen, sondern sogar tanzen können." Darauf der Mann in höchster Verwunderung: „Dann sind Sie wahrhaftig ein großartiger Arzt, denn ich wollte mein ganzes Leben lang immer so gern tanzen und habe es nie lernen können!"

So ungefähr sind auch die Erwartungen, die an eine ideale analytische Behandlung geknüpft werden, und so sind auch die Maßstäbe, die der Analytiker anlegt, wenn er jegliche andere Psychotherapie außerhalb der Psychoanalyse beurteilt. Wenn nach der Behandlung einer unserer Patienten noch immer so gehemmt ist, daß er nicht tanzen kann, so würde dies die Behandlung automatisch zu einem bloßen Teilerfolg stempeln. Natürlich würde sich kein orthopädischer Chirurg darum kümmern, ob der Patient tanzen kann oder nicht; sein Maßstab ist, ob es ihm gelungen ist, die Funktion des Gliedes so wiederherzustellen, daß der Patient es wie vor der Krankheit oder dem Unfall benutzen kann.

Übernehmen wir jedoch einmal den höheren Maßstab und fragen wir uns, welcher der in den beiden vorgehenden Kapiteln beschriebenen vier Patienten tanzen gelernt hat. Die Antwort muß lauten: keiner – vielleicht mit der Ausnahme der jungen Telefonistin. Nach der Schilderung des Hausarztes wird Frau Q. immer eine „Schlampe" bleiben und wird, so muß man hinzufügen, vermutlich von Zeit zu Zeit immer wieder Hilfe brauchen. Aber es ist natürlich nicht zu leugnen, daß die Behandlung ihr geholfen hat, aus einer unbrauchbaren Person, die sich selbst und ihrer Familie nur Last und Sorge war, die Gefährtin ihres Mannes und die Mutter ihres Kindes zu werden.

Bei Herrn V. ist die Bilanz noch besser. Als die Behandlung begann, war er kaum noch arbeitsfähig; seine Frau stand im Begriff, ihn zu verlassen; das Kind war Bettnässer; er selbst ein Nervenbündel. Jetzt hat er ein blühendes Geschäftsunternehmen, eine zufriedene Frau, drei sich anscheinend gut entwickelnde Kinder, und er selber kommt höchstens noch zwei- bis dreimal im Jahr zum Arzt. Seine Ambivalenz gegenüber autoritär auftretenden Männern hat sich so verringert, daß sie ihn nicht mehr stört. Nur wenn man ihn zwingt, seine eigene Aggressivität ins Auge zu fassen, hat er Schwierigkeiten und braucht noch einmal Hilfe. Obgleich er es also niemals dahin bringen wird, einen Kriegstanz zu vollführen – müssen wir deshalb seinen Fall als Fehlschlag bezeichnen?

Herr N., unser dritter Fall, ist zweifellos der Zwangstyp geblieben, der er von Kindheit an war. Die Last, die er seiner Familie durch sein neurotisches, überforderndes Verhalten auferlegt, hat sich zwar etwas vermindert, ist aber wahrscheinlich immer noch beträchtlich, wie durch die spätere leichte Depression und Schlaflosigkeit der Frau angedeutet. Aber er hält sich aufrecht; seine Potenz ist befriedigend, wenn auch vielleicht nicht ganz ideal, und soweit uns bekannt ist, droht keine Verschlimmerung seines Zustandes.

Vielleicht der beste Therapieerfolg wurde bei der jungen Telefonistin, Fräulein I., erreicht. Dieses schwer neurotische Mädchen konnte sich zu einer normalen Frau entwickeln, die, soviel wir wissen, glücklich verheiratet ist, demnächst in ein eigenes Haus ziehen wird und sich dann auch Kinder anschaffen will. Es ist daher nicht ganz unmöglich, daß sie gelernt hat, den normalen Frauentanz zu tanzen.

Ein weiterer wichtiger Punkt zugunsten dieser vier Fälle ist unsere katamnestische Studie, die in jedem der Fälle sich über fünf bis sechs Jahre erstreckte. Man muß diese Tatsache der gewöhnlichen Kritik entgegenhalten, daß es sich jeweils nur um kurzlebige Übertragungserfolge handele. Es sind vielmehr dauerhafte Therapieerfolge, wenn sie auch vielleicht nicht für immer vorhalten werden, sondern hier und da geflickt werden müssen – aber sie sind doch langanhaltend. Wir müssen uns daran erinnern, daß selbst Freud meinte, gewisse Patienten würden etwa alle fünf Jahre nach ihrer ursprünglichen Analyse einer Nachbehandlung bedürfen. Die vier von uns erwähnten Patienten haben das nicht gebraucht. An diesem Maßstab gemessen, sind die Heilerfolge also recht stabil.

Wenn wir gegen diese unzweifelhaften, wenn auch begrenzten, Erfolge die Kosten an Zeit, Geld und vor allem seelische Anstrengung aufrechnen, die investiert werden mußten, wird der Vergleich mit der psychoanalytischen Therapie noch günstiger. Gewiß wäre in einer solchen die Behandlung tiefer gegangen, die Patientin hätte vielleicht die Chance gehabt, ihre Persönlichkeit besser zu entwickeln, und die Heilung wäre demgemäß vielleicht vollständiger und stabiler geworden. Aber der „Preis“ wäre in jeder Hinsicht auch sehr viel höher gewesen.

Im großen und ganzen sind die mit Hilfe von Gruppen-Psychotherapie erhältlichen Resultate, bei noch niedrigerem „Preis“, etwa die gleichen wie die in den vier obigen Fällen beschriebenen.

Die Berücksichtigung des „Preises“ macht unsere Aufgabe, die Ergebnisse der von uns studierten verschiedenen Psychotherapien zu bewerten, noch schwieriger. Es genügt nun nicht mehr, zu zeigen, daß ein Erfolg zustande gekommen ist; er muß gegen den „Preis“ abgewogen werden, den Patient und Arzt (und vielleicht die Krankenkasse) dafür zu zahlen hatten.

Das ist eine Herkulesarbeit, und so wollen wir mit einer alten Geschichte beginnen: Ein Jude kam zu Rothschild und bat um ein „Darlehen“, um sich in Karlsbad einer sehr teuren Kur unterziehen zu können. Als Rothschild einwandte, es gebe doch auch weniger teure Bäder, antwortete der Bittsteller entrüstet: „Aber Herr Baron, für meine Gesundheit ist nichts zu teuer!“ Das ist richtig, solange jemand anderes die Kosten trägt, aber ist es auch richtig, wenn wir selber sie tragen müssen? Die Vorstellung, daß die Gesundheit nicht etwas Absolutes, sondern ein Gut ist, das einen „Preis“ hat, ist freilich nicht angenehm und klingt verstimmend.[1]

Diese unbequeme Atmosphäre macht eine leidenschaftslose Diskussion des Themas fast unmöglich. Jeder Mensch hat eine Lieblingsvorstellung von vollkommener Gesundheit und völliger Normalität, auf die er einen Anspruch zu haben meint, und kann nur schwer einsehen, daß Gesundheit und Normalität etwas Relatives sind; wie gesund und normal er auch sein mag, der Absolutwert ist im allgemeinen umgekehrt proportional zum Lebensalter. Man scheint zum Schaden noch

[1] Bei der Einführung des „National Health Service“ in England war offiziell versprochen worden, daß jeder Patient die beste erreichbare Behandlung ohne Rücksicht auf die Kosten erhalten sollte. Es wäre ungerecht, wenn man sagte, dieses Versprechen stehe nur auf dem Papier, denn es ist sehr weitgehend erfüllt worden. Aber man muß darauf hinweisen, daß der „National Health Service“ sich außerstande erklärt hat, unter die erhältlichen Behandlungen auch die Psychoanalyse zu rechnen. Vielleicht der wichtigste Grund hierfür ist der durch die oben erwähnte Rothschild-Anekdote angedeutete.

den Spott hinzuzufügen, wenn man unterstellt, daß diese Gesundheit und Normalität zum Teil eine Art Ware ist, die man durch Zeit, Geld und ernstliche seelische Anstrengung erwerben kann; daß man also bei der Bewertung eines Therapieerfolges fragen kann: wieviel Gesundheit und zu welchem Preis?

Da beide Autoren dieses Buches praktizierende Psychoanalytiker sind, wird man mit Recht annehmen, daß sie der Meinung sind, die Psychoanalyse biete den meisten Patienten die beste Möglichkeit, Gesundheit und Normalität zu einem angemessenen „Preis" zu erwerben. Aber diese Feststellung hat ihre Einschränkungen: sie spricht von den „meisten" Patienten und räumt ein, daß der erforderliche Preis zwar angemessen, aber unzweifelhaft hoch ist. Wir denken dabei nicht so sehr an den Preis in Geld, auf den gewöhnlich von unseren Gegnern hingewiesen wird, sondern an Zeit und seelische Anstrengung, die eine psychoanalytische Behandlung unweigerlich fordert. Viele Leute, die eine psychotherapeutische Behandlung nötig brauchten, können aber nur begrenzte Zeit und seelische Kraft investieren – jedenfalls zu wenig für eine große Psychoanalyse.

Bekanntlich ist, wie schon oft dargestellt wurde, die Zahl der gut ausgebildeten Psychoanalytiker in England zu gering: gegenwärtig sind es etwa zweihundert. Trotz der großen, für die Ausbildung aufgewendeten Mühen beträgt die jährliche Zunahme etwa fünf bis zehn Prozent, und es ist unwahrscheinlich, daß dieser Prozentsatz sich in den nächsten zehn bis fünfzehn Jahren ändern wird. (Zum Vergleich: 1957 gab es in England rund 90 000 registrierte Ärzte; die Zahl der Neueintragungen im gleichen Jahr betrug 3 226, d. i. rund dreieinhalb Prozent.) Auch wenn wir also, wie viele unserer Kollegen, überzeugt wären, daß bei allen Patienten, die eine Psychotherapie nötig haben, die Psychoanalyse die Methode der Wahl sein sollte, müssen wir einsehen, daß diese Forderung allein schon an der zahlenmäßigen Realität scheitern müßte.

Man muß auf diesen Zustand immer wieder hinweisen, da viele Analytiker die Belange unserer eigenen Wissenschaft für so dringend und jeden Fortschritt auf unserem Gebiet für so wertvoll halten, daß jeder andere Anspruch dagegen zurücktreten müßte. Sie konzentrieren alle Kräfte darauf, die reine Psychoanalyse voranzutreiben und neigen dazu, alles, was jenseits der Grenzen der reinen Psychoanalyse liegt, als unwichtig, jede Bemühung, das analytische Interesse auf andere Gebiete zu lenken, beinahe als Hochverrat oder wenigstens Zersetzungstätigkeit zu betrachten. Da wir aber die Beteiligung gut ausgebildeter Analytiker an klinischer Psychotherapie für außerordentlich wünschenswert halten, möchten wir darstellen, wie sehr die hier erreichbaren therapeutischen Ergebnisse Beachtung verdienen.

Wir wenden uns nun der Frage der Indikation zu. Dieses äußerst heikle Thema starrt von falschen Vorstellungen, meist nicht deutlich formulierten. Eine der häufigsten ist etwa die folgende: Sobald eine Neurose, ein seelischer Konflikt, eine psychische Störung oder Komplikation diagnostisch festgestellt worden ist, ist die absolute Indikation gegeben für die vom jeweiligen diagnostizierenden Arzt ausgeübte Form von Psychotherapie – natürlich der Krankheit und Persönlichkeit des Patienten angepaßt. Diese Behauptung wird gelegentlich dahingehend modifiziert, daß der spezielle Typ der Psychotherapie die Methode der Wahl ist und alles andere zweitrangig sei. Sobald man das einmal eindeutig ausspricht, ist der Trugschluß in dieser Einstellung zur Indikation offenkundig; ihre einzige Rechtfertigung ist die bedauerliche Atmosphäre von Mißtrauen und Argwohn, die jeden Psychotherapeuten zum Partisanen eines hohen Anliegens und so zu einem höchst gefährlichen Vertreter seiner eigenen Sache macht.

In dieser Atmosphäre ist die Erforschung der richtigen Indikation für die verschiedenen Formen der Psychotherapie nahezu unmöglich; jeder Versuch, die möglichen Grenzen einer der Formen zu bestimmen, wird von ihren Anhängern als Angriff und von ihren Gegnern als Sieg gebucht; falls es sich andererseits ergibt, daß die eine Form von Psychotherapie für bestimmte Krankheitszustände vorzuziehen ist, kränken sich die Anhänger aller anderen Schulen über die ungerechte Verleumdung ihrer Richtung.

Unsere Erfahrung geht dahin, daß die verschiedenen Krankheiten, Persönlichkeitsstrukturen, seelischen Probleme usw. auf die verschiedenen, von uns untersuchten psychotherapeutischen Methoden nicht gleich reagieren. Die Reaktionsunterschiede sind groß genug, um gewisse Methoden für bestimmte Zustände als kontraindiziert anzusehen, während andere Psychotherapieformen wenigstens eine gewisse Erfolgsaussicht eröffnen. Hier liegt vielleicht die Antwort auf die verblüffende, allgemein in der Psychiatrie zu machende Beobachtung, daß ein hoher Prozentsatz der Patienten, die sehr therapiebedürftig schienen, die Behandlung im ersten Stadium und scheinbar ohne Grund abbrechen. Das gilt besonders für die Gruppentherapie.

Obwohl unserer Erfahrung nach die überragende Wichtigkeit der richtigen Indikation außer Frage steht – und wir haben dies in unserer ganzen Arbeit nie aus den Augen gelassen –, konnten wir bisher doch noch keine genügend festen Kriterien aufstellen. Wir wollen daher in dieser Abschweifung zunächst nur auf das Problem hinweisen und das Interesse der Forscher darauf lenken. Hier könnte die Psychoanalyse Wertvolles beitragen, wenn sie ihren Elfenbeinturm verlassen und eine vergleichende Untersuchung der verschiedenen Formen und Umwelten oder Rahmen der Psychotherapie durchführen wollte.

Schließlich zur Frage der Technik. Wenn wir akzeptieren, daß psychotherapeutische Heilerfolge außer von Analytikern auch von Nicht-Psychiatern und Nicht-Psychoanalytikern erzielt werden können, die mit psychoanalytisch orientierten, aber eben nicht rein psychoanalytischen Techniken arbeiten, müssen wir fragen, welches diese Techniken sind, wer systematische Kenntnisse über sie besitzt und wie man diese – die wichtigste Frage für den Praktiker – erwerben kann.

Wir wiederholen: Eine uneingeschränkte Übertragung der psychoanalytischen Techniken auf andere medizinische Gebiete ist unrealistisch, nicht wünschenswert und sogar schädlich. Leider gibt eine Anzahl von Analytikern, vor allem selbsternannter Analytiker, immer wieder der Versuchung nach, eine solche Übernahme zu versuchen, was in der Regel zu einer Verwässerung der Methode und zu enttäuschenden Ergebnissen führt. Wir plädieren daher für eine Anerkennung der durch die verschiedenen Formen der Praxis gegebenen Verschiedenheiten der Technik als Varianten oder sogar eigene Spezies, deren jede ein Sonderstudium verdient.

Die nachdrückliche Feststellung dieser Tatsache war unser erstes Ziel, und ich hoffe, sie ist uns in diesem Teil des Buches gelungen. In den folgenden drei Teilen werden wir versuchen, einige generelle Züge herauszuarbeiten, die allen zur Familie der dynamischen Psychotherapie gehörenden Psychotherapiezweigen gemeinsam sind.

Wir glauben zuversichtlich, daß diese Aufgabe speziell von Psychoanalytikern übernommen werden kann und sollte. Der Analytiker ist durch seine Ausbildung und berufliche Erfahrung besser als andere ausgerüstet, die subtilen seelischen Vorgänge zu beurteilen, die das Material jeder Psychotherapievariante bilden. Vor allem seine ständige Beschäftigung mit dem Übertragungsphänomen qualifiziert ihn für das Studium der verwickelten Arzt-Patient-Beziehungen, die das Vehikel, wenn nicht gar das innerste Wesen jedes psychotherapeutischen Eingriffes sind. Natürlich muß er vorher das fadenscheinige Gehabe angeblicher Überlegenheit ablegen und einige andere – durchaus nicht alle – Formen der Psychotherapie als gesicherte Ausweichmöglichkeiten seiner eigenen Methode akzeptieren.

In unserer vergleichenden Studie beobachten wir vor allem eine wichtige Variable, die wir den „Rahmen“ nennen, in welchem die Psychotherapie vor sich geht. Es hat sich hoffentlich aus den vorigen Kapiteln gezeigt, daß wir mit diesem „Rahmen“ mehr als die Ausstattung des Sprechzimmers und auch mehr als die äußeren Bedingungen der Behandlung meinen – ob der Patient sitzend vor dem Arzt oder liegend ohne Blick auf den Arzt behandelt wird, wie lang oder wie häufig die Sitzungen sind usw. Wohl haben diese Einzelheiten ihren Einfluß auf den therapeutischen Prozeß, und man muß sie in Rechnung stellen; was wir jedoch meinen, ist von diesen Einzelheiten weitgehend unabhängig. Wir meinen mit „Rahmen“ die Summe der weitgehend konstanten Verhältnisse, die durch die individuelle Art und Weise des Arztes, wie er Medizin praktiziert, geschaffen wird und die der Patient sich zunutze machen und akzeptieren muß. Mit anderen Worten: wir meinen die therapeutische Atmosphäre, die dem Patienten „angeboten“ wird und der er sich in seinem Bemühen, Hilfe von einem Fachmann zu erhalten, anpassen muß.

Wir haben in diesem Teil vier solcher „Rahmen“ erörtert: der klassischen Psychoanalyse, der psychoanalytisch orientierten Gruppenpsychotherapie, der psychiatrischen Psychotherapie und der vom praktischen Arzt ausgeübten Psychotherapie. Es gibt natürlich noch mehr solcher Rahmen: Psychagogik, Bewährungshilfe, Pastoralpsychologie und die zahllosen Varianten psychiatrischer und sonstiger Sozialarbeit. Gewiß ein reiches Feld für die Forschung, die von Analytikern und den speziell auf diesen Gebieten arbeitenden Psychologen in gemeinschaftlichem Unternehmen in Angriff genommen werden sollte, so wie es in unserem Falle mit den praktischen Ärzten und Fachärzten geschah.

Wie in der Einleitung erwähnt, ist der vorliegende Band eine Art Fortsetzungsbericht eines solchen gemeinschaftlichen Unternehmens; den ersten Bericht haben wir (M. B.) 1957 unter dem Titel „Der Arzt, sein Patient und die Krankheit“ veröffentlicht.

II. Teil

EINIGE GENERELLE PROBLEME DER PSYCHOTHERAPIE

5. Die Beteiligung des Patienten an der Untersuchung

Die Psychotherapie ist ihrem Wesen nach eine Wechselwirkung zweier Menschen. Der eine, der Arzt, erschafft und erhält durch seine psychotherapeutische Technik eine Atmosphäre, in welcher der Patient sich eröffnen und sich selbst erkennen kann. Unter dem Druck seiner Symptome und seines Leidens und in Reaktion auf die vom Psychotherapeuten geschaffene Situation, den „Rahmen", wird der Patient willens, gewisse Teile seiner Persönlichkeit, seines Charakters, seiner Lebensgeschichte ans Licht kommen zu lassen.

Wir haben gesehen, daß es von dem durch den Psychotherapeuten gesetzten Rahmen mit abhängt, was und wieviel der Patient von sich enthüllt; insofern unterscheidet sich die Struktur des psychiatrischen Interviews erheblich von der weit besser bekannten Struktur der normalen internistischen Untersuchung. Die letztere gehört – wie wir in Teil IV noch näher erörtern werden – in das unipersonale Gebiet der Biologie oder Psychologie, während das erstere in das Gebiet der bipersonalen Psychologie gehört. Ein weiterer grundlegender Unterschied zwischen den beiden Untersuchungsformen besteht darin, daß jedes erfolgreiche psychiatrische Interview, gleichgültig ob in diagnostischer oder therapeutischer Absicht geführt, einen therapeutischen Faktor enthält. Eines der Hauptziele jedes diagnostischen Interviews ist es ja, den Patienten möglichst zu befähigen, selbst zu entscheiden, was sein nächster Schritt sein soll – eine Entscheidung, die er in der Regel vor dem Interview nicht treffen konnte. Natürlich ist in einer Anzahl von Fällen diese „therapeutische" Wandlung nur minimal, oder der Patient kam schon mit gefaßtem Entschluß in die Sprechstunde; zweifellos hat aber die psychiatrische Untersuchung diese Tendenz und ist insofern kaum jemals so rein diagnostisch, d. h. so rein wissenschaftlich ausgerichtet wie eine internistische Untersuchung. Es folgt daraus, daß die technischen Probleme, die beim diagnostischen Interview und in den ersten Phasen einer Psychotherapie zu lösen sind, sehr ähnlich, wenn nicht sogar identisch sind. Das erklärt, warum die hierfür notwendigen Techniken für jeden Arzt wichtig sind. Zur Zeit werden noch an keiner Universität ernsthafte Kurse in psychotherapeutischen Techniken abgehalten, und so muß der junge Arzt, der eine Praxis eröffnet, unbewußt oder bewußt sich auf die Hoffnung stützen, daß er sich irgendwie nebenher einige psychotherapeutische Geschicklichkeit werde aneignen können. Vielleicht brauchte man dazu nichts weiter als ehrliches Interesse, gesunden Menschenverstand und Sympathie. Es wird oft behauptet, daß es genüge, wenn der Arzt dem Patienten etwas Beruhigendes sagt und durch sein Verhalten erkennen läßt, daß er ehrlich an ihm interessiert ist; manchmal wird sogar empfohlen, dem Patienten großzügig so viel Aufmerksamkeit und Herzlichkeit wie irgend möglich zuzuwenden, denn die meisten Menschen darbten danach. Eine andere, einfache Technik, die mit der eben erwähnten etwas in Widerspruch steht, verlangt, daß man dem Patienten streng ein unverzerrtes Bild der Realität vorhält, das er durch seine Neurose bisher nicht richtig sehen konnte.

Leider sind diese beiden Empfehlungen in der Hauptsache – wenn auch nicht gänzlich – falsch; dementsprechend ist ihre Diskussion etwas schwierig. Zunächst einmal erfordert eine Psychotherapie, ob vom geschulten Fachmann oder einem sonstigen Arzt durchgeführt, ein gewisses Maß von Fachkönnen, das erlernt werden muß; der Lernvorgang erfordert erheblichen Fleiß und eine nie erschlaffende Selbstkritik; entgegen der verbreiteten Meinung sind gesunder Menschenverstand, Sympathie und das Konfrontieren des Patienten mit der Realität keineswegs die wichtigsten Techniken, und schließlich ist die am häufigsten angewandte Methode, Beruhigung und Ermutigung, fast immer sinnlos und auf die Dauer ungünstig. Jetzt werden uns unsere Leser verzweifelt fragen: falls alle diese ehrwürdigen Methoden nichts taugen, welche anderen gibt es dann?

Hier möchte ich ein Beispiel anführen, das kürzlich ein Psychiater vor einem Kreis von praktischen Ärzten erwähnte. Eine Frau war mit einem vernichtenden Brief ihres Hausarztes an ihn überwiesen worden. Sie war darin als ein verlogenes Scheusal, eine rücksichtslose Egoistin geschildert, die ihren Ehemann fast zum Selbstmord getrieben und ihn gottlob noch rechtzeitig verlassen habe. Der Psychiater wurde beschworen, nichts zu tun, was sie dazu bewegen könnte, zu ihrem Mann zurückzukehren. Die Patientin betrat das Sprechzimmer des Psychiaters mit den Worten: „Ich hoffe, Sie werden mich nicht für eine gräßliche Simulantin halten!"

Das ist nun eine klare Herausforderung des Arztes, ein kühner Eröffnungszug im Schachspiel. Wie soll er darauf antworten? Sicherlich wäre es zwecklos gewesen, im Stile des Briefes des Hausarztes zu reagieren. Das würde eine äußerst gespannte Beziehung zwischen Arzt und Patient erzeugen, die für einen Psychotherapieversuch nur ungünstig sein könnte. Der einzige Wert einer solchen Antwort wäre die Stärkung der Abwehrmaßnahmen des Arztes, die im Falle des Hausarztes vermutlich schwer angegriffen worden waren.

Die andere Möglichkeit wäre gewesen, die Selbstcharakterisierung der Patientin strikt abzulehnen, sie zu „beruhigen", ihr zu sagen: „Sie sind sicher keine Simulantin, das glaube ich auf keinen Fall", und das zu bekräftigen, indem man ihren Problemen aufrichtiges Interesse entgegenbringt. Diese Politik könnte die Situation vorübergehend entschärfen, würde aber zu einer unaufrichtigen Beziehung führen und früher oder später eine Spannung schaffen, die entweder für die Patientin oder für den Arzt unerträglich werden würde.

Eine dritte Möglichkeit ist die, nicht auf die Herausforderung einzugehen, sie entweder zu überhören oder zu umgehen, indem man ein anderes Thema anschlägt. Auch das kann vorübergehend helfen, obwohl es nicht sicher ist, daß es nicht die Ängste der Patientin noch steigert. Ihre Frage zeigt, daß sie sich nicht wohl in ihrer Haut fühlt, so daß sie in ihrer Not dem neuen Arzt als erstes dieses Mißgefühl mitteilen muß; wenn der Arzt dieser Mitteilung ausweicht, könnte die Patientin daraus entnehmen, sie sei wirklich so abscheulich, daß man davon am besten gar nicht spreche.

Aber welche andere Methode könnte man verwenden? Auf eines möchten wir mit allem Nachdruck hinweisen, nämlich, *daß man in der psychologischen, genau so wie in der physiologischen Medizin jedes Symptom ernstnehmen muß*. Wenn der Patient z. B. über Schmerzen im Unterbauch klagt, kann der Arzt nicht sagen: „Wie gräßlich, wenn Sie solche Schmerzen haben, mag ich Sie nicht leiden, gehen Sie weg, zu einem anderen Arzt." Er kann auch nicht den Patienten beruhigen: „Nehmen Sie es nicht so schwer, so schlimm ist es nicht, und meiner Sympathie und Zuwendung sind Sie sicher." Noch weniger kann er das Symptom übergehen oder ihm ausweichen. Vielmehr muß er es annehmen und so gut, wie es ihm möglich ist, untersuchen. Auf unseren Fall angewandt, könnte der Arzt also vorsichtig fragen: „Warum sollte ich das meinen?" oder kühner: „Was gibt Ihnen das Gefühl, als eine gräßliche Simulantin zu erscheinen?" oder einfach: „Ja, sind Sie das denn?" Wenn er ein sehr gescheiter Psychotherapeut ist, könnte er sogar versuchen, die Unterhaltung so zu führen, daß er an geeigneter Stelle fragen könnte: „Wieso haben Sie unser Gespräch eigentlich mit dieser Frage eröffnet?"

Jede dieser Reaktionen setzt den Prozeß der Untersuchung in Gang. Hier treffen wir aber auf einen wichtigen Unterschied zwischen psychologischer und physiologischer Medizin. In der letzteren geschieht die Untersuchung fast allein durch den Arzt; vom Patienten wird nur verlangt, sich ihr zu unterwerfen und etwas mit dem Arzt mitzuarbeiten. Auch in der psychologischen Medizin ist es der Arzt, der das Symptom untersucht, aber er führt die Untersuchung *gemeinsam mit dem Patienten,* und wenn irgend möglich, muß er sogar darauf abzielen, die Symptome *vom Patienten selbst* untersuchen zu lassen.

Wir möchten jetzt ein Beispiel anführen, in welchem die Untersuchung allein durch den Arzt vorgenommen wurde. Dieser lehrreiche Fall wird uns – neben anderen wichtigen Punkten – zeigen, wie weit der Arzt imstande war, das Problem zu klären, und an welcher Stelle seine Untersuchung auf eine Schranke stieß, weil es ihm nicht gelungen war, sich die Beteiligung des Patienten zu sichern.

In einer unserer Fallkonferenzen berichtete Dr. A. über eine 42jährige Patientin, Frau L., die seit über zehn Jahren auf seiner Patientenliste stand. Es war schon verdächtig, daß Dr. A., der seit über einem Jahr an unseren Seminaren teilnahm und unsere Regeln sehr gut kannte, seine Notizen aus der Tasche zog und sie praktisch ablas. Das kommt bei uns sehr selten vor, da wir großen Wert auf die Unmittelbarkeit der Berichte legen. Bei einem vorbereiteten Manuskript kann man zwar erwarten, die Fakten in der richtigen Reihenfolge zu erhalten, nicht aber die emotionelle Beteiligung des Arztes, die für das Problemverständnis notwendig ist. Aus diesem Grunde verlangen wir in unseren Konferenzen, daß die Fälle frei und ohne vorbereitete Notizen dargestellt werden. Diesmal aber versuchte Dr. A., von seinen Notizen abzulesen, und als man ihm das verwehren wollte, erwiderte er, er müsse das tun, denn er habe mit dieser Patientin jetzt bereits viel Zeit vertan, viel Material zusammengebracht, es ergäbe sich aber kein zusammenhängendes Bild und er fühle sich wie in einem Irrgarten.

Was war zu tun? Sollten wir darauf bestehen, daß der Arzt seine Notizen beiseitelegte oder sollte man ihn weiterlesen lassen? Offenbar hatten wir es mit einer ähnlichen Herausforderung zu tun wie der erwähnte Psychiater bei seiner Patientin, der „gräßlichen Simulantin". Die korrekte Reaktion auf eine solche Herausforderung ist immer, sie anzunehmen und dann zu fragen, warum der Betreffende sich so verhalten mußte, was ihm passiert war. Wir müssen aber zugeben, daß man mit dieser Methode auf gefährliches Gebiet kommt. Das Ziel dieses Buches ist es, eine Psychotherapie *durch* den Arzt zu erläutern, nicht eine Psychotherapie des Arztes, worauf es jetzt hinauszulaufen scheint. Ist das ein gerechtfertigter und vernünftiger Schritt, und was kann man von ihm erwarten? Diese Fragen sollen im nächsten Kapitel erörtert werden, so daß wir jetzt einmal unserem Kollegen folgen wollen, der unseren Vorwurf mit gutem Humor ertrug und ohne Notizen fortfuhr. Der Bericht enthielt zusammenfassend folgende Daten:

Fall 5

Frau L., 42 Jahre alt, seit 19 Jahren verheiratet, ein Sohn von 9½ Jahren. Bekommt seit etwa 4 Monaten Panikzustände, wenn sie ohne Begleitung in Zügen oder im Bus fährt.

Der Ehemann hat mit dem Theater zu tun, er verdient gut. Nach dreijähriger Ehe wurde er zur Armee eingezogen und war dann fünf Jahre im Krieg. Der Sohn wurde 18 Monate nach seiner Rückkehr geboren. Das erste halbe Jahr war es ein schwieriges Kind, so daß die Patientin ständig in Ängsten schwebte. Mit Absicht keine weiteren Kinder, da die Wohnung so klein war usw. Frau L. hatte bis vor 10 Jahren als Stenotypistin gearbeitet, was ihr Spaß gemacht hatte. Sie war sehr tüchtig und hatte das Büro zum Schluß praktisch selbständig geführt. Jetzt ist sie viel allein, besonders seit der Junge zur Schule gekommen ist; sie hat keine nahen Freunde und viel freie Zeit. Die Hausarbeit füllt sie nicht aus. Allein ins Kino geht sie nicht.

Nachdem die ersten schwierigen Zeiten mit dem Kind vorüber waren, war sie nur noch selten erschienen, dagegen in den letzten sechs Jahren häufiger, und zwar wegen zahlreicher psychosomatischer Beschwerden, einschließlich Verdauungsstörungen, Herzjagen usw., die zuerst symptomatisch behandelt wurden; dann sandte sie der Hausarzt zu verschiedenen Spezialuntersuchungen.

Der Vater ist vor zwei Jahren im Alter von 72 Jahren gestorben, die Mutter, 69, ist gesund. Die Patientin hat einen jüngeren Bruder und eine sehr viel jüngere Schwester. Der Vater wird als friedlicher, gemütlicher Mann beschrieben, der viel unter der temperamentvollen, aufbrausenden und schwierigen Mutter zu leiden hatte. Die Patientin fürchtete sich vor den Launen der Mutter, „die Mutter mochte sie nicht", konnte nicht herzlich sein; aber „der Vater hat mich geliebt" (hat Tränen in den Augen, wenn sie vom Vater spricht, „möchte nicht über ihn sprechen"). Wiederholt, daß sie zuviel allein sei, dadurch Zeit habe, über ihren Gesundheitszustand zu brüten; darum sei sie unruhig und geängstigt. „Ich würde gerne wieder arbeiten, es ist aber schwer, Halbtagsarbeit zu finden", da sie zu Hause sein müsse, wenn der Sohn aus der Schule kommt.

Wir müssen Dr. A. recht geben. Der Fall stimmt nicht recht, und nicht nur er, sondern der größte Teil des Seminars konnte nichts daraus machen und nicht verstehen, warum Fr. L. ihre Phobie entwickelt hatte und noch weniger, was man tun könnte, um ihr zu helfen.

Das änderte sich, sobald wir uns klar darüber wurden, daß die ganze Untersuchung, so wie sie der Arzt berichtet hatte, einzig und allein von ihm durchgeführt worden war. Obwohl die Patientin willig mitging, wurde ihre Mitarbeit doch nur etwa in dem Maße herangezogen, wie man sie für eine körperliche Untersuchung benötigen würde, mit anderen Worten: Frau L. war nur passives Objekt, nicht aktiver Partner in der Untersuchung. Wir möchten übrigens betonen, daß im Durchschnitt die Berichte, ob von einem praktischen Arzt in seinem Überweisungsschreiben oder vom Großteil der Psychiater in ihrem Brief an den überweisenden Arzt, auch nicht mehr enthalten. Diese

Begrenztheit ist einer der häufigsten Gründe, warum so viele psychiatrischen Berichte dem praktischen Arzt wenig helfen.

Wir müssen hier die Diskussion über den Fall der Frau L. und ihren unzufriedenen Doktor abbrechen, werden aber im nächsten Kapitel noch einmal darauf zurückkommen, um zu versuchen, ob wir erkennen können, was sich wirklich zwischen den beiden zutrug, warum die Patientin während der Untersuchung eine willige, aber unbeteiligte, passive Beobachterin blieb, und was Dr. A. daran hinderte, die wahren Probleme der Patientin zu verstehen, und schließlich, was er hätte tun können, um eine günstigere Lage zu schaffen.

Wir führen nun zwei weitere Fälle an, bei welchen die Patienten an der Untersuchung mitbeteiligt waren. Die Intensität der Beteiligung war im ersten Fall geringer, im zweiten stärker.

Fall 6

Dieser Fall wurde vom Leiter der Ambulanzabteilung einer Universitätsklinik beigebracht, der zur Zeit seines Berichts ein knappes Jahr an unseren Seminaren teilnahm. Es handelte sich um eine verheiratete, 36jährige Frau, Frau X., mit drei Kindern im Alter von zehn, sieben und zwei Jahren. Sie war schon früher als Ambulanzpatientin beim Vorgänger des Kollegen erschienen, und zwar zu Anfang Oktober 1958. Die Aufzeichnungen enthielten folgendes: Seit drei Wochen unregelmäßig ein- bis zweimal täglich Erbrechen. Seit ebenfalls drei Wochen epigastrische Schmerzen und Schmerzen in der Lumbalgegend des Rükkens. Medikamente halfen nicht. Keine Diät. Kein krankhafter organischer Befund. Röntgenuntersuchung? Diät bei Gastritis.“ Es ist zu ergänzen, daß bei der Röntgenuntersuchung in einer anderen Klinik zwei Jahre vorher auf das Vorhandensein eines kleinen Geschwürs am Pylorus geschlossen worden war. Jetzt trat Assistentenwechsel ein, und unser Seminarmitglied übernahm den Fall. Er sah die Patientin am 29. Oktober und notierte: „Keine Schmerzen, seit fünf Tagen keine Übelkeit, keine sichtbare Belastung.“ Er bat sie, nach sechs Wochen sich wieder vorzustellen, sie kam jedoch erst am 28. Januar 1959 wieder, also nach drei Monaten.

Diesmal klagte sie wieder über scharfe, ziehende Schmerzen an der rechten Bauchseite, die an- und abschwollen und etwa 10 Minuten anhielten. Zugleich hatte sie ein ziemlich starkes Übelkeitsgefühl und gelegentlich Schmerzen in der Kreuzgegend, die eintraten, wenn sie mehrere Tage hintereinander obstipiert gewesen war. Die körperliche Untersuchung erbrachte keine überzeugenden Befunde; die vorläufige Diagnose lautete auf spastischen Colon. Da der Ehemann dabei war und beide ziemlich bedrückt schienen, sprach der Ambulanzarzt mit jedem von ihnen getrennt und dann noch einmal mit beiden zusammen, um sie zu beruhigen. Die Patientin reagierte gut und schien sich schnell mit Hilfe einer Diät und Alkalipräparaten zu erholen. Der praktische Arzt erhielt einen Brief, daß die Schmerzen der Patientin verschwunden seien und sie beruhigt schien. Zwei Monate später kam ein zweiter Brief, womit der Fall vorläufig abgeschlossen war, aber angeboten wurde, die Patientin jederzeit wiederzusehen, falls es der praktische Arzt für notwendig halten würde.

Bevor wir fortfahren, wollen wir die Entwicklung bis zu diesem Punkt noch einmal zusammenfassen. Es ist nicht ganz geklärt, ob ein Zwölffingerdarm- oder Magenulcus vorhanden war oder nicht. Die eine Aufnahme schien darauf zu deuten, die zwei Jahre später gemachte Aufnahme kaum. Das ist nichts Ungewöhnliches. Auch die Schmerzen waren nicht sehr charakteristisch; andererseits sprach die Patientin auf eine vernünftige Diät und Alkalipräparate gut an. Das Syndrom „spastischer Colon“ ist eine nicht ungewöhnliche Begleiterscheinung bei Ulcus pepticum. Auch die Angst und die vorübergehende gute Wirkung einer Beruhigung passen gut in das Bild. Wir können noch hinzufügen, daß die Besserung anhaltend war; bis Januar 1960, also über ein Jahr lang, hörte man nichts mehr von der Patientin. Das scheint darauf hinzudeuten, daß der Kollege das Richtige tat. Jetzt aber zur weiteren Geschichte.

Die Patientin wurde von ihrem Hausarzt erneut überwiesen, und zwar diesmal wegen Hustens und Schmerzen in der Brust. Das war am 3. Februar 1960. Der Ambulanzarzt bezeichnete dieses Interview als als seine gerechte Strafe. Warum er es so nannte, ergab sich daraus, daß er in der Zwischenzeit in unser Seminar eingetreten war und eine andere Methode kennen gelernt hatte, wie man die „Angebote“ der Patienten betrachten sollte. Wir zitieren seinen Bericht wörtlich aus unserem Protokoll der Diskussion: „Wenn sie husten muß, steigt es wie ein Klumpen auf; wenn sie die Brust dann massiert, macht es „klick" und geht wieder runter. Sie hustet jetzt stärker, hat aber schon seit Jahren gehustet. Bei der Untersuchung zeigte sich eine lokalisierte Schmerzempfindlichkeit über dem rechten Rippenbogen, genau da, wo sie ihre Schmerzen bekam; man konnte sie reproduzieren, indem man den Rippenrand bewegte. Dies schien mir zu dem „Syndrom der knakkenden Rippen" zu passen, das von Wright beschrieben, aber nicht erklärt worden ist. Die Patientin berichtete auch, daß sie 15 Zigaretten am Tag rauchte, worauf ich ihr empfahl, weniger zu rauchen. Sie erwiderte, das würde ihr schwerfallen, denn sie sei immer so nervös.

Ich hatte sie nun dreimal mit drei verschiedenen Symptomen gesehen, und es wurde mir klar, daß sie seit zwei Jahren, d. h. seit ihrem letzten Kind, nervös und leicht deprimiert war. Dieses Kind kam gegen ihren Willen, sie hatte sich sehr darüber erregt. Es war so, daß der Ehemann betrunken nach Hause gekommen war, sich geweigert hatte, ein Verhütungsmittel zu benutzen, und so hatte sie empfangen. Seit dem letzten Kind hatten sie überhaupt keinen ehelichen Verkehr mehr, da sie zu große Angst hatte, wieder schwanger zu werden. Vorher benutzte er, glaube ich, ein Kondom, weil sie kein Pessar verwenden wollte, vor dem sie sich ekelte. Ich kam zu dem Schluß, daß sie wahrscheinlich aus diesem Grunde so nervös und deprimiert geworden war. Sie stimmte dem bei und fügte hinzu, sie hätte nichts dagegen, sich wegen empfängnisverhütender Mittel beraten zu lassen."

Hier beendete der Krankenhausarzt das Interview und überwies die Patientin an einen Gynäkologen, den er kannte und von dem er wußte, daß er der Patientin nicht nur einen Pessar anpassen, sondern sie auch fragen würde, warum sie es bis dahin nicht hatte benutzen wollen; falls nötig, würde er sie psychotherapeutisch behandeln. Der Kollege schloß, er sei sich klar, daß der Fall nicht völlig aufgehellt worden sei, aber er glaube, die weitere Untersuchung und vor allem Behandlung des Falles sei nicht mehr seine Aufgabe.

In diesem Bericht gibt es einige sehr interessante Züge. Der für unser Thema wichtigste ist die klare Gliederung in zwei Perioden. In der ersten geschah die Untersuchung einzig und allein durch den Arzt. Der Anteil der Frau X. war nicht viel anders als der der Frau L. des vorigen Falles. Dementsprechend war auch das Ergebnis ähnlich. Jedes körperliche Symptom, das die Patientin anbot, wurde prompt und wirkungsvoll behandelt; daraufhin verschwand das Symptom, und ein nächstes trat auf. Ferner tat der Arzt sein Äußerstes, um die Patientin zu „beruhigen“; er sprach erst einzeln mit den Ehepartnern, dann mit beiden gemeinsam. Seine Bemühungen waren augenscheinlich erfolgreich, die Patientin fühlte sich beruhigt, was mehr ist, als gewöhnlich mit dieser Methode errreicht wird; und doch kehrte sie nach einiger Zeit mit einem neuen Symptom wieder.

So wanderte sie ähnlich wie Frau L. den Weg der „Anamnesen“ dahin. Dann aber versuchte der Arzt eine neue Methode. Statt eine neue Untersuchungsserie zu beginnen, etwa Gastroskopie, Magenröntgen, Aufnahme der Brust, eventuell sogar der Wirbelsäule usw., versuchte er, eine Atmosphäre zu schaffen, in der die Patientin sich selber sehen, d. h. sich an der ärztlichen Untersuchung beteiligen konnte. Dadurch kam es zur Entdeckung neuer, bisher unerkannter kausaler Verknüpfungen, und dadurch gewannen sowohl die Patientin als auch der Arzt ein umfassenderes Bild von der Krankheit der Patientin im Kontext ihres gesamten Lebens, besonders ihrer Eheproblematik.

Es ist ein alter medizinischer Grundsatz, daß eine Diagnose um so richtiger ist, je mehr der Krankheitszeichen und Symptome auf eine gemeinsame pathologische Wurzel zurückgeführt werden können. Dies geschah in dem vorliegenden Fall. Eine Anzahl von „Symptomen“, die bisher völlig isoliert schienen, fügten sich wie Stücke eines Puzzle-Spiels zu einem Bild zusammen, und ihre Magen-Darm und Thoraxsymptome, aber auch die Geburt des Kindes zwei Jahre zuvor und die dazu führenden Ereignisse, die gespannte Beziehung zu dem Ehemann, ihr vieles Rauchen und vielleicht selbst seine periodische Trunksucht, bei der ja mindestens teilweise die unbefriedigenden ehelichen Beziehungen eine Rolle spielen werden, haben in diesem Bilde ihren Platz.

Es ist fast sicher, daß der Arzt, wenn er seine alte, ausschließlich durch ihn selbst geführte Untersuchungsmethode fortgesetzt hätte, diese Zusammenhänge nicht erkannt haben würde. Und selbst wenn der Arzt durch Zufall auf diese kausalen Verknüpfungen gestoßen wäre und infolgedessen Frau X. den Rat gegeben hätte, sich wegen Verhütungsmitteln beraten zu lassen, so ist es nicht wahrscheinlich, daß sie den Rat auch angenommen haben würde.

Unser dritter Bericht, Fall Nr. 7, ist noch interessanter. Die beiden Untersuchungsabschnitte und der plötzliche Wandel in der ärztlichen Untersuchungsmethode kommen noch klarer ans Licht. Darüber hinaus wird man sehen, daß in der zweiten Periode der Patient dem Arzt sogar einige Schritte in der Untersuchung voraus war und der Arzt etwas Nachhilfe nötig hatte, um mit den Ereignissen Schritt zu halten. Der erste Abschnitt, in welchem alle Untersuchungen vom Arzt selbst und seinen spezialisierten Kollegen durchgeführt wurden, dauerte mehrere Jahre; sie umfaßte die ganze Zeit, während der Patient vom Vorgänger unseres Kollegen behandelt worden war, und weitere $6^1/_2$ Jahre beim jetzigen Arzt bzw. seinem Partner. Der zweite Abschnitt begann im November 1958.

Auch die Umstände, unter denen dieser plötzliche Wandel eintrat, sind interessant. Das Seminar diskutierte eines Tages die Feststellung, daß der Hausarzt in einer Anzahl von Fällen, besonders solchen, in denen der Patient mehrere Krankheiten „anbietet", die bessere Chance hat, den wahren Zustand zu erfassen als jeder Spezialist. Das ist immer schwer zu glauben; es wird immer eingewendet, daß die Fachärzte viel mehr wüßten, feinere Untersuchungsmethoden zur Verfügung hätten und überhaupt bessere Ärzte seien oder sein sollten. Um zu zeigen, daß dies nicht unbedingt der Fall sein müsse, baten wir ein Seminarmitglied, einen seiner Patienten auszuwählen, der schon viele fachärztliche und Klinikuntersuchungen und -behandlungen hinter sich habe, und diesem Patienten eine etwa einstündige psychologische Untersuchung zu gewähren. Das folgende ist ein Auszug aus dem im Dezember 1958 vorgetragenen Bericht.

Fall 7

Der Patient, Herr G., ist 53 Jahre alt, Büroangestellter in einer großen Firma, verheiratet, ein etwa 20jähriger Sohn. Er wechselte zu dem Partner unseres Kollegen im Jahre 1952 über, nachdem er seinem früheren Arzt gekündigt hatte, ein recht bezeichnendes Symptom. Der aktuelle Grund war nach Aussage des Patienten, daß sein Arzt ihm gesagt habe, er könne nichts mehr für ihn tun. Etwas dergleichen mußte sich auch ereignet haben, denn etwas Entsprechendes stand auch in der Handschrift des Arztes auf dem Krankenblatt des Patienten. Der Arztwechsel fand statt, während Herr G. sich in der Rekonvaleszenz nach einem perforierten Zwölffingerdarmgeschwür befand. 1954 hatte er wieder starke Schmerzen, und es wurde eine Teilresektion des Magens durchgeführt, die jedoch keine dauerhafte Wirkung hatte. Die Schmerzen waren trotz ständiger Medikation und Diät so stark, daß beide ärztlichen Partner häufig bei Tage und bei Nacht gerufen wurden und Herr G. zweimal im Notaufnahmeverfahren ins Krankenhaus kam.

1955 wurde er wegen einer Analfissur operiert. Ferner litt er an verschiedenen leichten Erkrankungen, so daß er in den $6^{1}/_{2}$ Jahren, d. h. seit er von seinem früheren Arzt zur Praxis unseres Kollegen und seines Partners übergewechselt war, insgesamt 400 Arbeitstage versäumt hatte, fünfmal für insgesamt zwölf Wochen im Krankenhaus lag. Es waren Röntgenaufnahmen von Magen, Dickdarm, Thorax, Galle und Wirbelsäule gemacht worden. Seine Krankengeschichte enthielt 34 fachärztliche Berichte. In letzter Zeit war eine Gastroskopie vorgenommen worden, wobei der Facharzt ein kleines Magengeschwür gefunden hatte. Im Sommer 1958 war der Patient im Krankenwagen heimgefahren worden, weil er plötzliche schwere Rückenschmerzen bekommen hatte, nachdem er in einem Vergnügungspark sich an einem Kraftmeß-Apparat, einem „starken Gottlieb“, betätigt hatte. Die Schmerzen wurden dann auf einen gequetschten Bruch des untersten Lendenwirbels zurückgeführt. Zusätzlich zu diesem Aufgebot ernster und verifizierbarer Krankheiten hat er noch ein merkwürdiges Symptom – ein dem Neurologen wohlbekanntes klinisches Phänomen –, nämlich plötzliches nächtliches Beinzucken.

Jeder Facharzt, der ihn sah, stellte in seiner Diagnose korrekt fest, daß der Patient ein Neurotiker sei; worauf er prompt die organische Krankheit behandelte, die bei der „ausschließlich vom Arzt geführten“ Untersuchung gefunden worden war. Das Ergebnis war dieses Musterbeispiel medizinischer Tüchtigkeit und Rigorosität, von dem unter den beiden Ärzten der Praxisgemeinschaft nur noch als „dieser G.“ gesprochen wurde. Diesen Patienten also wählte unser Kollege nicht ohne Bedenken zur Testung unserer Vorstellungen aus. Aus heiterem Himmel telefonierte er Herrn G. an und bestellte ihn zu einem langen Interview ein.

Sie saßen eine Stunde lang beieinander, und wir müssen die Untersuchung und die anschließende Behandlung wieder zusammenfassen.

Herr G. entpuppte sich als ein verbitterter Mensch. Die ganze Welt sei schlecht, die Ärzte taugten nichts, die Krankenhäuser taugten nichts, seine Arbeitskollegen taugten auch nichts. Herrn G.s Urteile waren bitter, vernichtend und keinen Widerspruch erlaubend. Das nahm ein erhebliches Stück der Stunde ein, aber der Arzt erfuhr auch, daß Herr G. zwar ursprünglich Büroangestellter gewesen war, diesen Beruf jedoch nicht gemocht hatte und dann zwanzig Jahre lang als Privatchauffeur gearbeitet hatte. Er war ganz gesund, bis zu dem Moment, wo sein Arbeitgeber sich zur Ruhe setzte und seinem Chauffeur als Abschiedsgeschenk den gegenwärtigen Arbeitsplatz verschaffte, wo Herr G. als namenloser Angestellter in einem großen Büro arbeitet. Arzt und Doktor kamen überein, daß man in Zukunft seine Beschwerden auch zu seinen Gefühlen hinsichtlich seiner Arbeit und der übrigen Welt in Beziehung setzen müßte.

Am Schluß des Gesprächs hatte der Arzt gedacht, das alles klinge doch recht vielversprechend, und hatte eine zweite Besprechung angeboten. Er hatte jedoch nicht mit den Fachärzten gerechnet. Der orthopädische Chirurg, der Herrn G. wegen seines Rückens behandelt, hielt eine Klinikbehandlung für nötig und holte Herrn G. weg. Aber Herr G. schickte seinem Hausarzt eine Weihnachtskarte mit dem Bibelspruch „Der Herr hat Großes an mir getan, geheiligt werde Sein Name" (Lukas 1, 49).

Der Arzt erkannte zunächst die Bedeutung dieser Weihnachtskarte nicht. Seine Reaktion war gemischt aus Gefühlen von Geschmeicheltsein und Verlegenheit über einen so übersteigerten Ausdruck des Dankes. Jedenfalls, vielleicht nicht ganz freiwillig, deutete er das Übertriebene daran eher als Warnsignal denn als Ermutigung. Eines Tages war Herr G. denn auch wieder aus der orthopädischen Klinik entlassen und nahm seinen regulären Platz im Wartezimmer unseres Kollegen wieder ein, um seine Rezepte für Antacide gegen seine Magenschmerzen und für Nembutal gegen sein Beinzucken zu empfangen. Entgegen seinen früheren Gewohnheiten kam er dem Arzt das ganze Jahr 1959 hindurch nicht mit neuen Klagen, verlor keinen Arbeitstag wegen Krankheit und benötigte keine Nachtbesuche. Und unmerklich, niemand kann sagen, wann, hörten die beiden Partner in der Praxis auf, ihn „diesen G." zu nennen.

Die Diskussionen in unseren Seminaren beruhen auf spontaner Beteiligung. Wir hatten während 1959 so viele interessante Dinge zu besprechen, daß der Fall G. völlig in Vergessenheit geriet. Anfangs 1960 beschlossen wir, die verschiedenen Arten und Weisen zu studieren, wie Patienten die Ärzte mit ihren Beschwerden bekannt machen. Um recht gegensätzliches Material zu haben, wählten wir Patienten mit Ulcus pepticum, ulcerativer Colitis und Asthma aus. Als eine Art Kontrollmaßnahme wurde beschlossen, jeden Patienten anzuführen, der an einer dieser Krankheiten litt.

So geschah es, daß im Februar 1960 unser Kollege berichtete, Herr G. habe ihn aufgesucht, und so erfuhren wir etwas von den Folgen jenes einen Gespräches im November 1958. Ferner wurde bei dieser Gelegenheit der Fall einen Schritt weiter vorwärtsgebracht, Herr G. berichtete, daß kürzlich seine Magenschmerzen wieder schlimmer geworden seien. Der Arzt erinnerte an das, was sie bei ihrem Gespräch vor mehr als einem Jahr erkannt hatten und fragte ihn, ob sich etwas in seinem Leben zum Schlechteren verändert hätte. Zuerst verneinte Herr G. dies, aber nach einigem Zögern und Herumraten meinte er, vielleicht hinge es mit der bevorstehenden Automatisierung seiner Firma zusammen, denn dann würde das Büro noch unpersönlicher werden. Im Laufe der vergangenen Wochen hätten Experten die einzelnen Tätigkeiten der Angestellten beobachtet, um die entsprechenden Maschinen zu entwerfen. Herrn G.s Gesicht hellte sich auf, er nahm seine Rezepte in Empfang und verabschiedete sich.

In der anschließenden Diskussion erkannte unser Kollege, was für Herrn G. so wichtig war: nämlich die Möglichkeit, mit jemandem in Beziehung zu stehen, der (wie sein früherer Chef) seine Arbeit anerkannte. Herr G. war gesund gewesen, solange diese Beziehung bestanden hatte, und war in seine erschreckende Krankheitsserie verfallen, sobald die persönliche Beziehung aufhörte und er ein anonymer Büroangestellter wurde. Die neuerliche Verschlimmerung war nun durch die drohende Automation zu erklären, d. h. den weiteren Verlust persönlicher Beziehungen. Natürlich bedarf es weiterer Katamnese, um diesen Gedanken zu bestätigen, aber er scheint den Fakten dieses Falles zu entsprechen.

Es kann kein Zweifel darüber bestehen, daß im ersten Abschnitt alle

Untersuchungen allein durch die beiden Hausärzte und ihre fachkundigen Berater erfolgten, im zweiten Abschnitt, also seit November 1958, dagegen der Patient einen sehr wichtigen Anteil daran hatte. Die Wirkung dieser anderen Methode war auffallend. Um einen Unterschied herauszugreifen: während der 6½ Jahre vor November 1958 hatte der Patient über 400 Arbeitstage wegen Krankheit verloren, war also etwa jeden sechsten Tag krank gewesen. Seit November 1958 hat Herr G., abgesehen von jenem Aufenthalt in der orthopädischen Klinik, in die er auf Anraten seines Facharztes und nicht, weil er sich krank fühlte, ging, nicht einen einzigen Arbeitstag gefehlt. Wir werden in einem späteren Kapitel auf diesen Fall zurückkommen, nämlich wenn wir Wesen und Wirkungsweise dieser Art von Therapie betrachten; jedoch wollen wir schon jetzt betonen, daß es man nicht sagen kann, der Arzt habe Herrn G. diese Therapie verschrieben, aber auch nicht, daß Herr G. sie sich selbst verschrieben habe. Wir wollen zunächst noch beim diagnostischen Aspekt des Falles bleiben.

Im zweiten Behandlungsabschnitt wurde der Patient zweimal untersucht, einmal im November 1958 und das zweitemal im Februar 1960. Mit geringer Vereinfachung könnte man sagen, daß die Untersuchung beide Male vom Patienten und vom Arzt gemeinsam durchgeführt wurde. Das ist einer der Gründe, warum das Ergebnis der Untersuchung, die „Diagnose", so vage ist. Sie lautet ungefähr so: Herrn G.s schlechter Gesundheitszustand hängt mit seinen Gefühlen hinsichtlich seiner Arbeit und seiner ganzen Umwelt zusammen.

In Wirklichkeit ist diese Beschreibung ungenau, denn Herr G. war bei beiden Gelegenheiten dem Arzt im Verständnis seines eigenen Falles um einige Schritte voraus. Er war zwar nicht imstande, seine Diagnose, d. h. seine Einsicht, in Worte zu kleiden, aber sein Verhalten zeigte, daß er nicht nur Bescheid wußte, sondern daß dieses Wissen auch eine therapeutische Wirkung auf ihn ausübte. Während des Winters 1958/59 war der Arzt, obwohl vom Ergebnis des einen Interviews höchst beeindruckt, doch unsicher und in Zweifeln, wogegen Herr G. ihm ohne Zögern seine Weihnachtskarte aussuchte und sandte, die die große Veränderung in ihm anzeigte. Es dauerte Monate, bevor der Arzt das volle Ausmaß dessen, was in dem einen Interview geschehen war, erkannte.

Etwas Ähnliches fand im Februar 1960 statt. Herr G. kam und klagte über verstärkte Verdauungsbeschwerden. Das war, um ein Bild zu gebrauchen, die Hofuniform, die er anlegen mußte, um eine Audienz bei seinem Arzt zu erlangen. Der Arzt erinnerte ihn an ihre Erkenntnisse, die vor einem Jahr Herrn G. ermöglicht hatten, seine üblichen Beschwerden fallen zu lassen und ein Stück therapeutischer Arbeit zu leisten. Was der Arzt nicht erkannte, war die Bedeutung, die für Herrn G. eine persönliche Beziehung hatte, in welcher er anerkannt und geschätzt wurde. Erst in unserer Diskussion, also mehrere Tage nach Herrn G., merkte der Arzt, wie heilkräftig dieser Therapie war.

Die Tatsache, daß Arzt und Patient in diesem Falle nicht ganz im Gleichschritt gingen, sondern einander gelegentlich um einen Sprung voraus waren, weist auf einen wichtigen Punkt hin, nämlich welches der Beitrag des einen beziehungsweise des anderen war. Den ersten Schritt hatte der Doktor getan, indem er eine Atmosphäre schuf, in der Herr G. sein äußerst kritisches, aber wohlerzogen-konventionelles Betragen fallen lassen konnte, das er in langem Training während des ersten Abschnittes der Arzt-Patient-Beziehung erlernt hatte. Als er sich überzeugt hatte, daß der Arzt seine Kritik ertrug und ihn nicht in seine Schranken zurückwies, fühlte er sich so entspannt, daß er etwas Wichtiges über sein emotionelles Verhalten gegenüber seiner Umwelt aufdecken konnte. Den nächsten Schritt tat wieder der Doktor; er übersetzte die sichtbar gewordene emotionelle Haltung in eine recht treffende Formel: man könne in Zukunft Herrn G.s schlechten Gesundheitszustand in Beziehung setzen zu seinen Gefühlen hinsichtlich seiner Arbeit und seiner Umwelt. Den nächsten Schritt aber tat Herr G. Sowohl durch seine Weihnachtskarte wie durch sein ganzes Verhalten im Jahre 1959 versuchte er seinem Arzt zu vermitteln: „Sie haben ein sehr gutes Stück Therapiearbeit geleistet; bitte fahren Sie fort." Die Antwort des Arztes war nur halb vertrauend: er sah zwar nicht, wie er seine Therapie fortführen konnte, aber er zeigte doch weiterhin persönliches Interesse an Herrn G. So hielt die Besserung an, wenn auch kein weiterer Fortschritt erzielt wurde.

Die drohende Veränderung seiner Arbeitsbedingungen zwang Herrn G., nun doch mehr Behandlung von seinem Doktor zu fordern. Dieser erkannte, daß etwas geschehen müßte, gab seine nur lauwarme Anteilnahme auf, und beide kamen einen Schritt weiter. Als aber der Doktor nicht imstande war, das gemeinsame Gefundene in Worte zu kleiden, mußte Herr G. allein vorangehen. Die Diskussion im Seminar ermöglichte es dem Arzt, den Patienten wieder einzuholen, indem er besser verstand, was zwischen ihnen vorgegangen war. Wenn es ihm jetzt gelingt, das, was er von Herrn G.s Reaktion auf die Behandlung verstanden hat, in die entsprechenden Worte zu kleiden, so kann man mit Zuversicht voraussagen, daß eine weitere friedliche Zeit, wenn nicht sogar eine gewisse Besserung eintreten wird.

Das eben beschriebene Wechselspiel zwischen Arzt und Patient ist eine gute Illustration dessen, was in jeder psychodiagnostischen oder psychotherapeutischen Sitzung vor sich gehen sollte. In späteren Kapiteln, vor allem im 3. und 4. Teil dieses Buches, wollen wir noch im einzelnen untersuchen, welche Art von Beiträgen der einzelne in dieser Gemeinschaftsarbeit leisten kann und muß. Kurz gesagt ist es am Arzt, eine Atmosphäre zu schaffen, in welcher der Patient sich entdecken und erkennen kann; ferner ist es an ihm zu verstehen, was der Patient ihm mitzuteilen versucht, und sein Verständnis in den richtigen Worten auszudrücken, damit der Patient sich selber besser verstehen, mehr von sich aufdecken und schließlich sich ändern kann.

Um die Beiträge des Patienten darzustellen, müssen wir das gleiche aus einem anderen Blickwinkel beschreiben. In Reaktion auf eine verstehende Atmosphäre kann der Patient ein Stück von sich selbst aufdecken, dessen er sich nicht bewußt war; dieses Erlebnis wird durch die Deutung des Arztes festgehalten, die dem Patienten zeigt, daß seine Mitteilungen verstanden worden sind, wodurch wiederum der Patient sich besser versteht und sich vielleicht in Richtung auf eine bessere Anpassung wandeln kann. Die Beiträge des Patienten sind durch seine Krankheit, Persönlichkeit und seinen Charakter bestimmt; diejenigen des Arztes beruhen hauptsächlich auf zwei Faktoren: einerseits seinem Wissen und Können, andererseits seiner Fähigkeit, konstruktiv auf die Mitteilungen des Patienten zu antworten. Das letztere hängt von der Persönlichkeit des Arztes ab. Je freier, besser integriert, elastischer er ist, umso leichter wird er die richtigen konstruktiven Antworten finden. Abgesehen von diesen individuellen Faktoren gibt es jedoch noch eine Reihe von Schwierigkeiten, die fast allen gemeinsam sind. In den weiteren Kapiteln dieses Abschnittes wollen wir einige Schwierigkeiten erörtern, um zu zeigen, inwiefern sie die Entwicklung guter Arbeitsbedingungen behindern.

6. Die gefühlsmäßigen Reaktionen des Arztes

Die verbreiteste Schwierigkeit, mit der der Arzt bei seinen psychotherapeutischen Bemühungen zu kämpfen hat, sind seine eigenen gefühlsmäßigen Reaktionen, die mit der im vorigen Kapitel beschriebenen Entwicklung einer guten Arbeitsatmosphäre arg in Konflikt geraten können. Es wird daher jedem Arzt eingeschärft, seine Affekte zu kontrollieren und eine unerschütterlich objektive, verstehende Haltung zu bewahren. Dies klingt sehr vernünftig; leider sagt die Literatur – abgesehen von der Empfehlung einer gründlichen Eigenanalyse als Vorbereitung auf jegliche psychotherapeutische Arbeit – fast nichts über die Wege, auf welchen eine solche Haltung erworben werden kann.

Natürlich haben auch wir keine Generallösung für diese heiklen technischen Probleme anzubieten. Aber wir haben wenigstens eine Lösung gefunden, die unter den Bedingungen, wie sie im Rahmen unserer fortlaufenden Seminare bestehen, recht gut funktioniert.

Was wir gefunden haben, ist folgendes: *Wenn im Arzt bei der Behandlung des Patienten Gefühle oder Affekte auftreten, so muß er sie als wesentliches Symptom der Krankheit des Patienten mit in Rechnung stellen; auf keinen Fall darf er danach handeln.* Diese Reaktion: seine Gefühle zu beurteilen und zugleich der Versuchung zu widerstehen, aus diesem Gefühle heraus zu handeln, ist eine recht schwierige Aufgabe, die ohne beträchtliches Training nicht zu meistern ist. Natürlich kann ein unbeteiligter Dritter, der den spontanen Bericht des Arztes anhört, diese Beurteilung leichter vornehmen, als der beteiligte Arzt selber. Eine der wichtigsten Funktionen unserer fortlaufenden Seminare, die das Hauptstück des Ausbildungsprogramms der Tavistock Klinik für Ärzte – sowohl praktische Ärzte wie Fachärzte – in Psychotherapie darstellen, ist daher die Schaffung einer Atmosphäre, in welcher der Arzt sich genügend sicher fühlen kann, um spontan und ohne Aussparung seiner affektiven Beteiligung zu berichten, und in welcher die Zuhörerschaft mit dem Vortragenden sympathisiert, so daß sie seinen Bericht wohl kritisch, aber doch freundschaftlich-konstruktiv behandelt.

Der Fall, den wir als ersten anführen wollen, macht die freie Atmosphäre unserer Fallseminare recht anschaulich. Der betreffende Arzt versuchte die Tatsache, daß er seine schlechte Laune nicht bezwingen konnte und sie sozusagen am Patienten ausließ, nicht zu vertuschen. Freilich mag ihm der unbestreitbare Erfolg seiner „Behandlung" die Offenheit erleichtert haben.

Fall 8

Als ich die Patientin sah, war ich in einer gräßlichen Stimmung; es war mir ein Unglück nach dem anderen passiert: mein Auto war mir gestohlen worden, und ich mußte trotz einer gebrochenen Zehe zu meinem Ambulanzdienst in die Klinik laufen; natürlich war ich verspätet und mußte mich beeilen, und trotzdem mußte ich vor den einbestellten Patienten noch eine Frau nehmen, die kein Englisch konnte und endlos lange Zeit in Anspruch nahm. Dann kam diese Frau C., die einen ungewöhnlich langen Arztbrief mitbrachte, lauter sentimentales Zeug. Es hieß darin, es wäre so traurig, daß dieses Ehepaar, das ideale Eltern abgegeben hätte, keine Kinder bekäme und auch keine adoptieren könnte. Vor 5 Jahren hätten sie ein Kind ohne rechtliche Formalitäten angenommen, aber nach einigen Monaten hätte es die Mutter ihnen wieder weggenommen. Frau C. war 28, ihr Mann 31 Jahre alt, sie waren seit 9 Jahren verheiratet. Der Mann war Schlachter, ein rücksichtsvoller netter Mann. Anderthalb Jahre nach der Heirat hatte der Arzt Frau C. in die Frauenklinik geschickt, aber sie hatte sich nicht gynäkologisch untersuchen lassen, und als man sie einbestellte, um sie unter Betäubung zu untersuchen, kam sie nicht. In einer anderen Klinik wurde sie zwar untersucht, war aber so verängstigt, daß sie nicht zur post-koitalen Nachuntersuchung kam. Sie klagte über starke Schmerzen beim Geschlechtsverkehr. Der Arzt schloß, er habe sie mit einer Adoptionsstelle in Kontakt gebracht, dort hatte man jedoch ihren Haushalt als für ein Kind nicht geeignet befunden. Frau C. klagte, ihre Nachbarn und Verwandten bezeichneten sie als unnatürlich und sagten ihr nach, sie habe eine unfehlbare Verhütungsmethode. Aus dem Arztbrief ging Frau C. als ein armes, von allen schlecht behandeltes Kind hervor. Sogleich klang mir Dr. Balints Warnung in den Ohren: „Hüten Sie sich vor den engelhaften Frauen!" – Der Schreiber des Arztbriefes hatte noch hinzugefügt: „Wenn man ihr nicht helfen kann, ein Kind zu bekommen, werde ich selbst mich mit der Adoptionsstelle in Verbindung setzen und sehen, ob ich etwas erreiche."

Meine erste Bemerkung war: „Ist Ihr Haushalt tatsächlich für ein Kind nicht geeignet?" Sie gab zu, daß es sehr eng bei ihnen sei; sie hätten nur wenige Räume und hätten zwei Untermieter, ein Brüderpaar. Ich sagte: „Ja, wäre Ihr Haushalt denn für ein eigenes Kind geeignet?" Sie erklärte, sie wären im Begriff umzuziehen. Ich fragte, warum sie Untermieter nähmen, wenn es so eng bei ihnen sei – handelte es sich um das Geld? Sie verneinte. Später sagte sie, sie hätten höchstens einmal alle acht Wochen Verkehr – „es tut so weh". Ich glaubte ihr kein Wort und sagte, sie hätten sich nun neun Jahre lang ein Kind gewünscht, und sie weigerte sich, Geschlechtsverkehr zu haben. In ziemlich ärgerlicher Stimme schloß ich: „In Wirklichkeit wollen Sie gar kein Kind, nicht wahr?" Sie brach in Tränen aus. „Es ist so schrecklich, erniedrigend – wenn man Verkehr hat und kein Kind kommt." Sie haßte es, war dagegen, wünschte sich ein schon fix und fertiges Kind. Ich fragte, ob sie denn wirklich jemals richtigen Verkehr gehabt hätten. Nun gab sie zu, sie glaubte nicht. Ich sagte mit sarkastischem Tonfall: „Dann wollen Sie auch kein Kind. Sie werden ja doch wohl wissen, daß dazu Geschlechtsverkehr notwendig ist." Sie war so wütend, daß sie nicht mehr mit mir sprechen wollte. Ich hielt ihr vor, auf wen sie alles wütend sei: auf mich, auf die Adoptionsstelle, auf alles und jeden. Ich befahl ihr, sich auszukleiden und wies ihr die Kabine vor dem Sprechzimmer an. Wenn sie also auch aus dieser Klinik wieder ausrücken wollte, hätte sie die beste Gelegenheit – und diesmal mit einem guten Grund, da ich ja so widerlich zu ihr sei.

Zu meiner Überraschung blieb sie und ließ sich untersuchen, hatte aber einen heftigen Adduktor-Spasmus. Ich sagte in so alltäglichem Ton wie möglich, sie müsse die Beine auseinander nehmen. Sie tat es, und es zeigte sich ein starker Vaginismus. Ich sagte: „Ist das immer so?" Sie bejahte: es sei ihr so schrecklich. „Ich glaube, es kommt daher, weil auch meine Eltern dieses Gräßliche machten. Wir konnten es hören, obwohl die Türe geschlossen war." Sie hat einen zwei Jahre älteren Bruder und eine zehn Jahre jüngere Schwester. Sie sagte, sie sei auf ihre Eltern sehr böse.

Ich konnte die Angelegenheit in dieser Sprechstunde nicht weiter verfolgen, weil ich einfach zuviel zu tun hatte. Ich sagte ihr daher, wir müßten darüber noch mehr sprechen, aber ich glaubte nicht, daß sie wiederkommen würde, da sie ja nicht wirklich ein Kind wünschte. Sie erwiderte: doch, wenn sie nur keinen Geschlechtsverkehr haben müßte. Ich war inzwischen ein bißchen freundlicher geworden und erklärte ihr, was ein post-koitaler Test sei. Sie erklärte, das habe man schon in dem anderen Krankenhaus tun wollen, aber es sollte vor den Studenten und Schwestern geschehen, und das konnte sie nicht ertragen. Ich gab ihr einen Termin, und sie ging. Draußen sagte sie der Schwester, sie würde wiederkommen, falls sie zu mir und keinem anderen kommen könnte. Als ich das hörte, war ich erstaunt und schrieb sie interessehalber auf meine eigene Liste, meinte aber, sie würde sicher nicht kommen, da ich noch niemals so unfreundlich wie gegen sie gewesen sei. Sie war eine dünne, ziemlich schüchterne, stille Person.

Sie hielt den Termin nicht ein, aber eine Woche später fand ich sie weinend und aufgeregt im Wartezimmer. Bei ihrer Ankunft hatte ihr die Schwester gesagt, sie müßte, wie jeder andere Patient, heute zu meinem Kollegen. Sie protestierte weinend. Sie konnte kaum erwarten, daß ich die Tür hinter ihr schloß, bevor sie zu erzählen begann, daß sie am Tage nach dem Besuch bei mir ihre Periode bekommen und daß die Periode 12 Tage gedauert hätte, so daß sie erst heute zu dem post-koitalen Test kommen konnte. „Ich habe mich danach gesehnt, zu kommen und Ihnen zu berichten!" Sie hatten zweimal Geschlechtsverkehr, einmal direkt nach der Periode, wobei es ihr schlecht wurde, und dann letzte Nacht, und da war alles richtig und ihr Ehemann ganz glücklich. Es war das erstemal, daß sie ihren Mann erwähnte. Ich fragte sie – ich weiß nicht, ob das richtig war –, ob sie es getan habe, weil sie heute kommen mußte und richtig vorbereitet erscheinen wollte. Der post-koitale Test war ausgezeichnet, nur war die Auszählung etwas niedrig. Wir waren jetzt beide ganz vergnügt und freundschaftlich. Dann sagte sie: „Ich muß Ihnen erzählen, wie sehr ich meine Eltern gehaßt habe." Sie pflegten am Wochenende nachmittags ins Schlafzimmer zu gehen. Vorher gab es jedesmal einen heftigen Streit – sie zankten sich dauernd. Sie schlossen die Tür hinter sich. Das kleinste Kind, das damals Zweijährige, wollte zu den Eltern. Dann kam der Vater heraus und gab der Zwölfjährigen Geld, damit sie das Kind nicht hineinließe. Sie bat den Bruder, ihr zu erklären, warum sie nicht hineindürften. Sie konnte sich nicht erinnern, was er antwortete, aber sie sagte, das Gesicht mit den Händen bedeckend, es sei fürchterlich gewesen. Als sie ging, sagte sie, sie fühlte sich wie ein neuer Mensch, und ihr Mann sei auch viel glücklicher.

Wir erfuhren, daß bei der zweiten Untersuchung weder Spasmus noch Vaginismus aufgetreten waren. Es hatte überhaupt keine Schwierigkeiten gegeben. Frau C. war regelrecht eifrig und stolz auf das Erreichte. Der Arzt hatte sich gedacht, daß Frau C. einerseits sein Wohlwollen gewinnen, andererseits ihm beweisen wollte, daß er mit seiner Anschuldigung, sie wollte gar kein Kind, nicht recht hatte.

Es ist keine Frage, daß der Arzt bei der Untersuchung dieser Patientin ein starkes Gefühl von Ärger hatte und sich nicht die Zeit nahm, sein Gefühl zu untersuchen, sondern durchaus danach handelte. Bedeutet das nicht, daß unser so gewichtig vorgebrachter Rat zu Anfang dieses Kapitels schon ad absurdum geführt ist? Das ist er jedoch keineswegs; es hat sich nur in diesem Fall so gefügt, daß die Gefühle des Arztes und die Bedürfnisse der Patientin einander ergänzten. Das ist jedoch ein sehr seltenes Ereignis, und es wäre unklug, sich auf eine solche Koinzidenz zu verlassen.

Wir wollen deshalb versuchen zu erkennen, wie es zu diesem Zufall gekommen ist. Zuerst müssen wir uns mit dem möglicherweise vorliegenden Gegenargument auseinandersetzen, daß der „helle Ärger" des Arztes gar nichts mit der Patientin zu tun hatte, sondern mit von ihr ganz unabhängigen äußeren Ereignissen zusammenhing. Das stimmt wohl, aber auch die Patientin gab ihm Grund, sich zu ärgern. Da war zunächst der irritierende, beschützerische und gefühlsbeladene Brief des überweisenden Hausarztes, in welchem die Klinik unseres Kollegen sowie eine zweite Klinik angeklagt wurden, unnötig grob mit der armen Patientin verfahren zu sein. Dazu kam die offene Unaufrichtigkeit der Patientin, ihre ungeschickten Versuche, ihre Rolle in ihrer

Eheproblematik als minimal hinzustellen und stattdessen allen anderen die Schuld zuzuschieben: dem Ehemann, den Nachbarn, den Angehörigen, den Ärzten usw.

Nun werden viele Ärzte der Ansicht sein, daß Frau C. trotz dieser ärgerlichen Fakten mit „Verständnis" und „Freundlichkeit" hätte behandelt werden müssen; um dieser Frau zu helfen, hätte der Arzt sich ihr in einer „gewährenden, mütterlichen Haltung" zuwenden müssen. Dagegen ist einzuwenden, daß diese Einstellung allzu leicht zu der unaufrichtigen, beschützerischen Haltung führt, die etwa der Hausarzt einnahm. Ohne Frage haben sich Hausarzt und Patientin ausgezeichnet verstanden, sie hatten die allerfreundschaftlichste Beziehung zueinander, aber diese konnte sich therapeutisch nicht auswirken. Frau C. war bei aller mitfühlenden Behandlung durch ihren verständnisvollen Hausarzt so krank wie eh und je.

Das ist auch mit ein Grund, warum wir den Fall in unser Buch aufgenommen haben. Wir wollten zeigen, daß Freundlichkeit und Sympathie allein, auch wenn das Bild, das der Patient von der äußeren Welt hat, im großen Ganzen als real akzeptiert wird, nicht unbedingt helfen müssen. Auch diese teilnehmende Haltung, in der die Patientin als „das arme Kind" behandelt wird, beruht auf einem Affekt des Arztes, aber es ist der allgemein empfohlene, fast routinemäßige Affekt, während in unserem Falle der Arzt sich von einem speziell an diesem Tag aufgerührten Gefühl bestimmen ließ.

Man muß übrigens feststellen, daß der Arzt wohl ärgerlich auf die Patientin reagierte, aber sich völlig bewußt war, was er tat. Er war imstande, die Veränderungen zu verfolgen, die sein Ärger bei der Patientin hervorrief, und er verschanzte sich nicht hinter den üblichen Verhaltensweisen, auf die der Psychotherapeut zurückgreift, wenn er sich heftiger Gefühlsbewegungen bewußt wird. Diese üblichen Haltungen sind: Beherrschung der Affekte, so tun, als ob man nicht ärgerlich sei, stattdessen besonders sanft werden, in der Hoffnung, dadurch die bei dem Patienten verursachten Veränderungen auszugleichen usw., so daß nach dem gewittrigen Start eine affektfreie, aseptische Schlußphase des Interviews erreicht wird. Dieses Vorgehen mag das Unbehagen und die Schuldgefühle des Psychotherapeuten erleichtern, aber sein therapeutischer Wert ist fragwürdig.

Man könnte hinzufügen, daß der in diesem Bericht beschriebene Ärger zwar ziemlich heftig, aber nicht unkontrolliert war, da er ja bewußt erlebt wurde. In einem solchen Fall ist die Lage weniger bedrohlich. Dies gilt für alle anderen Gefühlsempfindungen auch. Nur wenn der Arzt sich seiner Gefühle nicht bewußt ist, wird die therapeutische Situation gefährdet; es kommt vor, daß er dann nicht einmal merkt, was er mit dem Patienten macht, sei es in direkter Auswirkung seiner Gefühle, sei es in Überkompensation der unbewußten Schuldgefühle, die der Affekt erzeugt hat.

Was also hat in diesem Fall geholfen? Erstens war der Ärger des Arztes, obwohl durch äußere Faktoren verstärkt, eine ehrliche, reale Reaktion auf die Patientin; sie war weder über-mitfühlend, wie die des Hausarztes, noch feindlich, wie die der Nachbarn. Die Haltung unseres Kollegen besagte etwa folgendes: Bitte keinen Backfisch-Blödsinn über das Geschlechtliche; wenn Sie ein Kind wollen, müssen Sie den Geschlechtsverkehr als eine Naturtatsache hinnehmen, auch wenn Sie Angst davor haben. Diese unerbittliche, realistische Politik ermöglichte es Frau C. auszusprechen, vielleicht zum erstenmal in ihrem Leben, welche schmerzlichen bewußten Erlebnisse für sie mit der Sexualität zusammenhingen, nämlich, daß man sie davon ausgeschlossen, daß man sie bestochen hatte, die neugierige kleine Schwester, die sicher ihr eigenes rebellierendes Ich repräsentierte, ruhig zu halten; daß sie darüber mit ihrem Bruder sprechen mußte, zweifellos sehr aufregende Gespräche, die aber zugleich abstoßend, schreckenerregend und versagend waren.

Wir wissen nicht, welche Phantasien bezüglich dessen, was sich hinter der verschlossenen Tür abspielte, in der Seele des jungen Mädchens wucherten, ob sie sich mit dem die Situation beherrschenden, rücksichtslosen Vater identifizierte oder die schwachen Proteste und anschließende Hingabe der Mutter zugleich verächtlich und erregend fand usw. Wir wissen nur, daß der ehrliche, obgleich etwas übertriebene Zorn des Arztes der Patientin half zu erkennen, wie wütend sie selber seit ihrer Kindheit auf alles und jeden gewesen war, daß ihr Zorn, wie der des Arztes, hingenommen, durchgearbeitet und ins Leben aufgenommen werden konnte, und daß keine Sympathie und Freundlichkeit die Wirklichkeit ändert, daß man keine Kinder haben kann, wenn man den Geschlechtsverkehr nicht als unvermeidliches Faktum anerkennt.

Wenn wir unsere soeben gewonnenen Erkenntnisse nun auf den Fall 5 der Frau L. und ihres enttäuschten Arztes anwenden, dessen Schilderung wir im vorigen Kapitel an einem bestimmten Punkt abgebrochen hatten, so können wir diesen Fall jetzt ein Stück weiter durchschauen. Wir hatten an der Stelle Halt gemacht, wo wir mit dem Arzt zusammen zugeben mußten, daß trotz seiner Anstrengungen das vielfältige Material, das er von der Patientin erhalten hatte, nicht auf einen gemeinsamen Nenner zu bringen war. Eine Antwort für das unbefriedigende Ergebnis fanden wir in der Tatsache, daß die ganze Untersuchung ausschließlich vom Arzt getragen worden war; die Patientin selbst hatte sich nicht daran beteiligt. Aber diese Antwort reichte noch nicht ganz aus.

Wie schon erwähnt, wurde der Fall in einem bereits recht geübten Seminar vorgetragen, dessen Mitglieder alsbald darauf hinwiesen, daß die Gefühle von Sinnlosigkeit, Leere und Verworrenheit – poetisch ausgedrückt, das Gefühl, ziellos in einer Wildnis umherzuirren – nicht nur in dem Arzt bestanden, sondern auch ein wichtiges Symptom der Krankheit der Patientin darstellten und vielleicht die wichtigste Mitteilung war, die sie ihm gemacht hatte. Der Arzt war jedoch nicht imstande gewesen, diese Gefühle in diesem Sinne zu verwerten, noch konnte er die Patientin dazu führen, sie zu akzeptieren und mit ihm gemeinsam zu betrachten.

Wir führten diese Diskussion nun weiter, indem wir die im Arzt erzeugten Gefühle der Leere und Sinnlosigkeit ernstnahmen. Dr. A. erkannte, daß er dieses Gefühl schon jahrelang hatte, wann immer er mit Frau L. zu tun bekam, nämlich daß ihre Welt leer sei. Er konnte nicht verstehen, warum das so war, denn die häuslichen Umstände entwickelten sich sowohl in finanzieller wie sozialer Hinsicht gut. Herr L. war in seinem Beruf erfolgreich, verdiente gut, sie konnten sich ein nettes Haus kaufen, sie brauchte nicht mehr berufstätig zu sein. Hier wurde der Verdacht ausgesprochen, daß es vielleicht gerade das war, was Frau L. nicht ertragen konnte. Vielleicht gehörte sie zu der Gruppe von Frauen, die mit allem fertig werden, wenn sie sich nur ihren männlichen Partnern gleichwertig und von ihnen unabhängig fühlen können;

sobald der Mann erfolgreich ist und die Frau von ihm abhängig wird, entwickeln sie neurotische oder psychosomatische Störungen.

Jetzt begann diese Anamnese sowohl für den Arzt als auch für das Seminar klarer zu werden. Frau L. war während ihrer Berufstätigkeit im großen und ganzen gesund gewesen. Als das Kind unterwegs war, hatte sie ihren Arbeitsplatz aufgegeben, und prompt entwickelten sich Schwierigkeiten bei dem Kind. Wir ordneten dies häufige Ereignis in die Kategorie von Fällen ein, in denen das Kind ein Symptom der Mutter darstellt. Da ihre Krankheit weder erkannt noch behandelt wurde, machte sie in ihrer Not dem Arzt verschiedene psychosomatische Krankheiten zum „Angebot"; er antwortete darauf mit symptomatischer Behandlung und, als diese nicht half, fachärztlichen Untersuchungen – dem üblichen Gang in der ärztlichen Praxis. Als letztes Mittel griff sie zur Phobie, und nun wurde dem Arzt klar, daß etwas geschehen müßte.

In dieser aufschlußreichen Krankengeschichte gibt es noch viele ungeklärte Punkte: darunter die Frage, welches der letzte Tropfen war, der den Becher zum Überlaufen und die Phobie zur Entwicklung brachte. Warum wurde die Angst vor dem Alleinreisen zum Fokus der Krankheit gewählt? Wie ist die Verknüpfung zwischen ihrer Symptomatologie und ihrem Sexualleben? Ihre Wirkung auf den Arzt läßt an ein ähnliches Schema in ihrem Eheleben denken: sie erscheint hilflos, attraktiv, sehr schutzbedürftig; hinter dieser äußeren Erscheinung versteckt sich aber fast sicher eine tiefe Unzufriedeneit mit den Männern. Wenn wir ihre Krankheit und ihren Charakter richtig deuten, so erklärt sich uns, warum sie soviel alleingelassen wird (der Ehemann meidet sie klugerweise), warum sie die Einsamkeit fürchtet (sie hat Angst, dem Ergebnis ihrer feindseligen Gefühle ins Auge zu sehen) und warum ihr Arzt sich so hilflos fühlt (es ist das, worauf sie – unbewußt – abgezielt hatte).

Wir sehen, in diesem Falle hing das Verstehen von der Umbewertung der sich entwickelnden Arzt-Patient-Beziehung ab, die erst jetzt, zusammen mit allen anderen Symptomen, einen Sinn ergab. Die einzelnen Schritte auf diesem Wege waren: a) die Patientin erschafft im Arzt ein Gefühl hoffnungsloser Sinnlosigkeit; b) der Arzt teilt dieses Gefühl uns mit, da er es von sich aus nicht als Symptom der Krankheit der Patientin erkennen konnte; c) wir konnten ihm die Bedeutung dieser dynamischen Vorgänge zeigen, so daß sie ihm einleuchtete, und d) dies gab ihm die Möglichkeit, die ihn konfrontierenden Probleme besser zu verstehen. Wenn wir in der gleichen Weise wie er selber reagiert hätten, dann hätten auch wir die wahren Konflikte der Patientin nicht verstehen können.

Unglücklicherweise kaufte das Ehepaar bald nach dieser Diskussion ein neues Haus in einem anderen Teil Londons und schied aus der Praxis unseres Kollegen aus. Infolgedessen konnte der Fall nicht weiterverfolgt werden, und wir haben keinen Beweis dafür, ob unser Gedankengang richtig war.

Bezüglich der Katamnesen der übrigen Fälle in diesem Kapitel müssen wir gestehen, daß sie weniger befriedigend waren als die in den anderen Kapiteln erwähnten. Wenn sich der Arzt in der Behandlung eines Falles über einen erheblichen Zeitraum hinweg durch seine Gefühle hat leiten lassen, gerät er in so komplizierte Beziehungen zu seinem Patienten, daß er sich kaum noch daraus befreien kann, also auch seine Reaktion auf den Patienten nicht ändern und erst recht keine Wandlung im Patienten selbst erreichen kann. Schließlich kommt es wie bei der Familie L. zu irgend einem äußeren Ereignis, und der Patient meldet sich aus der Praxis dieses Arztes ab.[1] Aber auch wenn kein solches äußeres Ereignis eintritt, verschwindet entweder der Patient aus dem Wartezimmer oder die Beziehung zu seinem Arzt bleibt gespannt und unfruchtbar. Wir werden sehen, daß der Arzt nur selten hieran noch etwas ändern kann.

Unser nächster Fall zeigt einige der Schwierigkeiten, die sich dem Arzt bei solchen Fällen in den Weg stellen können. Sie sind in der Regel nicht leicht zu erkennen und auch schwer klar darzustellen. Daß es in diesem Fall möglich ist, beruht auf dem unabsichtlichen Nebeneffekt eines Experiments. In unserer fortgeschrittenen Gruppe experi-

---

[1] In einer Untersuchung der Fälle von 1000 Patienten, die ihren Hausarzt wechselten, ist der hier beschriebene Vorgang in einer Anzahl von Fällen wirksam, die wir mit einem „R" versahen – Patient verläßt den Praxisbezirk – bzw. mit einem „X" – Patient verzieht in eine andere Wohnung im gleichen Bezirk.

mentierten wir mit einem Berichtsformular, das dazu dienen sollte, das Augenmerk des Arztes unter anderem auf das Wechselspiel der Affekte zwischen ihm und dem Patienten zu lenken. Dieses Formular hat eine lange Vorgeschichte. Es war ursprünglich entworfen worden für die Berichterstattung des „Family Discussion Bureau" über Eheprobleme. Es wurde dann von einer Gruppe von Psychoanalytikern übernommen, die die Möglichkeiten gezielter Kurztherapie, einer sogenannten „Fokaltherapie" studierten, wodurch es natürlich erhebliche Modifikationen erfuhr. Jetzt wurde es von einer Gruppe von praktischen Ärzten herangezogen, um die Technik der Berichterstattung der Gruppenmitglieder zu verbessern. Um einem kritischen Einwand vorzubeugen, sei vorausgeschickt, daß das Formular nur für Patienten verwendet wird, deren körperlicher Zustand bereits durchuntersucht ist.

Da der Fragebogen nach dem ersten, entscheidenden Interview ausgefüllt wurde, kann man die Gefühle des Arztes, Dr. O., sowohl im Laufe des Interviews wie etwas später beim Ausfüllen des Bogens klar erkennen. Er sah die Patientin noch dreimal, und wir können ihm in seiner Bemühung folgen, sich von den Wirkungen seiner Gefühlsbeteiligung zu befreien, zum Teil mit, zum Teil ohne Erfolg.

Fall 9

Frau P., 56 Jahre, Mutter von drei Kindern. Interview am Osterdienstag.

A. *Ereignisse, die der Beratung voraufgingen.* Nächtlicher Anruf wegen Asthma. Weiterer Anruf am Vormittag, Krankenbesuch am Nachmittag.

B. 1. *Erscheinung und Auftreten der Patientin.* Ruhig, entspannt und ohne Beschwerden im Bett. Keine Dyspnoe. Quasi sich rechtfertigend wegen des nächtlichen Anrufs und jetzigen Zustands.

2. *Beschwerden.* Auf Einzelheiten bezüglich ihrer Tabletten und Medizinen, Dosierung etc. beschränkt. Ihr Asthma ist offenbar etwas, was sie als von außen kommend erlebte.

3. *Aktueller Anlaß.* Akuter Asthmaanfall in der vergangenen Nacht.

C. *Tatsachenmaterial.* Die Asthmazustände begannen nach der Geburt ihres ersten Kindes. Sie sind seit Weihnachten, als ihr Sohn aus dem Heeresdienst entlassen wurde, sehr viel schlimmer geworden. Der Sohn möchte unabhängig sein, kommt spät nach Hause, worüber der Vater sich sehr ärgert. Es kommt zu Streitigkeiten; sie hat Angst, daß die Nachbarn es hören könnten. Es ist eine katholische Familie, und so dürfen sie kein schlechtes Beispiel geben. Der Sohn geht mit einem sehr netten, annehmbaren Mädchen aus. Es sind außerdem noch eine verheiratete ältere Tochter und eine unverheiratete jüngere Tochter vorhanden. Der Ehemann hat einen Handwerksberuf. Sie wohnen in einem altmodischen Wohnbezirk. Sie sind nicht arm, aber das Haus ist immer ungepflegt und unordentlich.

D 1. *Wie sieht die Patientin sich selbst.* Sie sei eine gute Mutter, ganz vernünftig und verständnisvoll. Aber sie ist durch ihr schweres Asthma daran gehindert, soviel zu tun, wie sie möchte.

2. *Wie sieht die Patientin andere Beziehungspersonen?* Der Mann ist streng, aber vernünftig, ungeduldig gegen die Familie. Der Sohn ist prachtvoll, hat keine Fehler, ist nur ein bißchen rücksichtslos. Die eigene Mutter: prachtvoll. Der Vater: streng und achtunggebietend. Er wurde gefürchtet und respektvoll behandelt, aber heimlich machte man sich über ihn lustig. Er war ein strenger Polizist; die Mutter half ihr heimlich gegen seine Verbote. Die Töchter werden kaum erwähnt.

E. *Wie entwickelt sich die Arzt-Patient-Beziehung?*

1. *Wie behandelt die Patientin den Arzt?* Zuerst, wie üblich, recht abwehrend. Im Laufe des Interviews wird sie keck, fast neckisch, und scheint dadurch als eine sehr viel hübschere Frau.

2. *Wie behandelt der Arzt die Patientin?* (An dieser Stelle des Fragebogens – so schreibt der berichtende Arzt – stand ich auf und machte mir eine Tasse Kaffee!!) Zuerst war ich mürrisch und ärgerlich wegen der Mühe, die diese Patientin bereitete. Ich erinnere mich nicht, an welchem Punkt mich der Fall zu interessieren begann. Ich dachte gar nicht an den Bericht, den ich würde erstatten müssen. Ich hatte mich darauf konzentriert, wie es zu dem Anfall in der vergangenen Nacht gekommen war.

   Die Wandlung trat ein, als die Patientin verneinte, daß sie am Abend vorher irgendeinen Grund zur Aufregung gehabt hätte, obwohl ihre Kinder mit dem Auto nach Brighton gefahren waren (es war der Bankfeiertag, und in den Zeitungen hatte viel über Straßenunfälle gestanden, so daß ich überzeugt war, sie machte sich Sorgen). Ich begann mich also zu interessieren und horchte auf die verschiedenen Beziehungen, und so kam ich auf die schlechte Beziehung zwischen Vater und Sohn.

F. *Wichtige Augenblicke im Interview.*

1. Verleugnung der Angst über die Gefahren auf der Straße.
2. Eingeständnis des Kummers über die Streitigkeiten zwischen Vater und Sohn.
3. Sorge um den Ruf ihrer Familie in der Nachbarschaft.

4. Ähnlichkeit der Art und Weise, wie sie den Sohn gegen den Vater unterstützt und wie ihre Mutter sie gegen ihren Vater unterstützte.
5. Erinnerung, daß sie sich in ihren Mann verliebte, als sie mit seinem besten Freund ausgegangen war, und daß der Freund sie ihrem Mann ohne Zorn überließ.

G. *Zusammenfassung.*

Wie wirkt sich die Störung im Leben der Patientin aus?

1. Asthmatische Anfälle.
2. Vernachlässigte Wohnung.
3. Defensive Einstellung gegen die Umwelt.
4. Heimliche Feindschaft gegen Männer unter dem Deckmantel angeblichen Respekts.[1]

Wir sind fast sicher, daß viele unserer Leser diesen Bericht wie auch die Untersuchung, auf der er beruht, für zufriedenstellend, wenn nicht sogar sehr gut halten werden. Das stimmt auch bis zu einem gewissen Grade. Der Arzt bekam eine Anzahl wichtiger Fakten heraus, die zum Verständnis des Falles erheblich beitragen. Aber rechts oben auf unserem Formblatt steht eine fettgedruckte Mahnung: *Negative Befunde ausdrücklich vermerken!* Obwohl dieser Hinweis fast überflüssig klingt und etwas doch wohl Selbstverständliches fordert, hat uns die Erfahrung gelehrt, daß es fast unmöglich zu sein scheint, ihm in vollem Umfange zu genügen. Wegen seiner emotionellen Beteiligung merkt der Arzt nicht, daß er den einen oder anderen wichtigen Punkt entweder während der Untersuchung oder während des Zusammenschreibens übersehen hat, während ein geübter Dritter mit Leichtigkeit den Finger auf solche Stellen legt.

So war es auch bei der Diskussion dieses Falles in unserem Seminar. Nachdem wir uns geeinigt hatten, daß die Beziehungen dieser Patientin anscheinend mit Freuds Beobachtung vom „Dritten, der den Schaden davonträgt" übereinstimmen, fügte Dr. O. hinzu, es falle ihm im nachhinein auf, daß die Sexualität während des ganzen Interviews nicht erwähnt worden war. Er schien zu glauben, daß er sich wegen dieser Auslassung entschuldigen müßte und erklärte, es wäre auch peinlich gewesen, das Thema im Schlafzimmer der Patientin anzuschneiden; er hätte ohnehin schon zuviel Zeit mit ihr verbracht. Aber auch die Emo-

[1] Beim Überlesen seines Berichts trug Dr. O. nach, daß Frau P. große Angst vor dem Alleinsein hat. Ihr Mann oder ihr Sohn hatten einigemale zuhausebleiben müssen, da sie es nicht ertragen konnte, alleinzubleiben.

tionen der Seminarteilnehmer waren offenbar geweckt, denn wir stimmten dem Kollegen zu, daß die Frage ihres Ehelebens bei diesem ersten Interview hätte gestellt werden müssen; die Unterlassung wurde sogar damit in Zusammenhang gebracht, daß der Doktor sich eine Tasse Kaffee hatte machen müssen, ehe er daran ging, seine Gefühlsreaktionen während des Interviews zu schildern.

Zuerst befaßten wir uns mit einigen mehr ins Auge fallenden Zusammenhängen, die in dem Bericht nicht ausdrücklich erwähnt worden waren. Der Asthmaanfall kam, als die Kinder schon heimgekehrt waren, also kein Grund zur Sorge mehr vorhanden war. War der Anfall vielleicht ein Ausdruck ihres Ressentiments, daß man sie am Bankfeiertag alleingelassen hatte? Die Tatsache, daß Frau P. im Laufe des Interviews sich aufheiterte, da der Doktor ihr soviel Aufmerksamkeit widmete, schien diese Vermutung zu stützen. Wir schlossen daraus, daß Frau P. vielleicht Beachtung, besonders von Männern, auf sich lenken muß, sich anstrengt, anziehend und neckisch zu wirken, sie dann aber unbefriedigt fortschickt. Mit anderen Worten: sie verspricht, was sie nicht zu halten gedenkt.

Dr. O. berichtete, daß er vor dem zweiten Interview die Abwesenheit von sexuellem Material im ersten bemerkt und sich entschlossen hatte, diese wohl nicht schwerwiegende Unterlassung in routinemäßiger Weise nachzuholen. Das zweite Interview fand in seinem Sprechzimmer etwa 10 Tage nach dem Hausbesuch statt. Dabei erfuhr er, daß Frau P.s Ehe normal begann, dann aber wurde sie mehr und mehr frigide und der Ehemann gleichzeitig deprimiert und schwierig zu behandeln. Während der Diskussion merkte der Arzt, daß kein anderes Thema zur Sprache gekommen war, weder der vernachlässigte Haushalt noch ihre defensive Haltung.

Er war darüber nicht sehr befriedigt, aber statt zu versuchen, sich klarzumachen, was er verkehrt gemacht hatte, entschloß er sich, in einem dritten Interview in der gleichen Richtung vorwärtszukommen. Frau P. gab zu, daß ihr am Geschlechtsverkehr mit ihrem Mann gar nichts liege und sie ihn oft verweigere. Der Arzt konnte ihr zeigen, daß ein Zusammenhang zwischen ihrer Weigerung und der zunehmenden Unzugänglichkeit ihres Mannes bestand. Wir zitieren wörtlich aus dem Protokoll unserer Diskussion:

Nachdem wir das besprochen hatten, fragte sie mich plötzlich: „Glauben Sie, daß mein Mann deshalb so gereizt und schwierig geworden ist? Er ist jetzt immer krank." Ich sagte: „Was meinen Sie selber?" Sie sagte: „Es könnte schon sein. Ich sehe das jetzt ein. Was soll ich tun?" Ich gab keine Ratschläge, sondern fragte sie, was sie für besser hielte. Hatte sie Schwierigkeiten beim Geschlechtsverkehr, war es unangenehm? Sie verneinte, sie sei nur müde. Ich fragte: „Was würden Sie dadurch gewinnen, wenn Sie öfter Geschlechtsverkehr hätten?" Sie antwortete: „Vermutlich würde er sich wohler fühlen."

Hier erfuhr die Technik Dr. O.s eine etwas unfreundliche Kritik. „Sie stellen Ihre Fragen so, daß die Patientin Ihnen immer zustimmen muß." Dr. O. fuhr fort:

Weiter kam nichts heraus. Etwa eine Woche später sah ich sie noch einmal. Dabei behauptete sie, sie fühlte sich viel wohler, alles ginge ausgezeichnet, viel besser als zu erwarten war. Sie habe darüber nachgedacht, auch an den Kirchenkreis gedacht, sie wollte in den Kirchenkreis eintreten und . . .

Wie das Protokoll zeigt, durfte Dr. O. seinen Satz nicht beenden. Verschiedene Teilnehmer unterbrachen ihn und wiesen darauf hin, wie unaufrichtig Frau P. war, daß man der Beschreibung ihrer fabelhaften Besserung nicht trauen dürfe, daß sie willens sei, etwas für den Kirchenkreis, aber nichts für ihren Ehemann zu tun, daß sie wieder nur Versprechungen machte usw. Nur einer der Teilnehmer meinte, Frau P. zu drängen, öfter Geschlechtsverkehr zu haben, wäre doch „eine Art therapeutischer Kuppelei: habt öfter Geschlechtsverkehr, und er wird glücklicher sein". Das sei doch sehr merkwürdig, es müßte doch umgekehrt heißen: „Wenn ihr glücklicher wäret, würdet ihr öfter Geschlechtsverkehr haben." Das Seminar war aber insgesamt so in seiner Entrüstung gegen Frau P. festgelegt, daß dieser Einwand übergangen wurde und man im Jagdeifer Dr. O. vorwarf, er hätte seiner Patientin sagen müssen, daß sie nur in den Kirchenkreis eintrete, um nichts für ihren Mann tun zu müssen.

Dr. O. versuchte seine Patientin zu verteidigen und sagte, der Kirchenkreis wäre vielleicht kein schlechtes Mittel gegen ihre unerträgliche Furcht vor dem Alleinsein. Um uns zu überzeugen, wie ehrlich Frau P. mitzugehen bereit war, berichtete Dr. O. eine weitere Einzelheit aus dem zweiten Interview. Sie hatten einen kürzlichen Streit zwischen

Vater und Sohn erörtert. Der Sohn war spät nach Hause gekommen, und der Vater konnte nachher nicht einschlafen.

Ich fragte: „Warum konnte er denn nicht einschlafen?“ Sie: „Er ist immer so streng, er möchte nicht, daß etwas passiert.“ Ich: „Was denn zum Beispiel?“ Sie: „Sie wissen ja, wie die Jugend heute ist, das späte Ausgehen . . .“ Es kam heraus, daß der Ärger des Vaters über das späte Ausgehen des Sohnes mit einem Mädchen nicht bloß mit seinen strengen Ansichten zusammenhing. Es war nicht schwer dahinterzukommen, daß der Vater sehr verärgert und enttäuscht sein konnte, wenn er keine geschlechtliche Befriedigung erfuhr. Sie kam selber zu diesem Schluß.

Drei Punkte fallen in diesem Bericht auf. Erstens erkennt man Frau P.s Bedürfnis und Geschicklichkeit, in einem günstigen Licht zu erscheinen, den Eindruck einer vernünftigen, mitarbeitenden Frau zu erwecken, die ihr Bestes tut. Der zweite ist die gefühlsmäßige Reaktion des Doktors; obwohl er sich sehr bemühte, zu einem objektiven ärztlichen Urteil zu gelangen, konnte er nicht anders als positiv auf sie zu reagieren, d. h. ihre Version als die richtige zu akzeptieren.

Das ist eines der üblichen Schemata der Arzt-Patient-Beziehung; wir nennen es in unserem Seminar „gegenseitige Verführung“. Frau P. hat das Gefühl, ihr Arzt sei ein verständnisvoller, sympathischer und hilfsbereiter Mann, Dr. O. hatte das Gefühl, seine Patientin sei dankbar, aufrichtig und kooperativ. Das ist eine beide Seiten befriedigende Beziehung, mit dem einzigen Fehler, daß sie jede Seite recht teuer zu stehen kommt. Die im Arzt erzeugten positiven Gefühle könnten ihn daran hindern, irgendwelche das Bild trübende Züge der Patientin zu erkennen, während die Patientin daran gehindert oder doch weitgehend eingeengt ist, etwas zu enthüllen, was den wohlwollenden, hilfsbereiten Arzt erschrecken könnte. Eine weitere ernste Folge ist die, daß die Patienten auf diese Weise darin geschult werden, eine solche Art der Behandlung zu erwarten, so daß jeder künftige Versuch dieses oder eines anderen Arztes, sie mit den weniger anziehenden Seiten ihres Charakters zu konfrontieren, auf große Schwierigkeiten stoßen und sogar unmöglich sein könnte. Eine entsprechende Hemmung wird im Arzt erzeugt.

Damit sind wir bei dem dritten Punkt angelangt, dem Einfluß dieser wechselseitigen Gefühle auf die Handhabung des Falles. Das erste, weiter oben in vollem Umfange wiedergegebene Interview war ohne Frage unbefriedigend. Wir könnten dafür sowohl die Patientin als auch den Arzt verantwortlich machen. Die Patientin gehorchte ihrem zwingenden Bedürfnis und versuchte mit Erfolg, gut gelaunt und verführerisch zu wirken, um ihrem Arzt zu beweisen, eine wie zur Mitarbeit bereite, dankbare Patientin sie sei. Der Arzt, durch seine eigenen Gefühle gehemmt, konnte nicht hinter diese Fassade blicken, obwohl ihm klar war, daß etwas nicht stimmte – z. B. daß die Patientin und er im ersten Interview in geheimem Einverständnis vermieden, unangenehme Dinge zu erörtern. Statt hier anzuhalten und seine eigenen Gefühle als mögliche Symptome der Krankheit seiner Patientin zu untersuchen, schloß er voreilig, daß das von ihnen beiden vermiedene unangenehme Thema das Sexualleben der Patientin sein müsse. Unter dem Einfluß psychoanalytischer Theorien wird das heute oft ohne weitere Prüfung angenommen.

Also versuchte Dr. O. tapfer, die Lage in den folgenden Interviews zu berichtigen, aber vergebens; der Endeffekt war notwendigerweise unbefriedigend. Wir müssen zugeben, daß während des größeren Teils der Diskussion das ganze Seminar einschließlich des Leiters noch weiter vom Ziel abkamen als Dr. O. Auch sie handelten gefühlsmäßig und sahen in Frau P. nur die unaufrichtige Evastochter, die sich kräftig bemühte, den Arzt hinters Licht zu führen und ihn zu hindern, etwas ihr nicht Angenehmes zu berühren. Außer dem einen Kollegen, der gegen die „therapeutische Kuppelei" protestierte, standen wir alle auf Seiten des Ehemannes und kritisierten Dr. O., daß er keinen festeren Stand gegen Frau P. eingenommen habe. Dr. O. wiederum konnte unter dem Einfluß seines positiven Affekts nicht anders, als Frau P. gegen die engstirnigen Angriffe des Seminars zu verteidigen. Auf diese Weise kam es zu einer hitzigen, aber fruchtlosen Debatte. Erst im zweiten Teil der Diskussion, nachdem etwas Dampf abgeblasen war, wurde uns klar, daß wir alle gegen unsere eigenen Grundsätze sündigten.

Da zu keiner Zeit eine wirkliche Untersuchung durch die Patientin selbst durchgeführt worden war, ist der Fall nicht mit Sicherheit zu beurteilen. Wahrscheinlich hat Frau P., neben ihrem Bedürfnis, die Männer durch ihren Charme anzuziehen, ein ebenso zwingendes Bedürfnis, sie dann zu enttäuschen. Da sie Angst davor hatte, daß der enttäuschte Mann sie verlassen könnte, hat sie eine unheimliche Geschicklichkeit erworben, zwei wichtige männliche Mitglieder ihrer Familie in einen Kampf zu verwickeln, in welchem jeder von ihnen sich bemüht, sie auf seine Seite zu ziehen. Auf diese Weise hat sie die Gefahr beseitigt, alleingelassen zu werden, aber um den Preis, nun ständig in einer gespannten Atmosphäre zu leben. Bemerkenswerter Weise bekannte Dr. O., als das Seminar zu dieser Formulierung gekommen war, daß er niemals verstehen konnte, warum Frau P.s Wohnung immer so schäbig und vernachlässigt aussah. Wenn er, statt mit der Patientin zusammen eine Atmosphäre gegenseitiger Verführung zu schaffen, begonnen hätte, mit ihr die Bedeutung ihrer Schlampigkeit zu untersuchen, hätte die ganze therapeutische Situation sich anders gestaltet.

Unser nächster Fall zeigt die gleiche Situation aus einem anderen Blickwinkel. In einer kürzlichen Seminarsitzung leitete Dr. G. seinen Bericht mit den folgenden Sätzen ein:

„An diesem Fall ist nicht viel dran. Aber es wurde ja vor einiger Zeit gefordert, daß wir uns die Patienten merken sollten, bei denen beruhigendes Zureden geholfen hatte: Ich glaube, daß das bei dieser Frau der Fall war, obwohl ich das Verdienst nicht mir allein zuschreiben will. Ich hatte nur das Gefühl, daß ich ihr nichts anderes als Beruhigung bieten könnte, und so fürchte ich, ich habe ihr ein- oder zweimal gut zugeredet, und es hat offenbar gewirkt; jedenfalls ist sie nicht wieder in der Sprechstunde erschienen."

Fall 10

Fräulein F. ist eine unverheiratete 34jährige Angestellte, die mit ihrer Mutter in einer Kleinstadt nahe bei London lebt, wo Dr. G. versucht, eine Zweigpraxis zu eröffnen. Es war zunächst die Mutter, die auf Empfehlung einer anderen Patientin sich vor etwa 6 Monaten bei ihm eintragen ließ. Da die Verkehrsverbindungen schlecht sind und die Anzahl der Patienten die Miete von Praxisräumen noch nicht trug, fanden alle Konsultationen in den Wohnungen der Patienten statt.

Während der Arzt die verschiedenen psychosomatischen Beschwerden der Mutter behandelte, erwähnte sie, daß sie sich über ihre Tochter Sorgen machte, die einen Pruritus vulvae hatte, immer erkältet war, sehr leicht ermüdete; sie bat den Arzt, doch auch die Tochter zu behandeln. Dr. G. erfuhr, daß die Tochter für den Pruritus von ihrem bisherigen Arzt Cortison bekommen hatte. Sie kamen überein, daß er nach den gesetzmäßig vorgeschriebenen 14 Tagen die Tochter auf seine Arztliste nehmen würde.

Bei der Untersuchung berichtete Fräulein F., daß sie vielleicht deshalb so müde sei, weil sie einen so langen Arbeitstag hätte. Sie arbeitete in London, fast 50 km entfernt von ihrem Wohnort, mußte sehr früh aufstehen, morgens und abends in überfüllten Zügen fahren usw. Dr. G. fuhr fort:

Mir fiel besonders die fast völlige Öde ihres Lebens auf: sie schien tatsächlich nichts von ihrem Leben zu haben. Ihr Hauptproblem – das bestätigte sich auch durch ein Gespräch, das ich später mit der Mutter hatte – war, daß sie 34 Jahre alt und noch immer unverheiratet war, und daß sie so gern heiraten wollte. Es schien in ihrer Umgebung aber keine Männer zu geben. Zwar hatte sie einmal einen Bekannten gehabt, etwa ein Jahr zuvor, von dem sie glaubte, daß er sich mit ihr verloben würde, aber plötzlich stellte sich heraus, daß er verheiratet war. Das war ein schwerer Schock gewesen . . .

Mir schien das auch schrecklich, ein Mädchen ganz ohne Hoffnung. An den Wochenenden traf sie sich mit einer gleichaltrigen Freundin, mit der sie ausging und irgendwo bei einem Glas Bier saß. Ich glaube, sie hofften, dabei irgendeinen Mann kennenzulernen, was man ihnen ja nicht übelnehmen kann . . . Weiter hatte sie gar nichts, und dabei war sie eine ganz ansehnliche Person für ihre 34 Jahre. . .

Ich hätte gern etwas für sie getan, wollte ihr sagen: Sehen Sie, es gibt doch so vielerlei auf der Welt, sie dürfen ihr Leben nicht so verstreichen lassen. Es gibt soviel Schönes und Amüsantes, warum verschaffen sie sich nicht etwas Freude und Genuß. Aber ich brachte es nicht über mich, da ich das Gefühl hatte, es käme mir nicht zu.

So mußte ich mich auf die Routine beschränken, ihre Anamnese aufzunehmen, sie zu untersuchen, wobei sich nicht viel ergab. Ihr Pruritus war schon besser geworden. Und so redete ich ihr ein bißchen zu und versicherte ihr, daß sie körperlich gesund sei, und ob sie sich nicht zu sehr unterkriegen ließe; ich ließ durchblicken, daß ich ihr Problem verstünde und mit ihr sympathisierte, wir gingen sogar etwas darauf ein, daß sie keine Männer kannte, keinen Freund hätte und keine unmittelbare Aussicht, sich zu verheiraten, und ich redete ihr gut zu und bemühte mich, sie, so gut ich konnte, zu beruhigen.

Auch das ist keine seltene Situation. Die Patientin hat verschiedene recht eindrucksvolle Beschwerden, sie lassen sich bei der Untersuchung nicht verifizieren, und ihre seelische Lage ist entweder viel zu kompliziert oder viel zu hoffnungslos. In dieser Lage nimmt der Arzt meist Zuflucht zu Sedativa und beruhigendem Zureden. In den vorigen Kapiteln versuchten wir, die Sinnlosigkeit dieses Vorgehens zu zeigen; wir unterstrichen, daß jedes Symptom, wie komplex oder hoffnungslos die Lage auch erscheinen mochte, zusammen mit dem Patienten und wenn möglich, durch den Patienten, geprüft werden müsse. Dieser Rat ist leicht zu geben, aber der Arzt kann ihn mangels entsprechender Schulung meist nicht befolgen. Darum nehmen wir uns ab und zu vor, die Berichte über Patienten, die angeblich von solcher „Beruhigung" profitiert haben, zu prüfen.

Der Bericht Dr. G.s zeigt klar, daß er sich entschieden hatte, die Ursprünge der Beschwerden nicht zu untersuchen; stattdessen beruhigte er die Patientin. Das ereignete sich Anfang 1960, und als wir den Fall gegen Ende Juni diskutierten, ging die Katamnese also erst über vier Monate. Während dieser Zeit hatte Fräulein F. ihren Arzt nur einmal wegen einer leichten Infektion der oberen Atemwege konsultiert, im übrigen schien sie in Ordnung. Dieser Eindruck wurde durch das Zeugnis der Mutter verstärkt, die der Arzt in dieser Zeit einige Male gesehen hatte. So schien seine Behauptung, daß seine Beruhigung sich gut ausgewirkt habe, sich zu bestätigen.

Um ein besseres Verständnis für die dynamischen Prozesse zu bekommen, die in diesem Fall wirksam waren und in vielen ähnlichen Fällen wirksam sind, wollen wir vier Punkte herausheben. Der erste ist der einfachste. Wir haben wieder und wieder gefunden, daß der Arzt, wenn er behauptet, den Patienten beruhigt zu haben, selber aufrichtig glaubt, daß ihm das gelungen sei. Wenn man ihn jedoch auffordert, möglichst genau zu wiederholen, was er tatsächlich gesagt habe, so pflegt er sich meistens nicht an seine Worte zu erinnern, und selbst wenn er sich erinnert, scheinen die Worte in der Wiederholung nichts Beruhigendes zu enthalten, jedenfalls für einen Dritten, der zur Zeit der „Beruhigung" nicht dabei war. Es ist natürlich eine noch schwierigere und zweischneidige Frage, was die beabsichtigte „Beruhigung" für den Patienten wirklich bedeutete. Dies wollen wir als letzten Punkt erörtern.

Als wir Dr. G. baten, die beruhigenden Worte zu wiederholen, die er seiner Patientin gesagt hatte, erwiderte er: „Nun, daß sie keinerlei körperliche Krankheit habe, und das war es doch, was sie, offiziell wenigstens, zu mir geführt hatte –, aber dahinter stand natürlich das

Problem, daß sie nicht geheiratet hatte." Als wir weiter drängten, ob er ihr gesagt habe, sie könnte noch immer heiraten, antwortete Dr. G.: „Oh nein, das konnte ich ja nicht." Dann erklärte er umständlich, wie er Fräulein F. erklärt habe, daß die Bahnfahrten, besonders im Winter, die Ursache für ihre Ermüdbarkeit und schlechte Stimmung sein könnten, aber wenn sie sich in ihrer jetzigen Stellung wohlfühlte, wäre es wiederum vielleicht nicht unerträglich usw. Wie gesagt, die typische Situation. Der Arzt kann sich nicht genau erinnern, was er gesagt und, und was er wiederholt, ist in Wirklichkeit gar keine Beruhigung.

Der nächste Punkt, den wir erörtern wollen, ist die Frage, warum der Arzt sich für diese Handlungsweise entschied. Sein aufrichtiger Bericht zeigt, wie stark seine Gefühle waren, als er diese Patientin vor sich sah; aber statt innezuhalten und seine eigenen Gefühle als mögliche Symptome der Krankheit der Patientin zu betrachten – wie wir befürworten –, handelte er gemäß seinen Gefühlen. Als ihn einzelne Seminarmitglieder fragten, konnte er genauer ausdrücken, was er gefühlt hatte: „Sie war kein besonders gescheites Mädchen . . . aber körperlich und materiell hatte sie alles, ein nettes Heim, ein gutes Einkommen . . . aber das Leben, das sie führte, war doch über alle Worte traurig ... ich hatte Angst, sie merken zu lassen, wie ich es empfand ... und fühlte mich in einer Zwickmühle, was ich tun könnte, so daß meine beruhigenden Worte zum Teil darauf beruhten."

In der Diskussion wurde ihm gedeutet, daß Fräulein F. vielleicht die Fähigkeit hätte, Situationen herbeizuführen, in welcher man sie als Frau zurückweisen müßte. Zu unserer Überraschung hatte auch Dr. G., den wir als einen interessierten, freundlichen und feinfühligen Arzt kannten, sich dieser Konstellation nicht entziehen können. Dr. G. sagte darauf: „Sie brachte in der Tat ein Gefühl von Pessimismus in mir zustande, das tagelang anhielt, und ich fragte mich immer wieder, ob es nicht irgendeinen Ausweg gäbe. Meiner Meinung nach gab es keinen; ich hatte wohl daran gedacht, das Problem aufzugreifen und mit ihr durchzugehen, aber ich hatte das Gefühl, daß sie irgendwie nicht imstande sein würde, das anzunehmen, was ich ihr auf dieser Ebene würde anbieten können."

Wir hoffen, daß diese Auszüge aus unserem auf Band aufgenommenen Protokoll es dem Leser ermöglichen, sich ein Bild der dynamischen

Lage zu machen. Dr. G. hatte ehrliche Sympathie für die unglückliche und scheinbar hoffnungslose Situation um Fräulein F. Er war überzeugt, daß er den Zusammenhang zwischen ihren Symptomen und ihrer Lebensweise erkannt hatte, aber er sah keinen Hoffnungsstrahl für eine Besserung. Obwohl er nicht zweifelte, daß Fräulein F. physisch eine ansehnliche Frau war, fand er sie völlig unattraktiv. Schon die Vorstellung, daß ein Mann sie heiraten könnte, stieß ihn ab, und bemerkenswerterweise hielt er ihre nicht übergroße Intelligenz für die Ursache. In seiner Not hatte er versucht, sie zu „beruhigen".

Es wurde nun gnadenlos im Seminar herausgearbeitet, daß die Beruhigung gar keine war; es wurde dadurch das entscheidende Problem umgangen, das nach Dr. G. ihrer Not zugrunde lag, und stattdessen nur versucht, etwas Angst wegen Dingen zu beheben, die in Wirklichkeit weder dem Arzt noch der Patientin sehr wichtig schienen. Man versteht nun, warum der Arzt sich der Worte seiner „Beruhigung" nicht erinnern konnte und warum das, was er erinnerte, so schwach und unzureichend schien. Und man versteht auch, warum er sich noch mehrere Tage nach dem Interview so deprimiert fühlte.

Was hätte man aber sonst tun können? Wir können nur wiederholen: Wenn der Arzt bei der Untersuchung sich irgendwelcher Gefühle bewußt wird, sollte er innehalten und seine Gefühle als mögliche Symptome der Krankheit des Patienten unter die Lupe nehmen. Was waren die Gefühle von Dr. G. in diesem Falle? Daß niemand dieses Mädchen heiraten könnte, daß sie ein gräßliches Leben führte, daß er nicht zu ihr sagen konnte, sie sei ein nettes Mädchen mit einem netten Heim, einer freundlichen, liebevollen Beziehung zu ihrer Mutter, und daß das eine Anziehungskraft für den richtigen Mann für sie ausüben müßte. Wir müssen noch ergänzen, was wir von Dr. G. erfuhren, nämlich daß er, als er von Fräulein F. hörte, daß der Pruritus vulvae nicht mehr so störend sei, der Juckreiz nachgelassen habe, darauf verzichtete, sie genital zu untersuchen. Alles zusammengenommen, ergibt sich der Eindruck, daß Fräulein F. um sich herum eine Atmosphäre schaffen muß, in welcher sie als Frau abgelehnt wird. Die Gefühle des Arztes erscheinen nun als Symptome dieser allgemeinen Tatsache. Ihre Müdigkeit, ihre Gereiztheit, vielleicht auch ihr Pruritus könnten als weitere Symptome dieses Gesamtzustandes gedeutet werden.

Da wegen der Gefühle des Arztes die Untersuchung nicht genau genug – und schon gar nicht durch die Patientin selbst – durchgeführt worden war, können wir die Ursachen ihres Zustandes nur erraten, ohne Beweise dafür zu haben. Wenn ein Mädchen zweimal am Tage 50 Kilometer fahren muß, nur um des Nachts bei ihrer Mutter zu schlafen, dann müssen zwischen den beiden Frauen sehr starke Bindungen bestehen. In der Diskussion lieferte Dr. G. noch einige weitere Einzelheiten, die diese Vorstellung gut belegen. Es war die Mutter, die Fräulein F. veranlaßte, zu Dr. G. hinüberzuwechseln; die Mutter ihrerseits war durch eine andere Patientin zu ihm empfohlen worden; die Mutter war immer anwesend, wenn Dr. G. mit der Patientin sprechen wollte; auch die Freundin, mit der sie samstags auf ein Glas Bier ausgeht, paßt in dieses Bild, und schließlich noch eine wichtige Einzelheit: als Fräulein F. noch in den Pubertätsjahren war, verließ ihr Vater ohne jegliche Vorankündigung seine Familie und ist seither verschollen. Wenn man das alles zusammennimmt, scheint Fräulein F. in einer ausschließlich weiblichen Welt zu leben, die vielleicht Männer gar nicht duldet. Alle ihre Symptome dienen, von diesem Blickpunkt her gesehen, dem Zweck, die Männer zu verscheuchen.

Nun ist noch der Punkt zu erörtern, wie es dazu kam, daß die sogenannte „Beruhigung“ insofern eine Wirkung zu haben schien, als die Patientin vier Monate lang ihren Doktor nicht aufgesucht hat. Leider können wir auch hier nur Vermutungen hegen. Ihr Pruritus läßt annehmen, daß sie aus irgendeinem Grunde unter erhöhtem seelischen Druck stand. Bei richtiger Behandlung wäre es ihr unter diesem Druck vielleicht möglich gewesen, konstruktiver auf den neuen Arzt zu reagieren, der ihr offenbar warm empfohlen war. Statt ihr zu helfen, sich zu eröffnen, „beruhigte“ Dr. G. sie nur und wagte nicht einmal zu untersuchen, was psychologisch oder physisch mit ihr als Frau nicht in Ordnung war. Sie mußte sich also enttäuscht, hoffnungslos und zurückgewiesen fühlen. Möglicherweise hatte sie noch genügend Energie, um die Vorhänge zuzuziehen und keine Hilfe von einem Arzt zu erwarten, der sie offenbar nicht verstand und nur über Unerhebliches redete. Vielleicht war die leichte Halsinfektion eine Art letzter Versuch, gegen alle Hoffnung unternommen; als sie dafür nur die übliche Routinebehandlung erhielt, war sie völlig geschlagen und konnte ihre Verdrängungen nur noch weiter verstärken. Wie lange ihr das gelingen wird, ist nicht zu sagen.

Die in diesem Kapitel erörterten vier Krankheitsfälle sind nur Streiflichter auf dieses höchst wichtige, weitverbreitete Problem. Man kann mit größter Gewißheit behaupten, daß bei jeglicher Art von Psychotherapie die Gefühle des Arztes selbst eine entscheidende Rolle spielen. Wenn der Arzt allein dasteht, keinerlei Gelegenheit hat, seine technischen Erfahrungen und Probleme mit einem unbeteiligten Kollegen zu besprechen, wird die Auswirkung seiner Gefühle auf seine Behandlung weitgehend unerkannt bleiben. In der Regel wird er sich nicht einmal bewußt werden, daß seine Patienten Affekte in ihm erweckt haben. Das wird besonders der Fall sein, wenn die Behandlung, wie es sich in unserem Fall 8 ereignete – befriedigend verläuft.

Ein weiterer, auf diesem Gebiet wirksamer Faktor macht es für den Arzt schwierig, den Einfluß seiner Gefühle zu erkennen. Das ist die Selbstauslese der Patienten, die von der Technik des Arztes abhängig ist. In unseren Forschungsseminaren ist uns immer wieder der enorme Unterschied zwischen der Praxis der einzelnen Ärzte aufgefallen. Dinge, die in der einen Praxis ganz natürlich waren, waren in einer anderen einfach undenkbar. Selbst die Menschen, aus denen sich die Praxis zusammensetzte, schienen für den betreffenden Arzt charakteristisch. Dies trifft auf jede Arztpraxis zu, zeigt sich aber natürlich am deutlichsten in der Praxis des Hausarztes, wo der Auslesevorgang Zeit hat, sich voll zu entfalten.

Die dynamische Ursache dieser Unterschiede ist ziemlich klar. Wenn die individuelle Technik des Arztes, die durch seine ihm besonders eigentümlichen Gefühlsreaktionen unterstützt wird, dem betreffenden Patienten zusagt, bleibt er bei ihm und hat von seiner Behandlung Nutzen; wenn nicht, geht er zu einem anderen Arzt über. Daher kommt es dann, daß der Arzt, besonders in einer lange bestehenden Praxis, immer weniger Ursache hat, seine gewohnheitsmäßigen Gefühlsreaktionen kritisch zu prüfen. Es ist keineswegs unmöglich, daß etwas Ähnliches sich sogar in der Praxis des Psychoanalytikers ereignet. Jedenfalls haben wir den Eindruck, daß bestimmte Analytiker gewohnheitsmäßig über eine gewisse Kategorie von Patienten berichten und sehr wenig über andere.

Gegen die unerwünschten Wirkungen der unkontrollierten, unbewußten Gefühle des Arztes wird als bewährtes Mittel die persönliche Lehranalyse empfohlen. Der eben berichtete Eindruck und das Nebeneinanderbestehen verschiedener psychoanalytischer Schulen erweckt jedoch den Verdacht, daß auch dieses Mittel seine Grenzen haben könnte. Wir meinen nicht, daß die Lehranalyse, die ja den wichtigsten Teil der psychoanalytischen Ausbildung bildet, abgeschafft werden sollte, aber wir glauben, man sollte ihre Grenzen erkennen und diskutieren. Was wir über die psychoanalytische Ausbildung sagten, gilt erst recht für alle anderen, weniger strengen Ausbildungsprogramme der verschiedenen Varianten der Psychotherapie, die alle dem Arzt bzw. Therapeuten bis zu einem gewissen Grade helfen wollen, seine Gefühle zu erkennen und zu kontrollieren, statt danach zu handeln. Unserer Erfahrung nach sind die Grenzen dieser Hilfeleistungen erreicht, wenn die in dem Arzt erweckten Gefühlsregungen zu den sogenannten „vernünftigen" Reaktionen gehören. Sobald sie auftauchen, wird die normale, wache Kritik aufgegeben, denn sie gelten als zur normalen ärztlich-psychotherapeutischen Haltung gehörig. In den wenigen, hier berichteten Fällen ist genug Material enthalten, um zu zeigen, wie gefährlich es ist, sich guten Glaubens darauf zu verlassen.

Wir möchten wiederholen, daß wir kein Allheilmittel für dieses überaus wichtige technische Problem gefunden haben. Wir sind uns völlig klar darüber, daß unser Rat: „Wenn im Arzt bei der Behandlung des Patienten irgendwelche Gefühlsreaktionen auftreten, muß er innehalten und sein Gefühl als mögliches Symptom der Krankheit seines Patienten untersuchen; auf keinen Fall darf er danach handeln", zwar in der Theorie einfach und einwandfrei, in der Praxis aber nur schwer in vollem Umfange zu befolgen ist. Ein recht befriedigendes Mittel gegen die unkontrollierte gefühlsmäßige Reaktion des Arztes fanden wir in unseren fortlaufenden Fall-Besprechungen, bei denen die unbeteiligten Kollegen die Gefühle des behandelnden Arztes eher erkennen als er selbst.

Im vorangehenden Kapitel waren wir, als wir die Beziehung zwischen Dr. A. und Frau L. (Fall 5) diskutierten, auf die Frage gestoßen, ob unsere Art der Technik nicht eine Psychotherapie *am Arzt* darstelle und falls ja, ob unser Vorgehen fair und vernünftig ist und was man von ihm erwarten kann. Wir hoffen, daß das in diesem Kapitel vorgelegte Material überzeugend beweist, daß jeder Psychotherapeut imstande sein muß, seine Gefühlsbeteiligung an jedem seiner Patienten zu erkennen. Alle Psychotherapie, auch die oberflächlichste, erfordert eine gewisse Selbstwahrnehmung und Selbstbeherrschung vom Therapeuten. Je tiefer er in die Konflikte seines Patienten hineinzugehen beabsichtigt, umso höher wird diese Anforderung; daher ist der Erwerb einer psychotherapeutischen Technik untrennbar verbunden mit erhöhter Selbstwahrnehmung und Selbstkontrolle, was einer erheblichen, wenn auch begrenzten Persönlichkeitswandlung gleichkommt. Insofern kann man tatsächlich von einer Psychotherapie am Arzt sprechen, und einer der wichtigsten Aspekte dieser Therapie ist die Untersuchung der Gefühlsreaktionen des Arztes.

7. Der anwesende und der abwesende Patient

Obwohl die in diesem Kapitel zu erörternden Fälle nur spezielle Beispiele für die Schwierigkeiten sind, die durch die Reaktionen des Arztes eintreten können, so daß wir sie auch in das vorige Kapitel hätten aufnehmen können, haben wir uns wegen ihrer Wichtigkeit entschlossen, ihnen ein besonderes Kapitel zu widmen.

Sehr häufig sprechen die Patienten, die den Arzt aufsuchen, von den Spannungen, unter denen sie in ihren Beziehungen zu anderen Menschen, besonders ihren nächsten Angehörigen, leiden, und in vielen Fällen scheinen diese Schwierigkeiten den Hauptteil, wenn nicht den Kern der Ätiologie ihrer Krankheit zu bilden. Die im folgenden angeführten Fälle beleuchten diesen wichtigen Punkt zur Genüge.

In jedem Fall, in welchem eine hochgeladene affektive Beziehung zwischen zwei Menschen besteht und ein Dritter um Rat gefragt wird, wird dieser Dritte Mühe haben, objektiv zu bleiben und sich nicht gefühlsmäßig in die Situation mit hineinverwickeln zu lassen. Seine Aufgabe, objektiv zu bleiben, wird noch schwerer, wenn der betreffende Konflikt mit einem Problem identisch ist, mit dem er selber sich herumschlägt oder für das er nur mit Mühe eine Art Lösung gefunden hat. Es gibt zwei Gruppen von Problemen, für die eine befriedigende Lösung zu finden nur sehr wenigen Glücklichen gelingt. Das sind die Beziehungen zwischen den Geschlechtspartnern und die zwischen Eltern und Kindern. Unglücklicherweise sind es auch gerade diese Probleme, wegen welcher der Arzt immer wieder um Rat gefragt wird.

Es gibt nun mehrere sehr verbreitete, automatische Reaktionen, vor denen man sich in der psychosomatischen Praxis aufs sorgfältigste hüten muß. Wenn es dem Arzt selber gelungen ist, eine einigermaßen glückliche Lösung für sich zu finden, so ist er geneigt, seine Lösung für die allerbeste zu halten und sie jedermann zu empfehlen oder gar aufzudrängen, auch solchen Menschen, mit deren Veranlagung die betreffende Lösung ganz unvereinbar ist. Das ist die einfachste und durchsichtigste Reaktion – d. h. sie kann für einen unbeteiligten Dritten so erscheinen –, aber es können auch viele Faktoren mitspielen, die den Fall komplizieren. Einer davon ist die Neigung, sich mit einem der beiden Beteiligten zu identifizieren, so daß man nur die eine Seite des Problems sieht und gegen die andere fast blind ist. So berichtete ein Mitglied unserer Seminare von einer ganzen Reihe wahrhaft engelhafter Frauen; sie waren zärtlich und gut zu ihren Kindern, betreuten sie unermüdlich, führten ihren Haushalt vorbildlich, zudem waren mehrere davon noch berufstätig, um das Familieneinkommen zu vermehren, da die Ehemänner entweder schwer gestörte Menschen waren, die nicht arbeiten konnten oder Gewohnheitstrinker, Spieler usw. usw. Die Berichte waren logisch und alle Einzelheiten paßten ausgezeichnet zueinander; es waren wirklich Engel. Es dauerte eine Weile, bis das Seminar entdeckte, daß auch diese Engel einen gewissen, oft sogar erheblichen Anteil an der Entstehung einer Beziehung hatten, die die betreffenden Ehemänner schließlich aus dem Hause trieb.[1] Bemerkenswerterweise fuhr aber unsere Kollegin – es braucht wohl nicht betont zu werden, daß es sich um eine Ärztin handelte – selbst nach der Entdeckung dieser Umstände, unentwegt fort, Fälle von solchen Engeln vorzutragen, und es bedurfte noch kräftiger Hilfe von Seiten der

[1] Vor kurzem sind von mehreren Autoren Studien über die Frauen der Alkoholiker gemacht worden, die anscheinend nicht immer das unschuldige Opfer widriger Umstände sind.

Gruppe, ehe sie die weniger heiligen Seiten ihrer Patientinnen sehen konnte.

Natürlich ist diese Form der Idealisierung eines bestimmten Typs recht verbreitet. Der Mechanismus ist immer der gleiche und nur je nach der Persönlichkeit etwas verschieden. Für den einen Arzt sind z. B. junge, nachgiebige, gehorsame Frauen mit kleinen Kindern unwiderstehlich; an ihnen kann nichts Unrechtes sein. Ein anderer Arzt mußte sich unentwegt zum Helfer mittelalterlicher, recht giftiger Frauen aufwerfen, und es machte ihm nichts aus, daß sie ihm das Leben mit ihrer bitteren, hochgradig persönlichen Kritik schwermachten. Ein dritter Kollege bevorzugte den Typ aufrechter, sportlicher junger Männer, die wegen irgendwelcher neurotischer Störungen mit ihrer weiblichen Umwelt, ihren Müttern, Frauen oder Freundinnen in Konflikt gerieten. Die Reihe könnte endlos verlängert werden.

Es gibt jedoch einen Typ gefühlsmäßiger Reaktionen, den wir herausheben müssen, weil er in technischer Beziehung so wichtig ist. Normalerweise ist der Verlauf folgender: Ein recht neurotischer Patient, Mann oder Frau, kommt zum Arzt mit den verschiedensten Beschwerden, deren Ursprung in der Regel mit Leichtigkeit auf gestörte affektive Beziehungen zurückzuführen ist. Obwohl nicht zu übersehen ist, daß der Ratsuchende auch seinen Anteil an dem gespannten Verhältnis hat, scheint der Anteil des Partners so überaus groß, daß der Arzt nicht umhin kann, mit dem Patienten mitzufühlen und dem abwesenden Partner die Hauptschuld zu geben.

Die unmittelbaren Ergebnisse dieser Methode sind gewöhnlich, wenn auch nicht immer, durchaus gut. Der Arzt und der Patient setzen sich dann zusammen und versuchen, etwas wegen des abwesenden Patienten zu tun. Dieser wird aufgefordert, seinerseits den Arzt aufzusuchen, was er mitunter ablehnt; wenn er oder sie kommt, ist das Gespräch oft sehr unbefriedigend, was den Arzt in seiner Meinung bestärkt, daß der „abwesende“ Partner der wirkliche Kranke ist. Natürlich ist der „anwesende“ Patient sehr dankbar, findet den Arzt mitfühlend und verständnisvoll; zu gleicher Zeit pflegt sich auch die Lage etwas zu bessern, aber die Besserung ist leider weder ausreichend noch anhaltend. Nach einiger Zeit taucht der Patient mit neuen Beschwerden auf, und seine Klagen betreffen jetzt fast ausschließlich den abwesenden Partner.

So entwickelt sich ein circulus vitiosus, und Arzt und Patient verschwenden ihre Energien in Behandlungsversuchen an dem in Wirklichkeit niemals auftretenden abwesenden Patienten. Kein Wunder, daß die Behandlung unter diesen Umständen nicht sehr erfolgreich ist.

Unser nächster Fall zeigt die ersten Phasen dieses Prozesses. Obwohl der behandelnde Arzt schon viel Erfahrung hatte, war er wegen seiner emotionellen Identifizierung mit dem anwesenden Patienten nicht in der Lage, die volle Wirkung seiner Technik zu erkennen. Ein weiterer Faktor, der zu seiner gefühlsmäßigen Reaktion beigetragen haben mochte, bestand darin, daß seine Therapieversuche am „abwesenden Patienten" in den letzten Jahren nicht sehr erfolgreich gewesen waren.

Fall 11

John K. (Asthma), Alter 15 Jahre. Im Juli 1960 berichtete unser Kollege, daß er vor etwa sechs Wochen nachts gerufen worden war, weil der Junge einen ziemlich schweren Asthmaanfall hatte. Die Familie stand seit mehr als 10 Jahren auf seiner Patientenliste; er kannte den Jungen schon von Beginn seines Asthmas an, hatte ihn in letzter Zeit jedoch nur selten gesehen. Er hatte eine gespannte Atmosphäre zwischen Mutter und Sohn bemerkt und erfuhr alsbald, daß John, gegen den Willen seiner Mutter, sich abends lange in einer Spielautomaten-Diele der Nachbarschaft herumzutreiben pflegte, die von den Halbstarken frequentiert wird. Die Mutter klagte bitter darüber, daß Johns Vater zu schwach sei und es ihr überlasse, den Jungen zu erziehen. – John erhielt nun eine Adrenalin-Injektion, und der Anfall ging vorüber.

Vier Wochen später wurde der Arzt wieder abends gerufen, weil John einen Anfall hatte. Wir zitieren das Protokoll unserer Diskussion.

Ich setzte mich zu ihm, um mit ihm zu besprechen, was den Anfall ausgelöst haben könnte. Er ist ein netter Junge, nicht unintelligent, aber er zeigt es nicht, ist sehr schweigsam. Als ich ihn fragte, wollte er nicht antworten, er nickte nur oder schloß die Augen; bei diesem Besuch war er ziemlich in sich zurückgezogen. Die Mutter war mit im Zimmer, und da ich die Familie zusammen sehen wollte, bat ich sie nicht, uns allein zu lassen. Ich fragte ihn also, wie es zu dem Anfall gekommen sei. Bei meinem vorigen Besuch hatte die Mutter mir erzählt, daß er gewisse Schulschwierigkeiten hätte; einmal hätte John durch seine Krankheit viel versäumt, und dann hätte er einen

Tag mit einem anderen Jungen zusammen die Schule geschwänzt. Es war entdeckt worden, und er hatte seine Freundschaft zu dem betreffenden Jungen aufgegeben. John meinte, der Anfall könnte durch etwas, das er gegessen habe, ausgelöst worden sein. Ich sagte nicht nein, aber machte ein zweifelndes Gesicht. Die Mutter sagte, vielleicht sei es das Wetter? Wieder sah ich zweifelnd drein. Dann begann die Mutter davon zu reden, wie sie den Jungen zur Ordnung zu erziehen versucht habe. Sie wollte nicht zu streng sein, obwohl sie die Halbstarken in der Spielhalle nicht leiden könne; aber John müsse um 10 Uhr zu Hause sein, er brauche seinen Schlaf, zumal er nicht gesund sei.

John schien ein bißchen wacher zu werden, und ich sagte: „Was meinst Du dazu?" Er erklärte, er wollte auch mal ausgehen, die Spielhalle wäre nichts Schlimmes. Ich entschloß mich, mich auf die Seite des Jungen zu stellen und sagte: „Er wächst heran, wird langsam ein Mann." Sein Gesicht hellte sich daraufhin etwas auf, er begann zu reden, und das Asthma ging zurück. Jetzt begannen wir, die Ursachen für seine Anfälle im allgemeinen und in diesem besonderen Falle zu erwägen, und Mutter und Sohn kamen darauf, daß vielleicht der Streit, den John mit seinem um ein Jahr älteren Bruder Peter gehabt hatte, dahinterstecken könnte. Peter ist sehr intelligent, geht aufs Gymnasium, möchte Naturwissenschaften studieren, ist sehr gut in Chemie und Mathematik, während John, der kein sehr guter Schüler ist, Gärtner werden möchte. Dies erschien mir merkwürdig bei einem Stadtjungen, und ich fragte nach dem Grund. Es ergab sich, daß Johns Onkel, der Bruder der Mutter, Gärtner ist und Hühner und Schweine hält. Jedes Wochenende geht John freiwillig zu ihm und betreut die Tiere. Die Mutter fragte: „Hat er da sein Asthma her? Er muß schwer arbeiten." John sagte nein, er mache es gern, arbeite gern schwer. Der Onkel hat auch Asthma, als einziger in der Familie. John will in seine Fußstapfen treten und auch Gärtner werden. Darauf ich: „Und auch mit dem Asthma trittst Du in seine Fußstapfen." Er lachte hell heraus und wurde ganz munter, und der Asthmaanfall war vorüber.

In dem Augenblick kam der Vater nach Hause, ein großer, aggressiv aussehender Arbeiter. Aber obwohl er wie ein Boxer aussieht, ist er sehr schüchtern und milde. Wir sprachen noch einmal davon, was John bedrücken könnte. Der Vater erklärte, er könne sich nichts denken, alles gehe tadellos, er sage ihm nie ein böses Wort, aber die Mutter wäre manchmal ein bißchen streng mit ihm, weil er abends ausgehe. Der Vater findet nichts dabei. Aber die Mutter hat das Sagen, da ist nichts zu machen. Jetzt war Frau K. etwas ängstlich geworden. Sie sprach ihre Ansicht aus, daß Kinder noch nicht so spät ins Bett kommen dürften. John lehnte sich dagegen auf. Das Wortgefecht fand allein zwischen Sohn und Mutter statt, der Vater und ich bildeten die Zuschauer. Der Asthmaanfall war vergessen. Ich gab John einige Tabletten und sagte: „Komm einmal zu mir in die Sprechstunde. Wir könnten dann Deine Probleme in Ruhe besprechen." Er erklärte, es sei ihm recht, aber er müsse ja in die Schule gehen; vielleicht käme er in den Ferien. – Am Dienstag kam er, um sich neue Tabletten verschreiben zu lassen. Sein Asthma war besser, und er war die ganze Zeit über zur Schule gegangen. Er sagte wieder, er könnte wohl in den Ferien zu mir kommen, aber er wollte ja bei seinem Onkel in der Gemüseplantage arbeiten und wüßte nicht, wie spät es abends werden würde, es hinge davon ab, wieviel Arbeit vorliegen würde. Damit war das Gespräch zuende.

Ich habe die Krankenblätter der Familie mitgebracht, habe sie mir aber noch nicht wieder angesehen; ich dachte, ich sollte es erst hier tun. Die Mutter ist seit 1948 meine Patientin. Sie hatte eine Thyroidektomie und ist myxödematisch. Sie bekommt seit langer Zeit Medikamente für ihre Schilddrüse; sie entwickelte einige thyreotoxische Symptome, ehe die richtige Dosis gefunden war; damals sah ich sie ziemlich häufig. 1954 kam sie wegen einer Depression. Wir besprachen ihr Verhältnis zu ihrem Mann, und es ergab sich, daß sie frigide war. Sie ließ allerlei Ressentiments gegen die Kinder erkennen, ihre Angehörigen verstünden sie nicht, sie stünde allein und von allem ausgeschlossen da. Das letzte Mal, daß ich sie sah, war 1957, als sie wegen aufsteigender Hitzewallungen kam. 1958 und 1960 war sie bei meinem Partner. Er verschrieb ihr eine Hydrocortison-Salbe, ich glaube, wegen einer Dermatitis. Sie ist offenbar eine spannungsgeladene Frau, zwar nett und angenehm, aber es steckt allerlei dahinter.

Der Ehemann ist Maurer; er hat das Handwerk gelernt und verdient gut. Er kam nur selten in die Sprechstunde, das letzte Mal 1958. Seine Beschwerden waren meistens Ischias und Hexenschuß.

John hat seit 1950 Asthma. Er wurde in eine Freiluftschule geschickt, fühlte sich dort aber nicht glücklich.

Peter, der gute Schüler, war sehr selten in meiner Sprechstunde; ich sah ihn einmal 1958, als er ein Furunkel hatte. Zweimal hatte er Erkältungen. 1959 war er bei meinem Partner, wieder mit einem Furunkel im Gesicht; ich war damals im Urlaub.

Bevor wir die vielen psychologisch interessanten Zusammenhänge dieses Berichts zu erörtern beginnen, sollen noch einige Tatsachen hinzugefügt werden, die wir auf Befragen von unserem Kollegen erfuhren. Johns Asthma hatte eingesetzt, als er 1950 zur Schule kam und seine Mutter ihre Schilddrüsenoperation hatte, zwei einschneidende Ereignisse. Nach zehn Jahren ist freilich schwer zu sagen, welches das bedeutendere für ihn war. Weder Mutter noch Sohn hatten damals irgendwelche Psychotherapie erhalten; es war ja noch vor der Zeit der Tavistock-Seminare. Ferner erfuhren wir, daß vor 1954 die Familie ohne Unterschied denjenigen Arzt der Partnerschaft konsultierte, der gerade erreichbar war; von 1954 bis 1957 kam Frau K. zu unserem Kollegen, und es entwickelte sich eine Art enger psychotherapeutischer Beziehung zwischen ihnen; aus irgendeinem Grunde war Frau K. aber 1957 zu dem anderen Partner übergewechselt.

Das erste technische Problem, das der Arzt zu lösen bekam, war die Art und Weise, wie er das Interview führen wollte. Wir hören, daß a) John ein ziemlich schweigsamer, nicht entgegenkommender Junge ist; b) daß der Arzt es mit Frau K. probiert hatte, aber zu keinem Ergebnis gekommen war. Unter diesen Umständen ist es verständlich, daß er sich entschloß, Mutter und Sohn gemeinsam zu interviewen. Anstatt also die vorhandenen Widerstände sich einen nach dem anderen vorzunehmen, versuchte er, sie zu umgehen. Ob dieser Weg des geringsten Widerstandes auf die Dauer eine gute Taktik ist, ist schwer zu sagen. Immerhin war das gemeinsame Interview recht ergiebig, aber nicht ohne daß ein Preis dafür bezahlt werden mußte. Wie einer der Seminarteilnehmer richtig bemerkte, konzentrierte sich die Aufmerksamkeit auf Frau K., und „das Interview endete mit einer Front der drei Männer (Vater, Sohn und Arzt) gegen die eine Frau. Als Hausarzt kann das für Sie Folgen haben."

Wir stimmten darin überein, daß zwischen Mutter und Sohn eine ungesunde Bindung bestehe, konnten uns aber nicht darüber klarwerden, ob es mehr ein Fall einer dominierenden Mutter oder eines abhängigen Sohnes war, der die Billigung der Mutter brauchte. Wir übersahen nicht, daß John auf den Wunsch der Mutter hin die Freundschaft mit dem Jungen aufgegeben hatte, mit dem zusammen er die Schule geschwänzt hatte; dies paßte aber für beide Erklärungen. Dasselbe gilt für seine Identifizierung mit dem Onkel, dem Bruder der Mutter. Offenbar kann diese Frage vom vorliegenden Material her nicht entschieden werden.

Es ergibt sich folgende technische Frage: Hat der Arzt durch sein Vorgehen eine Lage geschaffen, die den nächsten therapeutischen Schritt erleichtert oder erschwert? Seine Frontbildung mit dem Jungen gegen die Mutter ist ein typischer Fall der „Behandlung des abwesenden Patienten". Dies ist nur gerechtfertigt, falls man den anwesenden Patienten als vorgeschobenes Symptom des abwesenden mit einiger Sicherheit diagnostizieren kann. Unsere Forschungsarbeit hat uns gezeigt, daß dies oft der Fall ist, wenn Eltern immer wieder ihre Kinder mit an sich unbedeutenden Beschwerden zum Arzt bringen. Gehört Johns Asthma zu dieser Kategorie, ist es das vorgeschobene Symptom der Krankheit der Mutter? Das ist schwer zu sagen, aber insgesamt kann man doch wohl annehmen, daß sein Asthma, auch wenn es vielleicht ursprünglich zu Anfang 1950 ein Symptom der Krankheit der Mutter war, nun nach zehn Jahren eine selbständige Krankheit ist.

Wenn dem so ist, dann muß die Technik unseres Kollegen in dem gemeinsamen Interview aus zwei Gründen kritisiert werden. Man muß fragen, wie dieses Erlebnis mit dem Doktor Frau K.s zukünftige Haltung ihm gegenüber beeinflussen wird. Ohne Zweifel muß sie sich vor ihrem Sohn und Ehemann kritisiert und im Stich gelassen gefühlt haben. Es wird ihr daher nicht leicht fallen, wieder Vertrauen zu ihrem Arzt zu gewinnen. Die andere Frage ist, wie John reagieren wird. Nach dem, was wir zu Beginn dieses Kapitels sagten, würde man zunächst eine zeitweilige Besserung seines Zustandes und eine freundlichere Haltung gegenüber dem Arzt erwarten, mit dem er bereitwillig übereinstimmt, daß die Mutter an allem schuld ist; aber man muß auch mit einer Verstärkung der Abwehr rechnen, wodurch alle anderen Wege blockiert werden.

Als wir den Arzt fragten, ob Johns Haltung sich seit dem Interview geändert habe, erwiderte er: „John war immer ein zurückhaltendes Kind, das nicht viel sagte. Er nahm meine Injektionen und Tabletten, war aber sehr mißtrauisch. Als ich mich gegen die Mutter auf seine Seite stellte, sprach er sich zum erstenmal aus. Vorgestern kam er zum erstenmal ohne seine Mutter; da war er freundlich und sprach ganz freimütig. Wir haben eine neue Beziehung aufgenommen . . . er kam als Erwachsener, legte seinen Fall dar, erklärte, warum er nicht kommen konnte."

Das kommt dem, was wir die „gegenseitige Verführung" nennen, verdächtig nahe, John benimmt sich, wie es der Arzt von ihm erwartet hat, der Doktor ist verständnisvoll und von ihm eingenommen, beide akzeptieren die äußeren Schwierigkeiten und kommen stillschweigend überein, die inneren unangetastet zu lassen. Dieses Verlaufsschema wurde gesetzt, als John und der Arzt sich einigten, die Schuld der Mutter – dem abwesenden Patienten – aufzubürden. Unter anderem konnte dann der Arzt das Gefühl haben, daß es nicht allein seine Schuld gewesen war, daß der Therapie-Versuch in den Jahren 1954 bis 1957 fehlschlug; und es ermöglichte es dem Jungen zu vergessen, daß er nicht selbständig handeln und sich seinen Platz in der Welt schaffen konnte. Zuhause ist er an die Mutter gefesselt, in seiner Freiheit an die Halbstarken, und seine Berufswahl ist, wenigstens gegenwärtig, mit dem Beruf des Onkels identisch. Wenn sich der Arzt nicht schleunigst aus dieser gegenseitigen Verführungssituation befreien kann, ist die Prognose für seinen Therapieversuch nicht sehr günstig.

Wir führen jetzt einen weiteren Fall an, in welchem die Behandlung des abwesenden Patienten über mehrere Jahre lief. Als der Arzt, unter dem Einfluß unseres Seminars, seine therapeutische Methode umstellte, kam es zu einer bemerkenswerten Änderung.

Fall 12

Frau B. war etwas über dreißig Jahre alt, als sie vor acht Jahren den Arzt zum erstenmal aufsuchte; sie fühlte sich allgemein krank und müde. Sie war zum zweitenmal verheiratet; ihre erste Ehe hatte kaum ein Jahr gedauert, ihr erster Mann fiel im Kriege. Aus zweiter Ehe hatte sie einen damals vierjährigen Sohn.

Zu Beginn der Behandlung sprach die Patientin sehr wenig über sich selbst. Sie sagte allerdings mehrmals, daß ihre erste Ehe in jeder Weise harmonisch gewesen und ihre zweite Ehe gar nicht damit zu vergleichen sei. Nach und nach kam heraus, daß sie mit ihrem ersten Ehemann allerdings nur während kurzer Urlaubszeiten zusammengelebt hatte. Der Arzt meinte dazu, es müsse hart für den jetzigen Ehemann sein, so oft mit dem ersten verglichen zu werden; aber im übrigen stimmte er der Patientin zu, daß ihre jetzige Ehe in der Tat unbefriedigend sei.

Obwohl Frau B. darüber klagte, sich krank und müde zu fühlen, wurde ihr von ihrem Mann und der Schwiegermutter ständig vorgehalten, sie müsse sich zusammennehmen. Schließlich kam heraus, daß Frau B. eine Pleuritis und Tb. hatte, und der Arzt mußte der Patientin zustimmen, daß es unrecht von Ehemann und Schwiegermutter gewesen war, ihr mangelnden Fleiß vorzuwerfen, während sie in Wirklichkeit schwer krank war.

Frau B. verbrachte nun mehrere Monate in einem Sanatorium. Bei ihrer Heimkehr stellte sie fest, daß ihr Ehemann ein Verhältnis mit einem Mädchen unterhalten hatte, das sie kannte. Das konnte sie ihm nicht verzeihen. Sie verließ ihn und nahm den Sohn mit. Der Ehemann verlangte zunächst die Scheidung, besann sich dann aber anders und schrieb ihr, daß er das Verhältnis aufgegeben hätte und seinen Sohn zurückhaben wollte. Nach etwa sechs Monaten kehrte sie zu ihm zurück, und das Paar versuchte, um des Kindes willen das gemeinsame Leben wieder aufzunehmen.

Wir zitieren nun wörtlich aus dem Bericht des Doktors bei einer unserer Seminarsitzungen:

Das nächste, was passierte, war ein Telefonanruf des Ehemannes. Er sagte: „Ich gebe zu, ich bin ein schlechter Mensch. Meine Frau ist nach Hause gekommen und hat mir gesagt, Sie hielten mich auch für ein Scheusal." Ich erwiderte, das hätte nicht ich gesagt, sondern seine Frau, und ich hätte ihr nur nicht widersprochen. Anschließend sah ich das Ehepaar gemeinsam; sie sagte, sie hätte geglaubt, ich hätte ihr zugestimmt; ich erwiderte, das hätte ich nicht gemeint.

Ich habe mich offenbar dazu verleiten lassen, bis jetzt hauptsächlich den Ehemann ins Auge zu fassen. Er ist der uneheliche Sohn einer bekannten Persönlichkeit, eines verheirateten, steinreichen Mannes. Die Mutter war seine Geliebte. Er hielt Mutter und Kind luxuriös und besuchte sie regelmäßig. Der Junge schämte sich dieses Luxuslebens im Vergleich zu seinen Schulfreunden und pflegte den Chauffeur zu bitten, ihn nicht am Schultor abzuholen. Als die Ehefrau des Vaters starb, heiratete er aber nicht seine Geliebte, sondern nahm sich eine viel jüngere Frau. Bis zu seinem dreizehnten Lebensjahr hatte der Sohn nicht gewußt, daß er unehelich war. Seine romantische Mutter betrachtete ihr Verhältnis als das Liebeserlebnis ihres Lebens. Als der Vater starb, hinterließ er dem Sohn so viel, daß er bis dahin niemals zu arbeiten genötigt war.

In der Prima – er war Klassensprecher – rannte er plötzlich aus der Schule weg, weil er einen Krach mit irgend jemandem gehabt hatte. Sein Direktor hielt ihn aber für sehr begabt und erreichte, daß er in ein Universitäts-College aufgenommen wurde. Er stand kurz vor dem ersten Examen, als er wieder ausriß. Er hat niemals irgendetwas zuende geführt. Nach Meinung seines Hausarztes und seines Psychiaters würde ihm bei irgendeiner einfachen, ehrlichen Arbeit wohler sein. Er suchte sich einen halb-künstlerischen Beruf und machte das auch ganz gut, verdiente aber immer nur sehr wenig. Er ist ein hochgewachsener, bescheidener Mann, der langsam, fast stotternd spricht.

Beim letzten Interview hatte Frau B. endlich angefangen, von sich selber zu sprechen. Sie erklärte, sie hätte ihren Mann geheiratet, weil er jemanden brauchte, der nach ihm sah. Ihr eigener Vater hatte, als sie und ihre Schwester noch klein waren, die Mutter verlassen. Sie war von den Großeltern in einer kleinen Stadt im Ausland erzogen worden. Der Großvater war eine sehr geachtete Persönlichkeit, der erste Mann in der Gemeinde. Sie bewunderte die Großeltern sehr, ihre Mutter nicht. Die Mutter hatte wieder geheiratet. Sie hatte den Stiefvater gern gemocht. Von ihrem eigenen Vater sagte sie bei diesem Gespräch nichts.

Der Kollege berichtete dann weiter, er habe die Patientin sich aussprechen lassen, habe sie beraten und ermutigt, und die Ehe sei dann zwei oder drei Jahre lang recht gut gegangen, so daß das Paar sogar beschloß, ein weiteres Kind zu haben. Danach sah der Arzt sie nur gelegentlich wegen empfängnisverhütender Mittel oder wegen leichter Beschwerden, die auf äußere Umstände zurückgeführt wurden, häusliche Schwierigkeiten etc. Eines Nachts läutete Frau B. den Arzt an; es war wieder eine Krise eingetreten, da der Ehemann wiederum seinen Beruf aufgeben wollte. Sie bat den Arzt, schnell zu kommen. Da während dieser Episode eine dramatische Wandlung eintrat, soll wörtlich aus dem Bericht des Kollegen zitiert werden:

Im September 1958 rief mich die Patientin um 10 Uhr nachts an und erklärte am Telefon: „Bitte tun Sie doch etwas – wir sind am Ende unserer Kraft." Da sie die Kinder nicht alleinlassen konnte, kam der Ehemann mit dem Auto, um mich zu holen. Sie lag auf der Couch und sagte: „Ich kann nicht mehr." Er saß in einer Ecke: „Ich muß mir das Leben nehmen – weiter kann ich nichts tun." Mir kam der Gedanke, daß ich die ganze Zeit nur ihn betrachtet hätte, und ich wollte jetzt einmal sie ansehen. Ich fragte, was sie denn so quäle. Sie sagte, sie wisse es nicht genau, aber sie glaube, ihr Vater sei im Zuchthaus. Es kam eine Menge über ihre Vorgeschichte heraus. Beim nächsten Interview erzählte sie jedoch, sie habe einen Brief von ihrer Stiefmutter bekommen, daß ihr Vater an Krebs gestorben und ein tapferer, heldenhafter Mann gewesen sei. Sie dagegen hätte immer geglaubt, daß ihr Vater ein ganz schlechter Mensch und daß sie ihm ähnlich sei. Ihre leibliche Mutter hätte ihn gehaßt und gelegentlich gesagt, sie sei wie ihr Vater. Nun hätte sie zu glauben begonnen, daß ihr Vater vielleicht überhaupt nicht im Zuchthaus war, daß es alles nur Hirngespinste waren. Vielleicht sei auch sie dann nicht so schlecht.

Bald darauf verschaffte sich der Ehemann einen Posten in einer kleinen Firma. Sein Geld ging nämlich zuende. Dann rief sie mich wieder an und sagte, sie hätten sich wieder gefangen. Einige Wochen darauf suchte sie mich auf und erklärte, sie würde sich auch einen Arbeitsplatz suchen, aber es ginge ja nicht wegen der Kinder. Ich fragte sie, warum sie dem 12jährigen Sohn ständig bei den Schularbeiten helfen müsse. Warum sie die Söhne überhaupt so übermäßig behütete. Sie erklärte, sie habe Angst. Ich fragte, was ihnen denn gefährlich werden könnte. Da brach sie in Tränen aus und sagte, sie habe doch auch ihren ersten Mann umgebracht. Er war ein Jahr lang beim Militär und hatte ihr liebevolle Briefe geschrieben. Er ließ nie zu, daß sie mit ihm Streit anfing, daß sie „böse“ war; er verstand sie zu lenken.

Bei seinem letzten Urlaub nun hatten sie zum erstenmal Streit, und sie schrieb ihm einen wütenden Brief. Einige Tage später kam er bei einem Autounfall ums Leben; er hatte das Auto gesteuert, auch andere waren mit verunglückt. Von da an hatte sie sich vorgeworfen, daß er sich über ihren Brief gegrämt hatte, so daß er unaufmerksam fuhr. Das war es, was sie auf der Seele trug, und sie hatte bis dahin nicht gewagt, daran zu denken. Ich fragte, ob sie deshalb so überfürsorglich sei, ihren Ehemann beherrschen müsse, so daß er sich nicht einmal seine eigenen Hemden kaufen dürfe, alle häuslichen Reparaturen selber machen müsse, weil sie sich nicht helfen lassen könne.

Nach diesem Interview war sie mehrere Tage lang sehr verstört, aber als sie nach einer Woche wiederkam, sagte sie mir, daß sich in ihrem Ehemann ein großer Wandel vollzogen habe, obwohl sie ihm gar nichts erzählt habe. Er habe in seiner Firma eine Beförderung erhalten, nachdem er noch wenige Wochen zuvor den Arbeitsplatz wieder hatte verlassen wollen. Er interessierte sich plötzlich für die Wohnung und für die Kinder; in ihren Worten: „Er ist ganz verändert, als wenn er zum Leben erwacht ist.“ Er hatte die Initiative übernommen, stand ihr bei und half ihr. „Er hat sich so verändert, er ist kaum wiederzuerkennen.“ Ich erwiderte, vielleicht habe auch sie sich verändert. Sie: „Kann schon sein – aber er hat sich selber sechs Hemden gekauft. Ich habe aufgehört, meinem Sohn bei den Schularbeiten zu helfen, und er hat mir dafür gedankt. Ich weiß nicht, was geschehen ist.“

Bald darauf war sie imstande, freier darüber zu sprechen, wie sehr seine Untreue sie gekränkt habe, aber auch ihre eigene Haltung zu jener Zeit damit in Verbindung zu bringen. Sie bekannte, daß er gesagt habe: „Es hätte nicht zu geschehen brauchen, wenn ich nicht das Gefühl gehabt hätte, daß unsere Ehe schon zerstört wäre. Ich dachte, Du hättest nichts mehr für mich übrig.“

Ich habe sie seither jede Woche einmal gesehen. Sie bestätigt, daß das Familienleben ganz anders geworden sei, es gebe keine nennenswerten Kämpfe mehr. Kürzlich hatte sie mir noch erzählt, sie hätte den Geschlechtsverkehr mit ihrem Mann nicht mehr ertragen können, weil sie immer an die Prostituierten hätte denken müssen, die ihr Mann ins Haus geholt hätte. Letzthin nun kam sie und sagte, sie hätte mehrmals in den letzten beiden Wochen mit ihrem Mann geschlafen, und sie hätte einen Orgasmus gehabt. Meinem Gefühl nach ist das alles so gekommen, weil ich nicht mehr immer nur den Mann, sondern auch die Patientin selber ins Auge gefaßt habe.

In diesem Fallbericht gibt es ein ganzes Heer von abwesenden Patienten, durch deren Behandlung der Arzt mehrere Jahre lang verhindert worden war, die wirkliche Patientin, nämlich Frau K. zu sehen.

Zunächst der schwerkranke Ehemann – man hätte kaum einen geeigneteren Sündenbock finden können. Dann der „schlechte" Vater, der so in seine Schlechtigkeit eingehüllt war, daß weder die Patientin noch der Arzt ihn richtig als wirkliche Person sehen konnten. Das sind Mutter und Stiefmutter der Patientin und schließlich die Schwiegermutter, vielleicht sogar der inzwischen verstorbene natürliche Vater des Ehemannes. Alle wurden für dies und jenes verantwortlich gemacht, nur die Patientin war die arme, gequälte Frau, die immer nur ihr bestes tat. Erst als der Arzt imstande war, seine Aufmerksamkeit vom abwesenden auf den vor ihm stehenden Patienten zu wenden, änderte sich die ganze Situation.

Dementsprechend zerfällt dieser Fallbericht in zwei getrennte Hälften. Die erste zeigt die kennzeichnende Atmosphäre gegenseitiger Verführung. Arzt und Patientin stimmen überein, daß die wahre Ursache aller Kümmernisse, gegen die die Patientin so tapfer anzukämpfen scheint, von außen kommt. Der Arzt ist verständnisvoll und mitfühlend, die Patientin dankbar und mitarbeitend. Für diese angenehme Atmosphäre muß jedoch mit fast völliger Lähmung bezahlt werden. Die Patientin kann nichts tun als leider vergeblich kämpfen, während der Arzt nicht helfen kann und immer nur seine aufrichtige Sympathie anbietet. Erst in der zweiten Hälfte, als die Aufmerksamkeit beider, der Patientin und des Arztes, sich von den äußeren Ursachen zur inneren Welt der Patientin wendet, kommt es zur richtigen Untersuchung. Und diesmal war es wirklich eine richtige Untersuchung, die nicht nur gemeinsam mit der Patientin sondern weitgehend von der Patientin selbst vorgenommen wurde. In dieser Hinsicht hätte man den Fall auch als Beispiel für Kapitel 5 anführen können.

Es hatte mehrere Jahre gedauert, bis der Arzt sich endlich zu einer wirkungsvolleren Methode entschloß. Allerdings war der zu lösende Knoten auch besonders kompliziert, da gleich zwei der verbreitetsten Konflikte beteiligt waren: die eheliche und die Eltern-Kind-Beziehung. Es wäre eine interessante Aufgabe, die Wechselwirkung zwischen diesen beiden Hauptproblemen in dem vorliegenden Fall zu verfolgen, aber das würde uns zu weit von unserem Thema abführen.

Da unsere Regel – *möglichst nicht den abwesenden Patienten zu behandeln* – für jede Art von Psychotherapie von ausschlaggebender

Bedeutung ist, wollen wir sie mit noch zwei weiteren Beispielen belegen. Der nächste Fall ist insofern ziemlich einfach, als der betreffende Arzt unter dem Einfluß unserer Seminare von Anfang an einen geraden Kurs steuerte und sich durch nichts davon ablenken ließ. Die Struktur des Falles ist ungefähr die gleiche wie die des vorigen, aber man muß gerechterweise zugeben, daß die beteiligten Personen nicht ganz so krank waren. Andererseits finden wir auch hier die beiden Hauptkonflikte beteiligt, nämlich den Konflikt zwischen den Ehepartnern und den Eltern-Kinder-Konflikt.

Im August 1958 berichtete einer unserer Kollegen, daß er vor kurzem eine 26jährige Patientin, Frau D., in der Sprechstunde hatte. Sie war mit ihrem Mann gekommen. Der Arzt sah sie ein paar Minuten lang gemeinsam, wobei nur der Ehemann sprach und die Frau stumm dabeisaß.

Fall 13

Herr D. erklärte, daß er und seine Frau keinen normalen ehelichen Verkehr haben könnten, obwohl sie seit zwei Jahren verheiratet seien. Während der ersten sechs Monate hätten sie es mehrfach versucht, mit nur teilweisen Erfolg; während der letzten anderthalb Jahre hätten sie es nicht mehr versucht. Der Mann gab zu, es könnte an ihnen beiden liegen. Sie begännen mit ganz normalen Zärtlichkeiten, aber plötzlich wendete sich die Frau buchstäblich mit Gewalt von ihm ab. Ich entschloß mich, nun die Frau allein zu sprechen.

Sie erzählte folgendes: Sie sei das mittlere von drei Kindern, habe eine ältere Schwester und einen jüngeren Bruder. Dieser und sie selbst haben höhere Schulbildung, was sie mehrmals stolz erwähnte. Sie habe sich zuhause ziemlich glücklich gefühlt, hätte ihren Vater mehr geliebt als ihre Mutter, die leicht erregbar und nicht sehr gesund sei, vielleicht wegen der Wechseljahre. Als Frau D. aus der Schule kam, nahm sie eine Stellung als Telefonistin an (trotz ihrer höheren Schulbildung). Nach einem halben Jahr nahm sie sich mit Zustimmung der Eltern ein eigenes Zimmer, weil es oft, meist mit der Mutter, zu Streit kam wegen späten Heimkommens vom Tanzen usw. Als die Freundin, mit der sie das Zimmer gemeinsam gemietet hatte, an Tb. erkrankte, kehrte Frau D. nach Hause zurück, und alles lief ganz gut.

Dann lernte sie die Mutter ihres Mannes kennen, die in der gleichen Telefonzentrale arbeitete. Ihre zukünftige Schwiegermutter brachte sie mit ihrem Sohn Bertie zusammen, der sich auch darein schickte und sie pflichtschuldigst ausführte. Frau D. mag ihre Schwiegermutter nicht, sie sei so herrschsüchtig. Berties Vater hatte seine Frau verlassen, als der Sohn erst drei Jahre alt war, sie hat also niemanden auf der Welt als diesen Sohn, da ihre eigenen Geschwister sie wegen ihrer ständigen Einmischungen hinauswarfen. Sie behandelt Bertie wie ein Baby und will ihn ganz für sich.

Nachdem das Paar sich kennengelernt hatte, gingen sie vier Jahre lang miteinander. Frau D. hatte zwar vorher auch andere junge Leute kennengelernt, die sie aber als Männer nicht interessierten. Sie mochte Bertie leiden, weil er nicht zudringlich war und nichts „Schmutziges tat". Immerhin kam es zu Küssereien. Er sprach nie von einer Heirat, bis sie die Sache in die Hand nahm und drohte, die Freundschaft abzubrechen, falls sie sich nicht verlobten und heirateten. Sie war damals 23 Jahre alt, und alle ihre Freundinnen begannen sich zu verheiraten. Nach halbjähriger Verlobungszeit heirateten sie.

Einige Monate lang mußten sie noch bei der Schwiegermutter wohnen, und es gab häufig Kämpfe, wobei beide schuld waren. Bertie stand zuerst auf seiten seiner Mutter, jetzt steht er aber seiner Frau bei. Sie leisteten dann die Zahlungen für eine Wohnung und zogen ins eigene Heim. Etwa um die gleiche Zeit wurde ihre Periode etwas unregelmäßig, so daß sie es aufgaben, ehelichen Verkehr zu versuchen. Dann emigrierten ihre Eltern und sie vermißte sie sehr, besonders die Mutter.

Hinsichtlich der sexuellen Beziehung ergaben sich eine ganze Menge Schwierigkeiten. Zunächst konnte Bertie nicht eindringen, und sie glaubte, sie sei zu schmal gebaut. Ihre Schwiegermutter hatte ihr vor der Heirat ein Buch gegeben, in welchem in allen Einzelheiten über Schmerzen bei der Defloration gesprochen wurde. Sie versuchten ein Kondom zur Empfängnisverhütung, aber das tat erst recht weh. Sie hat nichts dagegen, wenn ihr Ehemann zärtlich zu ihr ist, aber dann wird ihr übel, und sie hat sich sogar mehrmals übergeben. Wenn er trotzdem versucht einzudringen, bekommt sie sofort Schmerzen. Es ist kein richtiger Schmerz, mehr so „ein komisches Gefühl". Obwohl sie behauptete, sie hätte Schuldgefühle wegen der Versagung, die sie ihrem Mann bereitete, sah sie nicht sehr schuldbewußt aus. Sie bittet ihn nachher um Verzeihung, weil sie das für richtig hält, da er so erschüttert ist. Die Schwiegermutter sehnt sich nach einem Enkelkind und redet ihnen zu, ein Kind zu haben, aber Frau D. will nicht. Ich habe ihr angeboten, ihr ein Schutzmittel einzupassen, was sie aber ablehnte. Dabei benutzt sie Vaginaltampons während der Periode, die sie ohne Schwierigkeiten einführt. Sie schien nicht sehr erschüttert von der ganzen Geschichte. Sie haßt ihre Schwiegermutter, soviel haben wir jedenfalls herausgefunden.

Die erste Frage, die wir in unserem Seminar anschnitten, war: wer ist der eigentliche Patient und muß behandelt werden? Wir gehen dabei nach zwei Regeln vor, die jedoch rein empirische sind. Die erste Regel besagt: bei mehreren einer Gruppe ist derjenige, der als erster spricht und um Hilfe bittet, der weniger kranke und hat daher eine bessere Prognose als die übrigen. Unsere zweite Regel ist ein Warnsignal: oft wird der eine Partner als Symptom der Krankheit des anderen vorgeschoben. Dann sollte man nicht Zeit und Energie in der Behandlung dieses vorgeschobenen Symptoms verschwenden, sondern möglichst auf eine Radikalkur abzielen. Da die von diesen beiden Regeln nahegelegten Taktiken einander diametral entgegengesetzt sind, ist es entscheidend, gleich zu Beginn eine zuverlässige Diagnose der Gesamtkonstellation zu stellen.

Diese Diagnose war im vorliegenden Fall nicht leicht zu stellen. Es war klar, daß beide Ehegatten in ihrer sexuellen Anpassung gescheitert waren. Der Ehemann trat zwar als erster auf, aber er schob seine Frau als Symptom vor. Sollte das bedeuten, daß er selber der Patient war, oder war umgekehrt er das vorgeschobene Symptom der Krankheit seiner Frau?

Beginnen wir mit dem Ehemann. Er ist der einzige Sohn einer herrschsüchtigen, sich dauernd einmischenden Mutter. Sein Vater verschwand, als er erst drei Jahre alt war; von da an war er ganz seiner Mutter ausgeliefert, die fast mit Sicherheit ihre ganze aufgestaute Libido ihm zuwandte, wohl in Form aggressiver, herrschsüchtiger Liebe. Unter diesen Umständen konnte er sich nicht zu einem reifen, selbstbewußten Mann entwickeln. Wir hörten, daß er gehorsam das Mädchen nahm, das die Mutter für ihn ausgesucht hatte, und daß er sich ebenso von seiner Freundin zur Verlobung und Heirat bestimmen ließ. Wir hörten, daß er in der Zeit vor der Verlobung nicht sehr unternehmend war, und seine Haltung im Hinblick auf die sexuellen Schwierigkeiten seiner Frau ist schlechthin defaitistisch.

Der Fall der Frau ist genau so klar. Sie muß eine im Grunde verängstigte, gehemmte Frau sein, was auch erklären würde, daß sie trotz ihrer höheren Schulbildung sich mit der Stellung einer Telefonistin begnügte. Der Arzt bestätigte, daß sie auch in Kleidung und Make-up unauffällig und reizlos wirkte. Hinzu kommt ihre Zurückhaltung in sexuellen Dingen sowohl vor wie nach der Eheschließung – wir erfuhren auch, daß ihre Menses unregelmäßig und schmerzhaft sind. Das stimmt wieder damit überein, daß sie zum Ehemann einen sanften, rücksichtsvollen Typ wählte, statt eines gewaltsameren, sexuell fordernden Mannes. Ferner zeigt sie leichte hysterische Symptome, Übelkeit und Erbrechen, wenn sie gezwungen wird, sexuelle Erregung zu erleben, und schließlich – ein kennzeichnendes Symptom – ihre unbeteiligte, lächelnde Gleichgültigkeit. Schwiegermutter, Ehemann, jeder scheint sich Sorgen um die Lage zu machen und zu meinen, daß etwas geschehen müßte, nur sie nicht.

Nach längerer Diskussion kamen wir zu dem Schluß, daß es wohl besser sei, die Frau in Behandlung zu nehmen. Ihre lächelnde Gleichgültigkeit und die leichten hysterischen Symptome waren doch nur ein Deckmantel für eine ziemlich durchsetzungsfähige Persönlichkeit. Wenn sie durch die Behandlung dahin gebracht werden könnte, mit ihrem gehemmten Selbstvertrauen in Fühlung zu kommen und ihm etwas Raum zu geben, würde sich alles in der richtigen Richtung entwickeln.

Einen Monat später berichtete der Arzt:

„Seit unserer Diskussion habe ich sie zweimal gesehen. Das erstemal kam sie nicht voran und schien noch ebenso unbeteiligt. Sie hatte als Kind nie etwas von der Menstruation gehört und war entsetzt, als es plötzlich beim Radfahren einsetzte. Ihre Mutter hatte ihr nichts erklären wollen und sie zu ihrer Tante geschickt. – Beim zweiten Interview ging es ihr viel besser, aber nun machte ihr Mann nicht mit und sie fühlte sich niedergedrückt. Jetzt wünscht sie sich Verkehr, aber Bertie dreht sich weg und schläft ein. Sie hat mit ihm gesprochen, aber er hat ihr gesagt, sie sollte sich um ihre eigenen Angelegenheiten kümmern. Jetzt möchte sie, daß ich ihren Mann einbestelle. Vielleicht hat sie Fortschritte gemacht, aber jetzt treffen wir auf den Widerstand des Mannes."

Dies ist eine recht häufige Entwicklung und für diese Art eines Falles ganz charakteristisch. Was soll der Arzt nun tun? Soll er die – scheinbar ganz richtige – Beschreibung der Patientin annehmen, ihre Behandlung abbrechen und seine Aufmerksamkeit dem Ehemann zuwenden oder soll er – eine häufige Maßnahme – den Mann auffordern, mit seiner Frau gemeinsam zu erscheinen, so daß er mit ihnen beiden sprechen kann? Beide Methoden sind höchst vernünftig, und es gibt Gründe für beide. Leider ist jedoch der Preis, der für sie gezahlt werden muß, recht hoch, da beide unweigerlich bedeuten, daß die Aufmerksamkeit in der Hauptsache auf den anderen Partner gerichtet wird, während die Behandlung des ersten Patienten verlangsamt oder sogar aufgegeben wird.

Während wir diesen Fall diskutierten, war diese letztere Gefahr – die Verminderung der Behandlung des anwesenden Partners und Wendung der Aufmerksamkeit auf den abwesenden – uns ständig gewärtig.

Aber es gab doch manche Gründe, warum man meinen konnte, auch Bertie sollte einige Behandlung erfahren. Seine Potenz war immer nur mäßig gewesen, er hatte nicht nur das Mädchen genommen, das seine Mutter für ihn ausgesucht hatte, sondern hatte sich auch während der vierjährigen Freundschaft nicht sehr unternehmend gezeigt, hatte plötzlich keine Lust mehr, als seine Frau ehelichen Verkehr wünschte – im ganzen ein recht auffälliges Bild. Eine zeitlang ging die Diskussion hin und her, aber schließlich stimmten wir dem behandelnden Arzt zu, der vorschlug, sich ganz auf die Frau zu konzentrieren und den Ehemann, wenigstens im Augenblick, sich selbst zu überlassen. Einer der Gründe, die unsere Entscheidung beeinflußten, war die Tatsache, daß Frau D., wie der Arzt berichtete, sich in der Woche zuvor gegen ihre Schwiegermutter erhoben und sie in ihre Schranken verwiesen hatte. Das war ein vielversprechendes Zeichen für die beginnende Selbstsicherheit der jungen Frau, so daß wir der Fortsetzung ihrer Behandlung unabhängig vom Zustand des Mannes zustimmten.

Da der Verlauf der Behandlung für unsere Frage nicht wichtig ist, zitieren wir nur den Schlußbericht, den der behandelnde Arzt nach der ersten Erwähnung gab:

„Die Schwiegermutter war mehrere Wochen bei ihnen, hat den ganzen Haushalt durcheinandergebracht; schließlich fand sie einen Posten als Haushälterin auf dem Lande. So trat wieder Ruhe ein, und Frau D. sagte, sie hätte Schuldgefühle, daß sie gekommen sei, ohne daß sie etwas zu berichten habe. Ich fragte, was sie auf dem Herzen hätte, denn sie wollte mir doch bestimmt etwas sagen. Sie sagte, es sei ihrer Meinung nach doch Berties Schuld, er habe vorzeitige Ejakulation, wäre auch zu grob, wartete nicht ab, bis sie auch beteiligt war. Weiter kamen wir nicht, aber anschließend führte sie eine Aussprache mit Bertie herbei. Wir hatten ja im Seminar besprochen, ob ich nicht Bertie einbestellen sollte; ich hatte mich nicht dazu entschließen können, vor allem, weil ich mich dem nicht gewachsen fühlte. Nun hat sie es für mich getan.

Danach begann alles besser zu klappen. Die Schwiegermutter kam zurück, aber jetzt konnte Frau D. mit ihr fertig werden. Eine weitere bemerkenswerte Sache könnte sein, daß ihre Schwester überstürzt einen Neger heiratete, gegen jeden Rat. Auch sie hatte eine zeitlang bei Frau D. gewohnt. Die Schwester schien glücklich und ging mit ihrem Mann nach Afrika, wenn Frau D. auch glaubte, daß die Ehe nicht von Dauer sein werde. Seit die Schwester weg ist, kommt Frau D. plötzlich viel besser mit ihrem Mann aus, und der eheliche Verkehr gelingt völlig normal. Sie hatte sogar ein- oder zweimal einen Orgasmus. Bertie glaubt, es käme daher, weil sie jetzt eine elektrisch geheizte Bettdecke hätten! Interessanterweise hat man ihr auch im Büro gesagt, wieviel ruhiger sie geworden sei. Sie hat einen besseren Posten bekommen, ihr Mann sagt, der Haushalt klappte jetzt viel besser. Sie wünschen sich nun ein Kind, und wir besprechen zur Zeit, ob sie eines wird bekommen können. Sie benutzen keine Verhütungsmittel. Soll ich weitermachen oder die Behandlung als beendet betrachten?"

Nach Aussage unseres Kollegen kam Frau D. in dieser Zeit alle zwei Wochen einmal, insgesamt also acht bis zehn Mal – mit einem zweifellos erfreulichen Ergebnis. Sie war selbst imstande, das Heft in die Hand zu nehmen, eine Aussprache mit ihrem Mann herbeizuführen und ihn zu bekehren; sie muß also erheblich an Selbstvertrauen und Selbstbewußtsein gewonnen haben. Das alles wäre nicht zustande gekommen, wenn statt ihrer der Arzt mit dem Ehemann gesprochen oder ihn gar in Behandlung genommen hätte. So war es die vom Arzt bewußt eingeschlagene Methode, die für Frau D. die günstigsten Bedingungen schuf. Und Bertie? Da sind wir auf nicht so sicherem Boden. Wir wissen, daß er ein gehorsamer Sohn war und Schwierigkeiten hatte, seine Anhänglichkeit von der Mutter auf die Ehefrau zu übertragen. Hat die Aussprache sein Schicksal für immer besiegelt, wird er von nun an der gehorsame Ehemann seiner Frau sein? Wäre es besser für ihn gewesen, wenn er die Aussprache mit einem verständnisvollen, mitfühlenden Arzt statt mit seiner Frau gehabt hätte? Wir müssen zugeben, daß wir darüber nichts wissen; aber wir wissen immerhin, daß es möglich war, die Behandlung von Frau D. zu einem recht befriedigenden Abschluß zu bringen, indem nur sie als der anwesende Patient behandelt wurde, ohne jeden Versuch, den abwesenden Patienten mit einzubeziehen.

In dem folgenden, letzten Fall mußten wir zugeben, daß der abwesende Patient wirklich krank war; und doch war es außerordentlich wichtig, daß der anwesende Patient ordnungsgemäß untersucht wurde, da andernfalls keine Möglichkeit bestanden hätte, ihm, der es bitter nötig hatte, Hilfe anzubieten.

Fall 14

Frau W. wurde von ihrem Hausarzt mit folgendem Brief an den Psychiater überwiesen:

„Vielen Dank, daß Sie Frau W. übernehmen wollen, da ich wirklich nicht weiß, was ich ihr raten soll.

Sie kam vor etwa einem Jahr zu mir und berichtete, daß ihr Mann an den Fenstern ihrer Wohnung exhibierte und sie befürchtete, die Nachbarn könnten sich beschweren. Die Geschichte, die herauskam, war tatsächlich scheußlich, so daß ich vorschlug, sie sollte versuchen, ihn zu bewegen, daß er mich aufsuchte. Das wollte er aber natürlich nicht. Frau W. ertrug es ein Jahr lang, kam dann aber wieder und sagte, sie würde am liebsten ihren Mann verlassen, aber sie hätte das Gefühl, wenn er krank sei, hätte sie nicht das Recht dazu.

Herr W. hat einen nicht unbedeutenden Posten inne. Die Ehe besteht seit achtzehn Jahren. Ich vermute, daß er auch achtzehn Jahre lang impotent war, so daß sie niemals sehr glücklich gewesen sein kann. Er ergreift jede Gelegenheit, sie vor anderen zu beleidigen, versetzt ihr sogar öfters einen heimlichen Stoß oder kneift sie.

Sie kann Ihnen ihre Geschichte natürlich weit besser erzählen als ich, zumal es schon einige Wochen her ist, seit ich sie gesehen habe."

Frau W. erschien. Sie war eine wohlerhaltene Frau von 55 Jahren, die eher wie eine Fünfundvierzigjährige aussah. Sie war einfach, aber nett gekleidet. Zu Anfang des Gesprächs gestand sie ohne Umschweife, daß sie etwas schwerhörig sei. Sie verfügt über einen reichen Wortschatz und erzählte ihre Geschichte vertrauensvoll und überzeugend. Das sich ergebende Bild des Mannes war zusammenhängend und widerspruchsfrei. Zusätzlich zu dem Brief des Hausarztes erwähnten Exhibitionismus und der Impotenz hatte der Mann noch eine Unzahl ärgerlicher infantiler Züge. Er liebte es, im Haus und vor allem im Garten, wo die Leute ihn sehen konnten, in Lumpen herumzugehen, indem er absichtlich die Knöpfe von Hemd und Hosen abriß und sich die Hose mit Bindfaden festband, Bindfaden statt Schnürsenkel benutzte usw. Nach Aussage von Frau W. tut er das alles, um die Nachbarn darauf aufmerksam zu machen, wie ärmlich er im Gegensatz zu seiner immer wohlgekleideten Frau umhergehen müsse. Andererseits benützt er seinen ausgezeichneten Verstand dazu, ihr Fallen zu stellen und sie zu demütigen, vor allem vor anderen Leuten. Dies tut er so geschickt, daß man ihn niemals direkt ertappen kann.

Es kamen noch mehr Einzelheiten heraus, die alle ohne Schwierigkeiten in das Bild einzufügen waren. Dann erwähnte sie, daß sie die zweite Frau ihres Mannes sei. Er hat von der ersten Frau eine Tochter, sie leben aber alle freundschaftlich miteinander. Auf die etwas überraschte Frage des Psychiaters erwiderte sie, daß die erste Frau sich wieder verheiratet habe, daß aber die Freundschaft weiter bestehe. Vergangenes Jahr, als die Sache mit ihrem Mann sich so verschlimmerte, hatte sie sich mit ihrer Vorgängerin ausgesprochen und von ihr erfahren, daß Herr W. auch bei seiner ersten Frau mehr oder weniger impotent gewesen war und es nicht ertragen hatte, daß dem neugeborenen Töchterchen auf seine Kosten Fürsorge zugewendet würde. Zum Beispiel verlangte er, daß seine Frau wie früher mit ihm ausgehen und das Kind allein zu Hause lassen sollte. Dies konnte sie nicht ertragen, und nach einigen Monaten nahm sie das Kind und verließ den Mann.

Es kann kein Zweifel daran bestehen, daß Herr W. wirklich sehr krank und behandlungsbedürftig ist. Es wäre ein Leichtes gewesen, die Untersuchung an dieser Stelle abzubrechen, die Diagnose einer allgemeinen Unreife, sexueller Perversion, Exhibitionismus bei infantiler Persönlichkeit, schizoider Charakter oder dergleichen zu stellen – die natürlich in jedem Falle korrekt gewesen wäre –, Fau W. zuzustimmen, daß ihr Mann in Behandlung gehörte und ihm eine Aufforderung, möglicherweise durch sie, zu schicken, in die Sprechstunde zu kommen. Das wäre natürlich wieder ein Fall der Diagnostizierung des abwesenden Patienten gewesen. Stattdessen vermutete der Psychiater, daß es sich um den Fall einer pathologischen Ehe handelte, in der die ins Auge springende Krankheit des eines Partners als Symptom vorgetragen wird, um die Krankheit des anderen zu verdecken. Als daher das Interview soweit gediehen war – nach etwa 15 bis 20 Minuten –, fragte er die Patientin, in welchem Alter und warum sie diesen Mann geheiratet hätte.

Es kamen mehrere unklare, verdrehte Versionen heraus, und es kostete erhebliche Mühe und Wachsamkeit, die verschiedenen Daten festzuhalten. Im Endergebnis lag etwa folgendes fest: Sie war jetzt 55, ihr Mann 56 Jahre alt. Sie lernte ihn mit 27 Jahren kennen und heiratete ihn Anfang des Krieges, als sie also etwa 37 Jahre alt war. Sie schilderte sich als normales junges Mädchen, das überall beliebt und gesellig war; sie hatte einen recht guten Posten als Personalreferentin bei einer größeren Firma. Ihr Herzenswunsch war, einen zu ihr passenden Mann zu finden, mit ihm Kinder zu haben und, wie im Märchen, glücklich bis an ihr Lebensende zu leben. Es hatten sich auch verschiedene junge Männer für sie interessiert, aber sie konnte sich nicht entschließen. Als ihr jetziger Gatte auftauchte, machte sie sich zunächst nicht viel aus ihm, aber er ließ nicht nach, und ihr wurde klar, daß er sie wirklich brauchte. Sie heiratete ihn in der Hoffnung, daß er der richtige Mann für sie sei. Hier hakte der Psychiater ein und wies darauf hin, daß sie doch nicht so sehr gewünscht haben könnte, verheiratet zu sein und Kinder zu haben, da sie gewartet habe, bis sie fast 40 war und einen Mann gewählt habe, der sich als der allerungeeignetste erwiesen habe. Frau W., die bis dahin ganz gefaßt war, brach daraufhin zusammen und begann zu weinen. Die ganze Atmosphäre änderte sich, sie wurde weniger steif; man könnte sagen, daß sie den Psychiater als Verbündeten annahm.

In dieser entspannten, vertraulichen Atmosphäre kamen zahlreiche kennzeichnende Einzelheiten heraus. Den einen Komplex bildete ihr Verhältnis zu allem Geschlechtlichen. Obwohl sie über die Impotenz und Uninteressiertheit ihres Mannes enttäuscht war, kam sie darüber hinweg, vielleicht weil ihre eigenen Bedürfnisse in dieser Richtung auch nicht sehr stark waren. Hinsichtlich des merkwürdigen Benehmens ihres Mannes kam heraus, daß er sie vor allem vor anderen Frauen demütigen mußte; dementsprechend machten auch die Nachbarinnen Bemerkungen über die zerlumpte Kleidung des Mannes oder sagten etwas, was sie als Anspielung auf seinen Exhibitionismus auslegte. Je mehr ihre Geschichte sich entfaltete, umso mehr Frauen kamen darin vor, während auffallenderweise überhaupt keine Männer erwähnt wurden.

Ein Begleitsymptom war die eigentümliche Beziehung des Paares zu Geld. Während der Zeit ihrer Bekanntschaft und in den ersten Ehejahren verdiente sie sehr gut, fast soviel wie ihr Mann. Sie half ihm, die Tochter zu erziehen, trug ihren Anteil zu den Haushaltsausgaben bei und half auch beim Ankauf eines Hauses. Als aber dieses Haus verkauft und ein anderes gekauft wurde, wurde auf ihren Anteil überhaupt nicht eingegangen, und das jetzige Haus läuft allein auf seinen Namen. Auf sein Drängen gab sie ihren Posten auf. Obwohl sie weiß, daß ihr Mann ein recht gutes Gehalt hat, bekommt sie nur winzige Beträge für die Haushaltführung und hat keine Ahnung, wo er das übrige Geld läßt. Es ist ihr jetzt klar, daß der Mann Angst hat, ihr irgendwelche Freiheit zu lassen, um sie nicht zu verlieren; deshalb muß er sie in seiner finanziellen Gewalt haben. Bis jetzt hat sie das ertragen, jetzt aber meint sie, sie sollte doch wieder eine ganztägige Tätigkeit übernehmen; sie würde eine solche bei ihren ausgezeichneten Zeugnissen sicher bekommen. Sie hofft, daß das ihre Stellung festigen und daß ihr Mann sie dann mehr achten und lieben würde.

Im letzten Teil des Interviews konnte sie mit Wärme und schlicht von ihrem einfachen Glauben sprechen, daß dieses Leben fleischlicher Lust nur eine Vorbereitung für eine weitere, inhaltsreichere Lebensform sei, wo alle Heimsuchungen und Probleme, wie diejenigen, mit denen sie sich in ihrer Ehe plagen muß, nur eine Art Prüfung für die Zukunft darstellen. Sie sprach auch über ihre seelischen Fähigkeiten; wenn sie sich in Übereinstimmung mit Menschen fühlt, weiß sie, was sie denken und was ihnen fehlt.

In diesem Teil des Interviews erwähnte sie drei charakteristische, aufschlußreiche Episoden. Die erste kam als Reaktion auf die Frage des Psychiaters, ob sie jemals in ihrem Leben geliebt habe. Ihr Gesicht leuchtete auf, und sie erzählte, zur Zeit des Verkaufs ihres ersten Hauses hätte sie Sorgen um ihre Lieblingskatze gehabt, die sie fast wie ein Kind betreute; die Katze war krank und hatte sich eine Pfote gebrochen. Sie trug sie zu einem Tierarzt und wußte in dem Augenblick, wo sie ihn erblickte, daß dies der richtige Mann für sie gewesen wäre. Er brauchte sie überhaupt nichts zu fragen, denn sie wußte im voraus, was er wissen wollte. Die Krankheit der Katze erwies sich als ein Abszeß, den er ohne Schwierigkeit kurierte. Dann zogen sie aufs Land in das neue Haus, aber sie wußte, daß jener Mann und sie zueinander gehörten, wenn auch vielleicht nicht in diesem Leben, aber das spielte keine Rolle. Er sandte der Katze eine nette Weihnachtskarte und sie glaubt, daß er vielleicht auch ihr einen Brief geschrieben hatte, den ihr Mann fast mit Sicherheit abgefangen habe. Aber auch das spielte keine Rolle. Sie hatte nicht einen Augenblick daran gedacht, ihren Mann zu verlassen, denn er brauchte sie so sehr nötig; aber vom ersten Augenblick an hatte sie gewußt, daß jener Mann und sie zueinander gehörten.

Die beiden anderen Episoden wurden spontan berichtet, als sie sich gegen Ende der Sitzung noch einmal ihrem Hauptproblem zuwandte, nämlich was sie mit ihrem Mann tun sollte. Sollte sie versuchen, bei ihm zu bleiben, sollte sie ihm mit Weggehen drohen? Sie versuchte, dem Psychiater konkrete Beweise von der Schwere seiner Krankheit zu geben. Sie wiederholte, was sie schon zu Beginn der Sitzung gesagt hatte, daß ihr Mann sich mit weit offenem Pyjama am Schlafzimmerfenster zeigte, obwohl sie vor kurzem durchgesetzt hat, daß er mehr oder weniger die Vorhänge vorzieht. Dennoch sagte eine Nachbarin kürzlich, sie sollten hohe Pappeln in ihrem Garten pflanzen. Sie zweifelt nicht daran, daß dies eine Anspielung auf das schockierende Benehmen des Mannes war. Kürzlich hätte sie morgens ihm den Kaffee ins Schlafzimmer hinaufbringen wollen, als er mit weit offenem Pyjama und einem flehenden Blick die Treppen hinunter kam. Der Psychiater fragte, ob er dabei eine Erektion gehabt habe, worauf sie erwiderte: „Natürlich nicht, er ist ja impotent!“ Die ganze Szene wäre nur dazu gespielt worden, sie zu demütigen. Dann erwähnte sie noch einen dritten Vorfall. Ihr Mann hätte wieder in seinen zerlumpten Kleidern im Garten gearbeitet; sie rief ihn, der Nachmittagskaffee sei bereit. Er ließ sogleich alles stehen und liegen, kam in demütiger Haltung mit hängendem Kopf auf die Küchentür zugeschlichen und flehte mit gefalteten Händen: „Oh, darf ich denn, darf ich denn?“ Ihrer Meinung nach bedeutete diese Aufführung, daß er den Nachbarinnen vorführen wollte, was für eine zänkische, herrschsüchtige Frau sie sei und wie er, der arme Ehemann, unter dem Pantoffel stehe.

Wie erwähnt, war das Ziel dieses Interviews hauptsächlich ein diagnostisches; es sollte dem Hausarzt helfen, die Lage besser zu verstehen. Darüber hinaus war die äußere Situation so, daß man nicht erwarten konnte, daß Frau W. für sich selbst eine psychiatrische Behandlung aufnehmen würde. So hielt es der Psychiater für richtig, hier aufzuhören. Ohnehin pflegt ein so hochgezüchtetes Abwehrsystem, das fast an ein Paranoid grenzt, auf einen raschen, durchbrechenden therapeutischen Eingriff nicht gut zu reagieren. In der Regel braucht ein solcher Mensch einen langen, erprobten Kontakt, bevor er zugeben kann, daß der Therapeut die Umstände in einem anderen Licht erblickt, als er sie selber sieht. So schrieb der Psychiater einen zusammenfassenden Befundbericht und sandte ihn dem praktischen Arzt, in der Hoffnung, daß dieser imstande sein würde, ihn für die Zukunft zu verwenden.

Welches war nun dieser Befund? Neben dem grellen Bild der schweren Krankheit des Ehemannes fand er eine Frau, deren Geschlechtsleben sehr unentwickelt war, die bis fast zu ihrem vierzigsten Lebensjahr wartete, ehe sie heiratete, und dann sich einen sehr ungeeigneten Mann wählte; die mit fast fünfzig sich zum erstenmal verliebte, wobei das ganze Erlebnis nur wenige Minuten dauerte und zu keinerlei gegenseitigen körperlichen oder gefühlsmäßigen Austausch von Zärtlichkeiten führte, sondern ganz auf sie allein beschränkt blieb. Dann ihre dauernde Beschäftigung ausschließlich mit Frauen, sowohl in ihrem Beruf, in der merkwürdigen Freundschaft mit ihrer Vorgängerin in der Ehe und kürzlich mit den verschiedenen Nachbarinnen, die alle mit dem beschäftigt scheinen, was zwischen ihr und ihrem Mann vorgeht. Schließlich die letzten beiden Episoden, die vielleicht so gedeutet werden können, wie sie es tut, vielleicht aber auch genau umgekehrt, nämlich als verzweifelte Bitte des Mannes um Gnade und Verständnis von ihr, der rechtschaffenen und vielleicht starren und gnadenlosen Frau. Letzten Endes werden wohl beide Deutungen richtig sein.

Was kann man zur Prognose und Therapie sagen? Leider sind beide angesichts der Schwere des Zustandes beider Ehepartner recht ungewiß. Der Ehemann ist so furchterfüllt, und seine Furcht wird durch die Makellosigkeit seiner Frau keineswegs besänftigt, daß man kaum erwarten kann, er werde sich um Hilfe an einen Arzt wenden. Und die Frau konnte bis jetzt nichts anderes tun als sich in der Rolle des Anklägers an ihre Ärzte zu wenden, in der Rolle des Unrechtleidenden, der Mitgefühl sucht und Hilfe braucht, um all das Unrecht, das ihm zugefügt wird, tragen zu können. Solange sie in dieser Stimmung verharrt, kann nur sehr wenig für sie getan werden, wie ja der Brief des Hausarztes deutlich zeigt. Die große Frage ist, ob das Interview bei dem Psychiater ihr geholfen hat, sich bewußt zu werden, daß ihre eigene Rolle im Leben nicht einzig die einer Märtyrerin gewesen ist, sondern daß sie doch auch aktiv zu ihrem Leiden beigetragen hat.

Obwohl wir gar nicht sicher sind, ob ihr auf diese Weise geholfen werden kann, hoffen wir doch deutlich gemacht zu haben, daß selbst dieser schwache Hoffnungsschimmer nicht aufgetaucht wäre, falls der Psychiater ihr zugestimmt hätte, daß allein der abwesende Partner krank und behandlungsbedürftig sei.

In diesem Kapitel wollen wir eine andere Seite der therapeutischen Beziehung zwischen Arzt und Patient untersuchen, nämlich: Was trägt jeder dieser beiden Hauptdarsteller zu dem sich entwickelnden Drama bei, und auf welche Weise hängt es von diesen Beiträgen ab, ob das Ende gut oder schlecht ist?

Einen guten Ausgangspunkt zu dieser Untersuchung bieten die Namen, mit denen man die beiden Hauptbeteiligten gewöhnlich anredet und beschreibt. Es ist doch merkwürdig, daß alle westeuropäischen Kultursprachen zwei aus dem Lateinischen entlehnte Bezeichnungen übernommen haben, die die vorhandenen ursprünglichen verdrängt haben oder verdrängen. Den einen Beteiligten nennt man „Patient“, was wörtlich „Leidender“ bedeutet; die Worte „passiv“, „Passion“, und das englisch-französische „patience“, gleich Geduld, stammen alle aus der gleichen Wurzel. Das ist eine recht eigenartige Mischung, aber diese vier Worte zusammengenommen kennzeichnen sehr gut die Beiträge, die von dem einen der Akteure geleistet werden. Die andere Hauptperson in dem Drama wird überall mit „Doktor“ angeredet, sei es Herr Doktor oder Frau Doktor. Bekanntlich bedeutet „Doktor“ wörtlich „Lehrer“; das Wort „Doktrin“ stammt aus derselben Wurzel.

Man kann einsehen, warum die eine der Hauptpersonen „Patient“ genannt wird; aber warum heißt die andere „Doktor“, d. h. „Lehrer“? Warum haben sich nicht Bezeichnungen wie „Heiler“ oder „Tröster“, „weise Frau“, „Hexe“ oder „Zauberer“, oder auch „Versorger“, „Pfleger“ oder „Pflegerin“ durchgesetzt? Irgendwie muß man das Gefühl gehabt haben, daß die mit diesen Bezeichnungen gemeinten Funktionen nicht die wichtigsten des Medizinerberufs seien. Vom Sprachlichen her gesehen wäre also die wichtigste Funktion unserer Berufstätigkeit das Lehren. Hinsichtlich der englischen Sprache kann man noch auf eine Merkwürdigkeit hinweisen: obwohl man in vielen anderen Fakultäten den Doktorgrad erwerben kann, werden diese Akademiker gewöhnlich nicht mit „Herr Doktor“ angeredet, sondern diese Anrede ist den Doktoren der Medizin und denen der Theologie vorbehalten. Ferner werden, auch im Deutschen, alle Ärzte als „Doktor“ angeredet, obwohl durchaus nicht alle den Doktorgrad erwerben.

Wir Psychoanalytiker sind berüchtigt dafür, daß wir aus Maulwurfshügeln von Beobachtungen Berge von Schlußfolgerungen machen, und wir wollen diesem Ruf nicht zuwiderhandeln. Unsere These ist, daß man uns aus guten Gründen „Doktor“ nennt, weil wir nämlich unsere Patienten, während wir sie betreuen, wirklich etwas sehr Wichtiges lehren. Im Laufe dieser Belehrungen kann dieser und jener Patient sogar geheilt werden, aber das ist leider nicht immer der Fall. Nicht selten muß der Patient lernen, auf welche Weise er krank zu sein hat, wie er mit seiner Krankheit leben, sich ihr anpassen muß, wie er Unbehagen, Furcht, Unsicherheit, Schmerzen und selbst Invalidität ertragen muß, die zu den Begleiterscheinungen oder Folgen recht zahlreicher pathologischer Zustände gehören.

Diese Art des Lehrens, wie man mit einer Krankheit leben soll, ist nur ein kurzer Instruktionskurs, wenn es sich um eine akute Krankheit handelt; wenn es sich aber um chronische oder wiederholte Krankheiten handelt, gewinnt die Lehre an Gewicht.

Einen sehr wichtigen Aspekt dieses Lehrens können wir hier nur kurz erwähnen, nämlich daß der Patient lernen muß, welche und wieviel Hilfe er von seinem Doktor erwarten kann und darf, und andererseits, wieviel Angst, Unbehagen und Leiden er ohne Hilfe selbst ertragen muß; ferner, wann und unter welchen Umständen er das Recht hat, Hilfe und Erleichterung zu verlangen. Diese Seite des ärztlichen Berufs wird selten ausdrücklich erwähnt, obwohl der Patient, wann immer er mit dem Doktor zusammentrifft, sei es in der Sprechstunde, sei es beim Hausbesuch, regelmäßig eine Lektion über dieses wichtige Thema erhält. Wir möchten hier nur darauf hinweisen, daß die Summe aller dieser Lektionen einen hochwichtigen Beitrag zu der sich entwickelnden Arzt-Patient-Beziehung bildet. Dagegen möchten wir auf denjenigen Aspekt der Lehrfunktion des Doktors näher eingehen, die man die Formgebung der Krankheit des Patienten nennen könnte. Sie ergibt sich aus einer Wechselwirkung zwischen den „Angeboten“ des Patienten und den „Reaktionen“ des Arztes auf diese Angebote, wie andernorts ausführlich beschrieben.[1] Mit einem Bild aus dem Gartenbau könnte

[1] M. Balint: „Der Arzt, sein Patient und die Krankheit.“

man sagen, daß im Patienten eine Krankheit wächst, die der Doktor dann betreut, indem er einige Symptome beschneidet, andere wachsen läßt, noch andere in Richtungen zwingt, die er ihnen vorschreibt. Natürlich kann der Doktor nicht alles machen, seine Macht ist begrenzt wie die des Gärtners, aber unsere Fälle werden zeigen, daß sie doch nicht unbeträchtlich ist.

Wir wollen das Gleichnis vom Gärtner benutzen, um noch eine weitere Seite der ärztlichen Tätigkeit zu beleuchten. Ein Teil des Gartens ist nur für eine oder zwei Saisons angelegt, so daß der Gärtner mehr auf kurzfristige Wirkung seiner Arbeit bedacht ist. Ein anderer Teil erhält Dauerkulturen und wird nach ganz anderen Methoden behandelt, deren Resultate auf die Dauer berechnet sind. Wenn wir untersuchen wollen, welche Wirkungen die Lehrtätigkeit des Doktors auf das Leben eines Menschen haben kann, müssen wir solche Patienten betrachten, von denen wir eine lange Krankengeschichte und Katamnese besitzen. In den zwei Fällen, die ich zur Illustration meiner Behauptungen heranziehen möchte, erstreckt sich die Katamnese auf über zehn Jahre. Das ist der wahre Bereich des Hausarztes. Krankenbeobachtungen von so langer Dauer kommen in der Praxis der Fachärzte und der Kliniken selten vor, so selten, daß sie dann meist in Fachzeitschriften veröffentlicht werden.

Die beiden folgenden Fälle sind gewöhnliche Alltagsfälle, die in jeder Praxis vorkommen können. Der einzige Unterschied besteht darin, daß die beiden behandelnden Ärzte an unseren Seminaren teilnahmen und dadurch veranlaßt wurden, gerade den alltäglichen Erscheinungen ihre Aufmerksamkeit zuzuwenden.

Im ersten Falle erkannte der Doktor zwar das Problem in seinen wahren Proportionen, konnte jedoch keine rechte Lösung dafür finden. Erst als wir die Art seines Vorgehens im Seminar diskutierten, erkannte er, was er tat: nämlich seine Patienten – es war eine ganze Familie – zu lehren, die verschiedenen chronischen Zustände und Krankheiten als Teil ihres Lebens zu betrachten und sich mit ihnen abzufinden. Im zweiten Fall entschied sich der Doktor nach einigem Zögern aus eigenem Entschluß, seine ausgezeichnete Beziehung zu dem Patienten auszunutzen, und er erreichte auch recht erfreuliche Veränderungen in der Krankheit, indem er den Patienten lehrte, sie aus einem etwas anderen

Blickwinkel zu betrachten. Wiederum war es erst unsere Diskussion, die ihm klarmachte, was er seinen Patienten lehrte.

Fall 15

Wie erwähnt, ist unser erster Fall eine altbekannte Geschichte, aber wir hoffen, daß sie in einem neuen Lichte erscheinen wird. Sie kam in unserem Seminar zur Sprache, als wir über Eltern sprachen, die den Doktor regelmäßig wegen ihrer Kinder konsultieren. Die betreffende Familie bestand aus drei Personen: dem Vater, Herrn F., damals (1958) 46 Jahre alt, Frau F., 41 Jahre, und dem 13jährigen Sohn. Beide Eltern arbeiteten in ihrem eigenen kleinen Engrosgeschäft der Textilbranche und konsultierten den Arzt alle zwei bis drei Monate wegen des Jungen. Nur selten baten sie um einen Hausbesuch, wenn der Junge hustete oder erkältet war. Der Beschreibung nach waren sie einsichtig und dankbar; allerdings suchten sie ab und zu hinter dem Rücken des Arztes andere Ärzte auf, aber das führte zu keinen Verstimmungen, da unser Doktor sich nichts daraus machte. Er sagte, es wäre ihm recht, wenn noch jemand die Verantwortung teilte.

Bis jetzt ist es also die altbekannte Geschichte überängstlicher Eltern. Nun wollen wir also einmal unter die Oberfläche blicken und sehen, was der Doktor selbst zu der Entwicklung beitrug, was er seine Patienten lehrte.

Seine ärztlichen Beziehungen zu dieser Familie begannen fast unmittelbar nach der Geburt des Sohnes. Damals kam Herr F. mit Klagen über ungenügende Erektion, beinahe Impotenz. Er war ein redseliger Mann und erzählte in allen Einzelheiten, daß er in zweiter Ehe lebte und daß er mit seiner ersten Frau, die an Tuberkulose gestorben war, nie sexuelle Schwierigkeiten gehabt hätte. Er erwartete keinen ärztlichen Rat für seine Beschwerden, da er der Meinung war, daß es sich um etwas rein Körperliches handelte; er wollte nur ein Medikament verschrieben haben. Um seinem Wortschwall zu entkommen, gab der Doktor nach, und als die Medikamente nicht halfen und Herr F. um fachärztliche Untersuchung bat, überwies er ihn an einen Endokrinologen. Lange, verschiedenartige Hormonbehandlungen konnten die Lage nicht ändern; der Doktor nahm den Fehlschlag hin und unternahm weiter nichts, obwohl er mit seiner Meinung nicht hinter dem

Berge hielt; ebenso unternahm der Patient, der damals etwa 33 bis 34 Jahre alt war, nichts mehr.

Einige Jahre lang wurden keine weiteren Beschwerden geklagt, nur bestand die beschriebene Überängstlichkeit wegen des Kindes. Es wurde ziemlich oft vom Vater gebracht, und das ist, wie wir in unseren Forschungen feststellten, immer ein bedenkliches Zeichen. Während der letzten drei Jahre entwickelte Herr F. dann eine seborrhoische Dermatitis, die der Doktor symptomatisch behandelte, jedoch ohne viel Erfolg. Herr F. konsultierte, seiner Gewohnheit gemäß, verschiedene Kliniken und Spezialisten, einige mit, einige ohne Wissen seines Arztes. Keine Behandlung brachte einen dauerhaften Erfolg.

Natürlich fragten wir, wie es denn mit Frau F. stünde. Wir erfuhren folgendes: Sie hatte bis zu ihrer Heirat mit 27 oder 28 Jahren keinerlei sexuellen Verkehr gehabt und war frigide. Ihre Vorgeschichte war typisch: ihre Eltern lebten in einer „idealen Ehe", sie war sehr streng erzogen, liebte ihren Vater sehr, während die Mutter etwas herrisch und tyrannisch war. Über sexuelle Themen wurde nie gesprochen, das war ganz tabu. Wie viele ihren Typs, hatte die junge Frau vor der Schwangerschaft und dem Gebären große Angst und verlangte von ihrem Mann, daß er Coitus interruptus ausführte – eine recht schwierige Aufgabe für einen nahezu impotenten Mann. Trotz aller Vorsicht wurde sie schwanger, und so kamen sie zu dem Sohn. Ihre Erlebnisse während der Schwangerschaft bestätigen ihre Ängste, und sie hatte seither unbedingt auf unterbrochenen Verkehr bestanden. Der Doktor hatte einmal sinnvollere empfängnisverhütende Maßnahmen vorgeschlagen, worauf Frau F. eine Zeitlang der Sprechstunde fernblieb; das Thema wurde auch nie mehr angeschnitten. Nach einiger Zeit tauchte sie dann wieder auf und konsultierte den Arzt wegen der Erkältung und des Hustens ihres Sohnes. In unseren Seminaren nennen wir diese häufige Erscheinung: „Das Kind als das vorgeschobene Symptom der Krankheit der Mutter."

Im Laufe der Zeit, nachdem sie sich vergewissert hatte, daß der Doktor die empfängnisverhütenden Mittel nicht wieder zu erwähnen wagen würde, brachte sie die übliche Auswahl kleinerer psychosomatischer Störungen wie Verdauungsbeschwerden, Koliken, Hämorrhoiden, Hals- und Nasenerkrankungen, gelegentliche Menstruationsbeschwerden, und einmal kam auch sie mit einem seborrhoischen Ekzem. Ein drolliges Zwischenspiel möchte ich erwähnen: einmal kam sie mit Rückenschmerzen. Da unser Doktor sich für Osteopathie interessiert, forderte er sie auf, sich zu entkleiden und massierte ihren Rücken. Beim nächstenmal erschien Frau F. mit ihrem Mann; Herr F. wollte zusehen – man errät, warum! –, was der Doktor mit seiner Frau machte. Natürlich hatte sie nie mehr Rückenschmerzen – ein unbestreitbarer Erfolg; leider weiß man nicht, ob wegen der geeigneten osteopathischen Behandlung oder wegen anderer Gründe. Erstaunlicherweise ist der Junge ganz gesund, trotz kleinerer Beschwerden, wie gelegentlicher Erkältungen und Husten. Kürzlich hatte auch er ein Ekzem, das die Eltern sehr beunruhigte, sie brachten ihn zu mehreren berühmten Hautärzten. Er genießt die Besorgtheit und Aufregung der Eltern, scheint aber sonst ganz unbeeindruckt.

Welches war nun die Lehrfunktion des Doktors in diesem Fall? Er hat die ihm von dem Ehepaar, vor allem dem Ehemann, vorgelegte Ansicht, daß Sexualprobleme ausschließlich körperlich seien, wenn auch ungern, akzeptiert, hat zugestimmt, daß sie eventuell endokrinologischer Art seien, daß man jedenfalls aber nicht darüber spricht. Dadurch hat er stillschweigend zu verstehen gegeben, daß es nicht notwendig sei, die grundlegenden seelischen Probleme zu erforschen, wichtig sei nur die physikalische oder chemische Behandlung. Diese Lehre oder Doktrin wurde noch unterstrichen durch sein Ernstnehmen jeder „kleinen Krankheit“, und weiter dadurch, daß er bei mehreren solcher kleinen Krankheiten Spezialisten hinzuzog und deren Empfehlungen befolgte.

Welches Ergebnis hatten seine Lehren? Vom Standpunkt des Arztes war wohl die wichtigste Folge die friedliche, freundliche, anerkennende Beziehung zwischen ihm und dem Ehepaar. Dies jedoch hat eine Atmosphäre im Gefolge, in welcher nichts getan werden kann. Der Doktor wurde in seinem Beruf ebenso impotent gemacht wie der Ehemann in seinem Geschlechtsleben. Sobald er versuchte, potent zu sein – mit Empfängnisverhütungsmitteln oder mit seiner Behandlung der Rückenschmerzen, oder wenn er Herrn F. zu seiner Ansicht belehren wollte, daß seine Sexualprobleme neurotisch sein könnten –, verschwand entweder das Symptom oder die Patienten kamen nicht wieder und gingen von Arzt zu Arzt, womit sie – zwar verhüllt – erklärten, daß die anderen bessere Ärzte seien. Da aber auf diese Weise das wahre Problem nicht ausgeheilt werden konnte, wurde schließlich ein neues Symptom entwickelt, nämlich das Kind.

In unserer Diskussion wurde der Doktor wegen seiner Lehrtätigkeit schwer angegriffen. Unter anderem wurde ihm vorgeworfen, daß er sich zu einem Apothekergehilfen habe erniedrigen lassen, der nur die von den großen Fachärzten verschriebenen Behandlungen ausführte, daß es Frau F. gelungen sei, sowohl ihren Ehemann wie ihn kaltzustellen, was er schweigend hingenommen habe, und daß er das wirkliche Problem, nämlich ihre Angst, überhaupt nicht in Angriff genommen habe. Zuerst war es bei Frau F. Angst vor Schwangerschaft und bei Herrn F. Angst wegen seiner Impotenz. Daraus entwickelte sich die Angst beider Eltern um den Sohn und schließlich in allen dreien wegen ihrer Hauterkrankungen.

Wohl hatte der Arzt die Angst richtig diagnostiziert, aber sie nie ernstlich behandelt. Er hatte erkannt, daß die F.s verängstigte Leute waren, die von Klinik zu Klinik, von Arzt zu Arzt irren mußten, aber er konnte nichts dabei tun.

Der Doktor nahm unsere Kritik willig an, sagte aber, er hätte trotz aller Anstrengungen keinen Kontakt mit dem Ehepaar herstellen können. Er war überzeugt, Herr und Frau F. wüßten, daß er ihnen nur nachgab und die ganze Zeit hindurch anderer Meinung war. Frau F. war zwar bereit, über ihre Frigidität zu sprechen, aber der Arzt hatte während all dieser Jahre nie eine Möglichkeit gesehen, ihr zu der Erkenntnis zu verhelfen, daß ihre Frigidität ein krankhafter Zustand sei; sie war völlig damit identifiziert. Auch Herr F. wußte genau so wie sein Arzt, daß sein Redeschwall nur ein Mittel war, sich den Doktor vom Leibe zu halten; aber unser Kollege konnte nicht dagegen angehen. Auf diese Weise war er gegen seinen Willen in die gegenwärtige Lage hineingeraten.

Zweifellos stehen wir hier vor einem schweren, unerquicklichen Problem. Soll der Arzt gegen den Willen des Patienten um jeden Preis darauf bestehen, daß ein dem Patienten peinliches Thema behandelt werden müsse? Die Antwort auf diese Frage ist keineswegs einfach. Angenommen, er stellt eine positive Wassermann-Reaktion oder Tuberkelbazillen im Sputum fest; dann ist es keine Frage, daß er darauf bestehen würde, ja müßte, daß der Patient seine Befunde ernst nimmt. In mancher Hinsicht ist die Lage in unserem Falle ja ähnlich. Der Doktor hätte folgendermaßen argumentieren können: Wenn Sie die Frigidität, beziehungsweise die Impotenz nicht ernst nehmen und etwas dagegen tun, so kann ich Ihnen voraussagen, daß Sie beide sich niemals völlig wohlfühlen und vielleicht eine Krankheit nach der anderen haben werden, daß vielleicht sogar Ihr Kind mit krank wird. Aber können wir ihm wirklich zumuten, so etwas zu sagen? Falls er es tut, werden natürlich viele Komplikationen eintreten: sowohl der Mann wie die Frau müßten zugeben, daß sie nicht glücklich sind, beide würden eine Behandlung benötigen, es besteht sogar die Gefahr, daß die Ehe in die Brüche geht usw. Wenn wir jedoch zu dem Schluß kommen, daß er nichts sagen darf, so entsteht die Situation, wie sie sich nunmehr bot.

Natürlich könnte er auch die Augen schließen, um alle diese Folgerungen nicht sehen zu müssen; auf diese Weise wird er der Mühe einer Entscheidung enthoben. Dennoch wird eine Entscheidung gefällt, und zwar unvermeidlich von ihm, nur trifft er sie blind. Wir hoffen, dieser Fall hat mit genügender Klarheit gezeigt, daß es darum geht, welche Lehren der Patient oder in diesem Falle die Patienten erhalten. Es ist eine drückende Verantwortung, wenn wir uns klarmachen, daß wir lehren müssen – wir können nur darüber entscheiden, *was* wir lehren wollen.

Bei unserem nächsten Fall geht es um ein ganz ähnliches Problem, nur zeigt es sich aus einem anderen Blickwinkel. Es ist auch wieder eine lange Krankengeschichte, also ein echter Fall für den Hausarzt. Aber der Verlauf war anders, denn in diesem Fall war sich der Arzt im klaren, was er lehren wollte.

Fall 16

Der Patient, Herr K., ist ein Mann von 34 Jahren, verheiratet, ohne Kinder. Er wird seit 13 Jahren auf der Liste des Arztes geführt, d. h. seit seiner Verheiratung. Im Vergleich mit der Familie seiner Frau jedoch, die sich von unserem Arzt behandeln ließ, seit er die Praxis von seinem Vorgänger übernahm, ist er noch ein neuer Patient. Der Doktor kannte also Frau K. schon, als sie noch ein kleines Mädchen war. Herr K.

kleidet sich sorgfältig, ist sportlich, nett, sehr rücksichtsvoll, und die Arzt-Patient-Beziehung war immer ausgezeichnet.

Herr K. klagt seit Jahren über Verdauungsschwäche. Obwohl der Doktor diese als „funktionell" diagnostizierte, versuchte er es mit Mitteln gegen Hyperacidität, die zu helfen schienen; infolgedessen kommt der Patient alle zwei bis drei Wochen, um sich seine Mittel zu holen. Als eifriger Fußballspieler kam er auch gelegentlich mit kleineren Verletzungen und hatte dann – durchaus gerechtfertigt – um einige Tage Krankenurlaub gebeten.

Im November 1957 erschien Herr K. in einem unerwartet schlechten Zustand, er war deprimiert, nervös, sehr gespannt. Der Arzt hatte – wie jeder praktische Arzt im November – gerade besonders viel zu tun; er schrieb daher auf das Krankenblatt „Bei nächstem Besuch gründliche Untersuchung" und gab ihm zunächst einmal etwas Amytal. In der Woche darauf war immer noch sehr viel zu tun, und da der Patient erklärte, es gehe ihm besser, unterblieb die Untersuchung.

Im März 1958 war Herr K. wieder sehr deprimiert; diesmal hatte der Arzt mehr Zeit und bot ihm ein längeres Gespräch, womit gewöhnlich eine Stunde gemeint ist, zu einer festgesetzten Zeit an. Der Patient kam und erzählte, seine Depressionen hätten vor etwa drei Jahren begonnen, und zwar nach dem Tode seines Vaters. Der Vater war ehemals Boxer gewesen, der im ersten Weltkrieg schwer verwundet und infolgedessen verkrüppelt und taub wurde. Er war arbeitsunfähig und lebte von seiner Kriegsrente. Die Mutter und die übrige Familie nörgelten an ihm herum und behandelten ihn sehr schlecht, so daß Herr K. froh war, als Mutter und Geschwister im zweiten Weltkrieg evakuiert wurden und er mit dem Vater allein in London blieb. Als die Mutter zurückkam, trat Herr K. in die Kriegsmarine ein, lernte seine Frau auf einem Urlaub kennen und heiratete sie bald darauf.

Vor drei Jahren sollte er bei der Hochzeit seines Bruders Brautführer sein; da er ein schüchterner Mensch ist, bedeutete das für ihn eine große Nervenanspannung. Daher kam es, daß er die wiederholten Klagen seines Vaters nicht recht beachtete. Wenige Tage später brach der Vater auf der Straße zusammen, wurde in ein Krankenhaus gebracht und starb nach einigen Wochen. Herr K. macht sich nun dauernd Vorwürfe, daß er den ernsten Zustand seines Vaters nicht erkannt hatte. Der

Name des Vaters wird zu Hause niemals erwähnt; obwohl der Patient seine Mutter regelmäßig besucht, kann er sich nicht entschließen, das Grab des Vaters zu besuchen.

Dann sprach Herr K. von seiner Ehe. Er liebte seine Frau sehr, und sie sind glücklich miteinander. Sie haben mit Absicht keine Kinder, denn sie fürchten, ein Kind könnte zwischen sie treten, daher unterbrechen sie beim Geschlechtsverkehr. Kürzlich hatten sie einen Streit, was sehr selten vorkommt. Er hatte das Gefühl, seine Frau reizte ihn absichtlich, so wie seine Mutter den Vater gereizt hatte. Er regte sich sehr auf und hatte Angst, er könnte einmal gewalttätig werden.

Weiter berichtete er über seine Fußball-Leidenschaft. Daran hängt er sehr; wann immer er Zeit hat, geht er in das nahe Wiesengelände und trainiert für sich allein zu seiner Entspannung.

Der Arzt, der die Familie gut kannte, erinnerte sich, daß der alte K. ein guter Boxer gewesen war und daß auch Herr K. selbst ein vielversprechender Boxchampion war; er hatte das Training jedoch schließlich aufgegeben, weil er fühlte, er könnte doch nicht leisten, was man von ihm erwartete. Aus dieser Kenntnis heraus gab der Arzt Herrn K. die Deutung, daß er offenbar mehr Ärger verarbeiten müßte, als er ertragen könnte, und ob das vielleicht ein zusätzlicher Grund gewesen sei, daß er einen solchen Kampfsport wie das Boxen aufgegeben habe. Dies schien Herrn K. einzuleuchten; er erwähnte in Erwiderung auf die Deutung, daß er ein eifriger Anhänger seines Klubs sei, sich bei den Kämpfen immer sehr aufregte und sich nicht enthalten könnte, in laute Schimpfreden gegen den Schiedsrichter oder die Gegner auszubrechen, wenn sein Klub unterlag. Er sei hinterher immer sehr beschämt, aber er könne nicht anders.

Der Arzt zeigte ihm nun, daß alles zusammen, sein Aufgeben des Boxens, sein einsames Trainieren, sein Geschimpfe bei den Fußball-Wettkämpfen, beweise, wieviel Zorn in ihm stecke und wie schwer es ihm falle, damit fertig zu werden. Der kürzliche Zwischenfall mit seiner Frau, als er so heftige Wut in sich aufsteigen fühlte, hatte eine sehr gefährliche Situation enthüllt, er habe sicher gefühlt, daß er, wenn er die Selbstbeherrschung verlieren würde, seinen Frieden und sein Glück zerstören könnte, die ihm soviel bedeuteten. Offenbar könne Herr K. seinen heftigen Zorn nicht akzeptieren, noch könne er ein ausreichendes Ventil dafür finden, und so bestünde für ihn nur die Möglichkeit, ihn gegen sich zu wenden und eine Depression zu bekommen.

Auf die Fragen der Seminarteilnehmer antwortete der Doktor, er sei sich völlig klar darüber, an welcher Stelle er mit seinen Nachforschungen und seiner Behandlung stehengeblieben sei. Er hatte keine Parallele zwischen Herrn K.s Ärger über seine Frau und den über seine Mutter gezogen, obwohl das klar zutage lag; er zeigte ihm auch nicht, daß er seine sanfte Frau geheiratet hatte, weil sie ganz das Gegenteil seiner groben Mutter war. Zweitens wurde zwar seine große Anhänglichkeit an seinen Vater besprochen, nicht jedoch seine kritische Haltung gegenüber diesem selben Vater, die sich z. B. in seinem Schimpfen gegen den Schiedsrichter als einer Vaterfigur bekundete. Drittens drang der Doktor auch nicht tiefer in die übersteigerte Loyalität von Herrn K. gegen seinen Vater und seine Frau ein, obwohl es auch hier viele Ansatzpunkte gab, z. B. seine Unterwürfigkeit, seine Energielosigkeit, mit welcher er das Boxen aufgegeben hatte, sich in den Coitus interruptus als empfängnisverhütende Maßnahme fügte, ein Kind als möglichen Rivalen fürchtete usw.

Nun das Ergebnis. In der folgenden Woche, hörten wir, war Herr K. gekommen und hatte berichtet, er fühle sich viel besser. „Ich weiß nun, daß es in mir steckt und daß ich es aus mir herausbringen muß.“ Der Arzt war der gleichen Meinung und empfahl dazu die Fußballkämpfe und das einsame Training. In der Woche darauf fühlte sich der Patient ganz wiederhergestellt.

Mitte April, also sechs Wochen nach der ersten Aussprache, hatte Herr K. einen Rückfall und war wieder depримiert. Er erzählte dem Arzt, daß er während der Osterfeiertage seine Mutter besucht habe, und dadurch sei alles wieder in ihm aufgerührt worden. Der Arzt fand diese Erklärung unbefriedigend, da er wußte, daß Herr K. seine Mutter regelmäßig besuchte, und so drängte er nach weiterem Material. Langsam kam Herrn K. die Erinnerung, daß er zu Ostern des vorigen Jahres an dem Friedhof vorbeigefahren war, auf dem sein Vater begraben ist, und daß er es nicht über sich bringen konnte, das Grab zu besuchen. Arzt und Patient gingen die ganzen Probleme noch einmal durch, stellten noch einige Verknüpfungen her, und der Arzt wiederholte insbesondere die Deutung über das Beherrschen seines Zorns. Herr K. fühlte sich sogleich besser und berichtete in der Woche darauf, er sei ganz in Ordnung.

Im Herbst 1958 besuchte Herr K. seinen Arzt zweimal, erst wegen eines Ellenbogenabszesses und dann wegen einer typischen follikulären Tonsillitis, sie hatten jedesmal eine weitere kurze Aussprache, und seither ist er ganz gesund. Der Arzt sieht ihn nur auf der Straße, wo sie einander einen Gruß zuwinken. Eine bemerkenswerte Nebenwirkung muß noch hervorgehoben werden; die Verdauungsbeschwerden und Hyperacidität, über die er jahrelang geklagt hatte, sind vollständig verschwunden. Von irgendwelchen Tabletten ist nicht mehr die Rede.

Nun wollen wir auch in diesem Falle feststellen, was der Doktor gelehrt hatte. Erstens: daß Gefühle zu Störungen führen können, besonders Zorn, und daß man ihn aus sich herausbringen muß. Dazu lehrte der Doktor den Patienten zwei Methoden, wie man mit Gefühlserregungen und besonders mit Zorn fertigwerden kann: die eine ist Selbstbeherrschung, die andere Sublimierung in einer sozial anerkannten Form wie Fußball und Protestgebrüll bei Wettkämpfen. Die Ergebnisse seiner Lehren sind nicht schlecht: die Verdauungsschwäche und Hyperacidität sind verschwunden, vielleicht auch die Depression. Aber diese Lehren haben natürlich auch ihre negativen Seiten. Diese sind etwas schwerer in Worte zu fassen, da sie in der Behandlung nicht richtig erwähnt wurden; wir müssen anstelle der Worte des Patienten daher unsere eigenen Formulierungen geben. Es ist erstens eine Art von Axiom, daß man gegen Menschen, die man liebt, z. B. die Ehefrau oder den Vater, keinen Haß oder Zorn haben dürfe, denn das könnte das Lebensglück gefährden. Zweitens ist es nicht notwendig und vielleicht sogar unerwünscht, ein aggressiver, selbstsicherer Mensch zu sein, etwa ein Boxer oder ein Mensch, der seiner Mutter eine gerechtfertigte Kritik nicht erspart. Ein weiterer Aspekt dieser gleichen Lehren besagt, daß es nicht tadelnswert sei, etwas ängstlich zu sein und auch in Zukunft Coitus interruptus als empfängnisverhütendes Mittel zu praktizieren. Und schließlich, daß es nicht so wichtig sei, Kinder zu haben.

Obwohl wir also eine ganze Menge über Herrn und Frau K. wissen, kann man nicht ohne weiteres voraussagen, was aus ihnen werden wird. Eines ist jedoch sicher, daß nämlich der Kontakt zwischen Herrn K. und seinem Arzt jetzt so gut ist, daß er sich, was in Zukunft auch passieren möge, als ein wertvolles Aktivum bewähren wird. So ist die Prognose für die nächste Zukunft doch recht gut, und sollte irgendeine Störung eintreten, kann sich Herr K. gewiß um Hilfe an seinen Arzt wenden. Die Frage ist, ob diese harmonische, aber doch nur mühsam ausbalancierte Situation sich auf die Dauer halten kann. Wird es Herrn K. möglich sein, ein ausreichendes Ventil für seine Zornaffekte zu finden, besonders wenn diese stärker werden sollten, und kann Frau K. immer die sanfte, nicht nörgelnde Ehefrau bleiben, die ihr Mann so nötig braucht, oder wird sie sich auch in eine harte, übelnehmende Frau verwandeln wie so viele kinderlose Frauen? Wenn das geschieht, werden sie beide sich gegen ihren hochgeschätzten Doktor wenden und ihm vorwerfen, daß er sie nicht zur rechten Zeit gewarnt habe, ihnen nicht vernünftigere empfängnisverhütende Mittel empfohlen und sie nicht dazu gebracht habe, Mut zu einem Kind zu fassen. Man wird also mindestens weitere zehn Jahre brauchen, um den wirklichen Wert der Lehren dieses Arztes zu erkennen.

Wir hoffen, daß diese beiden Fälle beweisen, was wir zeigen wollten, nämlich daß der Arzt, ganz gleich, welche Behandlung oder Diät er verschreibt, nolens volens seine Patienten lehrt, was ihre Krankheiten bedeuten und wie sie mit ihnen oder auch ohne sie leben sollen. Aus diesem Grunde führt er die Anrede, die ihm in der ganzen westlichen Welt gegeben wird, nämlich „Doktor", das ist „Lehrer", durchaus zu recht.

Wir möchten noch einmal betonen, daß es keinen Unterschied macht, ob der Arzt die Augen schließt und es ablehnt zu sehen, was er tut, oder ob er seine Rolle akzeptiert und bewußt auswählt, was er lehrt – auf jeden Fall muß er lehren. Wir haben jedoch noch nicht diskutiert, wodurch bestimmt wird, was er seine Patienten lehren wird. Zufällig scheinen die beiden Ärzte, über die wir eben sprachen, in einem Punkte einig zu sein, nämlich daß ein normaler, freier und voll befriedigender Geschlechtsverkehr nicht ausschlaggebend wichtig sei, daß es wichtigere Dinge gebe. Ohne Frage gibt es zahlreiche Ärzte, die genau das Gegenteil lehren werden, nämlich daß jeder Mensch das absolute Recht auf ein befriedigendes Sexualleben habe und daß alle anderen Erwägungen demgegenüber zurückstehen müßten. Die sexuelle Befriedigung ist nur einer der zahllosen Aspekte des menschlichen Lebens, über die die entgegengesetztesten Lehrmeinungen möglich sind; wir nennen noch Selbstbehauptung, Altruismus, Pflichtgefühl, Ehrlichkeit, Opfergeist, Liebe, Haß usw.

Es ist eigentlich erschreckend, sich klarzumachen, daß einander derart diametral entgegengesetzte Lehren praktisch überall dort bestehen, wo es sich um die sogenannten höchsten menschlichen Werte handelt. Für den Arzt ist es nur ein magerer Trost, wenn ihm erklärt wird, daß es sich nur um weitere Beispiele der allgemeinen Ambivalenz handele, die sich durch das menschliche Leben hinzieht. Dieses Wissen kann zwar sein Verständnis erweitern, erleichtert ihm aber keinesfalls die Last seiner Verantwortung.

Wir müssen es hinnehmen, daß die Welt, einschließlich der Theologie, Philosophie, Ethik und Wissenschaft, dem Arzt keinen unzweideutigen Rat für die so einschneidende Entscheidung geben kann, was für Lehren er erteilen soll. Und dennoch muß er lehren; wir haben es in diesem Kapitel zu beweisen versucht; er hat nur die Wahl, *was* er lehren will. Was aber entscheidet seine Wahl? Der eine der Autoren (M. B.) hat in seinem Buch „Der Doktor, sein Patient und die Krankheit" dargestellt, daß jeder Arzt eine vage, aber fast unerschütterliche Vorstellung davon zu haben scheint, wie sich der Patient zu verhalten hat, wenn er krank ist. Diese Vorstellung, obwohl nicht ausdrücklich und konkret formuliert, ist unglaublich zäh und beeinflußt praktisch jede Einzelheit der Arbeit des Arztes mit dem Patienten, besonders natürlich den Teil, den wir seine Lehrfunktion nannten. Es ist fast, als besitze jeder Arzt ein geoffenbartes Wissen darüber, was der einzelne Patient erwarten kann und darf und was er ertragen muß; es ist, als hätte er die heilige Pflicht, alle Unwissenden und Ungläubigen unter seinen Patienten zu seinem Glauben zu bekehren. Wir haben dies seine „apostolische Funktion" genannt. Obwohl wir im Verlauf unserer Forschungsarbeit von ihrem Einfluß mehr und mehr beeindruckt waren, kam uns ihre wahre Bedeutung erst zum Bewußtsein, als wir den Lebensweg von Patienten betrachteten, deren Katamnese wir so lange wie die der erwähnten beiden Fälle verfolgen konnten.

Aber das war zu erwarten. Wenn der Gärtner einen Baum ständig auf die gleiche Weise beschneidet, wird der Erfolg seiner gewissenhaften Arbeit sich von Jahr zu Jahr deutlicher zeigen. Dasselbe gilt von den

Lehren des Arztes. Auch ein kurzer, dramatischer Kontakt kann auf Krankheit und Leben des Patienten einmal einen umwälzenden Einfluß haben, aber die kausale Verbindung zwischen den Lehren des Arztes und der Lebensform des Patienten ist in solchen Fällen nur schwer zu beweisen. Bei einer langen, katamnestisch verfolgten Krankengeschichte treten diese Verknüpfungen klar zutage, wenn man nur willens ist, sie zu sehen. Wenn der Arzt etwas mehr davon verstehen möchte, wie die unerhörte Macht seiner Lehrfunktion besser und wirkungsvoller einzusetzen ist, so kann er das vielleicht am besten erreichen, indem er seine Patienten etwa auf die Art und Weise studiert, wie es hier beschrieben wurde.

9. Der Platz der Psychotherapie innerhalb der Medizin

I.

Daß wir dieser Frage ein ganzes Kapitel zu widmen gedenken, zeigt an, wie ungesichert und umstritten uns der Platz der Psychotherapie innerhalb der Gesamtmedizin zu sein scheint. Beginnen wir jedoch mit demjenigen Teil unseres Arbeitsfeldes, über den Übereinstimmung besteht.

Wir sind uns alle darüber einig, daß jede Therapie rational und so weit wie möglich nachprüfbar sein sollte. Was verstehen wir nun unter einer rationalen Therapie? Soweit ich sehe, bedeutet rationale Therapie – wie sie heute an den Universitätskliniken gelehrt wird – eine Technik, die mindestens einem der folgenden drei Ziele nahezukommen versucht:

a) Durch eine rationale Therapie soll die Ursache beseitigt werden, die man als für den pathologischen Zustand verantwortlich betrachtet; zugleich hofft man, daß die restitutiven Kräfte des Organismus stark genug sein werden, den Normalzustand wiederherzustellen. Dafür gibt es viele Beispiele: Man gibt Antibiotika, um bei einer Infektion das Wachstum der eingedrungenen Mikroorganismen zu hemmen oder diese sogar abzutöten; man fixiert einen gebrochenen Knochen in der richtigen Lage usw. Alle diese Methoden zielen darauf hin, günstige Bedingungen für die restitutiven Kräfte des Organismus zu schaffen, so daß sie wirksam werden können.

b) Das erkrankte Organ wird entfernt, in der Hoffnung, daß der übrige Organismus die Verletzung überleben und nach Vernarbung der Wunde die Gesundheit wiedererlangen wird. Zu dieser Kategorie gehören die meisten chirurgischen Operationen, wie Appendektomie, partielle Gastrektomie, radikale Mastektomie usw.

c) Die Therapie hat das Ziel, dem Körper zu helfen, besser mit den pathogenen Noxen fertigzuwerden. Hierzu gehören die meisten medikamentösen Behandlungen, z. B. die Digitalis-Medikation bei Herzschwäche; Morphin bei Herzinfarkt; Insulin bei Diabetes; Barbiturate bei Epilepsie; die verschiedenen Diäten bei Fettsucht oder Magersucht; Diät und etwas Medikation bei Magengeschwüren oder Obstipation. Bei manchen Krankheiten können wir nichts weiter tun, als dem Organismus zu helfen, mit dem einen oder anderen Symptom besser fertigzuwerden, etwa wenn wir Dramamin gegen Übelkeit und Erbrechen verschreiben, unabhängig von der Verursachung.

In den meisten Fällen besteht keine selbstverständliche, ins Auge springende Verknüpfung zwischen den Beschwerden des Patienten und der rationalen Therapie. Diese Verknüpfung, also die eigentliche „rationale“ der Therapie, muß vom Arzt beigesteuert werden. So ist es z. B. nicht selbstverständlich, warum jemand, der an Anfällen von Bewußtlosigkeit leidet, ein Sedativum braucht. Das Sinnvolle dieser Therapie ergibt sich aus der ärztlichen Erkenntnis, daß gewisse Anfälle von Bewußtlosigkeit auf Störungen der Gehirnrhythmen zurückzuführen sind, und daß diese anomalen Rhythmen, falls sie auf Epilepsie beruhen, mit Barbituraten kontrolliert werden können. Das ist ein Musterbeispiel für eine rationale Therapie, die ja immer auf einer *Theorie über die Krankheitsursache und die Kontrolle dieser angenommenen Ursache* beruht. Leider sind aber, wie die Geschichte der Medizin lehrt, diese Theorien keineswegs unerschütterbar, und wenn sie sich ändern, muß sich die ganze, auf ihnen beruhende Therapie auch ändern.

Ein sehr eindrucksvolles Beispiel für eine solche Wandlung ist die prä- und postoperative Behandlung des Patienten bei einem größeren chirurgischen Eingriff. In der Studienzeit der Autoren bestand die präoperative Behandlung darin, daß der Patient am Vortage eine sehr leichte Mahlzeit und eine erhebliche Dosis Rhizinusöl erhielt und dann bis zur Operation nichts mehr, auf keinen Fall Flüssigkeiten. Stattdessen bekam er am frühen Morgen vor der Operation noch einen Einlauf. Nach der Operation wurde der Patient flach auf den Rücken gebettet, selbst das kleinste Kopfkissen war verboten und wurde nur in Ausnahmefällen und mit größten Bedenken erlaubt. Der Patient durfte sich nicht bewegen, nicht einmal den Kopf heben; um ihn zu immobilisieren, wurden ihm ziemlich schwere Sandsäcke rechts und links an die Seiten und quer über den Bauch gelegt. – Heute würde man diese Vorschriften Punkt für Punkt verwerfen und für schwere Fehler halten. Heute läßt man den Patienten trinken und Glukose oder sonstige Kohlehydrate vor der Operation nehmen, Rhizinusöl und Einläufe kommen kaum noch zur Anwendung, und besonders nach Bauchoperationen wird der Patient in halbsitzender Stellung gebettet; ja, er wird oft schon nach wenigen Tagen ermuntert, aufzustehen und umherzugehen. Und der Grund für diese umstürzenden Änderungen: weil unsere Theorien über das, was in oder nach einer Operation geschehen muß, sich gewandelt haben.

Es ist daher verständlich, daß der Arzt gegenüber therapeutischen Techniken, die allein auf pathologischen Theorien beruhen, skeptisch geworden ist. Er hat zu oft erlebt, daß Techniken, die fest begründet und über jeden Zweifel erhaben schienen, eines Tages plötzlich für Unsinn erklärt wurden. Er fühlte sich gezwungen, sich nach sichererem Grunde umzusehen.

Eine weitere Enttäuschung belehrte ihn bald, daß auch klinische Beobachtungen der therapeutischen Techniken nicht immer zuverlässig waren. Es kam vor, daß ein zweiter Experimentator nachweisen konnte, daß es neben dem zunächst für allein verantwortlich gehaltenen Faktor noch andere Mitursachen gab, die an dem Resultat einen gleich wichtigen, wenn nicht noch wichtigeren Anteil hatten.

Um zuverlässige Bedingungen für die Nachprüfung zu schaffen und vor allem die Beurteilung der Ergebnisse von allen subjektiven Faktoren von seiten des Beobachters freizuhalten, ist in diesem Jahrhundert eine neue Kontrollmethode erfunden worden: der *doppelte Blindversuch*. Dabei werden zwei Patientengruppen ausgewählt, die nach Geschlecht, Alter und Stand übereinstimmen und alle an der gleichen Krankheit leiden; beide Gruppen werden mit Tabletten behandelt, die gleich aussehen, gleich schmecken usw., aber nur die eine Gruppe bekommt Tabletten, die ein therapeutisches Agens enthalten. Das Experiment wird so angelegt, daß weder die Patienten noch die Ärzte wissen, welche Tabletten echt sind und welche nicht. Das weiß nur eine dritte Person, die gänzlich außerhalb bleibt und, wenn möglich, nicht einmal die Patienten oder die behandelnden Ärzte zu Gesicht bekommt. Dieser Person werden dann die beobachteten Ergebnisse zur Auswertung übergeben. Man hofft, auf diese Weise jede Therapie unparteiisch und objektiv bewerten zu können.

Zweifellos ist diese Methode – der doppelte Blindversuch – im höchsten Grade wissenschaftlich, objektiv und in den Ergebnissen zuverlässig. Ferner sind die Resultate von jeder Theorie unabhängig und müssen sich daher nicht mit ändern, wenn sich die Ansichten über die Ätiologie einer Krankheit grundlegend wandeln sollten. Der einzige Nachteil ist, daß dieses Experiment nur in sehr beschränktem Maße anwendbar ist. Dieser Nachteil wird gewöhnlich vergessen oder nicht erwähnt, und jede Therapie, die sich nicht nach dieser Methode oder einer ihrer abgemilderten Modifikationen kontrollieren läßt, wird leicht als wissenschaftlich nicht ganz einwandfrei betrachtet. Ist dieses Urteil gerechtfertigt?

Wir sagten schon, daß der doppelte Blindversuch nur auf einem beschränkten Gebiet anwendbar ist. Es soll nun dargelegt werden, wodurch diese Beschränkung verursacht wird. Erstens muß zur sicheren Kontrolle die Beteiligung des Patienten an dem Experiment möglichst minimal gehalten werden. Der Patient braucht nicht einmal zu wissen, wie die Diagnose seiner Krankheit lautet, warum die betreffende Therapie verschrieben worden ist und wie sie wirken soll. Irgendwelche Einsicht in die Wechselwirkung der verschiedenen pathologischen und therapeutischen Faktoren braucht er nicht zu haben. Ferner ist es nicht notwendig, daß er zwischen seinen Beschwerden und der verschriebenen Therapie einen Sinnzusammenhang erkennt, denn *im Prinzip kann beim doppelten Blindversuch jedes beliebige Medikament mit jeder beliebigen Krankheit oder Beschwerde gekoppelt werden.* Mit einiger Übertreibung kann man sagen, daß das Experiment sogar noch wissenschaftlicher und objektiver wird, wenn man dem Patienten überhaupt keine Erklärung gibt. Das einzige, was der Patient zu tun hat: er muß die verschriebenen Tabletten schlucken und dann jedes Gefühl einer Veränderung in seinem Befinden dem Arzt melden. Selbst die Beteiligung des Arztes, der den Patienten behandelt, kann eingeschränkt werden. Natürlich muß er ein zuverlässiger Diagnostiker sein, muß die Patientengruppe nach Geschlecht, Alter und Stand zusammenstellen und muß gut beobachten können; aber er braucht nicht unbedingt zu wissen, welche Art von Medikament ausprobiert wird. Der einzige, der den Sinn des ganzen Experiments überschaut, ist der Mann im Hintergrund, der dritte, unbeteiligte Forscher. Nur für ihn besteht ein Zusammenhang zwischen der pathogenetischen und der pharmakodynamischen Theorie des Experiments.

Jetzt verstehen wir, warum die Anwendung des doppelten Blindversuchs so begrenzt ist. Er setzt eine vollkommen objektive Situation voraus, in welcher ein beliebiger Arzt irgendeinen Patienten bei irgendeiner Krankheit mit irgendeinem therapeutischen Mittel behandeln kann, vorausgesetzt, daß ihre affektive, gefühlshafte Anteilnahme aneinander und an der Therapie minimal gehalten werden kann. Bei einigen Blindversuchen wurde allerdings den Patienten doch eine eingehende Erklärung gegeben, was man von ihnen erwartete, da man bemerkt hatte, daß sie dann sicherer kooperierten. Das verringert aber schon wieder den wissenschaftlichen Wert des Experiments, weil der Patient dadurch doch eine gewisse, wenn auch minimale, Suggestion erhält.

In allen Fällen aber, in welchen die Vorbedingung unemotionaler Objektivität nicht erfüllt ist, in welchen die Therapie wesentlich auf einem gefühlsmäßigen Verständnis der pathogenen Prozesse durch den Patienten beruht, wie es bei den meisten Psychotherapien der Fall ist, kommt der doppelte Blindversuch nicht in Frage. Die Gründe sind vielfältig. Erstens ist es doch gänzlich ungenügend, die Patienten nur nach Alter, Geschlecht und Stand zu vergleichen, angesichts der vielen anderen, höchst wichtigen determinierenden Faktoren, die das Resultat entscheidend beeinflussen. Um nur einige wenige zu nennen: Entbehrungen in früher Kindheit und deren genaue chronologische Aufeinanderfolge; das habituelle Verhalten des Patienten gegenüber Autoritätspersonen, wie es der Arzt unvermeidlich für ihn ist; der Grad sexueller Reife des einzelnen Patienten; seine Fähigkeit, sich regelmäßige sexuelle Befriedigung zu verschaffen; ferner das unübersehbare, fast noch unerforschte Land der Charakterkunde. Welche Krankheit auch vorliegt: der zwanghaft Zuverlässige antwortet auf jegliche Psychotherapie ganz anders als der Übererregbare, Labile usw.

Eine weitere Schwierigkeit, die den Vergleich zwischen den einzelnen Patienten fast unmöglich macht, ergibt sich aus unserer noch lückenhaften Kenntnis mancher Krankheiten. Man darf nicht vergessen, daß Diagnosen, in denen die Adjektiva „funktionell“, „emotionell“ oder „psychoneurotisch“ vorkommen, ungefähr ebenso ungenau sind, wie wenn wir einen Zustand als Bright'sche Krankheit oder Angina pectoris bezeichnen. Eine vergleichsweise Gegenüberstellung von Patienten auf Grund solcher Diagnosen muß den Zweck verfehlen, weil gar keine Garantie dafür gegeben ist, ob die betreffenden Patienten mehrere oder nur einige gemeinsame pathologische Merkmale besitzen.

Und doch ist das noch die geringere Schwierigkeit angesichts der Unmöglichkeit, in der Psychotherapie Placebos zu geben. Eine Psychotherapie ist entweder aufrichtig und ehrlich und wird von beiden, Patient und Arzt, als solche erkannt, oder sie ist sinnlos, was wieder beide merken müssen. Ebenso ist es völlig unmöglich, dem Patienten in einem bestimmten Augenblick vorher ausgedachte Deutungen oder eine bestimmte Art mitfühlenden Verständnisses auf Verschreibung eines dritten, unbeteiligten Beobachters zu geben. Selbst wenn ein wirklich genialer Kopf solche Verschreibungen erfinden würde, könnte kein Kollege diese Instruktionen ausführen. Und schließlich kann man zwar einen Patienten überreden, eine Tablette zu schlucken, aber man kann keinen Patienten veranlassen, ein Stück Einsicht oder eine Deutung „zu schlucken“, die für ihn in diesem betreffenden Augenblick nicht sinnvoll ist.

Offenbar haben wir es mit zwei verschiedenen Arten von Therapie zu tun: einer, die ohne viel Mitarbeit des Patienten durchgeführt werden kann, die er nicht einmal zu verstehen oder in ihren Bedingungen zu akzeptieren braucht; und einer anderen, die nur wirksam werden kann, wenn die Lebensgeschichte des Patienten, sein Charakter, seine gegenwärtigen Beschwerden und seine ganze Krankheit einerseits und die ihm von seinem Arzt angebotene Therapie andererseits zusammen einen Sinn ergeben. Dasselbe gilt im großen ganzen für den Arzt. Bei einer Therapie der ersten Art kann er objektiv und distanziert bleiben, er braucht sich nicht mit seinem Patienten zu identifizieren; aber wenn er eine Therapie der anderen Art unternimmt, kann er nicht umhin, in eine therapeutische Beziehung mit dem Patienten einzutreten. Er muß zwar imstande sein, seinen Anteil zu kontrollieren – wie im 6. Kapitel dargestellt –, aber nur durch seine Beteiligung kann er die Krankheit „verstehen“ und seinem Patienten eine sinnvolle Hilfe anbieten – siehe Kapitel 10 und 11. Obwohl diese Einteilung hausbacken und sogar abgedroschen klingt, ist sie in der Tat revolutionierend; das wird klar werden, sobald wir sie in einigen ihrer Rückwirkungen betrachten.

Wir können jeden in diesem Buch wiedergegebenen Fallbericht heranziehen, um unsere Behauptung zu beweisen. Wir wollen uns jedoch auf die drei Fälle aus dem 5. Kapitel beschränken, und zwar aus dem Grunde, weil für eine Therapie der zweiten Art die Mitbeteiligung des Patienten an seiner eigenen Untersuchung unbedingt notwendig ist, damit die Behandlung für beide, Arzt und Patient, einen Sinn ergibt.

Am einfachsten haben wir es bei Fall 5, der Frau L., weil es in diesem Fall dem Arzt nicht möglich war, sie zur Teilnahme an der Untersuchung zu veranlassen. Infolgedessen verlief ihre Behandlung ganz nach der ersten Art, mit dem Ergebnis, daß alle ihre „minderen Beschwerden“ eine nach der anderen erfolgreich behandelt wurden, ohne daß sich ihr allgemeiner Zustand änderte.

In den beiden anderen Fällen erreichte es der Arzt, die Patienten an ihrer Untersuchung mitzubeteiligen; in Fall 7 wurde die Untersuchung sogar ganz vom Patienten vorgenommen. Da beide Kollegen den Moment festhielten, an welchem die erste in die zweite Art von Therapie überging, kann man den Unterschied zwischen beiden sehr gut aufzeigen.

Erinnern wir uns an Fall 6, Frau X., die als dritte Krankheit in achtzehn Monaten das „Rippen-Knacken“ anbrachte. Diesmal gab sich der Arzt nicht mit einer bloßen körperlichen Untersuchung zufrieden, sondern versuchte, sie zu einer Betrachtung ihrer ganzen Lebenssituation zu bewegen. Die meisten Ärzte hätten sich vermutlich zunächst vergewissert, daß an den Lungen und Bronchien keine wesentlichen pathologischen Veränderungen bestanden, und hätten dann die Beschwerden der Patientin dadurch zu beeinflussen versucht, daß sie ihr das Rauchen verboten und ihr etwas gegen den Hustenreiz verschrieben hätten; sie hätten das für die absolut richtige Behandlungsart gehalten. Darüber hinaus hätte diese Behandlung – ebenso wie die vor einem Jahr verschriebene – leicht durch einen doppelten Blindversuch nachgeprüft werden können. Nachdem man festgestellt hat, daß die Patientin an der Krankheit leidet, deren Therapie studiert werden soll – also an einem nicht ganz sicheren Ulkus, einem spastischen Colon oder einem Bronchialkatarrh funktionellen Ursprungs – und nachdem man einen entsprechenden Kontrollfall gefunden hat, kann man beide nach Vorschrift eines dritten, unbeteiligten Arztes mit irgendeiner Diät oder Therapie behandeln. Die Ergebnisse dieser Methode würden die klinische oder naturwissenschaftliche Medizin, wie wir sie einmal nennen wollen, mancherlei gelehrt haben können.

Unser Assistenzarzt ging jedoch einen Schritt weiter in Richtung einer *Tiefen-Diagnose*. Er stellte fest, daß die Frau seit mindestens zwei Jahren intime Beziehungen verweigert hatte und daß vielleicht schon viel länger ein sehr unbefriedigendes sexuelles Verhältnis zu ihrem Ehemann bestand. In dieser Zeit der Enthaltsamkeit hatte sie drei Krankheiten entwickelt, die anscheinend unabhängig von einander waren und hintereinander als vermutliches Magenulkus, spastisches Colon und das Rippensyndrom diagnostiziert wurden. Von unserem neuen Gesichtspunkt aus betrachtet können wir den Verdacht nicht ausschließen, daß die Krankheiten sekundäre Erscheinungen einer und derselben tieferen Ursache sein könnten. Auch das periodische Trinken des Ehemannes könnte als ein weiteres, viertes Syndrom betrachtet werden, das aus derselben Wurzel stammte; vielleicht war auch er gezwungen gewesen, sich ein Ersatzventil für seine aufgestaute Spannung zu suchen. Wie schon erwähnt, nennen wir eine solche Erscheinung in unseren Seminaren „der eine Ehepartner als vorgeschobenes Symptom der Krankheit des anderen". Wenn man die Trunksucht des Mannes mit den drei sogenannten Krankheiten der Frau zusammennimmt, so haben wir ein Beispiel, wie ein Patient, der unter einem unlösbaren Konflikt leidet, mit verschiedenen „Angeboten“ zu seinem Arzt kommt, der nun die Aufgabe hat, die richtige Diagnose zu stellen. Wie schon erwähnt, kann nicht nur die weitere Entwicklung der „angebotenen“ Krankheit, sondern sogar die ganze Zukunft des Patienten davon abhängen, wie der Arzt auf die Angebote des Patienten reagiert.

Die Sache wird komplizierter und dadurch vielleicht weniger „exakt“, wenn der Arzt, wie der genannte Assistenzarzt, sich entschließt, „tiefer“ zu sondieren. Denn während jeder normal ausgebildete Arzt, der mit dem derzeitigen Stand medizinischen Wissens vertraut ist, weiß, was er bei unklarem Magenulkus, spastischem Colon, vielleicht sogar dem Rippensyndrom verordnen muß, handelt es sich bei der Art von Behandlung, die wir bei einer Anzahl von Fällen für geboten halten, um etwas ganz anderes. Diese Behandlung, eine besondere Art der Psychotherapie, kann von keinem dritten Arzt verschrieben werden, weil der einzige Weg, auf dem sie wirksam werden kann, von diesem einen Patienten in gemeinsamer Arbeit mit diesem seinem Arzt entdeckt werden muß. Mit anderen Worten, wenn diese Therapie wirken soll, muß sie unbedingt sowohl für den Patienten als auch für den Arzt gleichzeitig einsehbar und sinnvoll sein.

Zur Unterscheidung wollen wir die eine Annäherungsweise „Tiefen-Diagnose“, die andere die „streng wissenschaftliche Diagnose“ nennen; letztere wird vor allem von den Fachspezialisten der Kliniken gelehrt und praktiziert.[1] Fraglos ist die Tiefendiagnose und damit

[1] Der Terminus „streng wissenschaftliche Diagnose“ entspricht dem Tatbestand recht genau; dagegen finden wir unseren zweiten Terminus, „Tiefen-Diagnose“ nicht wirklich gut. Die Analytiker unter unseren Lesern werden mit Recht meinen, daß von Tiefe, so wie sie sie verstehen, bei den hier dargestellten Diagnosen nicht die Rede sein könne. Wir haben erwogen, von „erweiterter“ oder „Gesamt-Diagnose“ zu sprechen, konnten uns aber nicht dazu entschließen. Diese beiden Bezeichnungen beschreiben zwar jeweils einen Aspekt dessen, was wir meinen, korrekt: nämlich daß bei dieser Betrachtungsweise die ganze Persönlichkeit des Patienten mitsamt seiner Lebensgeschichte untersucht werden muß; aber jede läßt den anderen Aspekt außer acht, der unserer Meinung nach wichtiger ist: nämlich daß die Untersuchung so gezielt sein muß, daß sie von den „Angeboten“ des Patienten zu dem gelangt, was darunter liegt. „Tiefe“ bedeutet in unserem Zusammenhang also nur die Richtung, nicht die erreichten Schichten.

auch die Tiefentherapie, d. h. die Psychotherapie, wegen ihrer Multi-Dimensioniertheit immer etwas ungenau, verglichen mit der normalen klinischen Diagnose und Behandlung. Dieser Mangel an Genauigkeit bedeutet aber keineswegs weniger gute Wirkung, wie sich im Falle Nr. 7, Herr G., erwiesen hat.

Am Schluß des Interviews von November 1958 kamen der Arzt und sein Patient, nachdem sie gemeinsam die vielen früheren Krankheiten besprochen hatten, die Herr G. der Medizin vorgelegt hatte, zu dem Schluß, daß man in Zukunft den schlechten Gesundheitsstand Herrn Gs. mit seinen Gefühlen über seine Arbeitsverhältnisse und seine Umwelt in Verbindung bringen könnte. Wir möchten darauf hinweisen, daß weder der Arzt noch der Patient die Notwendigkeit empfanden, sorgfältig zwischen sogenannten organischen und funktionellen Krankheiten zu unterscheiden; sie sprachen nur von „schlechter Gesundheit". Viele Ärzte mögen dies als eine unverzeihliche Verallgemeinerung betrachten, vielleicht sogar als einen Rückschritt, der eines wissenschaftlich geschulten Arztes unwürdig ist. Wir wagen kaum, es eine Diagnose zu nennen, und dennoch wirkten diese höchst ungenaue Formulierung und die in ihr enthaltene Therapie besser als alle die strengen, genauen diagnostischen Formulierungen und die auf ihnen aufgebauten Behandlungen, von denen in den 34, in Herrn Gs. Krankenakten abgehefteten Facharztberichten die Rede ist. Ferner: als im Februar des Jahres Herr G. klagte, daß seine Magenschmerzen schlimmer geworden seien, schickte ihn sein Arzt nicht zur Gastroskopie oder zum Röntgen, was für eine strenge Diagnose der unerläßliche nächste Schritt gewesen wäre, sondern fragte ihn, ob sich in seinem Leben neue Konflikte ergeben hätten. Das verhalf Herrn G. zu der Erkenntnis – und darin war er seinem Arzt sogar einen Schritt voraus –, daß er die Automation seines Büros als Bedrohung erlebte, ihn auch noch der geringen persönlichen Beziehungen zu seiner Arbeit, die ihm geblieben waren, zu berauben – wieder nur eine tastende und absolut nicht präzise Formulierung.

Diese Diagnostik und erst recht die darauf beruhende Behandlung sind also alles andere als streng und genau. In dieser Hinsicht kann man sie mit den Befunden der vielen Spezialärzte im Falle des Herrn G. keineswegs vergleichen, etwa dem Befund des orthopädischen Chirurgen, der den gequetschten Wirbel, oder dem des Gastroenterologen, der bei der Gastroskopie den kleinen Ulkus fand.

Ferner noch ein wichtiger Punkt: Obwohl wir also eine ordnungsmäßige psychologische Untersuchung dieses komplizierten Falles vorgeschlagen und durchgeführt haben, konnten wir nicht vorhersehen, daß diese Untersuchung sich auch als therapeutisch wirksam erweisen würde. Selbst wenn wir im voraus beschlossen hätten, Herrn G. für eine Psychotherapie auszuwählen, hätte niemand vorher festlegen können, welche Art psychotherapeutischen Verständnisses in welcher Dosierung und Aufeinanderfolge ihm gegeben werden sollte.

Der eine Teil der Mediziner – vor allem fast alle Vertreter der Universitätsmedizin – hält daran fest, daß jeder Fortschritt unbedingt mit noch genaueren und noch schärferen Präzisionsdiagnosen und einer darauf aufgebauten Therapie verbunden sein müsse. Sie können dafür sehr schwerwiegende Argumente anführen: fast alle die großartigen Errungenschaften der medizinischen Wissenschaft in den letzten hundert Jahren wurden auf diese Weise gewonnen. Niemand will oder kann ihre Argumente angreifen. Unter dem Einfluß dieser wissenschaftlichen Denkweise hat die Medizin sich großartig entwickelt. Aber sollten wir nicht einmal fragen, welchen Preis wir alle, die Ärzte wie die Patienten, dafür zahlen mußten? Eine Antwort ist schon oft erteilt worden: der Preis war die Aufteilung der Medizin und damit des Patienten unter eine immer größer werdende Zahl von Spezialfächern und Spezialisten. Gewiß macht jeder von ihnen seine Sache sehr gut; aber jeder neigt auch dazu, seine Akten abzuschließen, sobald der Patient mit seiner Krankheit aus seinem in das Feld eines anderen Spezialisten hinübergewandert ist. Herr G., unser Fall 7, hatte 34 Facharztberichte gesammelt und war immer noch krank, obwohl ich sicher bin, daß z. B. der Chirurg, der seine Analfissur operierte, der Orthopäde, der seinen Wirbelbruch behandelte, oder der Neurologe, der sein Beinzucken diagnostizierte, den Fall als abgeschlossen, vielleicht sogar als geheilt betrachten.

In kleinerem Maßstab hatte sich etwas Ähnliches bereits auch bei Frau X., unserem Fall 6, angebahnt. Nur durch einen Zufall wurde dieser Ausgang verhindert. Wenn der Arzt noch ein bißchen gewissenhafter gewesen wäre, als er ohnehin war, hätte er die Patientin zuerst auf die innere Station verlegen können, wo man sowohl ihren unklaren Ulkus als auch das spastische Colon hätte „erfolgreich“ behandeln und dann den Fall abschließen können. Im nächsten Jahr hätte man sie an einen Lungenspezialisten überweisen können, der ihren Husten und das Rippensyndrom ebenfalls „erfolgreich“ behandelt hätte. In ihrer Krankengeschichte waren nun zwar ihr erfolgreich behandeltes Ulkus und das spastische Colon unter „frühere Krankheiten“ vermerkt, aber es ist zweifelhaft, ob ein Lungenspezialist normalerweise auf den Gedanken gekommen wäre, daß ihre früheren und die jetzigen Beschwerden vielleicht auf die gleiche gemeinsame Ursache zurückgehen könnten.

Außer unter der Aufsplitterung in Fächer und Krankheiten leidet die wissenschaftliche oder klinische Medizin noch unter der Schwierigkeit, Katamnesen durchzuführen. Das hängt einmal mit dem verhältnismäßig kurzfristigen Kontakt zwischen Klinik und Patienten zusammen, der gewöhnlich nicht länger als einige Wochen bis einige Monate währt. In manchen Fällen erstreckt sich der Kontakt wohl über mehrere Jahre, aber das ist nicht die Regel. Ferner ist der Facharzt eben nur an einem Teilaspekt interessiert. Wenn bei unserer Patientin, Frau X., der Gastroenterologe oder der Lungenspezialist die Katamnese verfolgt hätten, so hätte weder der eine noch der andere danach gefragt, ob ihr Ehemann Gelegenheitstrinker sei und ob sie ein geregeltes Sexualleben führte. Die Forderung nach Genauigkeit und diagnostischer Schärfe führt zweifellos zu einer Einengung des Gesichtsfeldes.

Für den praktischen Arzt, den Hausarzt, ist das ganz anders, jedenfalls unter englischen Verhältnissen. Seine Beziehung zur gesamten Familie ist unbegrenzt; oft erstreckt sie sich nicht nur über Jahre, sondern über Generationen; seine Katamnesen ergeben sich daher von selbst. Er braucht keine Briefe zu schreiben und die Patienten anzuflehen, zu einer Nachuntersuchung zu erscheinen; er sieht sie ohnehin wieder. Er kann auch sein Beobachtungsfeld nicht so einschränken, wie es der Facharzt tut. Er muß sich um jede Not und Beschwerde der Familie kümmern, von der Schwangerschaftsuntersuchung angefangen bis zum Totenschein – um die Extreme zu nennen. Natürlich erlaubt es ihm das Vielerlei seiner Praxis nicht, so scharf und genau zu diagnostizieren wie ein Kliniker und wie er es seinerzeit gelernt hat. Unter den gegenwärtigen Umständen wird ihm das immer wieder vorgehalten, so daß er sich seinen Kollegen in den Kliniken völlig unterlegen fühlt. Das hindert ihn daran zu erkennen, daß seine Praxis eine Fundgrube ist, aus der er, wenn er sich die Mühe macht, ebenso wertvolle wissenschaftliche Beobachtungen herausholen kann, wie die in den Kliniken angestellten. Dies ist also der zweite Preis, der für die großen Errungenschaften der wissenschaftlichen, präzisen Medizin bezahlt werden muß: man muß akzeptieren, daß die hausärztliche Praxis, verglichen mit der wissenschaftlichen Medizin, wie sie in den Kliniken betrieben wird, nur zweitrangig ist.

Aber das ist noch nicht alles. Es muß sogar noch ein dritter, sehr hoher Preis bezahlt werden: man muß die Vorstellung aufgeben, daß die Krankheit in der Entwicklung des Individuums eine sinnvolle Phase darstellt, und zugleich muß man jegliche Form von Psychotherapie als etwas eigentlich nicht ganz Standesgemäßes abwerten. Wir haben zu Anfang dieses Kapitels die drei Möglichkeiten einer rationalen Therapie erwähnt, wie sie heute gelehrt wird: 1. Beseitigung der pathogenen Ursache und Schaffung günstiger Bedingungen für die restitutiven Kräfte des Organismus; 2. Entfernung des kranken Organs, um dem Organismus zu helfen, die Wunde zu vernarben; 3. Unterstützung des Organismus bei der Aufgabe, mit einem pathogenen Zustand besser fertigzuwerden.

Die Psychotherapie paßt jedoch in keine der drei Kategorien. Der Hauptgrund dafür ist vielleicht, daß diese drei Kategorien der Therapie auf einem Krankheitsbegriff fußen, welcher die Krankheit als eine Art Unfall betrachtet, der dem Menschen zustößt und zu dem kein vorhergehender Zusammenhang besteht. Natürlich wird man hier sofort anführen, daß es bekanntlich angeborene Zustände gibt, etwa Friedreichs Ataxie oder zystische Nieren usw., und daß bei vielen Krankheiten die Bedeutung der prämorbiden Persönlichkeit voll anerkannt wird. Wir geben zu, daß es viele Übergangszustände gibt, die eine klare Unterscheidung sehr erschweren. Dennoch kann man der Vorstellung von der Krankheit als einem Unfall eine andere Vorstellung entgegensetzen, nämlich die, daß die Krankheit auf mangelnder Integration beruht, die durch eine Störung in der Beziehung zwischen dem Individuum und seiner Umwelt eingetreten ist. Das würde bedeuten, daß die Krankheit oder das „schlechte Befinden“ als sinnvolle

Phase innerhalb der Lebensgeschichte des Menschen betrachtet werden muß. Wenn diese Vorstellung annehmbar erscheint – und die in diesem Buch angeführten Fälle scheinen damit in guter Übereinstimmung zu sein –, so kommen wir zu einer vierten Kategorie rationaler Therapie, deren Aufgabe es wäre, dem Patienten zu helfen, diese Integration zu vollziehen, die er aus eigenen Kräften nicht erreichen konnte. Das kann natürlich erst geschehen, nachdem die Bedeutung der Krankheit, die mangelnde Integration, verstanden worden ist.

Je mehr die Krankheit einem Unfall ähnelt, umso besser sind die Ergebnisse der klinischen Medizin, und hier liegt dann auch die Anwendbarkeit und der wahre Wert des doppelten Blind-Versuchs. Je mehr dagegen die Krankheit auf mangelnder Integration beruht, umso weniger wirkungsvoll wird die sogenannte wissenschaftliche Therapie und umso nutzloser der doppelte Blind-Versuch.

Natürlich stellen, wie erwähnt, zahlreiche Krankheiten Übergänge zwischen diesen beiden Extremen dar und bilden ein Niemandsland mit ungenauen Grenzen und ungeklärten Besitzverhältnissen. Damit sind sie ein besonders wichtiges Gebiet für die Forschung. Für die Dringlichkeit dieser Forschung wird eifrig plädiert, vor allem in den Vereinigten Staaten, wo man das Schlagwort „comprehensive medicine" (Ganzheitsmedizin) geprägt hat. Leider bedeutet „Ganzheitsmedizin" in den meisten Kliniken nur, daß man noch mehr Spezialisten heranzieht, darunter Psychologen, Soziologen, Sozialarbeiter, Schwestern, Hausbesucher usw. In der Theorie kommen zwar die verschiedenen, mit einer Familie sich beschäftigenden Fachleute zusammen und beraten gemeinsam über alle vorliegenden Probleme; in Wirklichkeit aber sind einige dieser Fachleute – und zwar leider am häufigsten die Mediziner – bei diesen Beratungen nur durch schriftliche Berichte vertreten. Problematisch ist ferner die Tatsache, daß zwar die Untersuchungen und Diagnosen unter dem Zeichen der Ganzheitsmedizin stehen, nicht aber die Behandlungen. Diese werden wie in jeder Universitätsklinik den jungen Assistenten oder gar Studenten übertragen, und da diese sehr oft wechseln, trifft der Patient oder ein Mitglied seiner Familie, wenn sie nach einigen Monaten mit der Bitte um weiteren Rat kommen oder zur Nachuntersuchung erscheinen, zwar vielleicht noch die gleiche Sozialfürsorgerin und Krankenschwester, und das Krankenblatt ist natürlich auch noch vorhanden, aber der Arzt, der sie empfängt, ist höchstwahrscheinlich nicht mehr derjenige, der seinerzeit die Behandlung übertragen bekommen hatte.

Damit gibt die naturwissenschaftliche oder Krankenhaus-Medizin doch offenbar zu verstehen, daß es nicht notwendig sei, den Patienten von ein- und demselben Arzt behandeln zu lassen; im Gegenteil, jeder Arzt mit der gleichen Ausbildung und Erfahrung könne den Patienten genauso gut versorgen, so daß man die Ärzte ohne Schaden für den Patienten gegeneinander auswechseln könne. So unumwunden ausgesprochen, wird diese Behauptung vermutlich auf Widerspruch stoßen. Die Kliniker werden anführen, es seien ja noch der Professor und auch sein Oberarzt da, die aufpassen, daß die jüngeren Mitarbeiter ihre Aufgaben gut und in freundlicher Weise ausführen. Selbst wenn wir einmal voraussetzen, daß ihnen das gelingt, kann doch kein Zweifel darüber bestehen, daß die Arbeit der jüngeren Mitarbeiter qualitativ von Mensch zu Mensch verschieden ist, vielleicht sogar sehr verschieden, und daß der einzelne Pflichtassistent sich in Persönlichkeit und Charakter von seinem Vorgänger erheblich unterscheidet. Wie sehr auch der Stab der älteren Mitarbeiter sich bemühen mag, einen gleichbleibenden Leistungsstand aufrechtzuerhalten, ist das doch nie vollkommen zu erreichen, es sei denn, der Betrieb wird so genormt, daß er unmenschlich wird.

Das ist nun ein sehr schwieriges Problem. Um etwas daran zu ändern, müßte man die ganze Struktur der Universitätskliniken, dieser Heimat der naturwissenschaftlichen Medizin, verändern, eine Forderung, die wohl unrealistisch ist. Was also könnte die Lösung sein? Müssen wir tatsächlich zugeben, daß es zwei Arten von Medizin gibt, 1. die wissenschaftliche oder Krankenhaus-Medizin, so wie sie in reiner Form an den Universitätskliniken gelehrt und ausgeübt wird, und in mehr oder weniger reiner Form unter ungünstigeren materiellen Verhältnissen an den anderen Krankenhäusern, und 2. die andere Art, die man die Medizin der hausärztlichen Praxis nennen könnte? Das Ziel der wissenschaftlichen Medizin sollte bleiben, was es jetzt ist: Präzisionsdiagnose in aller Schärfe und Genauigkeit, auf dieser Art von Diagnose aufbauende und unter strengsten Bedingungen kontrollierte Therapie nach dem Muster des doppelten Blind-Versuchs. Diese Medizin wird sicherlich noch für lange Zeit eine Wissenschaft von Spezialisten bleiben, die möglicherweise nur einen begrenzten Kontakt mit den Patienten haben und, was noch wichtiger ist, nur ein begrenztes Feld zu beobachten imstande sind, nämlich ihr Spezialfach.

Die andere Medizin, die Medizin der hausärztlichen Praxis, wird ebenso sicher noch eine ganze Weile ihren Ehrgeiz aufgeben müssen, ebenso wissenschaftlich exakt zu sein wie ihre Schwester-Medizin. Ihr Ehrgeiz wird weniger die Präzisionsdiagnose als vielmehr die Tiefendiagnose sein müssen, und es wird noch vieler Arbeit und vieler Jahre, vielleicht Generationen, bedürfen, bevor der praktische Arzt imstande sein wird, seine Befunde so zu verfeinern und die Sprache, in der er sie beschreibt, so zu präzisieren, daß er darin der wissenschaftlichen Medizin gleichkommt. Da sein langfristiger Kontakt mit seinen Patienten den praktischen Arzt – falls er nicht vollständig unter dem Einfluß der Klinikmedizin steht – zwingt, mehr den Menschen als seine „Krankheiten" anzusehen, werden seine Techniken immer ein starkes psychotherapeutisches Element enthalten, so daß sie sich einer Kontrolle nach der Methode der Blindversuche entziehen. Der praktische Arzt wird neue Kriterien und eine andere Art von wissenschaftlicher Objektivität entwickeln müssen, die man vielleicht *ganzheitliche Pathologie* oder *Ganzheitsmedizin* nennen könnte, wobei die Hauptaufgabe darin bestehen würde, den Sinn der Beschwerden und Krankheiten, die der Patient dem Arzt anbietet, für ihn selbst, für seine Gesamtpersönlichkeit zu verstehen. Das Ziel der Therapie müßte es dann sein, dem Patienten die Möglichkeiten zu eröffnen, *sich selbst zu verstehen,* eine bessere Lösung für seine Konflikte zu finden und dadurch die Integration zu erreichen, die sich bei ihm bisher unter dem Druck der gestörten Beziehungen zu seiner Umwelt nicht entwickeln konnte. Damit wäre der Platz der Psychotherapie in der Medizin angedeutet.

Wenn man zugibt, daß diese beiden Arten von Medizin existieren, was kann man dann von der Zukunft erwarten? Mancher Arzt wird meinen, daß eigentlich weder ein Gegensatz noch ein Wettstreit zu bestehen brauchte und daß keine Notwendigkeit bestünde, die eine Medizin der anderen unterzuordnen. Beide Medizinen könnten und sollten Seite an Seite zum Segen der leidenden Menschheit bestehen und arbeiten. Was jedoch geschehen muß, und zwar von beiden Seiten her, ist, in ehrlicher Forschungsarbeit festzustellen, welche Zustandsbilder mit welchen Methoden behandelt werden können. Hier sind leider noch große Schwierigkeiten zu erwarten. Jahrhundertelang waren die Lehrer der Medizin selbst praktische Ärzte. Erst seit Beginn der Ära der naturwissenschaftlichen Medizin ging die Lehrtätigkeit auf die Fachärzte, die Kliniker über, mit dem Ergebnis, daß ihre Methoden jetzt stillschweigend allen anderen als weit überlegen anerkannt werden. Die Zeichen mehren sich jedoch, daß dieses System revidiert werden muß. Es soll keineswegs geleugnet werden, daß in manchen Krankheitszuständen die Methoden des Spezialisten tatsächlich überlegen sind. Diese Zustände sind die dramatischen, kritischen, oft lebensbedrohenden, aber im großen und ganzen doch vorübergehenden Krankheitsbilder. Demgegenüber kann die allgemeine Praxis und die eigentliche Psychotherapie das große übrige Gebiet beanspruchen, das mit dem Alltagsleben zusammenhängt – die vielen kleineren oder größeren Beschwernisse des menschlichen Daseins, bei denen es nicht um Tod und Leben geht, die aber, und das ist doch vielleicht ebenso wichtig, die Zufriedenheit und das Glück des Menschen bedrohen. Vielleicht ist das ein übertriebener Ehrgeiz, und so wollen wir unsere Vorstellung in bescheideneren Worten ausdrücken: Die Allgemeinpraxis und die Psychotherapie haben das Ziel, die Menschen, die sich ihnen anvertrauen, so weit als möglich von den unnötigen Leiden des menschlichen Lebens zu befreien.

Sich mit dem Nebeneinander dieser beiden Arten von Medizin abzufinden, ist eine Möglichkeit; gibt es noch eine andere, könnte man Wege aufzeigen, die eine erneute Verschmelzung der beiden Medizinen möglich machten? Es gibt unverkennbare Anzeichen dafür, daß viele Ärzte diesen Wunsch haben. Wir erwähnten schon die Vorstellung einer „Ganzheitsmedizin“, der man im Prinzip den in den letzten Jahren wieder oft gehörten Gedanken „Ein Patient, ein Arzt“ hinzufügen könnte; ferner den oft zitierten Grundsatz, daß nicht die Krankheit, sondern der Patient behandelt werden sollte; die Einrichtung von allgemeinpraktischen Polikliniken in immer zahlreicheren Universitätskliniken; das zunehmende Interesse an der Psychotherapie unter den praktischen Ärzten, unter nicht-psychiatrischen Fachärzten und –

ein hochwichtiges Zeichen – unter den Medizinstudenten. So ist es durchaus möglich, daß viele unserer Leser uns vorwerfen werden, wir hätten uns zu lange mit der Diagnose eines Zustandes aufgehalten, unter dem die Medizin zwar eine Zeitlang gelitten hat, von dem sie sich jetzt aber erholt. Leider erscheint uns diese Ansicht zu optimistisch.

Unserer Meinung nach hat man für einen nur ungenügend diagnostizierten Zustand bisher nur eine symptomatische oder palliative Behandlung gefunden. Ihn an der Wurzel zu behandeln, würde bedeuten, daß man sich zu sehr anderen Gesichtspunkten bequemen müßte, wie die Leser dieses Buches inzwischen bemerkt haben werden. Die Gesichtspunkte und Denkweisen, die wir befürworten, brechen rücksichtslos mit bestehenden Ideologien und gefestigten Überzeugungen, aber es gibt keine milderen oder weniger drastischen Mittel, die zur Wiedervereinigung der Medizin ausreichen, und auf die Dauer werden den unseren ähnliche Gedankengänge in die Universität Einlaß gewinnen. Dazu genügt es nicht, daß man in den sowieso schon überladenen Stundenplan der Studenten noch einige Wochen Praktikum in einer psychotherapeutischen Ambulanz einführt. Drei Wochen oder auch drei Monate genügen nicht zu einer ordentlichen psychotherapeutischen Ausbildung. Wenn sich die Universitätskliniken entschließen sollten, eine Ausbildung in Psychotherapie zu bieten, müßte der ganze Aufbau des Medizinstudiums so geändert werden, daß jeder Student in den klinischen Semestern mit seinen Patienten in Kontakt bleiben kann, falls notwendig, jahrelang. Wir wissen, daß eine Anzahl von Fachärzten sehr für eine solche Einrichtung plädiert.

Es scheint also, daß die gegenwärtige Spaltung der Medizin noch eine Zeitlang bestehen bleiben wird; aber diese Richtung wird sich gegen immer stärkere Forderungen nach Reform zu verteidigen haben. Bestimmt wird die Forderung von beiden Lagern ausgehen, von dem der Fachärzte, wie von dem der praktischen Ärzte. Der große Unterschied besteht darin, daß die offizielle Richtung die Macht hat und ihre Parteigänger wohlorganisiert sind, während die Befürworter der Reform alle Einzelpersönlichkeiten sind. Wohl ist der Druck, den sie ausüben, bereits so stark, daß von offizieller Seite schon Palliativmaßnahmen ergriffen worden sind. Aber deren Wirkung ist nicht anders als auch sonst in der Therapie: sie können nur verdecken, nicht heilen.

III. Teil

THEORETISCHE ÜBERLEGUNGEN

10. Das berufsmäßige Verstehen von Menschen

In erster Annäherung an unser Problem könnte man sagen, daß es zwei Arten des Verstehens gibt: verstandesmäßiges und gefühlsmäßiges Verstehen. Man kann unschwer Situationen nennen, die ein verstandesmäßiges Verstehen erfordern, etwa mathematische oder technische Probleme, überhaupt das ganze Gebiet der exakten und angewandten Naturwissenschaften. Bei dieser Art des Verstehens spielen Gefühle keine oder höchstens eine geringfügige Rolle. Wenn ein Problem intellektuell verstanden werden soll, sind Gefühle nur störend oder gar eine ernste Behinderung. Diese Art des Verstehens ist leichter zu erreichen und gilt als zuverlässiger, wenn die Gefühle auf möglichst niedriger Schwelle gehalten werden können, so daß ihr Einfluß auf das Problem nicht berücksichtigt zu werden braucht. Alle verstandesmäßige Arbeit hat in einer „nüchternen", „objektiven" Atmosphäre zu geschehen.

Je weiter das Problem sich von den exakten Naturwissenschaften entfernt, je mehr sich also der Einfluß des menschlichen Elements bemerkbar macht, umso unzuverlässiger werden die Ergebnisse eines rein intellektuellen Verstehens der Lage und umso notwendiger wird es, daß wir die verschiedenen beteiligten Gefühlsfaktoren verstehen. Das gefühlsmäßige Verstehen, wie wir es nennen wollen, ist viel komplizierter als das rein verstandesmäßige Verstehen. Um ein mathematisches, technisches, naturwissenschaftliches Problem zu lösen, genügt es in der Regel, das Problem von außen her zu begreifen; es entsteht kaum jemals die Notwendigkeit, daß der Bearbeiter auch sich selbst versteht. Demgegenüber setzt jedes gefühlsmäßige Verstehen die Einbeziehung der Bedeutung voraus, welche die beobachteten Gefühlsreaktionen einerseits für den Beobachteten, andererseits für den Beobachter besitzen. Eine weitere Schwierigkeit ergibt sich, wie bereits mehrfach erwähnt, aus dem Sprachlichen. Wir haben verhältnismäßig genaue und eindeutige Begriffe für die Beschreibung objektiver Tatsachen und gefühlsfreier Ereignisse entwickelt, aber es ist fast unmöglich, eine genaue Beschreibung dessen zu geben, was eine Versuchsperson fühlt und welche Bedeutung diese Gefühle für den Beobachter haben.

Der Unterschied zwischen verstandesmäßigem und gefühlsmäßigem Verstehen ist in hohem Maße verantwortlich für die verschiedene Auffassung der Beschwerden eines Patienten in der Organ-Medizin einerseits und der psychologischen andererseits. Zunächst behandelt die Organ-Medizin die Beschwerden des Patienten als ein physiologisches, d. h. verstandesmäßiges Problem, das vom beobachtenden Mediziner so objektiv und gefühlsfrei wie möglich gelöst werden muß. Dies gilt besonders für die Diagnose, aber auch, wenn auch in geringerem Ausmaß, für die Therapie. Etwas überspitzt könnte man sagen: der Patient wird als ein sehr komplizierter physikochemischer Apparat betrachtet; seine Beschwerden sind Anzeichen einer Betriebsstörung; die Diagnose muß entdecken, welche Teile des Apparats nicht in Ordnung sind, und die Therapie muß diese Teile wieder leistungsfähig machen. Während dieses verstandesmäßigen Unternehmens werden die Gefühle und Affekte des Patienten zwar mitbeobachtet, spielen aber im Verhältnis zu den körperlichen Symptomen so gut wie keine Rolle. Infolgedessen hat der Arzt sich in erster Linie um das intellektuelle Verstehen der körperlichen Symptome zu bekümmern; gefühlsmäßig braucht er den Patienten nicht unbedingt zu verstehen.

Hingegen beruhen alle Formen von Psychotherapie auf einem nicht nur verstandesmäßigen, sondern vor allem gefühlsmäßigen Verstehen eines Mitmenschen, wobei es nicht darauf ankommt, ob der Therapeut ein praktischer Arzt, ein Sozialarbeiter oder ein sonstiger Spezialist ist. Alle müssen über die berufsspezifische Fähigkeit verfügen, ihre Patienten zu verstehen. Wir werden noch erörtern, welcher Unterschied zwischen privatem und berufsmäßigem Verstehen besteht.

Das, was wir als „berufsmäßiges“ Verstehen beschreiben werden, trifft für die verschiedensten Gebiete zu, nämlich überall da, wo ein Verstehen menschlicher Beziehungen wünschenswert ist, wenn die Begegnung zwischen zwei oder mehr Menschen reibungslos verlaufen soll. Auf medizinischem Gebiet steht am einen Ende der Reihe die große Psychotherapie, am anderen das Verstehen, das in der gewöhnlichen ärztlichen Sprechstunde oder am Krankenbett eingesetzt wird. Wir können vielleicht am besten zeigen, was wir mit „gefühlsmäßigem Verstehen“ meinen, wenn wir zwei verhältnismäßig gewöhnliche und doch ganz verschiedene Vorgänge miteinander vergleichen. Beginnen wir mit den Erfahrungen, die eine Familie bei der Ankunft des ersten Kindes macht. Das sollte doch ein einfaches, glückliches Ereignis sein, und doch ist es oft alles andere als das. Viele Eltern sind unfähig, allein mit einem so komplizierten und verwirrenden Ereignis fertig zu werden; sie holen sich Rat beim Arzt oder in Büchern, um ihr Kind zu verstehen. Dabei kommt es oft vor, daß weder Arzt noch Bücher zu helfen scheinen, so daß die Eltern nur noch unsicherer werden. Gewöhnlich glauben sie, es müßte für ihre Probleme unumwundene Antworten geben; sie zweifeln auch nicht daran, daß der Arzt und die Bücher diese Antworten wissen, aber sie können nicht daran kommen, und so meinen sie schließlich, es müsse an ihnen selbst liegen, vielleicht verstünden sie nicht, die richtigen Fragen zu stellen. Nach und nach entdecken sie, was sie tun müssen: nämlich ihr Kind besser kennen zu lernen, indem sie es mehr beobachten und beachten. Nur zögernd können sie zugeben, daß es auf ihre Fragen keine einfachen Antworten gibt, denn es handelt sich ja um Probleme der zwischenmenschlichen Beziehungen.

Wir erleben etwas Ähnliches, wenn wir neue Musik oder Dichtung oder auch ein Bild verstehen wollen, das beim ersten Anblick ganz sinnlos und unverständlich erscheint. Auch hier können wir Hilfe suchen, indem wir darüber mit Leuten sprechen, die etwas davon verstehen, oder Bücher darüber lesen; aber wirkliches Verständnis erwächst uns nur, wenn wir lernen, auf eine andere, neue Weise zu sehen oder zu zuhören.

Die wichtigste Seite dieses Unterschiedes ist das, was wir psychologisch als „Identifizierung“ bezeichnen; sie ist die Grundlage alles gefühlsmäßigen Verstehens. Obwohl zur Identifizierung ein gewisses Maß an bewußter Anstrengung auf seiten des Beobachters notwendig ist, hängt sie noch mehr von der Bereitwilligkeit, ja dem Wunsch ab, zu verstehen, und ferner von einer Art sympathisierender Interessiertheit an der beobachteten Person. Um sich mit ihr identifizieren zu können, muß der Beobachter sich so auf sie einstimmen, daß er für kurze Zeit, vielleicht nur für einige Augenblicke, so fühlt, als wäre er selbst die Versuchsperson oder der Schöpfer des betrachteten Gegenstandes. Der Beobachter muß frei und sicher genug sein, um das Bewußtsein seiner eigenen Rolle, seines privaten Geschmacks und Urteils bzw. Vorurteils ganz ausschalten zu können, so daß er während der kurzen Zeit seiner Identifizierung sich als der andere oder als der Schöpfer des betrachteten Gegenstandes fühlen kann. Wenn daher die Identifizierung erfolgreich ist, haben Beobachter und Beobachteter ein gemeinsames Erlebnis. Umgekehrt kann es zu keiner Identifizierung kommen, falls der Beobachter nicht bereit ist, neue Erfahrungen zu machen und Wünsche zu haben, ja, vielleicht etwas zu erleben, was ihm fremd und vielleicht sogar angsterregend ist. Wiederum, wenn der Beobachter sich mit einem Menschen oder einer Sache identifiziert hat, wird es ihm schwer, hinsichtlich dieses Menschen oder dieser Sache wieder objektiv zu fühlen. Jede Psychotherapie verlangt diese zweiphasige Bemühung. Zuerst muß der Psychotherapeut sich identifizieren, dann sich aus der Identifizierung zurücknehmen und wieder zum objektiven Wissenschaftler werden. Ferner muß er imstande sein, ohne größeren Aufschub konstruktiv zu reagieren.

Ist die beobachtende Person die Mutter und der Beobachtungsgegenstand ihr eigenes Kind, so braucht die Zurücknahme der Identifizierung nicht vollständig zu sein und ist es auch fast nie. Es liegt nicht im Wesen der Mutter, ihren Kindern gegenüber objektiv zu empfinden. Nur in einer berufsmäßigen Beziehung wird dieser zweiphasige Prozeß entscheidend wichtig. Man könnte sogar sagen, daß das Verstehen als Beruf eine Grenzposition zwischen verstandesmäßigem und gefühlsmäßigem Verstehen inne hat.

Dieser zweiphasige Akt – sympathisierende Identifizierung mit anschließender Rückkehr zur Objektivität – ist eines der Kennzeichen, wodurch sich die berufliche von der privaten Beziehung unterscheidet, oder im Sinne unserer Untersuchung ausgedrückt: durch ihn unterscheiden sich die beruflichen Beziehungen des Arztes zu seinen Patienten während der Behandlung von seinen persönlichen Beziehungen.

Es gibt natürlich noch viele andere Unterschiede. Einer davon hat mit der Umgebung zu tun, in welcher diese Beziehung stattfindet. Bei einer privaten Beziehung kann diese Umgebung weitgehend variieren. Die Beziehung kann überall aufgenommen werden und sich in Zweisamkeit ebenso wie in einer Menge entwickeln; man kann sich regelmäßig oder unregelmäßig treffen; der Beziehung kann ein Plan oder eine Struktur zugrundeliegen oder auch nicht. Bei der beruflichen zwischenmenschlichen Arzt-Patient-Beziehung sind die Bedingungen strenger. Es handelt sich um eine Begegnung innerhalb gewisser Grenzen, und es ist ein fester Rahmen gegeben, der in der Regel nur zwei Menschen umfaßt, die sich während einer begrenzten, ununterbrochenen Zeitspanne zu therapeutischen Zwecken begegnen.

Sehr oft beschränkt sich die Beziehung ganz auf die Begegnung in diesem beruflichen Rahmen und wird abgebrochen, sobald die beteiligten Personen ihn verlassen. Begegnen die Beteiligten sich außerhalb dieses Rahmens, so tritt an die Stelle der beruflichen die gewöhnliche private Beziehung. Gelegentlich gibt es Ausnahmen von dieser Regel; so kann sich ein Hausarzt, der seinen Patienten auf der Straße trifft, unter Umständen entschließen, seine berufsmäßige Beziehung zu ihm an Ort und Stelle fortzusetzen. Natürlich ist der gewöhnliche Ort dieser Begegnung das Sprechzimmer des Arztes; aber es kann auch das Schlafzimmer des Patienten, das Zimmer im Krankenhaus usw. sein. Aber wo auch immer, die Umgebung nimmt für den Augenblick die Merkmale des Sprechzimmers an, d. h. sie muß, wenigstens vorübergehend, den Charakter eines intimen, ganz der Begegnung gewidmeten Raumes erhalten.

Zweitens müssen die Kommunikationsformen, die Verständigung, in der beruflichen Beziehung im Unterschied zur privaten sich einem gewissen Rahmen fügen. Sie vollzieht sich hauptsächlich in Worten, seltener in Handlungen. Der Arzt vermeidet es tunlichst, den Patienten zu Kontakten außerhalb der Sprechstunden zu ermutigen; er versucht, kein ständiges Möbel im Haushalt des Patienten zu werden. Das bedeutet, daß der Patient für alle Triebbefriedigungen auf seine privaten Beziehungen angewiesen ist, falls sie nicht in Worten im Rahmen der Sprechstunde ausgedrückt werden können. Daher ist die berufliche Beziehung in vieler Hinsicht letztlich versagend. Jeder Versuch, dies zu vermeiden oder zu mildern, birgt die Gefahr in sich, die berufliche zu einer privaten Beziehung zu verwässern, mit allen Vorteilen und Nachteilen, Rechten und Pflichten, die eine solche Beziehung charakterisieren.

Drittens entwickeln alle Partner einer privaten Beziehung unvermeidlich gefühlshafte Bindungen zu einander, die von Dauer und in der Regel wechselseitig sind: Mutter und Kind, Mann und Frau. Aber in allen Fällen ist die Stärke der Beziehung mehr dadurch begrenzt, was der Partner genießen und ertragen kann, als dadurch, was jeder von ihnen wünscht und braucht. In einer beruflichen Beziehung muß die gefühlsmäßige Beteiligung des Arztes weit weniger intensiv bleiben als die des Patienten. Die Wechselwirkungen, die zwischen ihnen stattfinden, ja, ihre gesamte Beziehung ist einseitig auf den Patienten ausgerichtet, und die persönlichen Interessen, Gefühle, Gedanken und Probleme des Arztes müssen so weit wie möglich ignoriert werden. Daher ist die Intensität der Wechselbeziehung vor allem durch die Wünsche und Bedürfnisse des Patienten bestimmt, und der Arzt muß bereit sein, den Ansturm starker Gefühle zu ertragen, die bis an die Grenze seiner Kraft gehen können. Natürlich reagieren die einzelnen Ärzte hier sehr verschieden. Der Arzt kann diese Belastungen ertragen, da sie immer nur kurze Zeit dauern und solange seine eigenen privaten Beziehungen aus seinem Beruf keine erheblichen Störungen erfahren. Der Patient, der eine solche berufliche Beziehung eingeht, muß diese harten und scheinbar starren Schranken akzeptieren. Sie sind zwar auch als Schutz des Arztes gegen zu starke Spannungen gedacht, aber sie bilden vor allem die Grundlage für die Entwicklung einer berufsmäßigen Beziehung, welche die Vorbedingung für alle Psychotherapie ist.

Ein weiterer Unterschied zwischen beruflichem und nichtberuflichem Verstehen ist die Aufnahme der Beziehung ohne vorhergehende gefühlsmäßige Mitbeteiligung von seiten des Arztes. Der Arzt will nur eine bestimmte, festumrissene Aufgabe erfüllen und dann wieder aus dem Leben des Patienten ausscheiden. Natürlich wird er dafür bezahlt und freut sich über eine etwaige zusätzliche Wertschätzung und Dankbarkeit, die ihm zuteil wird, aber er hat kein Bedürfnis nach anhaltenden gefühlshaften Bindungen zu seinem Patienten. Daß er für seine Arbeit bezahlt wird, bedeutet, daß er einen Lohn für die Beziehung erhält, die auf diese Weise leichter unaffektiv gehalten werden kann.

Das wichtigste äußere Kriterium zur Unterscheidung der privaten von der beruflichen Beziehung ist schließlich das spezielle, sachdienliche Wissen und Können, über das die eine der beiden beteiligten Personen verfügt. Außer der Fähigkeit, sich im richtigen Rahmen zu identifizieren, wobei eine begrenzte innere Anteilnahme am Patienten nicht überschritten wird, muß der Arzt auch ein Fachwissen besitzen, über das er jederzeit und schon vor der Aufnahme der Beziehung zu diesem Patienten verfügen kann. In Kapitel 12 soll gezeigt werden, wie jeder Psychotherapeut von seiner Ausbildung beeinflußt wird; hier möge es genügen zu sagen, daß eine klare Verbindung besteht zwischen dem Vertrautsein mit gewissen Dingen und Ereignissen, der Verfügung über den einschlägigen Wissensstoff, der Erfahrung, welche Folgen sich aus den beobachteten Situationen ergeben können, der Fähigkeit, sie korrekt zu beobachten usw. In unserem vorliegenden Buch haben wir die Betonung auf denjenigen Teil der Psychotherapie gelegt, den man als Beobachtung, Wachsamkeit und Erfahrung kennzeichnen kann; wir sprechen weniger von Ausbildung und Wissen. Damit wollen wir den Anteil von Ausbildung und Theorie keineswegs verkleinern; im Gegenteil, wir sind uns voll bewußt, daß Beobachten und Erleben eng verknüpft sind mit wissen, was man beobachten will.[1]

Selbstverständlich ist die unerläßliche Voraussetzung für alles das, was wir als berufsmäßiges Verstehen beschrieben haben, das berufliche Wissen und Können, das Produkt dessen, was der Arzt gelernt und geübt hat, bevor er mit dem betreffenden Patienten in Berührung kam. Es liegt jedoch eine große Gefahr in der unterschiedslosen Anwendung theoretischen, d. h. verallgemeinerten Wissens durch Ungeübte. Wohl muß der Arzt sein allgemeines Wissen zur Verfügung haben, aber er muß auch seine aktuellen Beobachtungen hinnehmen. Es besteht z. B. die Gefahr, daß der beobachtende Fachmann einen Konflikt oder Angstzustand auf Grund der Kenntnisse beurteilt, die er an einem anderen Patienten gewonnen oder die er aus Büchern geschöpft hat, aber auf Grund dieses „Buchwissens" übersieht, was ihm der Patient im gegebenen Augenblick zeigen will. Um ein extremes und vielleicht lächerliches Beispiel zu geben: Weil der Patient Besorgnis über die Gesundheit seines Vaters äußert, behauptet der Arzt, er leide an einem Ödipuskomplex oder fürchte sich vor Todeswünschen, die er seinem Vater gegenüber hegt. Obwohl es notwendig ist, daß man über das Vor-

---

[1] Im Einleitungskapitel wurden die Grenzen des reinen Buchwissens erörtert.

handensein und die Wirkungsweise des Ödipuskomplexes und des Unbewußten Bescheid weiß, muß ein solches Wissen in ungeübten Händen die Gefahr heraufbeschwören, daß der Arzt die Probleme des Patienten in allzu starrer Weise betrachtet und handhabt.

Daher ist es die erste Aufgabe des Berufs-Psychotherapeuten, dem Patienten zuzuhören, ihn zu beobachten und zu verstehen, was in der Gegenwart vorliegt. Wie wir schon sagten, beruht das berufliche Verstehen auf Identifizierung und Wissen. Zuhören und Beobachten ist nun aber keineswegs etwas Passives. Es ist ein wachsames, beteiligtes Horchen, ohne daß jedoch in der Regel irgendeine andere Aktivität benötigt würde. Fast jeder, der in der Eigenschaft des Interviewers oder als irgendwie Verantwortlicher mit anderen Menschen in Beziehung kommt, fühlt den Drang, ihnen etwas zu bieten oder sogar zu geben oder irgendwie greifbar für sie tätig zu werden. In einer Gesellschaft werden Getränke herumgereicht und Speisen angeboten; damit wird erreicht, daß Gäste und Gastgeber sich wohler fühlen, und die Gesellschaft einen guten Start hat. Der Arzt bietet zwar nur selten Getränke an, höchstens Zigaretten, was auch helfen kann, vor allem dem Spender selbst. Statt dieser Gaben hat der Arzt seine Deutungen und Erklärungen zur Hand, die er dem Patienten als „etwas Gutes" anbieten kann, um zu beweisen – wenigstens sich selbst –, daß sich ein Besuch bei ihm lohnt und es keine Zeitverschwendung ist, mit ihm zu reden.

In seiner Bemühung, dem Patienten die Startschwierigkeiten überwinden zu helfen und seinen eigenen Wert unter Beweis zu stellen, glaubt mancher Arzt, er müsse dem Patienten seine Zuwendung auf irgendeine Weise zeigen. Manche versuchen, spendende mütterliche Figuren darzustellen, andere als starke, haltgebende, vertrauenswürdige Väter zu erscheinen. Wir werden das Problem dieser Standard-Haltungen in Kapitel 12 diskutieren.

Ferner haben wir gefunden, daß fast alle Ärzte unserer Gruppen anfänglich Angst hatten, sie könnten die Gefühlswelt ihrer Patienten nicht gleich bei der ersten Besprechung verstehen, oder falls sie sie verstünden, sie würden sich bald verirren und dann falsch reagieren. Dagegen fühlten sie sich auf sicherem Grunde, wenn sie eine erschöpfende medizinische Anamnese erheben konnten, weil sie damit etwas von den anerkannten Autoritäten als „gut" Sanktioniertes taten. Sobald man tiefer nachforscht, entdeckt man fast immer, daß die Patienten das nicht so schwer nehmen; sie erwarten nicht, daß man sie gleich das erstemal versteht oder ihnen immer folgen kann. Daher muß der Drang, etwas „geben“ zu wollen, beobachtet werden, denn die Gabe sollte nach dem Bedürfnis des Patienten und nicht nach dem des Arztes bemessen sein. Mit anderen Worten, der Arzt muß sich annehmbar und sicher genug fühlen, so daß er außer sich selbst nicht noch aktiv etwas „Gutes“ geben muß; er gibt ohnehin sein Sprechzimmer, seine begrenzte, aber zuverlässig vorhandene Zeit, seine volle Aufmerksamkeit und sein berufliches Wissen und Können.

Also muß der Arzt diese Art von äußerem Rahmen schaffen und imstande sein, frei zu beobachten, nicht automatisch zu reagieren, seine Beobachtungen dynamisch zu vermitteln, sich vor unerfreulichen Tatsachen oder Bekenntnissen nicht zu verschließen und nicht geben zu wollen, wo es nicht angebracht ist, so daß das Interview von den Problemen und Schwierigkeiten des Patienten bestimmt wird und ihm eine lebenswichtige Erfahrung bedeutet. Es würde die Sache leichter und gewiß bequemer machen, besonders für Anfänger, wenn man eine Art Baedeker für Psychotherapeuten herstellen könnte, in dem einige allgemeine Ratschläge stünden, wie man die Reise planen soll, und in dem die Objekte von besonderem Interesse, die zu besuchen man nicht versäumen darf, mit einem, zwei und drei Sternen ausgezeichnet wären. Wir gestehen, daß so etwas im II. Teil dieses Buches versucht worden ist, aber wir sind uns völlig klar darüber, daß der Wert dieser Hinweise nur sehr begrenzt ist. Es wäre natürlich auch viel leichter für werdende Psychotherapeuten, wenn sie bei jedem Interview mit ihren Patienten den Lehrer mit dabei haben könnten. Aber auch das ist gewöhnlich unmöglich, und so müssen sie sich selber ohne Stützen und Leitfäden und Verkehrsregeln hindurchhelfen.

Aber damit sind die Schwierigkeiten noch nicht zuende. Sobald ein Nicht-Psychiater, gleich welcher Ausbildung, eine Arbeit aufnimmt, die man als Psychotherapie bezeichnen kann, wird er sogleich von verschiedenen Seiten unter Feuer genommen.

So glauben Leute, die einige Kenntnisse von Psychoanalyse besitzen, es sei in jeder Psychotherapie wesentlich, daß der Therapeut die seelische Entwicklung des Patienten kennen lernt und versteht. Nur wenn der Psychotherapeut versteht, warum ein Mensch sich so oder so verhält, nämlich auf Grund seiner emotionellen oder libidinösen Entwicklung, kann er – so nimmt man an – ihm zu einer Wesensänderung verhelfen. Ferner wird behauptet, daß auch das umfassendste Verstehen nur wenig taugt, falls es nicht im Laufe einer eigentlichen psychoanalytischen Behandlung gewonnen wird; andernfalls ist es zu grob, zu undynamisch, ungeeignet, die tiefen unbewußten Konflikte zu beeinflussen, die aufgedeckt, verstanden und gelöst werden müssen, falls in der Krankheit des Patienten irgendeine Änderung eintreten soll. Nach diesen Auffassungen würde die Psychotherapie nur den Wert einer mitfühlenden, stützenden Behandlung haben; jeder, der höher zielte, riskierte die Gefahr amateurhafter Pfuscherei.

Man gibt wohl zu, daß auch ein Hausarzt einmal einige der bewußten oder unbewußten Faktoren verstehen kann, die zur Krankheit oder zu den zwischenmenschlichen Konflikten des Patienten führten, aber es sei fraglich, ob dieses „Verstehen" als solches jemals therapeutisch wirksam werden könne. Um das zu erläutern, möchten wir den Fall einer etwa 25jährigen Frau erwähnen, die zum Arzt kam und klagte, ihr Mann wolle ihr dauernd bei der Pflege ihres Säuglings helfen und sie könne das nicht ertragen. Im Laufe des Gesprächs erkannte der Arzt, daß sie große Minderwertigkeitsgefühle als Mutter hatte und den Mann um seine maskuline Rolle beneidete. Es kam auch zum Vorschein, daß sie, eines von fünf Kindern, sehr eifersüchtig war, als nach ihr ein Bruder zur Welt kam; dieses Ereignis hatte offenbar eine Beziehung zu ihrer Unfähigkeit, dem Mann einen Anteil an ihrer weiblichen Rolle zu gönnen. Diese Deutung wurde ihr gegeben, schien ihr aber nicht zu besseren Beziehungen mit ihrem Ehemann zu verhelfen, obwohl sie vielleicht ihre Gefühle etwas entschärfen und die Spannung mildern konnte. In anderen Fällen kann es geschehen, daß diese Art von Intervention dem Patienten noch eine zusätzliche Belastung auferlegt; die Deutung macht es dem Patienten unmöglich, seine gewohnten Abwehrmechanismen zu gebrauchen, ohne ihm doch mehr Freiheit zu geben.

In dieselbe Richtung zielt der Einwand, eine Psychotherapie könne doch nur von wirklichem Nutzen sein, wenn man die Phantasien und Träume des Patienten versteht, oder wenn in der Behandlung sein Innenleben aufgedeckt und richtig verstanden werden kann. Man könnte sagen, daß die Quelle aller Neurosen und Charakterstörungen in diesen inneren seelischen Bereichen liegt, und daß die Änderung im Überbau nichts nützt, wenn die Grundstruktur unverändert bleibt, so daß die gleichen Kämpfe unvermindert fortgehen, ja, sogar heftiger werden. Folgt daraus, daß in solchen Fällen nichts getan werden kann, falls keine Psychoanalyse im strengen Sinne erhältlich ist, so daß man sich auf die mitfühlende Stützungstherapie beschränken muß, von der oben die Rede war, eine Therapie, die im besten Falle bewußte Schuldgefühle etwas erleichtern und etwas mehr Sicherheit geben kann? Sollte man, falls keine Psychoanalyse in Frage kommt, überhaupt nur diese Stützung anvisieren?

Es hat aber doch den Anschein, als ob recht schwer kranke Menschen sich erholen, und es gibt ja auch so etwas wie eine spontane Remission und Anpassung. Kann man diese Wandlungen überhaupt verstehen und kann dieses Verständnis der untergründigen Vorgänge von den Psychotherapeuten, die aus dem einen oder anderen Grunde in dem betreffenden Fall keine eigentliche Psychoanalyse bereitstellen können, nutzbar gemacht werden? Kann unser Begriff eines emotionellen Verstehens als Beruf uns hier helfen? Man kennt das Erlebnis, daß manchmal beim Lesen eines Buches oder Betrachtens eines Bildes irgendetwas wie ein Lichtschalter knackt und man einen Sinn erkennt, wo vorher keiner zu erkennen war; „der Groschen ist gefallen", wie es im Volksmund heißt, und wir spüren in uns eine deutliche Spannungsverschiebung. Ein solches Erlebnis kann uns z. B. die Erfahrung schenken, daß ein bestimmtes Problem, das wir niemals formulieren konnten und das sich kaum in Worten ausdrücken läßt, auch von einem Dichter oder Maler geteilt wird, und daß seine Lösung vielleicht derjenigen ähnlich ist, die wir immer erreichen wollten; oder aber die uns mitgeteilte Erfahrung eines anderen bewegt uns oder gibt uns das Gefühl, am Leben teilzuhaben.

Diese Art des Erlebens kann nicht geplant werden; sie scheint vom Zufall, von einer Koinzidenz abhängig zu sein, obwohl man annehmen muß, daß das Erlebnis nur eintreten kann, wenn man danach ausschaut, ein Bedürfnis danach hat. Die psychotherapeutischen Erfolge beweisen jedoch, daß es möglich ist, dem Patienten auch planmäßig zu einem solchen Erlebnis zu verhelfen. In manchen Fällen ist der Psychotherapeut sogar imstande, so viel von der Krankheit seines Patienten zu verstehen, daß er ihm ein schöpferisches Erlebnis ermöglichen kann, durch welches der Patient eine befriedigende Lösung seines Konflikts zu erreichen und eine krankmachende Lösung aufzugeben vermag. Mit anderen Worten, der Psychotherapeut kann kraft seines Berufes seinen Patienten zu dynamischen, lebenswichtigen Erfahrungen verhelfen. Das soll im nächsten Kapitel noch näher untersucht werden, worauf wir dann im letzten Kapitel dieses Teils die verschiedenen, in der Psychotherapie gebräuchlichen Techniken erörtern wollen.

11. Das Anleiten von Menschen zum Selbstverständnis

Zwar stützt der Arzt sich auf seine an anderen Patienten gewonnene Erfahrung und sein aus Büchern erworbenes Wissen, aber er muß sich darüber klar sein, daß jeder Patient einzigartig ist, jedes Interview, jede Angst, jede Beschwerde anders ist als alle anderen. Kein Patient kann sich die aus Büchern erlernten Verallgemeinerungen zunutze machen. Er braucht Verständnis in einem beruflich-therapeutischen Rahmen und zu einer Zeit, in der er unter Leidensdruck steht und daher zu irgendeiner Änderung bereit ist.

Zunächst müssen wir uns fragen, warum und auf welche Weise ein neues Selbstverständnis eine therapeutische Wirkung ausüben kann. Wir haben schon gesagt, daß der Arzt durch seine Aufmerksamkeit und seine wissenschaftliche und praktische Ausbildung und Erfahrung, mit denen er das vom Patienten erbrachte Material durchleuchtet, dem Patienten dazu verhelfen kann, sich selbst und die Welt, in der er lebt, neu zu sehen. Gestützt auf dieses neue Selbstverständnis kann der Patient dann einen bewußten Versuch machen, etwas an den Automatismen, in denen er bisher gedacht und gehandelt hat, zu verändern. Obwohl seine Entdeckungen an sich selbst auch unlustbereitende Elemente enthalten mögen, können doch auch annehmbare neue Gedanken und Gefühle auftauchen. Es kann z. B. sehr unangenehm sein, wenn er entdecken muß, warum er einen bestimmten Arbeitskollegen nicht leiden kann: weil nämlich dieser Kollege ihm in manchen Zügen so sehr ähnlich ist. Es kann aber durchaus sein, daß der Patient toleranter wird, wenn er einmal erkannt hat, daß der hassenswerte Teil seiner selbst, den er früher nur in anderen sah, die Furcht verdeckt, er selber sei nicht liebenswert und könne niemals anerkannt werden. Wir geben zu, daß diese Erkenntnis nicht unbedingt therapeutisch wirken muß, aber unter günstigen Umständen kann sie es tun.

So suchte z. B. eine Frau den Arzt auf und sprach von ihrer Ehe und ihrer Kindheit, die beide auffallend reibungslos erschienen. Sie hatte einen guten Mann, sehr nette Kinder, viel Geld, sie hatte eine gute Erziehung genossen, ihre Mutter war gut und freundlich gewesen. Das einzige, worüber sie klagte, war ihre „Nervosität". Sie hatte geradezu Schuldgefühle, daß sie den Arzt aufgesucht hatte. Am Schluß des ersten Interviews konnte der Arzt ihr zeigen (zumal sie den Tränen nahe war), daß es vielleicht vieles in ihrem Leben gebe, über das sie bis jetzt nie hatte klagen oder weinen können; alles war so gut, daß sie das Gefühl haben mußte, es wäre wirklich nichts, worüber sie mit Recht weinen könnte. Diese Deutung hatte eine unmittelbare Wirkung. Sie konnte erkennen, daß sie ihre gute Mutter sehr gehaßt hatte, weil sie sie von ihrem Vater ferngehalten hatte, und wie sehr sie ihren Vater liebte, der vor dieser Stunde fast nicht für sie existiert hatte; wie unglücklich sie manchmal war, weil sie sich gegen ihren Mann genau so verhalten mußte wie gegen ihre Mutter, eben weil sie das Gefühl hatte, es sei ihre Pflicht, immer glücklich und heiter zu erscheinen. Die Deutung gab ihr sozusagen die Erlaubnis, über diese scheinbar trivialen, unwirklichen, unwichtigen, unfaßbaren Ereignisse und Gefühle unglücklich zu sein. Die Hilfe, die sie erhalten hatte, bestand darin, daß der Arzt die unlogischen, sie erstickenden Umstände und Gefühle, die ihr bis dahin eingebildet erschienen waren, als ebenso wichtig und dynamisch für ihr Leben akzeptierte wie die Geschehnisse, die sie bisher für allein wirklich und logisch gehalten hatte.

Wenn zweitens der Patient ein neues Selbstverständnis gewonnen hat, kann es ihm helfen, sich weniger allein zu fühlen; er kann sich dann als Glied der Menschenwelt um ihn herum sehen und Beziehungen aufnehmen. Es scheint eines der ewigen Ziele der Menschheit zu sein, als Erwachsener das verlorene Allgefühl wiederzugewinnen, in dem man sich eins mit der Welt und nicht als ausgestoßen empfindet, ein Gefühl, das seit der frühesten Kindheit besteht und nie seinen Wert verliert. Wenn der Patient etwas Neues in sich entdeckt und erkennt, daß dieses Neue von einem anderen Menschen verstanden und damit geteilt wird, so kann sich seine Welt in diesem Moment ausweiten. Er fühlt, daß ein neues Stück der Außenwelt, vielleicht etwas in einem anderen Menschen, mit etwas in ihm selber übereinstimmt, und damit ist er um ebenso viel bereichert und verändert. Gedanken und Gefühle, die er zurückgedrängt, verdrängt hatte, entweder weil sie Scham oder Schuldgefühle erweckten oder weil er sie für sonderbar, unwirklich, sogar verrückt hielt, können anerkannt werden; er hat für einen größeren Teil seiner selbst Verwendung und kann in seinen Beziehungen zu anderen Menschen mehr erleben oder fühlen.

Es könnte scheinen, als ob die inneren Wandlungen, von denen wir hier sprechen, doch recht schwierig herbeizuführen sind, wie sehr der Mensch sie sich auch wünscht. Es muß ihm schon etwas Einzigartiges, wirklich Erstrebenswertes dargeboten werden, damit es zu solcher Wandlung kommen kann. Wir wollen beiseitelassen, warum es für den Menschen so schwer ist, sich zu ändern, denn das würde uns zu dem schwierigsten Problem der Psychotherapie führen: warum ein Mensch sich so überaus bedroht fühlen kann, wenn er ein Stück seiner selbst aufgeben soll, selbst eines, das ihm gar nichts nützt. Leider wissen wir über diese seelischen Vorgänge noch sehr wenig.

Kehren wir zu unserem Hauptgegenstand zurück. Wir wissen, daß es im großen Ganzen leichter ist, Menschen zu helfen, die von selber kommen und um eine Behandlung bitten, als solchen, die gegen ihren Willen, unter äußerem Druck kommen. Diese Alltagserfahrung beweist überzeugend, daß das Verständnis allein, das man ja beiden Patientengruppen entgegenbringen kann, noch nicht therapeutisch zu wirken braucht; es muß noch etwas anderes hinzukommen. Eines der Ziele dieses Buches ist es denn auch, die verschiedenen Möglichkeiten zu untersuchen, die dem Arzt in seinem jeweiligen Rahmen zur Verfügung stehen, um dem Patienten dieses zusätzliche Etwas zu geben.

Um zu zeigen, wie vielfältig und variabel dieses Etwas sein kann, wollen wir noch einmal ganz kurz wiederholen, was wir in Teil I über den ärztlichen Rahmen sagten. Wie wir z. B. im 2. Kapitel sahen, kann der ständige Kontakt, den der praktische Arzt mit ganzen Familien von Patienten aufrechterhält, ihm einzigartige Gelegenheiten geben, in geeigneten Momenten in das Leben des Patienten einzugreifen. Seine Art der Praxis macht das Band zwischen ihm und seinen Patienten elastischer als dasjenige, das ein Facharzt knüpfen kann. Der praktische Arzt kann dem Patienten in einem Augenblick, wo er es besonders nötig hat, eine hohe Dosis von „Aufmerksamkeit" zuwenden, oder der Patient bekommt sie über längere Zeit in kleinen Dosen, wenn ihm dies zuträglicher ist. So kann der Patient sich darauf verlassen, daß sein Doktor immer für ihn da ist und daß er sich nicht vereinsamt zu fühlen braucht, falls er nicht vielmehr lieber in Ruhe gelassen werden möchte. Man darf nämlich nicht außer acht lassen, daß es Zeiten gibt, in denen manche Patienten sich einsam, sozusagen privat fühlen möchten, ja, daß sich diese Periode über den größten Teil ihres Lebens erstrecken kann. Für solche Patienten ist nichts schlimmer, als einen Doktor zu haben, der ihnen unaufhörlich sein „Verständnis" aufdrängen will, einerlei ob sie es wünschen oder nicht – z. B. bei jedem Schnupfen, jeder Grippe –, und zwar allein deshalb, weil dieses Verständnis einmal in einem bestimmten Moment erwünscht und höchst willkommen war.

Bei anderen Formen der Psychotherapie besteht weder der fortdauernde Kontakt noch auch die Gefahr unerwünschten Eindringens in die Privatsphäre des Patienten. Im 3. Kapitel haben wir einen anderen beruflichen Rahmen erörtert: den des Facharztes. Im Gegensatz zu den psychotherapeutischen Möglichkeiten des praktischen Arztes ist der Kontakt mit dem Facharzt zwar einschneidend, aber meist kurzdauernd. Wir wiederholen, daß der Facharzt gewöhnlich nur eine einzige Chance hat, im Höchstfalle einige wenige. Die Zeit, während welcher er mit dem Patienten zusammentrifft, ist viel kürzer, sein Kontakt jedoch konzentrierter und intensiver als der des Hausarztes. Andererseits bedeutet das aber auch, daß der Patient ihm später nicht wieder zu begegnen braucht, und so kann er ihm erlauben, Dinge zu sehen und sogar zur Sprache zu bringen, die er seinen Hausarzt nicht gern wissen lassen würde. Einzelheiten darüber wurden im 2.–4. Kapitel gegeben.

Bezüglich der Arbeitsgebiete der Sozial-Fürsorger sind die Autoren am besten vertraut mit dem Personal der Eheberatungsstellen. Wir wollen als ein Gegenstück kurz andeuten, welche anderen Möglichkeiten dort beobachtet werden können. Ein Patient, der über Eheschwierigkeiten klagt, zeigt dem Fall-Bearbeiter viele wichtige Aspekte der Art und Weise, wie er sich zu anderen Menschen verhält, denn die Eheschwierigkeiten sind oft mehr oder weniger repräsentativ für die Hauptkonflikte im Leben des Patienten. Es ist infolgedessen verhältnismäßig leicht für den Berater, einen Zugang zu den Konfliktgebieten zu erhalten; er braucht sie auch nur so weit zu betreten, als sie die Ehe betreffen, braucht also nicht tiefer in das gesamte Leben des Patienten einzudringen. Ferner gewinnt er seine Einsicht nicht nur an einer Person, sondern an zweien, nämlich beiden Ehepartnern. Auf diese Weise können sich die seelischen Stürme nicht nur in der Behandlung, sondern auch in den Beziehungen des Paares ausdrücken. Infolgedessen wird auch das Sich-Ändern erträglicher, weil beide Partner daran teilhaben.

Nach dieser kurzen Rekapitulation kehren wir zu unserem Hauptthema zurück und fragen, warum etwas in der therapeutischen Situation – also im Rahmen der ärztlichen Praxis – vor sich Gehendes sich heilend auswirken kann, während das Gleiche, wenn es sich in einer anderen Umgebung ereignet, keinerlei dynamische Wirkung hat. Unseres Erachtens sind dafür folgende Gründe maßgebend: Erstens findet das Ereignis in einem Augenblick statt, in dem der Patient es dringend braucht; zweitens stellt der Arzt einen Rahmen dafür zur Verfügung, der das, was sich da ereignet, gegen die ganze übrige Welt abschirmt. Innerhalb dieses therapeutischen Rahmens haben die Ereignisse manchmal etwas Traumartiges; der Patient glaubt gar nicht, daß er wirklich etwas erlebt hat, ja er vergißt, was sich in der Behandlung ereignete. Wenn man ihn danach fragt, sagt er „nichts", während es ihm dämmert, daß er ein so tiefes Erlebnis hatte, daß keine Worte es beschreiben können. Manchmal schreibt der Patient die Veränderungen in seinem Leben, die durch die Behandlung herbeigeführt worden waren, äußeren Umständen zu, wodurch er die Behandlung abwertet. Wir sahen ein Beispiel davon im 7. Kapitel, Fall 13, wo Herr D. die Besserung in seinen ehelichen Beziehungen der elektrisch geheizten Schlafdecke zuschrieb, die das Ehepaar sich gekauft hatte.

Jedes ärztliche Interview – aber auch die ganze Behandlung – hat einen Anfang und ein Ende. Auch wenn der Patient seinen Arzt am nächsten Tag oder in der nächsten Woche wegen einer anderen, oder auch wegen der gleichen Beschwerde aufsucht, ist das psychotherapeutische Interview etwas Festumrissenes. Obwohl der Patient innerhalb dieses Rahmens einen großen Teil seiner selbst enthüllen und seine Beziehung zum Arzt eine kindlich-abhängige werden kann, ereignet sich das alles in einem Rahmen, der es ihm erlaubt, seine Unabhängigkeit zu wahren, so daß er statt weiterer Regression und Abhängigkeit vielleicht sogar erwachsener werden und reifen kann, indem er mit einer reifen Persönlichkeit zusammen arbeitet. Auf diesen wichtigen Punkt werden wir im nächsten Kapitel zurückkommen.

Wenn ein Patient seinen Arzt wegen eines seelischen Konfliktes konsultiert, bringt er unweigerlich einen ganzen Ausschnitt aus seinem Leben mit, vor allem den Abschnitt, in dem er jetzt lebt und in dem der Konflikt sich auswirkt. Dieser Ausschnitt kann da beginnen, wo er sich entschloß, Hilfe aufzusuchen, oder auch früher, als sein Leiden begann, oder als er plötzlich merkte, daß es nicht mehr so weitergehen könnte. Als ein sehr wichtiger Teil sind in diesem Ausschnitt die Beziehungen des Patienten zu seinen nächsten Beziehungspersonen enthalten. Es ist nun die Aufgabe des Arztes, sozusagen das ganze Bild zu überblicken und dem Patienten zu helfen, es in einem neuen Licht zu sehen, so daß er einen Sinn darin erkennt. Dabei weicht die Rolle des praktischen Arztes in der psychotherapeutischen Situation, so wichtig sie ist, beträchtlich von der des Analytikers ab. Wohl wird der eine wie der andere früher oder später eine wichtige Beziehungsperson in Gegenwart oder Vergangenheit des Patienten repräsentieren, aber der Hausarzt kann diese Rolle als eine Art zusätzliches, hilfsweises Ich annehmen, dessen Hauptfunktion darin besteht, die Lücken, die Steine im Weg und die blinden Flecken zu sehen und zu verstehen, die in der Persönlichkeit und in der Lebensgeschichte des Patienten auftauchen, ohne daß er seelisch viel investieren muß. Er muß das Ganze annehmen, was ihm der Patient anbietet; die verzwickte Lebensgeschichte, die Gefühlsverirrung, die unrealistischen, widersprechenden Affekte – und darf peinliche oder unlogische Teile nicht unter den Tisch fallen lassen. Wenn er das fertig bringt, sind Vergangenheit und Gegenwart nicht mehr zweierlei, man kann abwechselnd über beide sprechen, eine führt zur anderen. Der Patient beleuchtet etwas, was ihm in der Gegenwart widerfahren ist, durch eine Erinnerung aus der Vergangenheit und umgekehrt. So entwickelt sich eine Art Legespiel in der Interviewsituation zwischen Patient und Arzt, und auch im seelischen Erleben des Patienten fügen sich die Dinge seines Lebens aneinander.

Wir haben im vorherstehenden Kapitel die Rahmensituation beschrieben, die der berufliche Helfer dem Patienten zur Verfügung stellt, und haben erklärt, warum sie so verschieden von den Situationen ist, in denen gewöhnliche, nicht-ärztliche Gespräche stattfinden. Dies hat zu einem anderen Aspekt der ärztlichen Tätigkeit geführt, nämlich unter welchen Umständen das verstehende Zuhören eines Psychotherapeuten heilend wirken kann. Wir haben das in den Satz gekleidet: Wie kann man Menschen dazu befähigen, sich selbst zu verstehen; es handelt sich also um die psychotherapeutische Technik. Diese beiden Aspekte unseres Gegenstandes, die Schaffung eines geeigneten Rahmens und die Technik, wie man Menschen zum Selbstverständnis anleitet, so daß sie sich ändern können, sind so miteinander verwoben, daß es sehr schwer ist, sie voneinander zu trennen. Wir wollen im nächsten Kapitel uns mehr auf die Techniken oder die Varianten der Psychotherapie konzentrieren – deren Ziel es ist, den hilfesuchenden Patienten zum Selbstverständnis anzuleiten, damit er sich ändern kann.

12. Varianten der Psychotherapie

Wir sahen in Teil I, wie die Techniken gemäß dem Rahmen, in welchem die Psychotherapie stattfindet, variieren. In diesem Kapitel soll untersucht werden, welche Variationen sich einerseits auf Grund der Ausbildung des Psychotherapeuten, andererseits auf Grund des jeweiligen therapeutischen Zieles ergeben. Wir wollen die eigentliche psychoanalytische Technik außer acht lassen, da sie nicht in dieses Buch gehört, und uns auf die psychotherapeutischen Techniken bei begrenzteren Zielen beschränken.

Die Techniken, die wir in unserer therapeutischen Arbeit verwenden, hängen in einem gewissen Ausmaß davon ab, wie groß unsere Kunst ist, die wir im Laufe unserer Ausbildung erworben haben – wobei es eigentlich gleichgültig ist, ob diese Ausbildung systematisch oder empirisch, unter Kontrolle oder autodidaktisch erworben wurde. Unser Können bestimmt die Grenzen unseres Verständnisses und der Eingriffe, die wir uns zutrauen und die wir für nützlich halten. Ferner hat die Ausbildung noch eine andere Auswirkung auf den Psychotherapeuten. Wir denken hier nicht so sehr an die üblichen Auswirkungen des Erlernens oder des empirischen Erwerbs einer Technik – sie kann als starre Kopie oder als frei auf den betreffenden Arzt oder den individuellen Patienten zugeschnittenes Grundmodell übernommen werden –; vielmehr denken wir an die unvermeidlichen Folgen der bloßen Tatsache, daß man überhaupt in irgendeiner Form von Psychotherapie geschult worden ist. Diese Seite hat weniger mit der eigentlichen therapeutischen Methode zu tun als vielmehr mit unseren Denkweisen und den Beobachtungen, auf die wir die Behandlung aufbauen. Nun wollen wir hier ja nicht die psychoanalytische Technik beschreiben, aber wir wollen der Einfachheit halber diesen Punkt durch die Erörterung des Einflusses beleuchten, den die Ausbildung auf den Psychoanalytiker oder den von einem Psychoanalytiker ausgebildeten Psychotherapeuten ausübt.

Bekanntlich haben die psychoanalytischen Techniken eine große Variationsbreite. Dies ist in der Literatur ausführlich beschrieben und diskutiert worden. Dennoch weisen die von den verschiedenen Psychoanalytikern benutzten Techniken weit mehr Ähnlichkeiten als Unterschiede auf. Das gleiche gilt auch für die angewandte Psychoanalyse auf Gebiete, wie etwa die Psychotherapie oder die psychiatrische Diagnose. Der Grund hierfür ist der, daß kein noch so gut ausgebildeter Analytiker in der Art und Weise seines Beobachtens, Denkens, Phantasierens grundlegend von seinen Kollegen abweichen kann, denn das alles ist weitgehend durch die analytische Ausbildung bestimmt. So hat der Analytiker z. B. gelernt, Übertragungserscheinungen zu erkennen. Dadurch kann er nicht vermeiden, eine therapeutische Situation auf der Grundlage dieses seines Wissens zu behandeln, gleichgültig, ob er die Übertragung deutet oder nicht. Darüber hinaus versteht er das Verhalten und die verbalen Mitteilungen seines Patienten auf eine Weise, welche zwangsläufig dazu führt, daß weiteres Material in einer bestimmten Richtung herauskommt. Wohl ist diese Richtung bei den einzelnen Analytikern nicht immer genau die gleiche, aber sie wird im allgemeinen doch darauf hinauslaufen, daß der Patient Abwehrmechanismen und unbewußte Vorstellungen preisgibt. Manche Analytiker geben sich Mühe zu verhindern, daß sich bei einer bloßen psychotherapeutischen Beratung so etwas wie eine analytische Situation entwickelt, sie vermeiden alles, was der analytischen Deutung gefährlich nahe kommt; dennoch können sie das Material im großen Ganzen nicht anders auffassen, als sie es in einer psychoanalytischen Behandlung täten; ihr gesamtes Wissen, ihre Erfahrung und Phantasiewelt wird durch den Patienten mobilisiert, auch wenn sie keinen offenen Gebrauch davon zu machen gedenken. So bekommt der Patient vom Analytiker etwas anderes, als was ihm jemand bieten könnte, der keine analytische Ausbildung und Erfahrung besitzt.

Ferner besitzen diejenigen Psychotherapeuten, die ihre Ausbildung bei einem Psychoanalytiker hatten, oder die sich sonst unter starkem psychoanalytischem Einfluß entwickelt haben, mehr Gemeinsames miteinander als mit anderen Psychotherapeuten, die von psychoanalytischen Vorstellungen ganz unbeeinflußt sind. Auch bei ihnen wird sich die Vertrautheit mit ihrer eigenen unbewußten Erlebnis- und Vorstellungswelt in ihrer Arbeit spiegeln, und der Betrag an Wahrnehmungsfähigkeit, den sie für die Dynamik aus dem Unbewußten des Patienten gleichzeitig mit der Wahrnehmung ihres eigenen Unbewußten einsetzen können, kommt unweigerlich zur Geltung.

Allgemein gesprochen bedeutet dies, daß man die Formen der Psychotherapie auch nach der Ausbildung einteilen kann, die der einzelne Therapeut erhalten hat; umgekehrt weiß man schon etwas von der Technik, die angewendet wurde, wenn man etwas über die Ausbildung des Psychotherapeuten weiß. Dies trifft natürlich auch auf die Autoren dieses Buches zu, die beide Psychoanalytiker sind; daher ist die folgende Diskussion über die Technik auch unter dieser Voraussetzung zu verstehen.

Es ist schon schwieriger darzustellen, wie die Methoden auch bezüglich des therapeutischen Ziels variieren. Zunächst sind die Ziele ja selten vollkommen eindeutig und genau, geschweige denn exakt formuliert. Es ist daher gar nicht leicht, sie herauszuheben. Hinzu kommt, daß jeder Versuch, die auf bestimmte therapeutische Ziele ausgerichteten Techniken zu isolieren oder kurz zu beschreiben, einen komplizierten, fließenden Prozeß auf geordnete und stark vereinfachte Abstraktionen reduziert. Trotz solcher Schwierigkeiten haben wir in erster Annäherung zwei therapeutische Hauptziele isoliert und wollen einige ursächlich mit ihnen verbundene Techniken beschreiben.

Vorher möchten wir jedoch noch darauf hinweisen, wie eng das Problem der therapeutischen Ziele mit dem der Diagnose verknüpft ist. Sobald ein Patient uns aufsucht, ist es unsere Hauptaufgabe, eine Diagnose zu stellen, auf Grund derer wir uns für ein Ziel entscheiden. Der Gegenstand der Diagnose soll noch in Teil IV ausführlicher behandelt werden. Hier soll nur die bekannte Tatsache erwähnt werden, daß die Therapie schon damit anfängt, daß der Arzt dem Patienten in beruflicher Eigenschaft und auf der Grundlage einigen psychotherapeutischen Könnens zuhört, auch wenn die Absicht des Arztes dabei vorläufig eine rein diagnostische ist. Dessen ungeachtet muß eine reguläre Diagnose gestellt werden, vor allem dann, wenn die Therapie nicht unbegrenzte Zeit oder Mittel zur Verfügung hat; die Setzung eines begrenzten Zieles entscheidet ja zugleich darüber, wie tiefgehend das Verständnis ist, das der betreffende Patient benötigen wird.

Das bloße Zuhören bei der Lebensgeschichte des Patienten ergibt selten schon eine feste Grundlage; wir müssen etwas mit dieser Lebensgeschichte anfangen, um zu einer sicheren Diagnose zu gelangen. Ein Beispiel: Ein Patient kommt und klagt über Kopfschmerzen; im Laufe seiner Lebensgeschichte spricht er jedoch recht bitter über seine zänkische, unerträgliche Ehefrau. Der Arzt fragt sich, warum der Patient eine solche Frau geheiratet hat und versucht zu klären, wie diese beiden Menschen zusammengekommen sind. Der Patient berichtet, daß sie beide im gleichen Dorf aufgewachsen sind und daß er sie wiedertraf, als er einsam und ohne Freunde war; es kam dann relativ schnell zur Heirat. Sie habe ihn schon immer gern gehabt, aber er habe sie in ihrer Jugend wenig gekannt. Diese Geschichte kann, wenn man sie richtig versteht, schon viel erklären. Man könnte nun als nächsten Schritt erkunden, ob diese Art, sich in eine Situation hineintreiben zu lassen und es hinterher zu bereuen, sich mehrfach im Leben des Patienten wiederholt hat, auch warum er so einsam war usw. Mit anderen Worten, der Psychotherapeut könnte Fühler ausstrecken, und die Reaktionen des Patienten darauf könnten ihn zu einer schließlichen Diagnose führen. Wir können daraus schließen: Ein Psychotherapeut, der nicht imstande ist zu erkennen, daß hinter den Bemerkungen des Patienten mehr steckt, als oberflächlich zu sehen ist, und der nicht eine Art von „Fühlern“ für diese Hintergründe entwickelt, kann die Wurzeln der Krankheit des Patienten nicht erkennen. Um aber das Richtige zu treffen, muß der Psychotherapeut sich auf die im 10. Kapitel beschriebene Art und Weise mit dem Patienten identifizieren können.

Eine andere Patientin klagte über Zustände von Verstimmung und Verwirrtheit und erzählte dabei, sie sei als Kind ganz glücklich gewesen, obwohl sie keine Geschwister hatte, ihr Vater in ihrer frühen Kindheit verstarb und ihre Mutter Alkoholikerin war. Sie, die Patientin, habe später viele Freunde gehabt und eine erfolgreiche Berufslaufbahn eingeschlagen. Eine Zeitlang hörte der Doktor zu, während mehr und mehr Einzelheiten zu diesem Bild, einschließlich echter Kindheitserinnerungen hinzukamen. Er war zunächst ratlos, denn obwohl er nun scheinbar alles von der Patientin wußte, konnte er den Grund für ihre Krankheit nicht erkennen. Er begann also noch einmal von vorn und versuchte herauszufinden, was in der Geschichte ausgelassen war; warum war die Patientin in keiner ihrer Liebesbeziehungen glücklich gewesen, und konnte es sein, was er vermutete, daß die Mutter noch immer die wichtigste Beziehungsperson im Leben der Patientin war? Diese Fragen lösten einen Tränenstrom aus, und die Patientin bekannte, sie könne nicht darüber hinwegkommen, daß sie beim Tode der Mutter vor zwei Jahren nicht anwesend war; sie hätte sich ihr Leben lang gewünscht, einmal für die Mutter sorgen zu können.

Obwohl also der Psychotherapeut auf diese Weise in einigen Sitzungen sehr viel über einen Patienten erfahren und sich von seinen drückendsten Konflikten und gewohnten Objektbeziehungen ein Bild machen kann, ist es dennoch nicht ausgeschlossen, daß er sich über das Wesen seiner Krankheit irrt. Er kann auch eine teils richtige, teils falsche Diagnose stellen. Trotzdem muß er sich auf der Grundlage dieser seiner Befunde darüber entscheiden, ob der Patient behandelt werden kann und soll und welches Behandlungsziel er ins Auge fassen will.

Wir haben, wie gesagt, zwei Hauptkategorien psychotherapeutischer Zielsetzung herausgearbeitet. In der ersten handelt es sich darum, daß der Patient sein *äußeres Verhalten* gegenüber wichtigen Beziehungspersonen seiner Umwelt neu ausrichtet; die Arbeit konzentriert sich dann darauf, was der Patient tut und warum er es tut, und das Ziel besteht darin, ihm zu helfen, sich anders zu verhalten. In der zweiten Kategorie handelt es sich darum, daß dem Patienten geholfen wird, etwas an seinen *inneren Konflikten* zu ändern; hier konzentriert sich die Arbeit auf die innerseelischen Konflikte, und auf das äußere Verhalten wird weniger Aufmerksamkeit verwendet. Dabei können die äußeren Beziehungen des Patienten nicht weniger schlecht sein als die der ersten Gruppe, aber der innere Druck scheint so stark, daß der Psychotherapeut zu dem Schluß kommt, äußere oder verhaltensmäßige Wandlungen könnten daran nichts ändern.

Wir möchten betonen, daß das therapeutische Ziel also nicht durch die Symptomatologie bestimmt wird. Der Patient leidet z. B. unter Schlaflosigkeit, phobischen Zügen, Kopfschmerzen, oder er klagt darüber, daß er sich immer Sorgen macht oder niemals aufhören kann zu arbeiten; er kann auch behaupten, daß seine Beschwerden durch die Menschen in seiner Umwelt, den Ehepartner, die Eltern, das Kind verursacht worden seien und daß er hoffe, der Arzt werde sich diese Menschen vornehmen. Welches auch immer die Symptome sein mögen, die der Patient vorlegt, der Arzt muß entscheiden, ob dem Patienten durch Umstellung seines äußeren Verhaltens oder seiner inneren Konflikte geholfen werden kann.

Nehmen wir an, der Arzt entscheide sich dafür, daß dem Patienten am besten geholfen ist, wenn er sehen lernt, wie seine Verhaltensweisen ihn in seinen mitmenschlichen Beziehungen hemmen und einschränken und wie sein eigenes Benehmen das Verhalten anderer Leute gegen ihn beeinflußt. Wenn etwa in einem Falle eine Frau über die Gleichgültigkeit und mangelnde Liebe ihres Mannes klagt, kann der Doktor ihr helfen zu sehen, daß es in Wirklichkeit sie war, die alle Annäherungen des Mannes abwies und ihm damit das Gefühl nahm, daß er sie in irgendeiner Weise befriedigen könne.

In diesem Falle zielte also die Technik darauf ab, der Frau zu der Erkenntnis zu verhelfen, was sie mit ihrem Mann machte. Es erwies sich als das Gegenteil dessen, was sie bei Beginn der Behandlung erwartet hatte. Die Erkenntnis war jedoch nicht übermäßig schmerzerregend, und man brauchte ihr nur eben anzudeuten, warum sie sich von ihrem Mann abgelehnt gefühlt hatte. In diesem Falle hatte der Psychotherapeut die Hoffnung, daß dieses eine Stück Erkenntnis weitere nach sich ziehen würde, die sie dann richtig bewerten könnte.

Die Ergebnisse dieser Technik, die man mit Umstellung des äußeren Verhaltens bezeichnen könnte, sind leicht zu bewerten; nach der Behandlung kann der Patient entweder mit seiner Umwelt besser fertig werden und befriedigendere Beziehungen aufnehmen, ohne vermehrte Spannung zu fühlen und neue Symptome und Beschwerden zu entwickeln; in diesem Falle kann man die Behandlung als erfolgreich buchen. Oder die Beziehungen bleiben weiterhin schlecht; dann war die Behandlung ein Mißerfolg. Das Ziel der Verhaltensumstellung kann jedoch selten völlig rein verfolgt werden; gewöhnlich ist die zweite Zielsetzung, die der inneren Umstellung, darin mitenthalten. In dem eben erwähnten Fall hätte der Psychotherapeut z. B. versuchen können, die Patientin die Ambivalenz erkennen zu lassen, mit der sie ihrem Ehemann gegenüberstand, vielleicht auch ihre Furcht, ihn zu verletzen oder von ihm verletzt zu werden.

Das vom Arzt gesetzte Hauptziel hat auf die Technik, und dementsprechend auch auf das Behandlungsergebnis, entscheidenden Einfluß. Setzt sich der Psychotherapeut z. B. das Ziel, dem Patienten hinsichtlich seiner äußeren Beziehungen zu helfen, so muß die Arbeit unvermeidlich anstreben, einige seiner kindlichen Abhängigkeitswünsche und Haltungen zu überwinden; tritt in der Folge eine gewisse Symptombesserung oder Besserung in den Reaktionsweisen des Patienten ein, so kann die Behandlung abgeschlossen werden. Setzt er sich jedoch das Ziel der Lösung der innerseelischen Konflikte, so kann eine etwaige Symptombesserung beide, den Arzt wie den Patienten ermutigen, mit der Arbeit fortzufahren, da die Prognose günstig erscheint. Der Patient würde dann eventuell freiwillig auf unmittelbare Unabhängigkeit verzichten, wenn er merkte, daß er mit Hilfe des Arztes zu der inneren Störung, die ihm eine solche Last bedeutete, hinabgelangen und sie bekämpfen kann.

In jedem Fall beginnen viele Psychotherapeuten die Behandlung damit, daß sie den Patienten ermutigen, frei über alles zu sprechen, was ihm im Augenblick wichtig erscheint. Unter dem Einfluß psychoanalytischer Vorstellungen versuchen sie, *die Gegenwart genetisch aus der Vergangenheit* zu verstehen, also dem Patienten zu zeigen, wie seine Schwierigkeiten mit den Ereignissen seiner Kindheit in Zusammenhang stehen. Wir haben schon in Kapitel 10 einige Folgen dieser Technik erörtert und gefunden, daß es fraglich ist, ob dieses Verstehen an sich schon therapeutisch wirksam ist. Diese Technik mag richtig sein, wenn das Ziel der Behandlung darin besteht, dem Patienten wichtige Seiten seines gegenwärtigen Verhaltens, deren er sich nicht bewußt war, ansichtig und verständlich zu machen; es würde sich somit um das erste Behandlungsziel handeln. Der Patient lernt im Lichte der Vergangenheit erkennen, warum er sich auf diese oder jene Weise verhält und warum seine Erwartungen bezüglich anderer Menschen immer die gleichen sind. Daraufhin kann man ihm zeigen, wie diese Erwartungen ihn veranlassen, manche Menschen zu lieben, andere nicht zu lieben, und wie sein Verhalten dazu beiträgt, daß die anderen ihn wiederum lieben oder nicht lieben und ein bestimmtes Verhalten von ihm erwarten.

Auf diese Weise dient die erinnerte Vergangenheit dazu, die Gegenwart zu erklären und zu beleuchten. Der Patient erhält ein neues, anderes Bild von sich im Rahmen seiner Umwelt und kann lernen, seine Denk-, Empfindens- und Verhaltensweisen anders zu beurteilen. Der Psychotherapeut, der diese Technik anwendet, kümmert sich weniger um das Verstehen der unbewußten Phantasien des Patienten, die hinter seinen offenkundigen Verhaltensweisen liegen, als daß er sich darauf konzentriert, was in der Gegenwart zutage liegt. Er wird gegebenenfalls etwas Angst oder Furcht deuten müssen, um die Abwehr des Patienten aufzulockern, bevor dieser mitzuarbeiten imstande ist, aber sobald Vertrauen und ein Mindestmaß an Einsicht erreicht sind, kann die Arbeit oft ziemlich reibungslos vonstatten gehen.

Ein gutes Beispiel für diese Methode ist die Behandlung der Frau S., einer dreißigjährigen Frau, die seit dreizehn Jahren verheiratet war und einen elfjährigen Sohn hatte. Sie wurde zur Behandlung überwiesen, weil sie mit ihrem Ehemann seit dreieinhalb Jahren keine ehelichen Beziehungen mehr gehabt hatte. Sie hatte ihren Hausarzt bereits vor drei Jahren um Rat gefragt, weil sie dachte, es läge an ihr und der Grund wäre darin zu suchen, daß ihre eigenen Eltern ebenfalls so schlecht miteinander gelebt hätten. Nach einiger Diskussion mit dem Hausarzt war sie jedoch mit der Überzeugung herausgerückt, daß sie völlig normal, dagegen ihr Mann schuld sei, weil er den Verkehr ablehnte. Diese Überzeugung brachte sie auch in die erste Sitzung des Psychotherapeuten mit, vermischt mit reichlich Feindseligkeit und Hoffnungslosigkeit und der absoluten Unfähigkeit zuzugeben, daß sie irgendeinen Anteil an der gegenwärtigen Situation haben könnte. Sie konnte immerhin zugeben, daß sie den Geschlechtsverkehr enttäuschend gefunden hatte und schreckliche Angst davor hatte, noch ein Kind zu bekommen. Sie bat um Hilfe und Rat, gestattete dem Psychotherapeuten jedoch nicht, wirklich mit ihr in Kontakt zu kommen.

Sie ließ sich zu einer zweiten Sitzung eine Woche später einbestellen, richtete es aber so ein, daß die zweite Sitzung erst vierzehn Tage später stattfinden konnte, indem sie erst einmal am falschen Tag erschien. Inzwischen hatte sie einen Streit mit ihrem Mann heraufbeschworen, der zu einer zeitweiligen Trennung geführt hatte. Der Mann kam jeden Tag, um nach dem Jungen zu sehen, wohnte aber zur Zeit der zweiten Sitzung nicht zuhause. Frau S. war zu Anfang noch böser und ablehnender als beim erstenmal, sah aber so hoffnungslos und verzweifelt aus, daß der Psychotherapeut sie darauf ansprach und bemerkte, jedermann könnte verstehen, wie schrecklich sie sich fühlen müßte. Dies führte zu einer dramatischen Wandlung; die Patientin brach in einen Tränenstrom aus und gab ihr strenges, ablehnendes Verhalten auf. Nun konnte sie eine Deutung annehmen, daß sie ihren Mann vertrieben hätte, damit sie nicht mehr sehen müßte, welche furchtbaren Folgen ihre schlechte Behandlung hätte. Bald darauf konnte sie auch zugeben, daß es ihr eigenes Ressentiment und ihre Schuldgefühle gegenüber ihrem Mann waren, die es für ihn so gut wie unmöglich machten, sich ihr in Liebe zu nähern.

Bei der vierten Sitzung war der Ehemann wieder zuhause und hatte selber um Behandlung gebeten. Die Arbeit mit Frau S. drehte sich um die offenkundige Bevorzugung ihres Sohnes, und daß der Junge das auch wußte. Sie war schon imstande, über ihre Versuche zu sprechen, die Beziehungen zwischen Mann und Sohn zu überwachen und konnte dies in Verbindung mit ihren eigenen ödipalen Konflikten sehen.

Ein wichtiger, aber gewöhnlich unerkannter Nebeneffekt einer Technik, die die gegenwärtigen Konflikte von der Vergangenheit her deutet, ist die Beruhigung, die der Patient bekommt, auch wenn der Analytiker keine regelrecht beruhigenden Bemerkungen ausspricht. Für den Patienten kann diese Art der Therapie nämlich nebenher bedeuten, daß alles, was er tut, nicht ihm zuzuschreiben ist, sondern daß seine frühkindlichen Verhältnisse daran schuld sind, über die er ja keine Macht hatte und die ihn in dieser Weise beeinflussen mußten. Damit soll nicht behauptet werden, daß der Analytiker solche Deutungen gibt, um sozusagen die Pille zu versüßen und dem Patienten sein gegenwärtiges unangepaßtes Verhalten tolerabler zu machen. Es ist aber doch ein wichtiger Aspekt dieser Art Arbeit, der zu einer Gefahr werden kann, wenn man nicht sorgfältig aufpaßt. Um einen extremen Fall anzunehmen: der Patient könnte sich in einer solchen Behandlung ermutigt fühlen zu glauben, daß er nur liebevolle Gefühle habe und daß seine „bösen" Verhaltensweisen nicht seine Schuld seien und nicht einmal aus ihm selber stammten.

Man kann nur immer den Rat wiederholen, daß der Psychotherapeut bei Anwendung der genetischen Technik die Gefahr im Auge behalten muß, daß der Patient unbewußte Gefühle von Haß und Schuld mit sich herumträgt, die nicht übersehen werden dürfen, da der Patient sie sonst außerhalb der Behandlung zur Abfuhr bringen muß. Ein dreißigjähriger Mann konnte in der Behandlung, vielleicht zum erstenmal in seinem Leben, positive, liebende Gefühle empfinden und ausdrücken und den Analytiker als eine Art Ersatzmutter erleben. Das Behandlungsergebnis schien ausgezeichnet, bis einige Monate nach Abschluß der Behandlung eine Katamnese erhoben und festgestellt wurde, daß der Patient während der Behandlung schwere gastrische Beschwerden gehabt hatte, die er seinem Analytiker nicht mitgeteilt hatte und die schließlich zu einer Gastrektomie geführt hatten. Während der Behandlung hatte er alle belastenden Dinge von seinem Analytiker ferngehalten, als wenn sie nichts mit ihm zu tun hätten. Er hatte auch Anschluß an eine religiöse Sekte gefunden, was ihm als ein befriedigendes Ergebnis der Behandlung erschienen war. Kurz vor der Katamnese hatte er jedoch einen schweren Arbeitsunfall. In diesem Fall waren die Haß- und Schuldgefühle des Patienten sowohl in der Vergangenheit wie in der Gegenwart außer acht gelassen worden, obwohl sie dynamisch wirksam waren und nach Deutung verlangten. Seine liebenden und seine schmerzhaft zerstörerischen Gefühle waren in großem Abstand voneinander gehalten worden.

Wenn stattdessen der Psychotherapeut versucht, die vergangenen Ereignisse im Leben des Patienten nicht dazu zu verwenden, die gegenwärtigen damit „zu entschuldigen" oder „zu erklären", so läßt er den Patienten ohne jegliche Beschwichtigung die ganze Last des Hasses, der Scham und Schuld tragen, die während der Behandlung aufsteigt. Wenn das dem Patienten unerträglich wird, sucht er oft selber in seiner Vergangenheit nach Erklärung und Entlastung. Dazu kann der Psychotherapeut sich mehr oder weniger objektiv verhalten, keinerlei „beruhigende" oder „erklärende" Kommentare geben, besonders wenn er glaubt, daß es therapeutisch wichtiger ist, den Patienten die volle Verantwortung für alles übernehmen zu lassen, was sich im Schutze der psychotherapeutischen Situation ereignet. Ohnehin kann man nie absolut sicher sein, daß eine bestimmte Kindheitserfahrung die gegenwärtige Störung wirklich „verursacht" hat oder sie „erklären" kann. Wenn der Psychotherapeut gegenüber dem Haß, der Reue, den Scham- und Schuldgefühlen des Patienten angstfrei bleibt, gibt er ihm die Gelegenheit, reifer und unabhängiger zu werden.

Nun zu unserem zweiten Ziel. Hier handelt es sich vor allem darum, dem Patienten zu helfen, gewisse *innerseelische, unbewußte Konflikte* zu überwinden oder zu lösen, ohne ihm eine regelrechte Psychoanalyse anzubieten. In allen diesen Fällen muß die Aufmerksamkeit natürlich vor allem auf den unbewußten Konflikt selbst und weniger auf die Folgen des Konflikts, die stereotypen Verhaltensweisen des Patienten, gerichtet sein. In folgenden Fällen wurde eine solche Behandlung für angezeigt gehalten und erwies sich als hilfreich: bei einem jungen Mädchen mit Reifungsschwierigkeiten, die auf unbewußter Furcht vor der Eifersucht der Mutter beruhten; bei einem jungen Mann, der in seinem Beruf nicht vorwärtskommen konnte, weil er unbewußte Ängste vor homosexuellen Neigungen hatte. Auch der im 8. Kapitel beschriebene junge Fußballer gehört hierher.

Anfangs ist die Behandlungsmethode derjenigen der vorgenannten Gruppe ganz ähnlich. Der Psychotherapeut hört genau so zu und läßt die Lebensgeschichte des Patienten sich entfalten, um darin etwas zu entdecken, das für das Symptom oder den Konflikt, über den der Patient klagt, bedeutsam sein könnte. Aber schon jetzt muß der Psychotherapeut das Material anders betrachten. Er zeigt dem Patienten nicht, wie er sich verhält oder warum er sich so verhält, oder welche Wirkungen sein Verhalten auf die Menschen seiner Umwelt hat. Vielmehr konzentriert er sich auf scheinbar unwichtige Details der Anamnese, auf Anspielungen, Auslassungen, Über- oder Untertreibungen, vor allem auf unerwartete Gefühlsäußerungen oder nicht erfolgte Gefühlsäußerungen, wo man solche hätte erwarten müssen. Pausen können dabei ebenso wichtig sein wie die Erzählung selbst und müssen im Kontext verstanden werden. Auch die Assoziationen der Gedanken und Themen müssen beachtet werden, d. h. der Psychotherapeut beobachtet sorgfältig, in welcher Ordnung die Themen im Redestrom erscheinen, und überlegt, ob daraus etwas über das Konfliktfeld zu entnehmen ist, das er behandeln will oder soll.

Hier handelt es sich also darum, die verdrängten, halbbewußten oder unbewußten Gedankengänge, die bei der ausschließlich mit Verhaltensproblemen beschäftigten Psychotherapie nicht unbedingt völlig geklärt werden müssen, ganz zu verstehen. Statt auf die bisher unerkannten Verhaltensweisen, konzentriert sich die Aufmerksamkeit auf irrationale Ideen, Ängste, Tagträume, böse nächtliche Träume, um dem Patienten Einblick in ein Stück seiner Innenwelt zu geben. Der Psychotherapeut muß also das, was er hört und sieht, einschließlich des „Dramas", das sich in seinem Behandlungsraum während des Interviews abspielt, zu verstehen, einen Sinn darin zu entdecken versuchen. Jedoch nicht einen rationalen, logischen Sinn, sondern den besonderen Sinn, der sich allein auf diesen Patienten bezieht. Es ist eher eine Art Geheimschrift, die entziffert werden muß, in der die Denk- und Erlebnisweisen des Patienten in der Krankheit oder dem seelischen Konfliktfeld niedergeschrieben sind. Der Patient ist sich in der Regel dieser Geheimschrift nicht bewußt, und so muß der Psychotherapeut sie erst entziffern und dann dem Patienten erklären.

Um ein einfaches Beispiel anzuführen: Eine junge, intelligente Patientin kam zu ihrem Arzt und bat um Schlaftabletten. Es sei sonst alles in Ordnung, aber sie hätte kürzlich ein Examen gemacht und könnte seither nicht schlafen, so daß sie sich ziemlich erschöpft fühlte.

Der Arzt fand das einleuchtend und verschrieb die Tabletten. Später fiel ihm auf, daß sie ihn erst nach dem Examen konsultiert hatte; „logischerweise" hätte sie die Tabletten in der Zeit vor dem Examen nötig haben müssen, aber erst das bestandene Examen hatte sie schlaflos gemacht.

Bevor aber der Arzt dieser Patientin helfen konnte, mußte er ihr zuhören und dabei sein Ohr für den besonderen „Sinn" ihrer Beschwerden schärfen. Sobald der Arzt auf diese Art von Logik zu horchen begonnen hat, hört er dem Gang der Erzählung anders zu und erwartet andere Kausalzusammenhänge. Er erwartet, daß auf die eine Mitteilung eine andere, dazu passende kommen wird. Wenn sich jedoch in den folgenden Besprechungen erweist, daß seine Erwartungen nicht stimmten (wenn es sich in dem obigen Fall z. B. erweisen würde, daß die Patientin sich gelegentlich doch erlauben kann, sich über einen Erfolg zu freuen), muß er seine Beurteilung revidieren und sich fragen, ob er den früheren Bemerkungen des Patienten einen falschen Sinn unterlegt; vielleicht hat sich der Patient geändert oder vielleicht kann das weitere Stück Mitteilung etwas zu dem unvollkommenen Verständnis, zu dem er vorher gelangt war, hinzufügen. Vielleicht bekam die obengenannte Studentin immer Angst, wenn sie in Examenswettbewerb mit Männern stand, nicht mit Frauen, vielleicht nur mit bestimmten Männern. Der Psychotherapeut darf niemals versuchen, den Berichten der Patienten seine „Theorien" aufzuzwingen; er muß sogar imstande sein zu ertragen, daß er im Falle einer echten Konfusion keinen Sinn in dem Erzählten entdecken kann. Im letzteren Fall besteht seine Aufgabe vorerst allein darin, die Verwirrung zu erkennen und nicht, sie um jeden Preis aufklären zu wollen.

Bei mancher Behandlung muß der Psychotherapeut die alogischen, irrationalen Anteile seiner Patienten akzeptieren, er muß sie ernstnehmen und darf, auch wenn es nur Wünsche oder Befürchtungen sind, wie sie in Märchen vorkommen, ihre Bedeutung und Macht nicht leugnen. Es hat keinen Zweck, den Patienten aufzufordern, die Wirklichkeit zu prüfen und anzunehmen, wenn der Arzt die Phantasien des Patienten nicht akzeptieren kann. Man kann ihn nicht davon überzeugen wollen, daß er glücklich – oder unglücklich – sei, bevor man nicht weiß, wie seine innere Welt aussieht und welcher Gegensatz zwischen seiner Phantasiewelt und der wirklichen äußeren Welt besteht. Ein Beispiel einer solchen Behandlung wurde in Kapitel 11 gegeben, nämlich der Fall der Ehefrau, die keine Klagen hatte außer über ihre eigene „Nervosität“ und die dann über scheinbar unwichtige irrationale Aspekte ihres Lebens weinen konnte.

Diese verschiedenen Varianten schließen einander, wie gesagt, keinesfalls aus. Vermutlich kommt jede von ihnen in jeder Behandlung mehr oder weniger ausgedehnt zur Anwendung; der Psychotherapeut wird immer gewisse Andeutungen von Begründungen der aktuellen Verhaltensweisen des Patienten in den Schilderungen seiner Frühkindheit finden; andererseits wird das irrationle Phantasiematerial kaum jemals völlig außer acht gelassen, sondern bei jeder Form von Psychotherapie irgendwie mitberücksichtigt. Desgleichen kommt es wohl selten vor, daß der Psychotherapeut die Befürchtungen oder die generelle Angst des Patienten, die dieser in den ersten Behandlungsstadien bekundet, nicht beachtet und sich nur mit seiner Vergangenheit und den frühkindlichen Symptomen befaßt.

Alle Methoden haben ihre Vorzüge und ihre Gefahren. Eine recht allgemeine Gefahr besteht darin, daß der Patient zwar an der Oberfläche sehr gebessert erscheint, seine Ängste aber größer sind als vor der Behandlung, sodaß er zu anderen Formen neurotischen Verhaltens und sogar zu einer körperlichen Krankheit Zuflucht nehmen muß. Eine weitere Gefahr besteht in der Entwicklung eines Abhängigkeitsverhältnisses zum Psychotherapeuten. Falls dieser sich hauptsächlich damit beschäftigt hat, die unbewußten Phantasien und Träume zu erfassen und zu deuten, kann dies ohne starke Beteiligung des bewußten Ichs des Patienten vor sich gegangen sein, und der Patient vertieft sich so in dieses faszinierende Erleben, daß er nur immer fortfahren will, seine Träume und Phantasien zu verstehen, und wenig Ichstärke und Interesse übrigbehält, die er für eine bessere Gestaltung seines Alltagslebens verwenden könnte. Der Patient kann dann wünschen, die Behandlung endlos fortzusetzen, obwohl sie ihm bis dahin wenig genützt hat, vorausgesetzt daß er es unter seinen Bedingungen tun darf, d. h. ohne sich wirklich ändern oder seinen innerseelischen Konfliktbereich ernstlich bearbeiten zu müssen.

Es soll hier noch einmal auf die Frage zurückgegriffen werden, die wir im vorigen Kapitel aufwarfen, nämlich inwiefern die Haltung des Arztes seine Arbeit beeinflußt. Unseres Erachtens ist die Haltung des Psychotherapeuten für den Patienten in jeder Technik ebenso wichtig wie die verbale Kommunikation, die zwischen ihnen besteht.

Wir meinen, daß der Psychotherapeut immer den Mut haben muß, er selber zu sein und sich in seiner persönlichen Eigenart, seinen Schwächen, aber auch Stärken, seinen Begabungen, aber auch deren Grenzen, so weitgehend wie möglich anzunehmen. Er darf nicht versuchen, vor dem Patienten eine Rolle zu spielen. Das heißt nicht, daß er bei jedem Patienten immer derselbe ist; er ist ja auch gegenüber den Menschen seiner privaten Sphäre nicht immer derselbe. Aber er muß nicht eine starre Rolle übernehmen, etwa die des idealen, allwissenden Seelenführers oder im Gegenteil des armen Praktikers, der nur wenig Einblick hat und deshalb immer vorsichtig sein muß. Es mag eine große Versuchung bedeuten, als starke, verläßliche Vaterfigur aufzutreten, oder als strenger Wissenschaftler, dem man nichts vormachen kann, oder als gütige, nachsichtige, liebenswerte Mutter usw. Oft ist es schwer, einen solchen Eindruck zu vermeiden, etwa wenn der Psychotherapeut in der Tat das Gefühl hat, er könnte ein besserer Vater oder eine liebevollere Mutter sein als die wirklichen Eltern des Patienten.

Der Psychotherapeut sollte mit seinen Patienten daher möglichst entspannt, ruhig, zwanglos umgehen, besonders in schwierigen Fällen, bei denen er das Gefühl hat, nur ein Wunder könnte helfen und der Patient brauchte wirklich mehr Geld oder Liebe oder eine andere Wohnung oder eine gänzlich andere Vergangenheit, wenn etwas aus ihm werden sollte. In solchen Fällen ist eine ruhige, aufmerksame, wache und sogar neugierige Einstellung noch wichtiger als sonst, wenn der Psychotherapeut sich als Helfer erweisen soll. Er darf nicht vergessen, daß er in seinem Beruf konsultiert worden ist und es nicht seine Aufgabe ist, zu lieben oder streng zu sein oder den Patienten für die Entbehrungen seiner Vergangenheit oder Gegenwart zu entschädigen, sondern zuzuhören und das, was er sagt, in seiner Eigenschaft als Fachmann zu verstehen, wie es in Kapitel 10 beschrieben wurde. Vor allem darf er niemals vergessen, daß immer wieder etwas Neues herauskommt, das verstanden werden will. Wonach er Ausschau halten muß, sind nicht Fehler in der Umwelt oder der Vergangenheit des Patienten, sondern

Mißverständnisse, Übertreibungen, schmerzende Widersprüche, Auslassungen, die die gegenwärtigen Hoffnungen, Visionen, Wünsche des Patienten kennzeichnen und tönen. Er muß sich bewußt sein, daß es immer mehr zu verstehen gibt, als auf den ersten Blick erscheint; wobei seine einzige Hoffnung darin besteht, abzuwarten und zuzuhören, wenn er mehr verstehen will. Wenn er sich gedrängt fühlt, rasch zu begreifen, wird seine Haltung leicht überzuversichtlich oder omnipotent, und das verhindert unvermeidlich, daß sich zwischen ihm und seinen Patienten eine fruchtbare Beziehung anbahnen kann.

Dieses Kapitel schließt mit einem etwas düsteren Ton. Wir haben mehr als einmal gesagt, daß die Psychotherapie eine Kunst ist und nicht durch Vorlesungen und aus Büchern gelernt werden kann. Wer sie ausüben will, muß sich darin üben. Die Gründe hierfür werden jetzt vielleicht einleuchten. Alle die „Anweisungen" in diesem Kapitel können nur befolgt werden, wenn man das Handwerkszeug schon besitzt. Wir hoffen nur, daß wir dem Leser in groben Umrissen andeuten konnten, welche Vorstellungen wir von den technischen Problemen in der Psychotherapie haben.

IV. Teil

DAS DIAGNOSTISCHE INTERVIEW

13. Vergleich mit der ärztlichen Untersuchung und dem psychologischen Test

I.

Das diagnostische Interview ist der Angelpunkt jeder Form von Psychotherapie. Wir alle – der praktische Arzt, der Psychiater und alle anderen Fachärzte – sind gleichermaßen daran interessiert, da ja jegliche Behandlung mit der Erhebung der Anamnese in einem Erstinterview beginnt. Jeder von uns hat infolgedessen auch schon einige Erfahrung darin. Erstaunlicherweise wurde der Interview-Technik sowohl in der Psychoanalyse als auch in der Psychiatrie weit weniger Aufmerksamkeit geschenkt als der Behandlungstechnik. Es gibt sogar eine Anekdote hierzu: Freud sei einmal gefragt worden, was er mit den Leuten machte, die ihn konsultieren kämen; er habe geantwortet, daß er ihnen vor allen Dingen eine Geldstrafe auferlegte, weil sie ihn in der Arbeit störten.

Diese mangelnde Beachtung der Interview-Technik ist bedauerlich, da ja eine gute Interview-Technik über die psychologische Diagnose entscheidet. Mit einiger Übertreibung kann man sogar sagen, daß die ganze Psychotherapie im Rahmen psychiatrischer Interviews geschieht, die daher das unerläßliche Vehikel sowohl für die Diagnose als auch für die Therapie bilden. Jeder an psychologischer Medizin interessierte Arzt – außer vielleicht dem Gros der Psychiater und der Psychoanalytiker – ist sich dessen lebhaft bewußt; man scheint sogar zu glauben, daß die Psychiater und Psychoanalytiker eine Art esoterischen Wissens von der richtigen Technik besäßen, die sie eifersüchtig als Geschäftsgeheimnis hüteten. Immer wieder waren wir überrascht, wenn wir in unseren Seminaren von den Ärztegruppen angefleht wurden, ihnen doch etwas von unserem Geheimnis zu verraten.

Wir haben uns deshalb für diesen Teil des Buches eine zweifache Aufgabe gestellt. Wir wollen unseren nicht-psychiatrischen Kollegen zeigen, daß es auf diesem Gebiet noch viele Probleme zu lösen gibt, so daß wir auf ihr anhaltendes Interesse hoffen. Ferner wollen wir unsere psychoanalytischen Kollegen auf den Plan rufen, indem wir ihnen beweisen, wie wichtig diese Probleme sind, und zwar nicht nur für eine zuverlässige Diagnostik, sondern auch für die Psychoanalyse selbst im strengsten Sinne des Wortes. Wir werden zu beweisen versuchen, daß eine enge Zusammenarbeit zwischen diesen beiden Gruppen miteinander die besten Aussichten eröffnet, zu einer Lösung zu kommen. Die erste Bedingung zu einer fruchtbaren Zusammenarbeit ist die genaue Kenntnis der wechselseitigen Probleme, und wir haben deshalb einen ganzen Hauptteil diesem Thema gewidmet. Zugleich hoffen wir unseren nichtpsychiatrischen Kollegen zu beweisen, daß es bei uns keine großen Geschäftsgeheimnisse zu hüten gibt, so unglaublich ihnen das auch scheinen mag.

Viele Psychiater sehen hier nicht einmal irgendein Problem. Für sie ist das psychiatrische Interview nur eine Sonderform der ärztlichen Untersuchung an einem Patienten, der ein sogenanntes funktionelles oder psychiatrisches Leiden hat oder zu haben scheint. Das Ziel der ärztlichen Untersuchung besteht darin, daß sie den Arzt befähigen muß, die Beschwerden, Symptome und körperlichen Befunde des Kranken zu verstehen und sie in ein zusammenhängendes Bild einzuordnen. Mit anderen Worten: der Arzt hat die Aufgabe, die Krankheit zu erkennen, ihren Schweregrad zu beurteilen und zu erwägen, ob sie stationär, progressiv oder im Abklingen ist. Ferner soll die Untersuchung es ihm ermöglichen, eine geeignete Therapie zu verschreiben. Im Idealfall soll die Therapie die Krankheitsprozesse rückgängig machen und die Gesundheit wiederherstellen; mindestens soll sie die Krankheitsprozesse zum Stillstand bringen und dem Patienten helfen, sich ohne übermäßiges Leiden mit dem bestehenden Zustand abzufinden.

Wir müssen wiederholen, was wir schon in Teil III sagten, daß diese Auffassung auf der Annahme beruht, der Arzt könne den Kranken ungefähr so untersuchen, wie der Ingenieur eine Maschine auseinandernimmt. Bei gewissen Untersuchungsmethoden, z. B. der Röntgenaufnahme eines Beinbruches, dem Abhören der Herztöne und vor allem den Laboratoriumsuntersuchungen, bei denen der Patient nicht einmal zugegen sein muß, ist dieses Ideal weitgehend verwirklicht; bei den Laboratoriumsuntersuchungen braucht man nur den Sputum, Urin usw.

Bei der sogenannten ärztlichen Untersuchung ist die Lage etwas komplizierter, aber auch hier wird versucht, dem Ideal möglichst nahe zu kommen. Da die Ausbildung des Arztes völlig auf Anamneseerhebung und klinische Untersuchungen abgestellt ist, wird unsere Haltung beim ersten Zusammentreffen mit dem Patienten stark davon beeinflußt. Dies ist verständlich, denn das, was man heute unter einer „gründlichen ärztlichen Untersuchung" versteht, wurde in Jahrhunderten harter Gedankenarbeit, Forschung und genauer klinischer Beobachtung gewonnen und unter dem Druck der Leistungsanforderungen zu einer reibungslos ablaufenden Prozedur gestaltet. Eine normale Anamnese und Untersuchung kann in zehn bis fünfzehn Minuten erledigt sein und den Patienten ein Minimum an Peinlichkeit und Schmerz kosten, dem Arzt aber ein zuverlässiges Bild vom Allgemeinzustand des Patienten geben. Wenn die klassische Routine gewissenhaft befolgt wird, kann der Arzt auch gewiß sein, daß er mit größter Wahrscheinlichkeit nichts Wichtiges übersehen hat. Und schließlich kann man diese Untersuchung wiederholen, so oft es nötig erscheint, sei es durch den Erstuntersucher, sei es – theoretisch – durch jede Anzahl weiterer Ärzte, was im Falle eines Zweifels eine Verifikation ermöglicht.

Beim psychiatrischen Interview ist alles ganz anders. Zunächst gibt es keine feststehende, erprobte Routine. Zweitens muß der Arzt, wie objektiv auch immer er sich zu verhalten versucht, nolens volens eine persönliche Beziehung zum Patienten eingehen, sodaß das Untersuchungsergebnis in hohem Grade davon abhängt, wie er sich subjektiv in dieser Beziehung verhält und was er daraus entnimmt. Infolgedessen wird die Wiederholung der Untersuchung vielleicht nicht die gleichen Resultate ergeben, und wir müssen uns nach komplizierteren Methoden umsehen, wenn wir verifizierbare Untersuchungen anstellen wollen. Dieses Problem soll im nächsten Kapitel besprochen werden.

Zunächst zu den beiden ersten Punkten. Es sind in der Tat Versuche gemacht worden, für das psychiatrische Interview ein Routine-Schema zu entwickeln. Wir alle kennen die sogenannten „Fragebogen" und Berichts-Formulare, die zu diesem Zweck geschaffen wurden, und zahlreiche Psychiater haben sich damit befaßt, sie zu verbessern. Obwohl nicht abgestritten werden soll, daß diese Formulare, die nach dem

Muster der in der inneren Klinik verwendeten Krankenblätter entworfen wurden, insofern nützlich sind, als sie den Arzt daran erinnern, keinen Aspekt des Falles auszulassen, ist das aber auch wohl ihr einziger Nutzen. Man ist sich darüber einig, daß, im Gegensatz zu den Krankenblättern der Medizinischen Klinik, die psychiatrischen Fallberichte für einen anderen als den Erstuntersucher von geringem Nutzen sind. Denn obwohl das Formular eine Anzahl nützlicher und wichtiger Hinweise enthält, kann es das Bild des ganzen Patienten und seines gegenwärtigen Zustandes irgendwie doch nicht klar genug vermitteln. Man hat dem abzuhelfen versucht, indem man etwa die Formulare oder Untersuchungsbogen fast ohne Vordruck gelassen und es dem Untersucher überlassen hat, seine Befunde frei aufzuzeichnen. Oft ist das Ergebnis dann aber eine lange, ungeordnete Beschreibung, die wortreich und langweilig, ja ungenießbar für einen Dritten ist. Die Notwendigkeit, etwas zu erfinden, was der fruchtbaren medizinischen Routineuntersuchung und ihrer Aufzeichnungsweise entspricht, bleibt also für die Psychiatrie nach wie vor bestehen.

Nun zu der bereits erwähnten Schwierigkeit, im psychiatrischen Interview eine persönliche Beziehung zum Patienten herstellen zu müssen. Um den ganz erheblichen Unterschied zwischen der internistischen und der psychiatrischen Anamneseerhebung darzustellen, brauchen wir nur an einen passiven, unkooperativen und mutistischen Patienten zu denken. Einen solchen würde der Internist zwar mit einiger Behinderung, aber doch ohne Beeinträchtigung des Ergebnisses untersuchen und seine Reflexe, Atmung, Herztöne usw. feststellen können; bei der Palpierung des Bauches würde es etwas, aber nicht erhebliche Schwierigkeiten geben, wie unbeteiligt und einsilbig der Patient sich auch verhalten mag. Beim psychiatrischen Interview ist das ganz anders. Wenn es dem Arzt nicht gelingt, in einen einigermaßen guten Rapport mit dem Patienten zu kommen, wird das Ergebnis seiner Untersuchung unbefriedigend, lückenhaft und eventuell sogar irreführend sein. Das alles ist wohlbekannt, ist aber in seinen Folgerungen vielleicht nicht genügend unterstrichen worden. Bei der psychiatrischen Untersuchung ist es doch vergleichsweise beinahe so, als ob ein Internist einen Patienten, dessen Blutzuckerspiegel er feststellen will, mit Süßigkeiten füttern würde. Dann würde der Blutzuckerspiegel natürlich nicht nur vom

„internen Zustand" des Patienten abhängen, sondern auch in hohem Grade von der Menge und Art der Süßigkeiten, die der Arzt dem Patienten gibt, und der Bereitwilligkeit oder mangelnden Bereitwilligkeit des Patienten, sie zu schlucken.

Der grundlegende Unterschied zwischen der internistischen und der psychiatrischen Untersuchung kann nun vielleicht etwas klarer dargestellt werden. Die klassische Klinikuntersuchung ist fast ausschließlich psychologischer und anatomischer Art, die, um den von *John Rickman*[1] geprägten wichtigen Begriff zu benutzen, zur *einpersonalen* Biologie oder Psychologie gehören. Eine psychiatrische Untersuchung ist in solcher Beschränkung nicht denkbar, sie ist ihrem Wesen nach eine Untersuchung zwischenmenschlicher Beziehungen und gehört demnach zur *bipersonalen* Biologie oder Psychologie. Das ist der Grund, warum alle nach dem Muster der klassischen klinischen Untersuchungen gestalteten Versuche, psychiatrische Routineuntersuchungen zu entwerfen, sich als zwecklos erweisen müssen und tatsächlich auch erwiesen haben.

Aus der bipersonalen Natur des psychiatrischen Interviews folgt, daß sein Verlauf von den Beiträgen beider Partner abhängig ist, obwohl ja das Ziel des Interviews die Feststellung des seelischen Zustandes nur des einen Teilnehmers, des Patienten ist, dessen Beiträge zum Interview zur Beobachtung stehen. Hier ergibt sich eine Fülle schwieriger theoretischer Probleme, die wir jetzt nicht lösen können. Wir können nur auf die Bedeutung dieser Probleme hinweisen und einige darunter auf ihren Einfluß hin prüfen.

Obwohl auch die „ärztliche Routine-Untersuchung" eine Zweier-Beziehung ist, werden ihre Ergebnisse doch gänzlich in den Begriffen der einpersonalen Biologie verstanden und notiert. Nehmen wir das bekannte und oft zitierte Beispiel des Blutdrucks. Wenn der Patient ängstlich oder gespannt ist, steigt sein Blutdruck; dieser Anstieg wird jedoch nicht in Rechnung gestellt. In den Lehrbüchern und im Unterricht werden verschiedene Methoden empfohlen, wie man den Patienten entspannen und dann den sogenannten „wahren" Blutdruck beobachten und aufzeichnen kann. Demnach meint der wahre Blutdruck

---

[1] John Rickman: „Number and the Human Sciences". Abgedruckt in seinen Selected Contributions to Psychoanalysis. Hogarth Press, London 1957

den Wert, den man erhält, wenn der Patient so weitgehend wie möglich von der Einwirkung der Zweier-Beziehung abgeschirmt ist. Ähnlich wird beim Zählen der Pulsschläge, der Prüfung gewisser Reflexe, bei der Bestimmung des Grundumsatzes usw. vorgegangen. Es wird in all diesen Fällen grundsätzlich davon ausgegangen, daß der Einfluß des Untersuchenden beziehungsweise das Untersuchen an sich ein störender Faktor ist, dessen Wirkungen so vollständig wie möglich ausgeschaltet werden müssen.

Dies kann beim psychiatrischen Interview natürlich nicht erreicht werden. Alles, was sich dort ereignet, stellt eine Wechselwirkung zwischen zwei Menschen dar, wobei jeder auf die Bedürfnisse und Forderungen des anderen auf seine individuelle Weise reagiert. Oder mit anderen Worten, das psychiatrische Interview ist die Summe der Reaktionen des Patienten auf diesen Arzt, in diesem Moment, in dieser Umgebung – und da keiner dieser spezifischen Umstände aus dem Interview ausgeschaltet werden kann, ist es in Wirklichkeit die Wechselwirkung, die untersucht wird. Daher wird das, was in der klinischen Untersuchung ein Störfaktor ist, zum eigentlichen Herzstück der psychiatrischen Untersuchung.

Das dritte Problem, noch schwieriger als die beiden vorgenannten, ist das der Darstellung der Befunde. Praktisch die gesamte psychiatrische Terminologie, mit welcher die neurotischen oder psychotischen Erkrankungen oder Zustände beschrieben werden, sind entweder geradezu der einpersonalen Biologie entliehen, also der Anatomie und Physiologie, oder nach deren Muster geprägt; ich erwähne nur die Bezeichnungen Hysterie, Neurasthenie, Schizophrenie, Epilepsie, Katatonie, Demenz, Depression, Melancholie, Nervenschwäche usw. Alle diese Begriffe sollen anatomische oder physiologische Zustände und erst in zweiter Linie zwischenmenschliche Beziehungen beschreiben. Also obwohl alles, was wir im psychiatrischen Interview beobachten, im wesentlichen Erscheinungen einer Zweierbeziehung sind, müssen wir sie mit Begriffen beschreiben, die zur einpersonalen Biologie gehören. Wie einer der Autoren an anderer Stelle schilderte[1], erinnert das an Aufgaben der Geometrie, z.B. die Darstellung eines Körpers von n + 1

[1] M. Balint: „Primary Love“. London (Hogarth Press) 1952, Seiten 234-235.

Dimensionen in n Dimensionen, also etwa die Projizierung von Körpern und Bewegungen im Raum auf einer Fläche. Diese Darstellung ist möglich, aber das Original erscheint reduziert, und es gibt, wie die Geometrie lehrt, viele verzwickte Situationen, die nur der vorsichtigste Fachmann überblickt, und manchmal nicht einmal er.

II.

Kehren wir zu unserem Hauptthema zurück. Wir haben gesehen, daß das psychiatrische Interview im wesentlichen eine Zweier-Beziehung ist, die sich aus den Beiträgen beider Partner aufbaut. Das Ziel des Interviews ist es indessen, allein des Patienten Beiträge zu studieren, um zu einer Beurteilung seines jetzigen seelischen Zustandes zu gelangen und diesen dann in der herkömmlichen Terminologie zu beschreiben, welche allerdings für diesen Zweck leider recht unzulänglich ist.

Man könnte nun meinen, um die Beiträge des Patienten zu dieser Zweier-Beziehung besser studieren zu können, sollte wenigstes der Anteil des Arztes recht streng genormt werden. Wenn wir jeden Patienten der Einwirkung der gleichen Behandlung unterwerfen, könnte man die Reaktionsunterschiede, die man beobachtet, zweifellos als Grundlage für wissenschaftliche Schlüsse benutzen. Etwas Derartiges wird nun in der Testpsychologie angestrebt und anscheinend auch erreicht. Jeder Test, sei es ein Intelligenztest, ein projektiver Test zur Beurteilung der Persönlichkeit oder auch nur ein einfacher Fragebogen zu statistischen Zwecken, verlangt eine festumrissene Technik, die der Versuchsleiter befolgen muß; ohne eine solche würde der Test nach übereinstimmender Meinung der Erfinder dieses Testes nicht zuverlässig sein. Wenn wir die Situation aber genauer betrachten, entdecken wir, daß die Haltung des Testpsychologen in der Testsituation recht ähnlich der Haltung ist, die der Internist bei der Blutdruckmessung einnimmt. Es besteht eine gut durchdachte Routine für die Blutdruckmessung, aber zunächst muß der Patient darauf eingestellt werden, er muß sich entspannen, d. h. seine Ängste, Verkrampfungen usw. müssen behoben werden. Das gilt genau so für alle psychologischen Tests. Die Durchführung des Tests ist ausreichend genormt, aber zunächst wird der Patient „mit der Testsituation vertraut gemacht".

Dieses „Vertrautmachen" soll mittels einiger einleitender Sätze geschehen; der Testpsychologe spricht von der „Vorbereitung" des Patienten.[1] Damit sollen die gewöhnlichen (allgemein anzutreffenden oder häufigsten) Gefühle von Mißtrauen, Ablehnung, Angst usw. des Patienten beschwichtigt werden. Das gelingt auch in den meisten Fällen; aber fast nie fragt sich der Versuchsleiter, was er damit getan hat, d. h. welches sein eigener Beitrag war. Nur wenn die übliche Vorbereitung versagt und der Versuchsleiter etwas Weiteres unternehmen muß, merkt er, wie wichtig dieser Beitrag ist. Um zu beleuchten, was wir meinen, sei die Durchführung eines TAT-Tests[2] bei einer schlecht mitarbeitenden Patientin angeführt. Es handelte sich um eine an ulzerativer Colitis leidende Frau, die an der ambulanten Gruppentherapie einer psychiatrischen Klinik teilnahm.

Obwohl sie mit dem Ambulanzauto geholt wurde, kam sie fast eine halbe Stunde zu spät und verschwand zuerst einmal auf der Toilette. Sie war eine vierschrötige Frau, einfach gekleidet, fest zusammengekniffene Lippen, schmale Augen. Im Gesamteindruck wirkte sie ziemlich unangenehm.

Zu Beginn des Interviews war sie recht unruhig und drehte heftig an ihrem Ehe- und Verlobungsring. Sie grimassierte beim Sprechen und lachte mehrmals krampfartig.

---

[1] Der im englischen Original zitierte Ausdruck „standard blurb" (etwa mit „Standard-Schmus" wiederzugeben) ist eine scherzhafte, aber recht treffende Umschreibung dieses Vorgangs; er wurde von G. Hutton in einer Diskussion geprägt.

[2] „Thematic Apperception Test". Das Testmaterial besteht aus einem Satz Karten mit Bildern einfacher Szenen, bei denen eine, zwei oder drei Personen oder Gruppen auftreten. Der Patient wird aufgefordert, sich eine Geschichte auszudenken, wie es zu der abgebildeten Situation gekommen ist, was sie für die einzelnen Personen bedeutet und wie es ausgeht. Es wird dabei angenommen, daß die Abbildungen als Reize wirken und Reaktionen aus der inneren Erlebniswelt des Patienten hervorrufen, die der Patient auf die Karten „projiziert". Auf Grund dieser Annahme werden die Anworten dann gedeutet. Alle sogenannten projektiven Tests haben die gleiche Grundstruktur und unterscheiden sich nur durch die Reize, die sie setzen, d. h. durch die Karten, die dem Patienten vorgelegt werden.

Auf die Frage, wie es ihr ginge, klagte sie als erstes, daß sie gegen alle Leute so bissig sei; lachend fügte sie hinzu, die Leute bissen sie dann wieder.

Als ihr der Test erklärt wurde, lachte sie wieder und behauptete, so etwas könnte sie nicht. Darauf wurde ihr gesagt, es würde nichts anderes verlangt, als daß sie ihr Bestes versuchte, worauf der Test begann.

Auf die erste Karte hin sagte sie sofort: „Das sagt mir gar nichts – sieht aus, wie jemand im Nebel." Nach vier Minuten, in denen sie geschwiegen und die Karte so gehalten hatte, daß sie ihr Gesicht verdeckte, wiederholte sie: „Es sagt mir rein gar nichts."

Mit den nächsten beiden Karten machte sie es ebenso. Sie benutzte sie, wie auch alle folgenden, um ihr Gesicht dahinter zu verstecken und fleißig am Daumen zu nagen. Nach der dritten Karte fragte der Versuchsleiter (Vl.), was ihr denn Schwierigkeiten bereitete. Sie lachte laut und gekünstelt und sagte: „Fragen Sie mich nicht, wahrscheinlich bin ich zu dumm." Dieses letztere brachte sie mit trotzigem, herausforderndem Ton vor. Auf die Suggestivfrage, so dumm scheine sie aber nicht zu sein, ging sie nicht ein, sondern nagte weiter am Daumen.

Nach der nächsten Karte fragte der Vl., ob sie sich durch die ganze Situation irritiert fühlte und es deshalb nicht ginge. Sie blickte ärgerlich und sagte: „Das macht mir nichts aus", fügte aber in spielerisch drohendem Ton hinzu: „Wenn dabei aber wieder nichts herauskommt, bin ich bestimmt sehr enttäuscht."

Danach änderte sich ihr Verhalten aber etwas, und sie beantwortete die Karten kurz und bündig, mit unverhüllter Feindseligkeit in ihren Blicken.

Der Vl. fragte sie später, ob sie vielleicht ärgerlich darüber gewesen wäre, daß man sie zum Testen geschickt hätte. Darauf sagte sie jedoch in überraschtem Tonfall: „Ach wo, durchaus nicht – das ist mir ganz egal."

Als ihr zum Schluß die leere Karte vorgelegt wurde und sie aufgefordert wurde, sich selber ein Bild auszudenken, lachte sie und antwortete, beinahe schreiend: „Oh nein. Nein, da kriegen sie nie etwas aus mir heraus." Sie fügte hinzu, es wäre dumm von ihr gewesen, ohne ihre Brille zu kommen. Von der letzten Karte sagte sie: „Es ist bloß ein leeres Stück Pappe – ziemlich schmuddelig." Danach fiel sie in Schweigen und starrte aus dem Fenster. Als sie gefragt wurde, ob sie es nicht doch versuchen wollte, erwiderte sie, sie könnte sich nichts ausdenken; schon in der Schule hätte man ihr gesagt, sie hätte keinen Verstand.

Damit war die Sitzung zuende. Beim Weggehen sagte sie: „Mein Doktor verlangt einen Bericht von Ihnen, aber der ist ja wohl so schnell nicht fertig. Kam nicht viel raus, nicht wahr? Es fing schon an, verkehrt zu gehen, als Sie den Termin verlegen mußten" (das bezog sich auf einen ersten Termin, den jedoch sie selbst wegen Krankheit abgesagt hatte). Sie ging ohne Gruß ab.[1]

Obwohl die vom Versuchsleiter aufgezeichneten Beobachtungen sehr bemerkenswert und aufschlußreich sind für den Charakter und die Krankheit der Patientin, muß das Interview doch als unbefriedigend bezeichnet werden, da es ja sein Ziel, nämlich Antworten der Patientin auf die Testkarten zu bekommen, nicht erreichte. Die Testsituation ist insofern leichter zu studieren als das psychiatrische Interview, als ihre Ziele schärfer definiert sind: Wenn Patient und Tester diese Ziele nicht erreichen, dann ist es klar, daß etwas falsch gelaufen ist. Beim psychiatrischen Interview sind die Ziele viel vager; man könnte behaupten, daß so gut wie alles verwertbar ist. Insofern ist es sehr viel schwieriger zu beurteilen, ob ein Interview erfolgreich war und in welchem Umfang. In Kapitel 15 wollen wir einige Kriterien zu bestimmen versuchen, auf Grund derer man zu einer solchen Entscheidung kommen kann. Zunächst aber wollen wir die einfachere Situation des psychologischen Tests noch etwas weiter erörtern.

In dem eben erwähnten Fall ist es fast sicher, daß die ablehnende Haltung der Patientin mindestens teilweise dadurch verursacht war, daß sie von ihrem behandelnden Arzt nicht genügend darauf vorbereitet worden war. Also beruhte ihre unkooperative Haltung auf einer Übertragung des behandelnden Arztes auf den Testpsychologen. Dies ist für unsere Diskussion jedoch erst in zweiter Linie wichtig. Der Bericht liefert den schlüssigen Beweis, daß es in jedem Test zwei Phasen

---

[1] Wir verdanken diesen Testbericht und die Erlaubnis, ihn abzudrucken, Herrn *A. Pollock*.

gibt. Die erste ist die Vorbereitung des Patienten, die entweder außerhalb der Testsituation, d. h. durch den überweisenden Arzt, oder innerhalb der Testsituation durch den Versuchsleiter selbst gegeben werden kann. Das Ziel der ersten Phase ist die Schaffung einer Atmosphäre, in welcher der Patient die Rolle, die von ihm verlangt wird, übernimmt.

Diese einleitende Phase wird im allgemeinen als notwendiges, aber nicht besonders wichtiges Vorspiel betrachtet. Die Methoden, d. h. die Beiträge des Vl., werden fast nie aufgezeichnet, wenn auch die Tatsache, daß der Vl. wenig oder viel Mühe hatte, die Mitarbeit des Patienten zu gewinnen, gewöhnlich kurz erwähnt wird. Nach dieser Einleitung folgt die zweite Phase, der Test. Hier sind die Beiträge des Vl. genau genormt. Diese Phase wird in allen Einzelheiten notiert, soweit es sich um die Beiträge des Patienten handelt. Die Beiträge des Vl. gelten als feststehend, da sie ja genormt sind; wenn sie in allen Fällen praktisch die gleichen sind, braucht man sie nicht aufzuschreiben.

Es ist nun lehrreich, in dem ungewöhnlich ehrlichen Bericht des obigen Tests die affektiven Beiträge des Psychologen zu verfolgen und zu sehen, wie sich die ganze Situation zwischen den beiden Partnern entwickelte, von denen jeder auf die vom anderen gebotenen Reize immer umschichtig reagierte. Dabei drehte sich die Wechselwirkung im Kreise und endete unbefriedigend. Der auslösende Mechanismus war ja schon deutlich durch die Patientin gekennzeichnet, als sie sagte, daß sie immer so bissig sei, daß die Leute aber, wie sie lachend hinzufügte, wiederbissen. Das geschah auch haargenau so im Interview. Sie verärgerte den Vl. durch ihre bissige Art, worauf dieser keine andere Wahl hatte als wiederzubeißen, obwohl er sich die ganze Zeit bemühte, seinen Ärger zu beherrschen und auch nur milde reagierte.

Wie hätte man es besser machen können? Das Seminar, in dem der Test diskutiert wurde, schlug zwei Wege vor. Die eine Methode war, ruhig zu bleiben und der Patientin eine vernünftige Erklärung der Ziele des Tests und ihrer Mitarbeit zu geben, ihr auch zu sagen, welche Vorteile für sie daraus erwachsen könnten und daß sie deshalb mitmachen sollte. Diese Methode könnte man als „Appell an die Realität" bezeichnen.

Die andere Methode, die vorgeschlagen wurde, könnte man „strukturierend" nennen. Man hätte der Patientin genauer zeigen können, welche Situationen ihr auf den Karten vorgelegt wurden, und sie geduldig, aber fest dazu anleiten können, zu erkennen, was von ihr erwartet wurde. Die Einstellung des Vl. bei diesem Vorgehen könnte man annähernd so beschreiben: „Ich weiß, was für dich gut ist. Lasse dich von mir führen, es ist kein Grund vorhanden, ängstlich, zornig, geniert oder böse zu sein." Es ist die Rolle eines freundlichen, verständnisvollen, aber energischen und unbeeinflußbaren Erwachsenen gegenüber einem Kind.

Das Seminar erkannte bald, daß in dem „Vorbereitungstext" diese beiden Methoden schon in der Anlage enthalten sind und somit nur ausführlicher wiederholt zu werden brauchten. Sie sind wie Kleider von der Stange für Normalfiguren; in vielen Fällen mögen sie leidlich gut passen, aber ganz tadellos passen sie so gut wie nie, und für unnormale Figuren passen sie gar nicht.

Man könnte aber noch an eine andere Methode denken. Der Vl. könnte die Gefühle und Affekte, die in ihm aufsteigen, nicht unterdrücken und sie dem Patienten eingestehen. Wir haben ähnliche Situationen im Kapitel 6 beschrieben und erinnern auch an Fall 8, in welchem der Arzt auf den Patienten ärgerlich wurde, teils wegen des irritierenden Verhaltens der Patientin, teils aber auch wegen irritierender Vorkommnisse in seinem eigenen Leben, die sich vor der Zeit des Kontakts mit dieser Patientin ereignet hatten. In diesem Falle hatte der Arzt seinen Ärger therapeutisch benutzt und ihn bewußt zu erkennen gegeben. In dem vorliegenden Fall hätte der Vl. der Patientin etwa sagen können: „Sie scheinen es erreicht zu haben, daß ich ärgerlich geworden bin, und ich weiß, Sie erwarten jetzt, daß ich wiederbeiße. Machen wir uns lieber an die Arbeit." Oder er hätte bestätigen können, daß nichts zu machen sei, wenn die Patientin fest entschlossen wäre, daß er „nie etwas aus ihr herauskriegen" würde, und hätte durch seinen Gesichtsausdruck oder den Ton seiner Stimme zeigen können, daß er verärgert war.

Der Grund für diese Art des Vorgehens ist, daß es dem Patienten zu sehen erlaubt, daß vor ihm ein Mitmensch sitzt, der Gefühle hat, die den seinigen nicht unähnlich sind, und daß man ihm damit einen kleinen Triumph gewährt, ohne allzu heftige Schuldgefühle, Reue oder

Angst zu erwecken. Man hofft dabei, daß der Patient, nachdem er eine echte, aber unfruchtbare Beziehung zum Tester aufgenommen hat, nun auch imstande sein werde, eine nützlichere zuzulassen, d. h. mitzuarbeiten und den Test auszuführen. Das große Problem bei diesem und ähnlichen Vorgehen ist, daß sie sozusagen Schüsse ins Blaue sind. Wir wissen nicht und raten nur, wie der Patient darauf reagieren wird, und hoffen das Beste.

Die gleiche Ungewißheit ist mit einer vierten Methode verbunden, mit der man die Situation meistern könnte: indem man nämlich tolerant und freundlich bleibt, also wirklich nicht ärgerlich wird, d. h. nicht auf die Provokation der Patientin reagiert. Das ist auch nur ein Schuß ins Blaue, und das Ergebnis kann ebenso schlecht sein wie beim Zurückbeißen. Man weiß ja, daß Kinder z. B. rasend und unkontrollierbar werden können, wenn ihre aggressiven, feindlichen, zerstörerischen Impulse nicht rechtzeitig eingedämmt werden. Dasselbe kann bei einem Patienten eintreten, wenn man ihm erlaubt, den Arzt zu frustrieren. Eine ähnliche Kritik kann man an einer letzten Methode üben, nämlich den Mißerfolg offen zuzugeben und dem Patienten einen neuen Termin vorzuschlagen, in der Hoffnung, daß er dann mitarbeiten werde. Auch das ist ein Schuß ins Blaue.

Wenn wir von der seltenen Möglichkeit absehen, daß der Patient ein zwanghaftes, zwei-phasiges Verhalten befolgt – daß er in der ersten Phase seine Feindseligkeit befriedigen muß, dann aber in der zweiten mitarbeiten kann –, dann ist es das Ziel der „Vorbereitung", den Patienten aus seiner schablonenhaften unkooperativen zu einer kooperativen Einstellung zu bringen.

III.

Wir sahen, daß der Patient mit einem fertigen Verhaltensmuster in das Interview kommt, und daß es die Aufgabe des Interviewers ist, die Situation so zu handhaben, daß sie sich zu einer kooperativen Beziehung verwandelt. Man muß immer im Auge behalten, daß die Testsituation (und noch mehr das psychiatrische Interview) in erster Linie eine Zweier-Beziehung ist und daß ihre Entwicklung von den Beiträgen beider Partner abhängt. Wir haben den formelhaften Vorbereitungstext und seine Erweiterung als den ziemlich gut standardisierten Beitrag des Versuchsleiters erkannt. Wenn dieses Mittel versagt, kann er es mit einem „Schuß ins Blaue“ versuchen, wie im vorigen Abschnitt angedeutet, und dadurch vielleicht die gewünschte Atmosphäre schaffen. Es wäre natürlich besser, wenn er statt dessen sein Ziel fester ins Auge fassen könnte.

Die erste Voraussetzung dafür ist es aber zu verstehen, was bis jetzt geschehen ist und was im Augenblick geschieht; denn nur wenn wir die sich entwickelnde Zweier-Beziehung verstehen, können wir einen gezielten Beitrag liefern. Hier erhebt sich ein höchst wichtiges Problem, das für die psychologische Testsituation wie für das psychiatrische Interview gleichermaßen bedeutungsvoll ist, obwohl es im letzteren gewöhnlich vernachlässigt oder übertüncht wird. Es ist das Problem, ob es ratsam oder auch nur zulässig ist, daß der Vl. den Patienten durch den Test beeinflußt, mit anderen Worten, ob der Patient nicht das absolute Recht hat, die Testsituation in dem gleichen Zustand zu verlassen, in welchem er ankam. Das ist ein weiterer wichtiger Unterschied zwischen der internistischen und der psychiatrischen Untersuchung; in der ersteren stellt sich dieses Problem äußerst selten, in der letzteren fast regelmäßig. Jeder wird zugeben, daß es unzulässig ist, den Patienten unnötig aufzuregen, erhebliche Furcht oder generelle Angst in ihm zu erwecken, und daß man Sorge tragen muß, daß dies nicht geschieht. Manche Testhandbücher enthalten kurze Anweisungen, wie man den Patienten in solchem Falle beruhigen oder entspannen kann. Es gibt aber noch eine Anzahl anderer Nebenwirkungen, die gar nicht diskutiert werden, so z. B. ob es ratsam ist, daß der Patient irgendwelche Hoffnungen entwickelt, vor allem wenn es nicht möglich ist, dem Test oder dem Interview eine geeignete Behandlung folgen zu lassen.

Ein ähnliches und vielleicht noch schwererwiegendes Problem erhebt sich in Fällen, bei welchen man einige Deutungen geben zu müssen glaubt, damit der Patient mitarbeitet. Dabei kann eine Art therapeutischen Prozesses in Gang gebracht werden, den man am Ende des Interviews doch wieder abbrechen muß. Die leichteste Lösung, wenigstens hinsichtlich der Testsituation, ist der Rat, der Vl. solle nicht zu viel Mühe aufwenden. Wenn der Einheitstext und zusätzliche Erklärungen nicht helfen, so ist es wohl besser, auf den Test zu verzichten, um den Vl. nicht zu tief in einen Kampf mit dem Patienten zu verstricken. Höchstwahrscheinlich würde bei einem solchen Patienten der Test nicht zuverlässig ausfallen, und die Beobachtungen, die man bei der Vorbereitungsphase am Patienten macht, sind für die psychiatrische Diagnose vielleicht wichtiger als der ihm aufgezwungene Test.

Dies gilt jedoch nicht für das psychiatrische Interview. Durch seine elastischen Methoden hat es einen viel größeren Spielraum. Es hat ja auch ein streng definiertes Ziel, auf das es hinarbeiten muß, was natürlich auch seine Nachteile hat. Die größere Freiheit erschwert die Entscheidung, ob das Interview überhaupt etwas erreicht hat. Schließlich kann ja alles, was der Patient sagt und tut, in psychiatrischen Begriffen gedeutet und zu einer psychiatrischen Diagnose verwendet werden, die auch in gewissem Maße korrekt sein kann. Man braucht aber Kriterien, um zu beurteilen, ob alle, oder immerhin die meisten der relevanten Fakten, die für eine richtige Beurteilung notwendig sind, auch wirklich gefunden worden sind. Und wie will man beurteilen, ob die während des Interviews beobachteten Reaktionen für den Zustand des Patienten charakteristisch sind, beziehungsweise wieviel daran der Interviewtechnik des Untersuchers zuzuschreiben ist?

Dieses Problem braucht den Psychologen, der einen projektiven Test durchführt, nicht zu kümmern, denn dafür hat der Erfinder des Tests vorgesorgt. Natürlich hat jeder Test seine Grenzen, und auf der ganzen Welt sind andere Psychologen damit beschäftigt, neue Tests und neue Methoden zu erfinden, um die heutigen Einschränkungen zu überwinden oder neue Bereiche aufzudecken. Es ist Aufgabe des Erfinders – und der Erprober – eines Tests, die von dem Test angesprochenen seelischen Bereiche in ihren Grenzen festzustellen und Sorge zu tragen, daß die Standardmethode der Testaufnahme alle wesentlichen Fakten, die zu diesem Bereich gehören, erfassen kann. Obwohl das nicht immer ausdrücklich betont wird, verlangt doch jeder Test die Annahme dieser Grenzen und die Unterwerfung unter sie. Dagegen darf das psychiatrische Interview grundsätzlich keine solche Grenzen anerkennen.

Um den Unterschied noch auf andere Weise darzustellen: Im Projektivtest bietet der Psychologe dem Patienten als hauptsächlichen Reiz seine Karten an. Natürlich wirken auch der Tester selbst und die ganze

Situation als Reize und können nicht völlig außer acht gelassen werden, aber man kann wohl sagen, daß die Aufmerksamkeit des Patienten ständig auf die Karten gelenkt wird. Wir haben die Funktion des formelhaften Vorbereitungstextes sowie auch seine Ausweitung erörtert, und haben gefunden, daß beide die Situation so strukturieren sollen, daß die Antworten des Patienten weitgehend allein durch die Karten hervorgerufen werden.

In der folgenden zweiten Phase bietet der Psychologe dann die genormten Reize an und verzeichnet die Reaktionen. In der dritten Phase, nun ohne die affektive Einwirkung des Kontaktes mit dem Patienten, wertet der Psychologe die Antworten auf der Grundlage seiner Ausbildung und Erfahrung aus.

Im psychiatrischen Interview sind diese verschiedenen Phasen und Rollen miteinander vermengt. Der Psychiater hat selbst als Reiz zu wirken und muß die Antworten auswerten, noch während er unter dem affektiven Eindruck des Zusammentreffens mit dem Patienten steht. Ferner muß er bei jedem neuen Schritt – auf Grund seiner bisherigen Beobachtungen im Interview und seiner daraus gezogenen Schlüsse und Vermutungen – entscheiden, wie der nächste Reiz beschaffen sein soll, den er dem Patienten bieten will. Weiter hat der Psychiater – gegenüber den wenigen Karten des Tests – zahllose Reizmöglichkeiten zu seiner Verfügung; in seiner Wahl wird er natürlich teils von seinen bewußten, teils von seinen unbewußten Absichten gelenkt. Seine Auswahl reicht von freundlichem oder frostigem Schweigen über ein einfach ermutigendes „hm“, ein abfälliges, mißbilligendes „hm“, ein gelangweiltes „hm“ zu Fragen über objektive Tatsachen (die für den Patienten jedoch mehr oder weniger affektiv besetzt sein können, z. B. wieviele Geschwister er hat, was er verdient, ob er mit seiner Ehe zufrieden ist usw.) oder subjektive Erlebnisse; er benutzt Leitfragen, konfrontiert den Patienten mit seinen einander widersprechenden Aussagen, deutet auf Themen hin, die der Patient bewußt vermeidet oder fallen gelassen hat, und gibt schließlich ausgewachsene Deutungen.

Ferner hat der Psychiater zwar vielleicht die Absicht, sein Schweigen oder seine Fragen freundlich und ermutigend zu stimmen, aber seine unbewußte, nicht ganz kontrollierte affektive Beteiligung verwandelt sie in etwas ganz anders, oder aber der Patient empfindet sie ganz anders, als sie gemeint waren. Was der Arzt auch tut oder unterläßt, alles wirkt auf den Patienten irgendwie als Reiz; der Versuch, jegliche affektive Wechselwirkung zu vermeiden – falls er gelingt –, führt zu einem Interview, das man nur im Sinne der Reaktionen des Patienten auf einen Interviewer verstehen kann, der nicht vorhanden zu sein versucht, während er das Interview führt.

Aus alledem ergibt sich, daß die Aufgabe des Psychiaters sehr viel komplizierter ist als die des Testpsychologen; es ist daher kein Wunder, daß sie weit weniger standardisiert ist. Diesen Unterschied mit seinen vielen und andersartigen Folgen wollten wir hier andeuten. Da wir aber von dieser Richtung her keine Lösung für unser Problem erblicken, wollen wir versuchen, es von einer anderen her anzugehen.

14. Psychiater und Psychoanalytiker als Interviewer

I.

Der Vergleich der Dynamik des psychologischen Testens mit der des psychiatrischen Interviews ergab ganz grundlegende Unterschiede zwischen beiden. Insgesamt können wir sagen, daß die Aufgaben des Psychologen während des Testens nicht nur verhältnismäßig standardisiert sind, sondern daß die verschiedenen Rollen, in denen er auftritt, in Raum und Zeit voneinander getrennt funktionieren. Dagegen muß der Psychiater gleichzeitig viele Rollen übernehmen, die so gut wie gar nicht standardisiert sind, sondern im Gegenteil nur vage wahrgenommen werden. Unser Überblick zeigte uns, daß der Psychiater – nachdem er seinen Patienten mit der Situation bekannt gemacht, einen guten Kontakt mit ihm hergestellt beziehungsweise eine günstige „Atmosphäre“ geschaffen hat – nun als Reizquelle zu dienen hat; er muß also, wie die Karten des Testpsychologen, die Antworten des Patienten auf die angebotenen Reize *feststellen* und sie im selben Augenblick auch *bewerten.* Alle diese vier Rollen sind miteinander vermischt, während sie beim Psychologen reinlich geschieden sind. Die Situation ist indessen noch komplizierter, denn der Psychiater muß auch noch als Erfinder des Tests funktionieren; er muß sich ja die Reize und die Art und Weise, wie er sie setzt, bei jedem Patienten im Laufe des Interviews frisch einfallen lassen. Natürlich entwickelt jeder Psychiater im Laufe der Zeit eine gewisse Routine, aber diese seine Methoden sind sozusagen Geschäftsgeheimnis; sie sind nie richtig beschrieben, und natürlich auch niemals geprüft und kritisch beurteilt worden.

Im Gegensatz zu diesem Sachverhalt ist die Verantwortlichkeit des Testpsychologen doch nur begrenzt. Er funktioniert fast immer nur als Assistent, während die Verantwortung des Psychiaters so absolut ist wie die eines Internisten oder Chirurgen. Auf Grund seiner Befunde, eventuell unterstützt durch den Testbericht, muß er entscheiden, was mit dem Patienten geschehen soll, und muß für seine Entscheidung die volle Verantwortung tragen. Wie schwer diese Aufgabe ist und welchen Risiken der Psychiater in seiner Berufsausübung ständig ausgesetzt ist, kommt nirgends deutlicher zum Ausdruck als in den schrecklichen Kontroversen zwischen psychiatrischen Gutachtern in Kriminalfällen oder bei Gerichts-Gutachten in Zivilprozessen.

Es ist daher kein Wunder, daß die Psychiatrie zum Schutz gegen diese unsichere und unangenehme Situation die in solchen Umständen verbreitetsten beiden Abwehrmechanismen mobilisiert: Verleugnung und Idealisierung. Einerseits benimmt sich der Psychiater, als gäbe es gar keine Probleme – also Verleugnung; andererseits tut er so, als habe er zuverlässige Methoden für alle Notfälle zur Hand – also Idealisierung. Dies ist übrigens eines der seltenen Gebiete, auf denen sich die akademische Psychiatrie und die Psychoanalyse die Hand reichen. Mit wenigen Ausnahmen geben die Jünger beider Disziplinen durch ihre Haltung zu verstehen, daß ein psychiatrisches Interview keine außergewöhnlichen Schwierigkeiten biete und daß sie genau wüßten, wie sie es zu führen hätten. Erst seit zwanzig oder dreißig Jahren haben sich überhaupt Forscher dafür interessiert, was in einem psychiatrischen Interview geschieht, und erst jetzt wird versucht, Standard-Techniken und genormte Auswertungsmethoden zu entwickeln. Wie es so oft in der Wissenschaft geschieht, scheint das Pendel jetzt nach der anderen Richtung auszuschlagen, denn in den letzten Jahren ist eine Anzahl dicker Bücher mit wörtlichen Niederschriften von Interviews erschienen. Bei einigen davon sind die gedruckten Niederschriften sogar durch Grammophonplatten oder Tonbänder ergänzt. Die weitestgehende

Unternehmung, von der wir Kenntnis haben, ist der Versuch, jeden Satz, der vom Arzt oder vom Patienten geäußert wird, phonetisch zu analysieren.

Das sind jedoch Ausnahmen, vielleicht aber auch Vorboten. Die Mehrzahl der Psychiater und Psychoanalytiker verschanzt sich noch hinter Verleugnung und Idealisierung. Um zuerst von den Psychiatern zu sprechen: sie bekennen sich zur „umfassenden“ Methode. Es wird jede erreichbare Tatsache aus allen Gebieten gesammelt, die irgendeinen Bezug auf den Patienten haben könnte: seine Erbanlagen, seine Konstitution, Persönlichkeit, sein vermutlicher psychiatrischer Zustand. Da die Psychiatrie bis jetzt noch keine Kriterien besitzt, die darüber entscheiden, welche Tatsachen relevant sind und welche nicht, geht es nach dem – einigermaßen angstbesetzten – Grundsatz; je mehr, desto besser – und desto sicherer. Abgesehen davon, daß dadurch dem Arzt eine Unmenge Arbeit erwächst, ist das Ergebnis eine riesige Ansammlung von Fakten, die in der Regel zusammenhanglos nebeneinanderstehen. Ein Großteil davon ist für die Diagnose irrelevant, und das Ganze führt zu einer atomistischen Materialsammlung, die nach von außen herangetragenen Überschriften, die mit dem einzelnen Patienten nichts zu tun haben, unterteilt werden, wodurch das Bild des Patienten als ganzer Persönlichkeit eher verdeckt als herausgearbeitet wird.

Die Idealisierung, deren sich der Psychoanalytiker befleißigt, geht zum Teil auf Freuds technischen Ratschlag zurück, der Analytiker solle sich wie ein Spiegel verhalten, der dem Patienten das unverzerrte Bild seiner Krankheit und seines Charakters reflektiert; zum andern Teil, wie in Kapitel 12 erörtert, beruht sie auf seiner Kenntnis des Funktionierens des Unbewußten. Obwohl heute im allgemeinen in der psychoanalytischen Praxis zugegeben wird, daß das Ideal des fleckenlosen Spiegels nur in Ausnahmefällen zu erreichen ist und daß alles, was sich in einer analytischen Behandlung ereignet, auch im Sinne der Beziehung zwischen Arzt und Patient verstanden werden muß, hat diese Erkenntnis die Haltung hinsichtlich des diagnostischen Interviews noch nicht sehr beeinflußt, oder höchstens in einem sehr allgemeinen Sinne. So wird z. B. die Angst oder das manische Verhalten des Patienten während des Interviews in der Hauptsache als Symptom seiner Psychopathologie und kaum jemals als Reaktion auf die Reize verstanden, die das Verhalten und die verbalen Mitteilungen des Arztes für den Patienten setzen, und jede Kritik richtet sich eher darauf, ob der Arzt imstande war, ein unverzerrtes Bild der Krankheit und Persönlichkeit des Patienten zu reflektieren, als daß sie die Wechselwirkung zwischen seiner Interviewtechnik und den im Patienten hervorgerufenen Reaktionen untersuchte.

Man kann den Nutzen eines Verständnisses der unbewußten seelischen Bereiche für diagnostische Zwecke auch überschätzen. Zwar bemerkt und versteht der Analytiker vieles, was ein nicht-analytisch ausgebildeter Arzt überhaupt nicht sieht, aber die Anwendung seines Verständnisses für die Diagnose ist noch unzureichend erforscht. Es könnte dabei sich zeigen, daß die Meinungen, die wir uns im diagnostischen Interview über einen Patienten bilden, nicht so zuverlässig sind, wie man wünschen sollte. Es mag stimmen, daß wir Analytiker in einem diagnostischen Interview mehr über den Patienten erfahren und in einem tieferen und wahreren Sinne über ihn Bescheid wissen als andere Ärzte, aber unsere Folgerungen, die wir aus diesem Wissen ziehen, scheinen nicht so sehr viel zuverlässiger zu sein als die anderer Untersucher.

Hierzu sei die wohlbekannte Tatsache erwähnt, über die in mündlicher Überlieferung zahllose Witze kursieren. Das ist der hohe Prozentsatz von Mißerfolgen bei Patienten, die von einem älteren Analytiker zur Behandlung an einen jüngeren Kollegen überwiesen werden. Da dies sich innerhalb der Privatpraxis ereignet, gibt es keine offiziellen Zahlenangaben darüber, und unseres Wissens hat sich auch noch niemand die Mühe gemacht, hier Material zu sammeln, aber nach allem, was man hört, ist eine Mißerfolgsrate von eins zu vier oder eins zu drei noch sehr vorsichtig geschätzt.

Was geschieht nun in der nicht-analytischen Praxis; was geschieht, wenn ein Patient von einem Nicht-Psychiater oder sogar von einem Psychiater interviewt wird, der nicht unter der Überwachung durch eine strenge Klinikroutine steht? Die übliche Methode ist eine handgerechte Mischung aus einer abgekürzten Version der akademischen Faktensammlung und verdünnter Psychoanalyse. Unseres Erachtens ist die Wahrscheinlichkeit, daß in absehbarer Zukunft irgendetwas Nützliches, sei es aus der akademischen Methode, sei es aus dem Mischmasch der Privatpraxis herauskommt, nicht sehr groß. Wir wollen uns daher auf die Erörterung der psychoanalytischen Interviewtechnik konzentrieren. Da beide Autoren Psychoanalytiker sind, ist dies auch das Gebiet, das sie am meisten betrifft und auf dem sie die meiste Erfahrung haben. Wir wollen die Hemmnisse und Widerstände untersuchen, die unserer Meinung nach den Psychoanalytiker daran hindern, seine Aufmerksamkeit auf dieses interessante, vielversprechende Gebiet zu lenken.

Die Gründe, warum der „strenge" Psychoanalytiker an einer kritischen Studie seiner Interviewtechniken meist nicht so sehr interessiert ist, sind vor allem historische. Die Patienten, die der in Ausbildung befindliche Psychoanalytiker unter Kontrolle zur Behandlung bekommt, werden in der Regel von seinem Institut oder seinem Kontrollanalytiker ausgesucht. Wenn er dann mit seiner Privatpraxis beginnt, werden ihm seine ersten Patienten meist von den älteren Kollegen überwiesen, und das einzige Problem, dem er sich beim ersten Interview ausgesetzt sieht, ist, die Behandlung in Gang zu bekommen. Erst nach einigen Jahren pflegt sich seine Praxis so zu entwickeln, daß die Patienten von allein kommen. Bis dahin hat der Analytiker entdeckt, daß die klinische Diagnose für seine Praxis mehr oder weniger unerheblich ist; die Hauptfrage, die er im diagnostischen Interview lösen muß, ist, ob der Patient analysierbar ist oder nicht; ist er es nicht, so endet seine Verantwortung. Erst wenn sich seine Praxis noch weiter entwickelt und er mit Patienten voll besetzt ist, muß er durch seine Interviewtechnik auch noch weitere Fragen klären. Es sind, grob gesprochen, die folgenden: Ist es angezeigt oder notwendig, daß die Behandlung eines neuen Patienten sogleich beginnt, oder kann er warten, bis eine ältere Behandlung abgeschlossen ist und dadurch Stunden frei werden? Muß der Patient an einen anderen Analytiker überwiesen werden, soll man ihm einen bestimmten nennen oder ihm mehrere Namen angeben? So hat der „strenge" Analytiker viele Jahre lang nur zwei Fragen zu entscheiden: ist der Patient analysierbar oder nicht, und muß er überwiesen werden oder nicht?

Ein weiterer Grund, warum der Psychoanalytiker in der Regel nicht so sehr an Interviewtechnik interessiert ist, beruht ebenfalls auf der historischen Entwicklung. Der Psychoanalytiker, dessen berufliche

Laufbahn sich nach dem soeben skizzierten Muster richtet, ist in erster Linie Therapeut. Während seines ganzen Arbeitstages sieht er nur die Patienten, die er in Behandlung hat. Vor allem in den Jahren seiner Ausbildung und ersten Praxis sieht er selten einen Patienten, der ihn allein zu diagnostischen Zwecken konsultiert, und selbst in späteren Jahren überwiegt seine therapeutische Praxis die konsultative bei weitem. So ist er allerdings mehr daran interessiert, seine Behandlungstechnik zu verfeinern, die mit der psychoanalytischen Situation zusammenhängt und danach ausgerichtet ist, diese Situation zu erhalten. Es ist also nicht überraschend, daß die ständige Beschäftigung mit therapeutischen Erwägungen und die relativ geringere Bedeutung der Tätigkeit als Gutachter zur Überbewertung der Technik und vergleichsweise geringen Beachtung der diagnostischen Methoden geführt hat.

Das wird sich möglicherweise ändern. In Großbritannien jedenfalls werden mehr und mehr Analytiker während ihrer Ausbildung und ersten klinischen Praxis in Kliniken als Aufnahmeärzte oder Assistenzärzte der psychiatrischen Abteilung beschäftigt; ähnlich ist es in den Vereinigten Staaten. In diesen Jahren gehört es zu ihren Aufgaben, regelmäßig Patienten zu interviewen und Anamnesen zu erheben. Soviel wir beobachten konnten, wird das jedoch von den meisten nicht begrüßt; es gilt als ein nicht sehr interessanter, nur eben erträglicher Modus, die mageren Jahre der Assistentenzeit zu überstehen. Infolgedessen hält sich die Verfeinerung der psychoanalytischen Technik immer noch im Vordergrund des Interesses, und wenig Libido bleibt für die Probleme der Interviewtechnik übrig. Indessen mehren sich die Zeichen – wenigstens bei einigen jüngeren Kollegen –, daß ein neues Interesse zu erwachen beginnt. Das bestehende psychoanalytische Klima ist davon zwar noch nicht sehr beeinflußt worden; dort herrscht noch immer die Meinung, daß die diagnostischen Interview-Techniken nicht von großer Bedeutung sind und keine besondere Beachtung verdienen.

So kommt es, daß der Psychoanalytiker bei den Patienten, die ihn zur Beratung aufsuchen, versucht ist, entweder seine Behandlungstechnik, wenn auch etwas eingeschränkt oder verwässert, anzuwenden oder zu der Sammlung unzusammenhängender Fakten zurückzukehren, wie er es in der Psychiatrie gelernt hat. Das psychiatrische Interview ist jedoch seinem Wesen nach eine nur kurze Beziehung, die in vieler

Hinsicht ganz grundlegend von der psychoanalytischen Situation abweicht. Daher hat die erprobte Behandlungstechnik der Psychoanalyse für die beratende Praxis nur beschränkten Nutzen. Wenn der Psychoanalytiker in der Behandlung etwas tut, was eine zuverlässige und tragfähige Beziehung zwischen ihm und dem Patienten schafft, so wäre das für die Psychoanalyse ein wichtiger Fortschritt; das Gleiche gilt aber nicht für das psychiatrische Interview. Andererseits ist die bloße Sammlung von Fakten eine schlechte Grundlage für die Beurteilung der Persönlichkeit des Patienten und reicht daher für eine ordnungsgemäße psychologische Diagnose nicht aus.

Je mehr sich die Praxis ausweitet und je vielfältiger das Patientenmaterial ist, das der Analytiker zu sehen bekommt, umso stärker wird er dem Eindruck außer-analytischer Erfahrungen ausgesetzt. Ist jedoch seine Praxis rein analytisch im strengen Sinn, so steht er unter dem ausschließlichen Einfluß seiner analytischen Erfahrungen und wird dementsprechend kein Bedürfnis fühlen, seine Interviewtechnik kritisch zu betrachten. Er wird sich damit begnügen, wenn er aus den Kranken, die ihn konsultieren, diejenigen auswählen kann, die entweder für eine Analyse bei ihm selber oder für eine Überweisung an einen Kollegen geeignet sind, während er den Rest der Patienten der übrigen Ärzteschaft überläßt. In mancher Beziehung ist diese Taktik vernünftig und realistisch, und oberflächlich gesehen, entspricht sie auch der medizinischen Tradition: wenn ein Spezialist findet, daß ein Patient von seiner speziellen Behandlungsweise vermutlich keinen Nutzen haben wird, muß er ihn an seinen Hausarzt zurücküberweisen. Das Unheilvolle an dieser Taktik ist, daß die anderen Ärzte in der Regel noch weniger fähig sind, die psychotherapeutischen Chancen des betreffenden Zustandsbildes zu beurteilen, und so wird in Tat und Wahrheit dem Patienten eben nicht geholfen, und der Arzt, der ihn überwiesen hatte, hat auch aus der fachärztlichen Konsultation nichts gelernt.

Wir haben in Kapitel 4 einige der Fakten besprochen, die bei der Entscheidung über die Behandlung mit berücksichtigt werden sollten und die das soeben erwähnte Vorgehen erheblich beeinflussen könnten. In jedem Falle haben sich verschiedene Formen von Psychotherapie fest eingeführt, und der Druck äußerer Umstände könnte selbst den strengsten Psychoanalytiker zwingen, sich zu überlegen, ob er außer der Psychoanalyse nicht auch andere Formen der Psychotherapie in Betracht ziehen sollte. Diese anderen Methoden umfassen die Behandlung in Erziehungsberatungsstellen, Gruppentherapie, die verschiedenen Arten von Kurztherapie oder Therapie mit begrenzter Zielsetzung und schließlich, wie wir auf Grund einer nunmehr langjährigen Erfahrung hinzufügen möchten, die Psychotherapie durch den praktischen Arzt und den Facharzt, wie wir sie in Teil I dieses Buches beschrieben haben.

Natürlich ist die Entscheidung, ob Psychotherapie, und wenn ja, welche Form, für den nicht-analytischen praktischen Arzt oder Facharzt noch schwieriger. Abgesehen von ihrer unsystematischen Erfahrung und irgendwelchen vorgefaßten Meinungen, wird die Entscheidung in den meisten Fällen von finanziellen Erwägungen und der Zeitfrage abhängig gemacht, zwei zwingende, aber nicht sehr wohlfundierte und mit der Krankheit oder Persönlichkeit des Patienten nicht ursprünglich verbundene Kriterien. Wir brauchen Kriterien aus der Krankheit und Persönlichkeit des Kranken, die dem Arzt die Entscheidung ermöglichen, welche der verschiedenen Psychotherapie-Formen in der zur Verfügung stehenden Zeit die besten Chancen eröffnen würde.

Es wird jedoch nicht leicht sein, solche Kriterien zu finden, zu definieren und dann gegeneinander abzuwägen, da die Widerstände von allen Seiten groß sind. Die akademische Psychiatrie erkennt den Wert der Psychoanalyse oder Psychotherapie nur sehr zögernd an, während die Psychoanalytiker, wie bereits erwähnt, eine Analyse lege artis für jeder anderen Psychotherapie unerreichbar überlegen halten. Wir dagegen möchten für eine objektivere, realistischere Haltung plädieren, nämlich zuzugeben, daß auch andere Methoden therapeutische Erfolge zeitigen können und zu untersuchen, welche Methode unter welchen Bedingungen die besten Ergebnisse liefert, um dann diagnostische Interviewtechniken auszuarbeiten, die, gezielt verwendet, den Arzt mit den für eine Differentialdiagnose relevanten Daten versehen kann.

Wir haben es schon mehrmals festgestellt, daß nach unserer Meinung ein wirklicher Fortschritt auf diesem Gebiet nur dann zu erwarten ist, wenn sich die Psychoanalytiker dazu bewegen lassen, sich an der Forschungsarbeit zu beteiligen. Unsere – gelegentlich vielleicht zu strengen – kritischen Bemerkungen zur psychoanalytischen Interviewtechnik hatten das Ziel, die Selbstkritik und das Interesse unserer Kollegen für dieses höchst wichtige und lohnende Feld zu wecken.

II.

Nachdem wir nun – vielleicht etwas überspitzt, aber, wie wir hoffen, nicht ungerecht – die Unzulänglichkeiten bei unseren Kollegen aufgezeigt haben, ist es hohe Zeit auszusprechen, welche Ideen wir selber über das diagnostische Interview haben, und uns unter den gleichen Bedingungen der Kritik zu stellen, wie wir sie bei ihnen anlegten.

Wir lassen die Diagnose organischer Krankheiten außer Betracht. Die dort verwendeten Methoden sind ziemlich zuverlässig und eindeutig; da die zu beurteilenden Umstände zum Gebiet der einpersonalen Biologie gehören, kann die überlieferte Terminologie sie adäquat beschreiben. Obwohl eine organische Diagnose gewiß in Rechnung gestellt werden muß, wenn man eine psychotherapeutische Behandlung erwägt, ist es letzten Endes die potentielle Fähigkeit des Patienten, eine mitmenschliche Beziehung aufzunehmen und aufrechtzuerhalten, die entscheidend ist.

Das Hauptziel beim psychiatrischen Interview ist dasselbe wie bei jeder ärztlichen Untersuchung, nämlich die Diagnose. Leider ist das in unserem Fall nur ein Oberbegriff, und wir müssen fragen: Diagnose wovon und in welchem Sinn? Wir haben schon mehrmals darauf hingewiesen, daß weder die akademische Psychiatrie noch die Psychoanalyse imstande gewesen sind, eine brauchbare Klassifizierung der seelischen Krankheiten vorzulegen, die einer Art von natürlichem System entsprechen würde. Daher ist die Abfertigung eines Patienten mit einem diagnostischen Etikett als Resultat unseres Interviews nur von begrenztem Wert. Ferner sind, wie schon im vorigen Kapitel dargelegt, unsere diagnostischen Etiketts der Anatomie und Physiologie entnommen und sind deshalb alarmierend ungeeignet für die Beschreibung der potentiellen Fähigkeit des Patienten, mitmenschliche Beziehungen aufzunehmen, also für den Faktor, der über die Zugänglichkeit des Patienten für jegliche Form von Psychotherapie entscheidet.

Es gibt bis jetzt noch keine zuverlässigen Techniken für die Beurteilung dieser Potenz; infolgedessen verwenden wir eine umständliche und ziemlich schwerfällige Methode, um uns eine Vorstellung davon zu machen. Der Interviewer versucht, die Stabilität, Stärke und Integrität der Ichstruktur des Patienten abzuschätzen und zu beurteilen, wie fest oder locker seine Libido-Organisation, wie elastisch oder starr seine charakterlichen Abwehrmechanismen und schließlich, wie „tief" seine neurotische Störung ist. Die Summe dieser Daten wird gewöhnlich die Psychopathologie oder Psychodynamik des betreffenden Patienten genannt. Man nimmt dann an, daß der Arzt auf der Grundlage dieser Fakten imstande ist, sich eine Meinung über die Aussichten einer Psychotherapie bei dem betreffenden Patienten zu bilden.

Eine solche umfassende Beurteilung ist jedoch eine riesige Aufgabe, teils weil unsere Vorstellungen von diesen quantitativen Faktoren und ihrem Einfluß auf die Prognose des Patienten ziemlich vage sind, teils, weil wir eben auch nur vage Techniken besitzen, sie während des Interviews aus unseren Beobachtungen abzuleiten. Man begnügt sich daher in der Praxis damit, tentativ erstens die Zeitfolge und die Art der Traumata festzustellen, die der Patient erlitten hat, hauptsächlich, aber nicht ausschließlich während seiner Kindheit, zweitens die entsprechenden Fixierungen und Reaktionsbildungen, die er errichten mußte, um mit ihnen fertigzuwerden. Man hofft dann, wenn man es auch nie ausdrücklich behauptet, daß das zuletzt genannte Material eine genügend feste Grundlage bildet, um Rückschlüsse auf die psychodynamische Struktur der Krankheit und des Charakters des Patienten zu ziehen, so daß man von dorther die Aussichten für eine Psychotherapie richtig abschätzen kann.

Ob alle die genannten Faktoren explizit auf Grund des psychiatrischen Interviews beurteilt werden oder ob die Beurteilung nur implizit gegeben oder sogar beschönigt ist, macht kaum einen Unterschied, weil nicht diese Faktoren, sondern die Befunde über die potentielle Fähigkeit des Patienten, Objekt-Beziehungen aufzunehmen und festzuhalten, die Grundlage für die Entscheidung für oder gegen eine Psychotherapie bilden. Ferner ist die erstgenannte Materialsammlung, die von dem, was wir wirklich wissen wollen, weit entfernt ist, vor allem auf Traumata und ihre Auswirkungen beschränkt, also auf Ereignisse, die zum Bereich der Zweier-Psychologie gehören. Wir schließen dann von daher auf die Psychopathologie des Patienten in seiner

Krankheit und seiner Persönlichkeit und drücken unsere Annahmen in psychodynamischer Sprache aus, die nun aber weitgehend zum Feld der einpersonalen Psychologie gehört. Schließlich versuchen wir, auf dieser Grundlage vorauszusagen, wie der Patient auf eine Psychotherapie reagieren wird, die wiederum wesentlich eine Zweier-Beziehung ist.

Diese komplizierte Prozedur ist das Ergebnis einer geschichtlichen Entwicklung. Die psychoanalytische Theorie, Grundlage und Ausgangspunkt aller dynamischen Psychologie, war in ihren frühen Stadien zutiefst beeinflußt von mechanistischen physiologischen Vorstellungen, einer gänzlich einpersonalen Betrachtungsweise. Wie wir immer wieder betont haben, ist aber das psychiatrische Interview ein Geschehen zwischen zwei Partnern. Wenn wir also die Zuverlässigkeit unserer Techniken verbessern wollen, wenn wir die Maßstäbe, die wir an ihre Ergebnisse anlegen, genauer definieren wollen, so scheint es eine einfachere und fruchtbarere Methode zu sein, statt des beschriebenen, dreistufigen Vorgehens zu untersuchen, wie die Beiträge der beiden Beteiligten die entstehende Wechselbeziehung beeinflussen. Es ist nicht unwahrscheinlich, daß die derzeitige relative Vernachlässigung dieses Gebietes auf der Tatsache beruht, daß bis in die jüngste Zeit hinein der Beitrag des Interviewers niemals richtig untersucht wurde. Um diesen entscheidenden Punkt gründlich zu beleuchten, wollen wir versuchen, das Interview getrennt aus dem Blickwinkel jedes der beiden Teilnehmer zu beschreiben, wenn es sich auch als unmöglich erweisen wird, den Partner jeweils ganz auszulassen. Wir haben ja diese Prozesse schon weitgehend in Kapitel 10 „Das berufsmäßige Verstehen von Menschen“ und Kapitel 11 „Das Anleiten von Patienten zum Selbstverständnis“ erörtert und können uns hier mit einer kurzen Zusammenfassung begnügen.

Für den Arzt besteht das erste Ziel darin, eine Atmosphäre zu schaffen, in welcher der Patient sich aussprechen oder doch soviel von sich preisgeben kann, daß der Arzt sicher sein kann, auf Grund seiner Beobachtungen zu einer relativ zuverlässigen Beurteilung des Zustandsbildes und der Fähigkeit des Patienten, mitmenschliche Beziehungen einzugehen, gelangt zu sein. Sein zweites Ziel ist die Entscheidung darüber, ob in diesem Fall überhaupt etwas, und wenn ja, was, getan werden sollte. Drittens will der Arzt dem Patienten helfen zu sehen, daß seine Beurteilung und seine Empfehlungen sich logisch aus dem ergeben haben, was im Interview geschah, – und was dem entspricht, was im Leben des Patienten geschehen ist und noch geschieht. Wenn das erreicht wird, kann es eine vernünftige Grundlage für die wichtige Entscheidung bilden, welche Art von Therapie für diesen Fall in Frage kommt.

Vom *Patienten* her gesehen sollte das Interview ihm das eindrucksvolle Erlebnis vermitteln, daß ihm hier Gelegenheit gegeben wird, sich zu eröffnen, verstanden zu werden und Hilfe zu erhalten, sich und seine früheren und jetzigen Probleme in einem neuen Licht zu sehen. Diese neue Einsicht sollte ihn befähigen – und das ist das zweite Ziel –, möglichst selbst zu entscheiden, was er als nächsten Schritt zu tun und wie er diese Entscheidung ausführen sollte; wenn das über seine Kraft geht, dann sollte der Patient wenigstens imstande sein zu sehen, warum der Arzt sich so oder so entschieden hat, sollte die Entscheidung als eine sinnvolle annehmen und bei der Ausführung mithelfen.[1]

Ob man es zugibt oder nicht – die Tatsache bleibt bestehen, daß alle Faktoren, welche unserem Verständnis für die zwischenmenschliche Beziehung Patient – Arzt zugrundeliegen und bei der Beurteilung der potentiellen Fähigkeit des Patienten, mitmenschliche Beziehungen einzugehen, verwendet werden, ursprünglich von Freud entdeckt wurden. Auch waren es allein die Psychoanalytiker, die seither das Werkzeug für dieses Verständnis unermüdlich geprüft, verfeinert und entwickelt haben, wogegen fast niemand außerhalb unserer Reihen etwas Nennenswertes zu dieser Entwicklung beigetragen hat. Wir können sogar

[1] Die Tatsache, daß am Ende des Interviews eine Entscheidung getroffen werden muß, ist ein weiterer Hauptunterschied gegenüber dem psychologischen Test, der im Prinzip auf Beobachtungen und daraus gezogene Schlüsse beschränkt ist. Ferner ruht die Aufgabe der Bewertung allein beim Psychologen und geschieht gewöhnlich nach Abschluß des Tests und in Abwesenheit des Patienten. Es kommt sogar vor – und nicht selten –, daß der Patient die Ergebnisse seines Tests niemals erfährt, da sie nur dem Überweisungsarzt mitgeteilt werden. Ein derartiges Vorgehen würde in einem psychiatrischen Interview ganz unangebracht sein und gegen eines seiner Hauptziele verstoßen.

vorhersagen, daß sich daran in absehbarer Zukunft kaum etwas ändern wird, da alle Vorstellungen, die dieser Entwicklung zugrundeliegen, von Beobachtungen im Rahmen der psychoanalytischen Situation abgeleitet sind. Theoretisch ist es möglich, daß in Zukunft drei andere Gebiete zur Erforschung der grundlegenden Faktoren beitragen könnten. Das sind erstens die Beobachtungen an Säuglingen, zweitens solche an sehr regredierten Psychotikern und drittens solche an Menschen mit körperlichen Krankheiten. Bis jetzt haben diese Forschungsgebiete jedoch außer der Bestätigung oder der Kritik an den analytischen Befunden noch keine eigentlich neuen Vorstellungen beigebracht. Jede neue Entwicklung ist deshalb in erster Linie doch wohl von den Analytikern zu erwarten. Im nächsten Kapitel wollen wir daher versuchen, die verschiedenen Seiten der Probleme zu skizzieren, die wir bei unserer Untersuchung des psychiatrischen Interviews angetroffen haben, Probleme, die unserer Meinung nach eine ernsthafte Beschäftigung von Seiten des Analytikers erfordern und vermutlich reichlich lohnen würde.

15. Analyse der Interviewtechniken

Um die vielen ungelösten Probleme, die wir bei unserem Studium des psychiatrischen Interviews antrafen, darstellen zu können, mußten wir ein System entwerfen. Das System, das wir gewählt haben, ist nach den verschiedenen Rollen gegliedert, welche der Testpsychologe während eines projektiven Tests übernimmt. Obwohl wir uns klar darüber sind, daß – wegen der in den Kapiteln 13 und 14 erörterten grundlegenden Unterschiede – dieses System in gewissem Ausmaß dem psychiatrischen Interview nicht gemäß ist, mußten wir mangels eines Besseren daran festhalten.

Die fünf Rollen des Psychologen sind

a. Vorbereitung des Patienten,
b. Aufnahme des Tests; wir wollen dies für unsere Zwecke die Reiz-Darbietung nennen,
c. Aufzeichnung der Antworten des Patienten,
d. Auswertung; schließlich kommt hinzu
e. die Erfindung und Eichung des Tests.

Nach diesem Modell wollen wir nun auch die Probleme des psychiatrischen Interviews unter den folgenden Überschriften diskutieren:

1. Vorbereitung des Patienten,
2. Schaffung einer Atmosphäre,
3. Auswahl und Darbietung von Reizen,
4. Plan des Interviews,
5. Dauer,
6. Wechselwirkung zwischen der Übertragung des Patienten und der Gegenübertragung des Arztes,
7. Interventionen und Deutungen,
8. Aufzeichnung der Befunde und Fallbericht,
9. Kriterien für die Vollständigkeit des Interviews,
10. Integrierung der körperlichen und psychiatrischen Untersuchungen,
11. Beendigung des Interviews.

Leider sind nun alle diese Unterteilungen künstlich und beruhen weitgehend auf äußeren Kriterien. Das bedeutet, daß wir nicht verhindern können, bei der Erörterung von Erscheinungen, die an sich in eine bestimmte Rubrik gehören, doch auch mehrere andere Rubriken mit einzubeziehen. Das hat uns bei der Verteilung unseres Materials erhebliche Schwierigkeiten gemacht, und wir fürchten, daß wir auch unseren Lesern diesen Ärger nicht gänzlich ersparen können.

Wie wir schon sagten, betrachten wir das Interview im wesentlichen als eine Wechselbeziehung zwischen Patient und Arzt. Unsere derzeitige wissenschaftliche Sprache ist für die Beschreibung von Situationen, die mehr als eine Person umfassen, höchst ungeeignet. Infolgedessen sind wir immer wieder gezwungen gewesen, unsere Beschreibung gegen unseren Willen auf nur eine Person zu beschränken. In den meisten Fällen haben wir uns auf den Arzt konzentriert, was aber natürlich nicht bedeutet, daß wir die Rolle des Patienten für vernachlässigbar halten. Es bedeutet vielmehr nur, daß wir eine Wahl treffen mußten, und da das Hauptthema dieses Buches die ärztliche Technik ist, so richteten wir unser Augenmerk auf den Arzt.

1.

Wir erwähnten in den Kapiteln 12 und 13, daß jedes psychologische Interview mit einer Vorbereitungsphase beginnen muß, deren Ziel es ist, den Patienten zu entspannen und seine Mitarbeit zu gewinnen. Die hierfür entwickelten Methoden entsprechen auch denen des psychiatrischen Interviews und sind weitgehend empirisch; die dabei beteiligten dynamischen Vorgänge wurden kaum jemals untersucht.

Um zu zeigen, wie kompliziert dieses Problem ist, wollen wir zwei besondere Aspekte aus den vielen, auf die wir während unserer Forschungsarbeit gestoßen sind, hervorheben. Die meisten Ärzte beginnen das diagnostische Interview – im Gegensatz zum therapeutischen – damit, daß sie nach allerlei objektiven Tatsachen fragen, etwa dem Alter, der Anzahl der Geschwister, dem Familienstand, der Zahl der Kinder, der Beziehung zu den Eltern, nach Beruf, früheren Krankheiten usw. Das ist einerseits eine vernünftige Routine, da sie dem Arzt mancherlei nützliche Information liefert; andererseits hat sie auf den Patienten eine beruhigende Wirkung, insofern sie besagt, daß der Arzt sich auch für die Umwelt des Patienten interessiert, also was Schicksal und Menschen ihm angetan haben, wobei der Patient als das unglückliche und und möglicherweise unschuldige Opfer äußerer Umstände erscheint, wie wir schon in anderem Zusammenhang in Kapitel 12 erwähnten. Andererseits besteht das wahre Ziel des psychiatrischen Interviews darin, zu erkennen, was im Patienten vorgeht oder vorgegangen ist, welche Beiträge er selbst zu seinem Schicksal geleistet hat; aber derartige Fragen müssen etwas Angst und Spannung hervorrufen. Wenn aber das Interview ein Ergebnis zeitigen soll, muß der Patient dazu gebracht werden, etwas Spannung zu ertragen, und wenn man zuviel Zeit auf die äußeren Umstände verwendet, bleibt vielleicht zu wenig Zeit übrig für die Erkundung der inneren Konflikte. Abgesehen von der Zeitfrage besteht auch das technische Problem, wie und wann man von der ungefährlichen und vielleicht beruhigenden Erfragung der äußeren, objektiven Fakten zu dem empfindlicheren Gebiet des Innenlebens des Patienten übergehen soll. Manche Patienten bringen schon die Einsicht mit, daß sie unter einer seelischen Störung leiden, wissen bereits, daß sie Hilfe nötig haben und bitten selbst darum. Für diese Menschen ist keine Vorbereitung erforderlich; sie würden es vielleicht sogar übelnehmen, wenn der Arzt zuviel Zeit auf irrelevante äußere Daten verschwendete. Die Atmosphäre, in der der Patient sich eröffnen kann, braucht nicht erst geschaffen zu werden, sie ist da, der Patient hat sie selber mitgebracht. Das muß der Arzt erkennen und dementsprechend handeln, während er ständig beobachtet, ob die scheinbare Einsicht und Mitarbeit nicht etwas maskiert, was der Patient nicht zu zeigen wünscht oder wagt. Andererseits ist es natürlich unfruchtbar – oder kann sogar schädlich sein –, wenn der Arzt einem ehrlich kooperativen Patienten gegenüber sich zu argwöhnisch verhält.

2.

Dies führt uns zu dem zweiten Fragenkomplex, den man *„Schaffung und Erhaltung einer geeigneten Atmosphäre“* nennen kann, in welcher der Patient imstande ist, sich soweit zu eröffnen, daß der Arzt ihn versteht. Einige Aspekte davon sind schon in den Kapiteln 10 und 11 erörtert worden.

In einer Anzahl von Fällen erübrigen sich, wie erwähnt, besondere Bemühungen des Psychotherapeuten, da der Patient von seinem unlöslichen Konflikt bedrängt und nur zu willig ist, zu sprechen. Das ist jedoch nicht immer so. Manche Patienten sind angstgehemmt, andere verlegen; wieder andere kommen ungern und widerwillig unter dem Druck ihrer Umwelt, nehmen es übel, daß jemand in ihre Geheimnisse eindringen will oder versuchen, jeden Einblick durch eine Flut von Worten unmöglich zu machen. Dann stehen wir vor dem technischen Problem zu entscheiden, ob es in solchen Fällen gut ist, den Patienten das Interview steuern zu lassen, oder ob es fruchtbar ist, ihn zu veranlassen oder sogar zu zwingen, zu tun, was wir von ihm wollen, d. h. den Arzt das Interview leiten zu lassen.

Hier erheben sich ferner viele untergeordnete Probleme, die sozusagen Spezialfälle des obengenannten sind. Um einige zu nennen: Ist es erlaubt und fruchtbar, den Patienten „schmoren“ zu lassen, in der Hoffnung, die wachsende Spannung werde ihn befähigen, von selbst ein Stück seines Widerstandes zu überwinden und dadurch etwas von seinen stereotypen Verhaltensgewohnheiten zu enthüllen? Dabei darf man jedoch nicht übersehen, daß dieses Vorgehen an die vorbedachte Grausamkeit grenzt, jemanden in seiner Not zu beobachten und nichts zu tun, um ihm zu helfen. Aber ist es überhaupt ratsam, notlindernd einzugreifen, d. h. den Patienten zu „beruhigen"? Ohne Zweifel erzielt ein Arzt, der seinen Patienten immer beruhigt, sobald er bemerkt, daß dieser sich unter einem Druck befindet, sehr anderes Material als einer, der nur passiv zuhört und den Patienten „schmoren" oder ihn das Interview selber steuern läßt. Wieder eine andere Atmosphäre ergibt sich, wenn der Arzt den Konflikt und die Schwierigkeiten versteht und schon in frühen Stadien des Interviews dem Patienten dies sein Verständnis durch eine Deutung zu erkennen gibt. Dabei kann die Deutung so gewählt werden, daß sie etwas Angst entweder behebt oder im Gegenteil hervorruft. Wir alle verwenden diese und ähnliche Techniken auf rein empirischer Grundlage und gehen die vorliegenden Konflikte Fall für Fall ohne die Hilfe einer wissenschaftlich geprüften Methodik an. Ähnliche technische Schwierigkeiten sind zu lösen, wenn der Patient entweder wie ein Wasserfall redet oder kaum zum Sprechen zu bringen ist usw.

Welche Technik der Arzt aber auch wählen mag, seine Wechselbeziehung mit dem Patienten schafft eine spezifische Atmosphäre. Eine genaue Untersuchung dieser verschiedenen Atmosphären und der Techniken, mittels welcher sie geschaffen, verändert oder aufrechterhalten werden, müßte äußerst ertragreich sein.

3.

Wir nannten die nächste Gruppe von Problemen *Auswahl und Darbietung von Reizen*. Hier verweisen wir auf die Kapitel 13 und 14, wo diese Fragen ausführlich betrachtet wurden. Setzen wir aber den Vergleich zwischen dem psychologischen Test und dem psychiatrischen Interview noch etwas fort: Der „Object Relation Test"[1] z. B. enthält, sauber geordnet, eine gleiche Anzahl von Karten mit Abbildungen, die eine Person, zwei, drei Personen und Gruppen von Menschen zeigen. Jede Serie ist so angeordnet, daß sie nacheinander Reaktionen aus mehr oberflächlichen seelischen Schichten, dann tieferen Schichten und schließlich emotionale Reaktionen hervorruft. Die letzte Karte ist leer und wird vom Patienten entweder als anregender oder als erschreckender Reiz erlebt.

[1] von H. Phillipson.

Im Vergleich hierzu bietet der interviewende Arzt nur eine ärmliche, sehr unsystematische Sammlung von Reizen; wie mitfühlend, verstehend und anpassungsfähig er auch sei, er ist immer nur eine Person, hat ein bestimmtes Alter, Geschlecht usw., und so ist sein Potential als Reizquelle recht begrenzt. Dennoch sind, wie die tägliche Praxis beweist, die Ergebnisse eines psychiatrischen Interviews denen eines psychologischen Tests mindestens vergleichbar. Wir erwarten, daß eine Reihe von Psychiatern, unter dem Einfluß von Verleugnung und Idealisierung, wie in Kapitel 14 erörtert, hierin gar kein Problem erblicken werden. Dennoch meinen wir, daß eine vergleichende Studie der angebotenen Reize einerseits im psychologischen Test, andererseits im psychiatrischen Interview interessantes Material für das Verständnis dieser zwei wichtigen Situationen ergeben würde. Aber dazu bedarf es einer vertrauenden, von Rivalitätsgefühlen freien Zusammenarbeit zwischen einem zuverlässigen Psychologen und einem einsichtsvollen Psychiater, einer Vorbedingung, die nicht leicht zu schaffen ist.

4.

Der nächste Fragenkomplex ist vielleicht als ein einziges Problem zu betrachten, obwohl mit vielen Sonderfällen. Man kann es den Einfluß des äußeren Rahmens auf den *Interview-Plan* und auf die verwendete Technik nennen.

Wenn man annehmen kann, daß der Patient die mit seinem Interviewer aufgenommene Beziehung fortsetzen und ohne Unterbrechung sich zur therapeutischen Situation entwickeln lassen wird, so wird man das Interview von vornherein daraufhin anlegen können. Wenn man den Patienten nicht gleich in Behandlung nehmen kann, sondern ihn auf eine Warteliste setzen muß, muß auch der Interview-Plan etwas modifiziert werden. Wieder anders muß der Plan aussehen, bzw. auf einer anderen emotionalen Ebene muß das Interview stattfinden, wenn der Interviewer beabsichtigt, den Patienten einem seiner Kollegen zur Behandlung zu überweisen. Und schließlich die vierte, ebenso wichtige Variante, daß das Interview in beratender Funktion durchgeführt wird und dem eigentlichen behandelnden Arzt dienen soll, z. B. einem noch in Ausbildung befindlichen Psychotherapeuten oder Kontrollanalysanden, einem jüngeren Assistenten oder, wie in dem Tavistock-Projekt, dem praktischen Arzt, der die Behandlung verantwortlich führt. Der Rat kann die Frage betreffen, wie man den Patienten anfassen soll, wonach man in dem zutagetretenden Material ausschauen soll, welche Fallstricke und Hindernisse der Arzt nach Möglichkeit sehen und vermeiden sollte. Es gibt natürlich noch mehr Varianten, darunter die betrübliche, daß man dem Patienten keine Therapie anbieten kann, oder die entgegengesetzte, daß aus dem Interview hervorgeht, daß keine Therapie notwendig ist.

Bei der erstgenannten Variante, wenn also der Arzt weiß, daß das Interview sich zu einer Therapie entwickeln wird, kann man jeglicher Art von Affekten Raum gewähren, da man ja weiß, daß man sie früher oder später behandeln wird. Vorsicht ist schon geboten, wenn der Arzt die Behandlung nicht unmittelbar aufnehmen kann, sondern den Patienten bitten muß, sich noch etwas zu gedulden. Soll der Patient an einen Kollegen überwiesen werden, so rät der gesunde Menschenverstand, die Entwicklung einer intensiven Patient-Arzt-Beziehung möglichst zu vermeiden; dies darf jedoch nicht so weit gehen, daß der Patient durch das Interview nicht irgendwie beeindruckt wird, da es ihm sonst eventuell nicht möglich ist, die Empfehlungen des Interviewers zu befolgen. Das geschieht ohnehin oft, ein Beweis dafür, wie schwer es ist, einen mittleren Kurs zu steuern. Wir wissen z. B., daß ein recht hoher Prozentsatz von Patienten, die wir an einen anderen Kollegen überweisen, dort nicht erscheint. Umgekehrt müssen wir daraus schließen, daß unsere Interviewtechniken noch nicht gut genug sind.

Noch schwieriger ist die Aufgabe des Interviewers, wenn er vom Patienten im Interview so viel erfahren muß, daß er dessen behandelnden Arzt oder Psychotherapeuten einen Rat geben kann. Die Schwierigkeit ist übrigens im Prinzip wohl die gleiche wie bei der vorgenannten Variante. Auf der einen Seite muß der Interviewer sorgfältig vermeiden, den Patienten zu sehr an sich zu binden, damit er durch den Kollegen auch behandelbar bleibt; auf der anderen muß er einen so guten Kontakt finden, daß er von der Persönlichkeit und den Konflikten des Patienten ein zuverlässiges Bild erhält.

Wir wiederholen: das sind sehr alltägliche Probleme, die jedoch bisher rein empirisch angegangen worden sind. Es wäre sehr wichtig, sie einmal gründlich zu studieren.

5.

Obwohl diese Gruppe logischerweise zu der vorigen gehört, wollen wir sie der Bequemlichkeit halber getrennt behandeln. Es handelt sich um die *Dauer des Interviews*, ist also eigentlich etwas, was zum Interview-Plan gehört.

Nehmen wir zunächst einmal die tatsächliche, nach der Uhr gemessene Länge. Die Ärzte haben hier sehr verschiedene Vorstellungen; manche halten 30 bis 45 Minuten für ausreichend, andere setzen eine Stunde oder anderthalb an, wieder andere ziehen es vor, den Patienten zweimal einzubestellen, jeweils für eine Stunde. Aber wie dem auch sei, es handelt sich immer um einen begrenzten Zeitraum, der entweder durch die Persönlichkeit des Arztes im vorhinein feststeht oder innerhalb gewisser Grenzen durch die Reaktion des Arztes auf die Bedürfnisse des Patienten variiert, was in beiden Fällen bedeutet: durch die Gegenübertragung des Arztes, die von den Realitätsforderungen in Zaum gehalten wird.

Abgesehen vom Zeitlimit, das von der Routine der Praxis des betreffenden Arztes gesetzt wird (und innerhalb bestimmter Grenzen je nach den Erfordernissen des Falles variiert), sind es zwei psychologische Faktoren, die für die Festlegung der Dauer des Interviews eine wichtige Rolle spielen. Der eine ist die *wissenschaftliche und emotionale Neugier* des Arztes, die ihre Befriedigung zu erhalten sucht, der andere sein *Sicherheitsbedürfnis*, das ihn bestimmt, solange mit dem Interview fortzufahren, bis er das Gefühl hat, genug herausbekommen zu haben, um eine einigermaßen sichere Diagnose stellen zu können.

Natürlich wollen wir nicht behaupten, daß der Patient keinen Einfluß auf die Dauer der für die Diagnose notwendigen Zeit hat. Dieser Einfluß ist selbstverständlich beträchtlich. Worauf wir hier hinweisen wollten, ist die Tatsache, daß die Dauer des Interviews abhängig ist von der Wechselwirkung zwischen Arzt und Patient, die ihren Einfluß auf die ganze Struktur des Interviews ausübt. Obwohl dies einen gewissen Widerstand bei unseren Lesern hervorrufen mag, halten wir es für zweifelsfrei, daß auch die Zeitfrage einen tiefen Einfluß auf die Reaktionen des Patienten haben muß, d. h. sie wirkt ebenfalls als ein vom Arzt dargebotener Reiz.

6.

Wegen der zentralen Stellung des nächsten Fragenkomplexes ist es fast unmöglich, ihn gegen die vorigen oder die folgenden Gruppen von Fragen abzugrenzen. Man könnte ihn die *Wechselwirkung zwischen Übertragung und Gegenübertragung* nennen und ihn etwa mit der Technik des Aufnehmens eines Tests vergleichen. Wir gebrauchen die Ausdrücke Übertragung und Gegenübertragung hier zur Beschreibung aller der – bewußten oder unbewußten – Gefühle und Affekte, die aufgerufen werden und sich in das, was zwischen Arzt und Patient vor sich geht, einmischen, wobei die Übertragung vom Patienten, die Gegenübertragung vom Arzt ausgeht. In mehreren der aufgeführten Fälle, nicht nur in den in Kapitel 6 genannten, zeigt sich, wie schwierig es gelegentlich ist, nicht emotionell auf die vom Patienten geschaffene Situation zu antworten. Natürlich bemüht sich jeder Arzt nach Kräften, seine Gefühle zu beherrschen oder sie wenigstens in Grenzen zu halten; dennoch beruht sein Verhalten gegenüber dem Patienten zum Teil auf seinen Gefühlen.

Wir behaupten, daß die Haltungen des Arztes – ob er unerschütterlich ruhig, mitfühlend aber objektiv, streng beherrscht, leicht irritiert ist, ziemlich niedergekämpft durch den Widerstand des Patienten, das Interview abbrechen wollend, weil die Zeit schon stark überschritten ist usw. usw. – eine ähnliche Wirkung haben wie die vom Testpsychologen angebotenen Reize, und daß jeder Patient darauf in seiner individuellen Weise reagieren wird. Wenn dies so ist, dann müssen wir auch zugeben, daß der Gang des Interviews von diesem Blickwinkel her als eine Wechselwirkung zwischen der Übertragung des Patienten und der Gegenübertragung des Arztes beschrieben werden kann. Das ist ein riesiges Forschungsgebiet, das wir bisher erst am Rande betreten haben.

Wir nennen als Beispiele einige der Probleme, die wir bisher isolieren konnten. Während der projektive Test mit einer Vorbereitungszeit beginnen muß, ist dies – wie in Abschnitt 1 dieses Kapitels erwähnt – für das psychiatrische Interview nicht unbedingt notwendig. Man könnte sogar fragen, ob eine Vorbereitungsphase im psychiatrischen Interview überhaupt ratsam, ob sie nicht eher kontra-indiziert ist. Letzten Endes ist eine Vorbereitung eine teilweise von der Gegenübertragung des Arztes diktierte Intervention, und man kann argumentieren, daß ein viel deutlicheres Bild des Patienten herauskommt, wenn man so wenig wie möglich interveniert.

Ein weiteres Problem ergibt sich aus der fehlenden Standardisierung. Während der Psychologe, nach sorgfältiger Ausarbeitung und Erprobung seiner Serie von Reizen, sich bei der Aufnahme des Tests darauf beschränken kann, sie in der vorher festgelegten Reihenfolge vorzulegen, hat der Psychiater nichts dergleichen zur Hand. Er muß die Reize, d. h. sein eigenes Verhalten, im Moment unter dem Eindruck der Reaktionen des Patienten auf die vorherigen Reize neu erfinden; auch gibt es bisher keine standardisierte Folge der anzubietenden Stimuli, geschweige eine Nachprüfungsmöglichkeit. Es ist sogar die Frage, ob es ratsam ist, den Reiz qualitativ während des Interviews zu verändern, d. h. sich verschieden zu verhalten. Im großen Ganzen lehrt die Erfahrung, daß ein nicht zu starres gleichförmiges Verhalten vielleicht die besten Vorbedingungen für ein erfolgreiches Interview bietet.

Andererseits darf man wohl sagen, daß der Arzt mit seiner Interviewtechnik sehr elastisch umgehen kann. Ein und derselbe Arzt paßt ohne Frage seine Technik dem individuellen Patienten bald nach Anfang des Interviews an. In Klammern sei hinzugefügt, daß diese Elastizität wie überhaupt die ganze Interviewtechnik des Arztes nicht nur von den Erfordernissen des einzelnen Falles, sondern in nicht geringem Grade auch von der individuellen Persönlichkeit des Arztes herrührt. Deshalb sprechen wir ja von der Übertragung des Patienten und der Gegenübertragung des Arztes. Das Studium dieser Wechselwirkung ist ein weites Feld; letztes Ziel müßte die Ausarbeitung einer Form des psychiatrischen Interviews sein, das der klassischen internistischen Untersuchung irgendwie vergleichbar ist.

Hier müssen wir jedoch einige schwerwiegende Einschränkungen machen. Schon die Römer wußten: *Si duo faciunt idem, non est idem,* was in unserem Falle für beide Partner gilt. Genau die gleichen Worte und die gleichen Verhaltensweisen haben eine ganz verschiedene Bedeutung, je nachdem, welcher Patient sie sagt oder zeigt; und genau so haben die gleichen Worte und das gleiche Verhalten des Arztes auf den einen Patienten eine andere Wirkung als auf einen anderen. Diese Binsenwahrheit muß man beachten, wenn man eine vereinheitlichte Interviewform aufzustellen versucht.

Aber auch das umgekehrte Problem existiert. Gewiß muß der Arzt zu einer zuverlässigen Diagnose ein so weites Spektrum der gewöhnlichen Reaktionsweisen des Patienten kennen, wie irgend in den Grenzen des Interview ereichbar. Das bedeutet aber, daß er die Reize, die er dem Patienten anbietet, so wählt, daß sie potentiell Reaktionen aus allen seelischen Schichten, Strukturen und Instanzen aktivieren. Wenn wir jedoch danach fragen, wie die Reize beschaffen sein müssen, um dies zu erreichen, und insbesondere, auf welcher Grundlage zu entscheiden ist, ob die erzielten Reaktionen das ganze Spektrum erfassen oder doch wenigstens einigermaßen repräsentativ sind, dann finden wir weder in der psychiatrischen noch in der psychoanalytischen Literatur eine Antwort. Wir müssen wieder zugeben, daß unsere Technik rein auf einer wackligen empirischen Grundlage beruht.

In der gleichen Lage befinden wir uns, wenn wir fragen, ob es ratsam ist, daß der Arzt – um ein vollständigeres Spektrum von Reaktionen zu erhalten – auch eine Vielfalt von Reizen anbieten oder ob er vielmehr relativ unverändert und unveränderbar bleiben soll. Unter Variierung der angebotenen Reize verstehen wir: absichtliche oder spontane Veränderung im Benehmen, besonderes Eingehen auf vermiedene oder ausgelassene Themen, stillschweigendes oder ausgesprochenes Einverständnis, daß gewisse Themen nicht berührt werden sollen etc. bis zu ausgewachsenen Deutungen, die entweder angsterregend oder angstmildernd sein können.

7.

Hiermit kommen wir zur nächsten Problemgruppe: den vorbedachten *Interventionen* einschließlich der *Deutungen;* es handelt sich nur um einen Teilaspekt der vorgenannten Gruppe, er soll aber wegen seiner Wichtigkeit gesondert betrachtet werden.

Wie passiv der Arzt sich auch gewöhnlich im Interview verhält, ganz passiv kann er niemals sein. An irgendeinem Punkt des Interviews muß er eingreifen, also aus seiner Passivität heraustreten. Um einige wenige Interventionen zu erwähnen: er stellt Fragen, gibt ermutigende oder entmutigende Laute (wie: hm), Worte oder ganze Sätze von sich, erteilt einen Rat, gibt eine Beruhigung und kann schlußendlich sein Verstehen bekunden oder die Aufmerksamkeit des Patienten durch eine Deutung vom einen zu einem anderen Thema lenken. Hier muß man, um Mißverständnissen vorzubeugen, feststellen, daß z. B. auch das Anbieten einer Behandlung ein Rat ist, denn wie vorsichtig der Arzt das Angebot formulieren mag, es bedeutet doch: „meiner Meinung nach ist es das Beste für Sie.“ Ebenso ist die Annahme des Patienten zur Behandlung soviel wie eine Beruhigung, da darin unvermeidlich die Nebenbedeutung liegt, daß wir seinen Zustand nicht für hoffnungslos halten.

Natürlich sollte man die Interventionen auf ein Minimum beschränken bzw. wenigstens auf ein Optimum. Unglücklicherweise besitzen wir keine Kriterien, um zu entscheiden, was ausreichend oder günstig ist und was nicht. Da wir Psychoanalytiker sind, interessieren uns in erster Linie die Deutungen und ihre Funktion während des Interviews.

Selbst dieses engere Problem hat zahllose Facetten, was eine systematische Diskussion erschwert. Beginnen wir mit der Frage, die schon in anderem Zusammenhang in Kapitel 13 erwähnt wurde. Hat der Patient das absolute Recht, das Interview unberührt, unaufgerührt oder unverändert zu verlassen? Um die gleiche Frage in anderen Worten auszudrücken: hat er implizit durch seine Bitte um ein Interview zugestimmt, daß er beeinflußt, aufgerührt, möglicherweise sogar erheblich verwandelt werden kann? Falls wir diese Frage nicht bejahend beantworten können, müssen wir weiter fragen: an welchem Punkt beginnt die unberechtigte Verletzung der Integrität des Patienten?

Man könnte dieses Problem auch noch anders formulieren. Ist es ratsam oder wünschenswert, daß eine Konsultation sich auf so etwas wie eine diagnostische Untersuchung beschränkt, oder darf sie etwas Therapie enthalten, etwa eine sehr milde Form von Psychoanalyse? Diese Version besagt eigentlich: Hat der Patient das absolute, souveräne Recht auf sein eigenes Unbewußtes, und wenn nicht, wer entscheidet über die Grenzen seiner Rechte? Leider gibt es auf keine dieser Fragen eine Antwort, beziehungsweise die einzig ehrliche Antwort ist die, daß wir keine haben. Was in der Praxis geschieht, können wir nur als die vorsichtige Anwendung von Erfahrungswissen, gelegentlich gewürzt durch abenteuerliche Experimente, bezeichnen.

Wir dürfen indessen nicht vergessen, daß jede Deutung – selbst wenn man sie als Klarstellung, Konfrontation, Zusammenfassung bezeichnet

– darauf abzielt, dem Patienten etwas bewußt zu machen, das er bisher von sich fernhielt. In dieser Hinsicht macht es nicht viel Unterschied, ob wir dies Fernhalten als Nichtgewahrwerden, sich nicht Klarmachen, Verleugnen oder Verdrängen bezeichnen. Das Ziel der Deutung bleibt immer, das Bewußtsein des Patienten zu erweitern – und das ist im Grunde Therapie.

So weit erlaubt uns unsere Erfahrung zu gehen. In Teil II und III haben wir einige Aspekte dieser Bewußtseins-Ausweitung in größerer Genauigkeit erörtert. Hier wollen wir unterstreichen, vielleicht entgegen der allgemeinen Auffassung, daß diese Bewußtseinsausweitung ein Ziel des psychiatrischen Interviews sein muß und daß ein Interview als Fehlschlag oder nur Teilerfolg bezeichnet werden muß, wenn das nicht erreicht werden kann. Letzten Endes ist der Patient mit einem Problem gekommen – etwa ob er sich einer Psychotherapie unterziehen sollte oder nicht –, und so muß er am Schluß des Interviews entweder imstande sein, sich selbst zu entschließen, oder der Arzt muß diese wichtige Entscheidung für ihn fällen. Man wird uns zustimmen, daß der erste Fall der bei weitem günstigere ist, aber der Patient kann den Entschluß doch nur fassen, wenn das Interview ihm geholfen hat, in einer Frage, die er bisher nicht lösen konnte, eine verantwortliche Entscheidung auf sich zu nehmen. Das ist ohne eine Wandlung in ihm nicht möglich, und die Grundlage dieser Wandlung ist die neue, eindrucksvolle Erfahrung, die er im Interview gewonnen hat. Hauptfaktoren sind vielleicht, daß er zuerst einmal verstanden und dann dazu geführt wurde, sich selber besser zu verstehen, wie wir es in den Kapiteln 10 und 11 erörtert haben.

8.

Ein Nebenziel des Interviews ist es, den Arzt – nach dem Modell eines klinischen Krankenblattes – *zu Aufzeichnungen über den Zustand des Patienten* zu verhelfen, die von jedem seiner Kollegen bei Wiederholung bestätigt werden können, falls der Kollege die gleiche Ausbildung hat. Dies ist natürlich auf allen medizinischen Gebieten die Norm, aber in der Psychiatrie ist die Lage der Dinge doch nicht so einfach. Es ist höchst unwahrscheinlich, daß eine noch so genaue internistische Untersuchung irgendeine der Funktionen, irgendeines der Symptome des Patienten auf die Dauer verändern wird, vielleicht von ein paar seltenen Ausnahmen abgesehen wie etwa einer exploratorischen Laparotomie. Im Gegensatz dazu kann das Ergebnis eines psychiatrischen Interviews bereits eine gewisse dauerhafte Wandlung bedeuten, wie in den beiden in Kapitel 3 vorgestellten Fällen überzeugend gezeigt wurde.

Dieser Unterschied zwischen der internistischen und der psychiatrischen Untersuchung gründet – wie wir in Kapitel 13 und in dem vorhergehenden Abschnitt dieses Kapitels erörterten – in der ganz anderen Situation. Nehmen wir z. B. den Fall eines gehemmten jungen Mädchens, das an ihren Nägeln kaut, sich die Haare ausreißt, Albträume hat, sich in der Schule nicht konzentrieren kann. Man kann mit ziemlicher Sicherheit annehmen, daß sie vom Kampf gegen ihre heftigen Sexualphantasien so absorbiert ist, daß sie kaum noch Energie übrigbehält, um die äußeren Probleme zu bewältigen, und daß sie zeitweilig nicht anders kann, als sich selbst zu beschädigen. Wenn man diese Annahmen jedoch verifizieren möchte, gibt es nur den einzigen Weg, sie dazu zu bringen, über ihre heftigen Phantasien und ihren Kampf gegen sie zu sprechen; dies bedingt die Verminderung oder Durchbrechung ihrer Hemmungen, was unvermeidlich zu einer Wandlung führen muß. Natürlich ist es nicht einfach vorherzusagen, welches letzten Endes die Wirkung eines solchen Interviews sein wird: eine Milderung der Verdrängungen oder im Gegenteil eine Verstärkung ihrer Abwehrmechanismen, wenn sie merkt, daß trotz ihrer Anstrengungen ein Außenstehender imstande war, etwas von ihren schuldbeladenen Geheimnissen zu entdecken. Man könnte viele Beispiele dieser Art anführen und damit zeigen, daß das psychiatrische Interview Wandlungen im Patienten herbeiführen kann, auch wenn es durchaus fachmännisch und vorsichtig geführt wird. Wenn man ein solches Interview daher wiederholt, können sich andere Resultate ergeben.

Das ist eine regelmäßig drohende Komplikation, obwohl die Wirkungen stark variieren mögen. Manche Interviews werden nicht mehr bedeuten als eine normale ärztliche Untersuchung; andere sind in Wahrheit therapeutische Interventionen mit gutem oder weniger gutem Erfolg. Aber ähnlich wie der Arzt auf Grund seiner Befunde mit ziemlicher Wahrscheinlichkeit sich vorstellen kann, wie der Zustand eines Patienten vor einer therapeutischen Maßnahme, etwa einer Operation, gewesen war, so kann auch der Psychiater aus dem Material eines späteren Interviews folgern, vor welcher Situation sein Kollege im vorigen Interview stand. Viele Diskrepanzen zwischen den psychiatrischen Meinungen beruhen darauf, daß diese wichtige Tatsache vergessen, mißachtet oder zu gering eingeschätzt wird.

Das nächste Problem in dieser Gruppe ist das Was des Fallberichtes. Wenn wir die klassische internistische Untersuchung zum Modell nehmen, dann muß die Antwort unbedingt lauten, daß jede Untersuchung, jeder Befund aufgenommen werden muß, der zu einer diagnostischen Schlußfolgerung oder zu therapeutischen Empfehlungen führen soll. Man könnte die Befunde sehr abgekürzt darstellen, aber doch so, daß ein Leser zweifelsfrei erkennen kann, welche Untersuchungen durchgeführt wurden, welche Befunde sie ergeben haben und wie der Arzt zu seiner Diagnose kam. Wenn z. B. auf dem Berichtsbogen steht „stechender Schmerz, ataktischer Gang, Pupillen nicht auf Licht reagierend, stark vergrößerte Kniereflexe, Wassermann in Serum und Liquor positiv; Diagnose: Tabes“, so ist kein Mediziner im Zweifel, welche Untersuchungen durchgeführt, welche Befunde gemacht wurden und wie es zu der Diagnose kam.

Auf dem Gebiet der Psychiatrie gibt es solche Denk- und Darstellungserleichterungen noch nicht – abgesehen vielleicht von einigen wenigen Krankheiten, die dem Nicht-Psychiater nur selten vorkommen. Wir haben nur vage Vorstellungen, aus welchen „Untersuchungen“ sich das psychiatrische Interview zusammensetzen sollte; für unsere Befunde haben wir auch keine feststehende, allgemein anerkannte Kurzschrift. Unsere Ideen über die Natur der Krankheiten beruhen nicht auf feststehendem ätiologischen Wissen und sind daher etwas schwankend und je nach der Zeitmode beunruhigenden Wandlungen unterworfen. Unter diesen Umständen kann es nicht verwundern, daß unsere psychiatrischen Kranken-Archive nicht einheitlich und knapp zusammenfassend sind, oft nicht die Information enthalten, die wir suchen; oft ist es schwer zu entscheiden, ob eine Untersuchung alle wesentlichen Aspekte des Falles erfaßte – kurz, sie sind recht unbefriedigend.

Um zu zeigen, wie schwer es ist, hier das Rechte zu tun, wollen wir noch einmal zu dem Fall des jungen Mädchens zurückkehren, das wir zu Anfang dieses Abschnittes erwähnten. Würde es genügen, wenn der Arzt eine erschöpfende Liste aller ihrer Symptome aufstellt und seine eigene Meinung über ihre Bedeutung zusammen mit einigen Bestätigungen, die er im Laufe des Interviews erhielt, hinzufügt? Oder sollte er versuchen, ihre Hemmungen und Abwehrmechanismen abzubauen, so daß sie imstande wäre, etwas von ihren Phantasien preiszugeben und somit die Vorstellungen des Arztes zu bestätigen? Oder soll er noch weitergehen und herauszufinden versuchen, welches die Ursache der Disproportion zwischen der Heftigkeit ihrer Phantasien und der Stärke ihrer Ichstruktur ist und wie diese Ursache mit ihrer Erziehung, etwa mit ihrem Ödipuskonflikt verknüpft ist? Oder solle er gar noch tiefer eindringen und etwas über ihre frühesten Beziehungen zu ihrer Umwelt und alles, was damit zusammenhängt herausfinden, also das, was man die Familientradition im Umgang mit Kindern nennen könnte?

Das sind nur ein paar Möglichkeiten; in Wirklichkeit können sehr viel mehr Konflikte vorhanden sein. Aber selbst wenn wir uns darüber einigen könnten, an welcher Stelle eine zuverlässige psychiatrische Untersuchung innehalten sollte, hätten wir immer noch nicht das Problem gelöst, welche Untersuchungen zuverlässiges Material für unsere Fragen ergeben können. In der inneren Medizin haben wir z. B. eine gewisse Vorstellung, was für Unterschiede oder Übereinstimmungen wir zu erwarten haben, wenn wir die Herzgröße durch Perkussion bzw. Durchleuchtung bestimmen. Dieses Wissen wurde nur durch Vergleich der Ergebnisse dieser beiden Untersuchungsmethoden erreicht. Bevor man jedoch diesen Vergleich anstellen konnte, mußten die beiden Untersuchungsmethoden einigermaßen genormt sein. Auf dem Gebiet der Psychiatrie haben wir das Stadium, in welchem die verschiedenen „Untersuchungen" genormt werden können, noch nicht erreicht und haben infolgedessen auch noch keine Möglichkeit, ihre Ergebnisse zu vergleichen.

Noch eine kurze Bemerkung, bevor wir diesen Fragenkomplex verlassen, über die Länge des Befundberichtes. Der ideale Bericht soll knapp, aber genau sein, nur die wesentlichen Fakten über die Lebensgeschichte des Patienten und einen Bericht über die wesentlichen Wechselbeziehungen zwischen Patient und Arzt enthalten. Leider haben wir bisher noch keine Kriterien, um Relevantes von Irrelevantem zu unterscheiden. Dieser unsichere Zustand, daß wir noch nicht wissen, wonach wir Ausschau halten müssen, erweckt Angst, und viele Ärzte wehren sich dagegen durch lange Berichte. Andererseits enthält ein kurzer Bericht das Risiko, daß wichtige Daten und Beobachtungen, die der Leser gerade braucht, ausgelassen werden. So stehen wir vor der Entscheidung zwischen langen, fast wörtlichen Berichten und kurzen Darstellungen, die fast nur die Schlußfolgerungen des Arztes enthalten.

Um die Situation noch schwieriger zu machen, könnte man fragen, welche Bedeutung es hat, wenn der Arzt außerstande ist, einen kurzen Bericht zu verfassen; hat es etwas zu bedeuten im Hinblick auf a) den Patienten, b) den Arzt, c) die geringe Tiefe der Wechselwirkung zwischen ihnen oder d) den gegenwärtigen betrüblichen Stand unseres Wissens?

Natürlich schreibt man jeden Fallbericht im Hinblick auf einen etwaigen Leser. Dies gilt für den medizinischen Bericht ebenso wie für alle anderen Berichte. Im Falle des psychiatrischen Berichts ist die Lage etwas verwickelter, da es hier nicht nur auf den objektiven Inhalt, sondern auch auf seine psychologischen Auswirkungen ankommt. Wir erwähnen diesen Faktor nur der Vollständigkeit halber, wollen ihn hier aber nicht näher erörtern.

9.

Die nächste Gruppe umfaßt die Schwierigkeiten, zuverlässige Kriterien zu finden, auf Grund deren man beurteilen kann, ob das Interview genügend *relevante Fakten* für eine richtige Diagnose ergeben hat. Bevor wir darauf eingehen, möchten wir etwas über die Schwierigkeiten sagen, die uns hinsichtlich einer systematischen Darstellung der einzelnen Probleme im Wege standen. Zunächst die Frage, an welcher Stelle diese Gruppe eingefügt werden sollte. Natürlich würde kein Arzt ein Interview abschließen, bevor er sich nicht vergewissert hat, daß er die Konfliktsituation des Kranken richtig beurteilen kann. Infolgedessen müßte die Frage der Kriterien vor der Frage nach der Dauer des Interviews diskutiert werden. Das Gleiche könnte man vielleicht über die Verknüpfung des Kriterien-Komplexes mit dem

Interviewplan sagen, den wir unter 4. diskutierten. Aber ebenso würde kein Arzt eine unnötige Deutung riskieren, wenn er ohnehin sicher ist, kein weiteres Material mehr für seine Diagnose zu brauchen; dann aber sollte die Kriterienfrage auch vor dem Abschnitt über Deutungen zu stehen kommen. Schließlich fängt das Niederschreiben des Berichts auf jeden Fall erst nach Abschluß des Interviews an, so daß auch dieser Abschnitt an verkehrter Stelle zu stehen scheint. Warum wir uns jedoch für die vorliegende Ordnung entschlossen, war der Gedanke, daß die Abfassung des Fallberichts – im Kopfe des Arztes – schon während des ganzen Interviews vor sich geht, so daß die Kriterien für die Beendigung des Interviews danach stehen können. Wir sind uns jedoch darüber klar, daß die Reihenfolge willkürlich gewählt wurde; was man übrigens fast bezüglich aller anderen Gruppen unseres Systems auch sagen könnte.

Die Kriterienfrage ist eng mit mehreren der vorgenannten Gruppen verbunden, vor allem mit den Problemen der Berichterstattung. Die klassische ärztliche Untersuchung ist so durchstandardisiert, daß Routine-Krankenblätter mit Leichtigkeit entworfen werden können, die gnadenlos enthüllen, wo der Arzt mit einer unvollständigen Untersuchung durchzukommen versucht hat. Obwohl zahllose Versuche gemacht worden sind, etwas Ähnliches auch in der psychologischen Medizin einzuführen, haben sich alle Entwürfe bisher als nur teilweise brauchbar erwiesen.

Das ist eine bittere Tatsache, und unsere Erfahrung hat uns gelehrt, daß sie von den Ärzten sehr widerwillig hingenommen wird. Das Bedauerliche ist besonders, daß es eben sehr viel schwieriger ist zu beweisen, daß ein psychiatrisches Interview zusammengestoppelt und lückenhaft oder voller Widersprüche ist, als es bei einer medizinischen Untersuchung der Fall ist. Nehmen wir an, daß nach einem gewissenhaft geführten Interview der Arzt merkt, daß der Patient seinen Vater überhaupt nicht erwähnt hat. Bedeutet das, daß der Vater ein unscheinbares Männchen war, der im Schatten einer mächtigen Mutter stand, oder bedeutet es, daß der Patient die prekäre Idealisierung seines Vaterbildes so ängstlich hüten muß, daß er kaum seinen Namen erwähnen kann; oder aber, daß der Patient den Vater furchtbar haßt – oder daß der Arzt einen technischen Fehler gemacht hat? Wir haben in

Kapitel 6 erwähnt, daß wir bei einem unserer Versuche, einen Berichtsbogen zu entwerfen, rechts oben in Fettdruck die Bemerkung aufgenommen hatten: *Negative Befunde müssen auch erwähnt werden!* Und trotzdem ertappen wir immer wieder einmal ein Mitglied unserer Forschungsgruppe dabei, daß diese Warnung nicht beachtet worden war.

Wonach man beurteilen soll, ob ein Interview vollständig ist oder nicht, ist unter den vielen in diesem Kapitel aufgeworfenen Fragen vielleicht diejenige, über die wir am allerwenigsten wissen. Nichtsdestoweniger führen wir wie alle Psychiater Interviews durch und müssen beurteilen, ob unsere Ergebnisse ausreichen. Mit der Maßgabe, daß wir uns der begrenzten Brauchbarkeit bewußt sind, geben wir hier die Fragen wieder, die wir uns stellen, wenn wir vor der Entscheidung stehen, ob ein Interview ertragreich war oder nicht.

Erstens: die innere Evidenz. Ist das vom Patienten vorgebrachte Material zusammenhängend, ergibt es eine verstehbare Lebensgeschichte oder enthält es innere Widersprüche? Einige Aspekte dieses Problems sind schon in Kapitel 10 unter „Das berufliche Verstehen von Menschen" erörtert worden.

Zweitens: stimmt das im Kopf des Arztes sich ergebende Bild mit dem Krankheitsbild überein, das der Patient mitbrachte? Das ist ein wichtiges Kriterium; es wurde hinsichtlich seiner Folgen in den Kapiteln 10–12 behandelt.

Drittens: hat der Patient über sich und sein von ihm ins Interview mitgebrachtes Krankheitsbild etwas Neues gelernt, und hat ihm dieses Neue eingeleuchtet oder nicht? Auch dieses Thema wurde schon in den Kapiteln 11 und 12 diskutiert.

Viertens: kann diese neue Einsicht den Patienten zu einer richtigeren Beurteilung seiner Lage befähigen und wird er imstande sein, selbst den nächsten Schritt zu tun oder wenigstens zuzustimmen, daß der Arzt ihm etwas Sinnvolles vorgeschlagen hat?

Es kommen immer wieder Interviews vor, nach welchen der Patient weder selbst eine Entscheidung treffen noch die Vorschläge des Arztes annehmen kann. Das sind dann fast immer Fehlschläge. Die häufigste Ursache ist wohl, daß der Arzt sich von seiner diagnostischen Entdeckung hinreißen ließ und nicht darauf achtete, ob der Patient ihm auch folgte. Es gibt jedoch eine Anzahl von Fällen, bei welchen nicht alle der aufgezählten Kriterien erreicht werden können. Diese könnte man „bedingt erfolgreich" nennen, und der Arzt muß auf der Grundlage seiner Befunde imstande sein zu verstehen, warum seine Empfehlungen vom Patienten nicht angenommen werden konnten. Bekanntlich ist aber die Gefahr groß, zu sich selber etwas zu nett zu sein, und so empfehlen wir, diesen Ausweg mit Vorsicht zu gebrauchen.

10.

Dieser Abschnitt, *Integrierung der körperlichen und psychiatrischen Untersuchungen,* behandelt das Problem, wie man das psychiatrische Interview am besten in die ärztliche Untersuchung einbauen kann. Natürlich sollte eine ideale ärztliche Untersuchung sowohl den körperlichen als auch den seelischen Zustand des Patienten in einer einzigen Konsultation erfassen. Das erweist sich aber zur Zeit noch als sehr schwierig, und zwar wegen der bisherigen medizinischen Ausbildung, in der es dem Arzt regelrecht eingebleut wurde, wie man eine Anamnese erhebt, wie man eine körperliche Untersuchung durchführt und auf der Grundlage der Befunde eine ordnungsgemäße Diagnose des körperlichen Zustandes stellen muß. Dadurch sind die Anamnesenerhebung und Untersuchungstechnik fast automatische Funktionen, eine Art zweiter Natur des Arztes geworden. Diese Techniken setzen jedoch einen Rahmen nach dem Muster der einpersonalen Biologie voraus.

Die von uns vertretene Interviewtechnik beruht auf dem Studium der Wechselwirkung zwischen Patient und Arzt, d. h. auf einer bipersonalen Beziehung. Die körperliche Untersuchung bildet nun keinen guten Ansatzpunkt für dieses Studium. Deshalb teilen wohl die meisten Ärzte die Konsultation in zwei Teile. Während des ersten Teiles werden die üblichen körperlichen Untersuchungen vorgenommen, und erst, wenn der Patient sich wieder angekleidet hat und vor dem Arzt sitzt, beginnt das psychiatrische Interview.

Aber diese Regel gilt nicht für alle. Wir kennen Ärzte, die die ganze Konsultation hindurch, auch wenn sie den Patienten auf der Untersuchungscouch haben, das psychiatrische Interview fortführen. Bei den Gynäkologen geht es offenbar meist so vor sich, daß zunächst eine kurze Vorbesprechung erfolgt, dann die gynäkologische Untersuchung vorgenommen wird, und das ausführliche Gespräch folgt, nachdem die Patientin sich wieder angekleidet hat. Eine Anzahl von Pädiatern hat offenbar eine ähnliche Technik: nach kurzer Vorbereitung wird das Kind körperlich untersucht, dann folgt ein Gespräch mit der Mutter – selten oder nie eines mit dem Kind selbst.

Das umgekehrte Problem ergibt sich, wenn wir den üblichen Verlauf eines psychotherapeutischen oder psychoanalytischen Interviews betrachten. Hier entsteht die Schwierigkeit beim Umschalten von der psychologischen zur körperlichen Untersuchung, und zwar wegen des unwirklichen, aus der Phantasie stammenden, aber höchst persönlichen Inhalts und der intensiven affektiven Atmosphäre des psychiatrischen Interviews, die in dem Arzt das Gefühl erzeugt, es müsse für den Patienten ein Schock sein, wenn er gezwungen würde, von dieser Welt ohne Übergang auf die greifbare, realistische Welt seines natürlichen Körpers umzuschalten. Daher wird in der Regel ganz auf eine körperliche Untersuchung verzichtet. Glaubt der Interviewer, daß die körperlichen Aspekte des Symptoms einer Klärung bedürfen, so überweist er ihn fast regelmäßig an einen anderen Arzt. Auf diese Weise ist die Aufgabe der Vereinigung der beiden Untersuchungen vermieden, und man muß sich durch alle möglichen theoretischen Erwägungen beruhigen, warum es im Interesse des Patienten geschieht, daß Seele und Körper auseinandergehalten werden. Erfahrungen wie die in Kapitel 2 berichteten zeigen, daß dies nicht unbedingt stimmen muß. Eine Folge dieser reinlichen Scheidung ist die Tatsache, daß direkter physischer Kontakt mit dem Körper des Patienten für den Psychiater und vor allem für den Psychoanalytiker fast verpönt ist. Diese verbreitete Haltung ist im großen ganzen weise und wohlbegründet, aber die unausweichliche Folge davon ist, daß die genannten Ärzte keinerlei direkte Erfahrung mit diesem Problem haben, obwohl sie sich der Wichtigkeit der Körper-Seele-Relation voll bewußt sind.

Es soll erwähnt werden, daß eine Gruppe von Ärzten, die an einer

---

[1] L. J. Friedman: Virgin Wives. A Study of Unconsummated Marriages. Mind & Medicine Monographs Nr. 5, London (Tavistock Publications) 1962. Die deutsche Fassung unter dem Titel „Virginität in der Ehe" erscheint 1963 im Gemeinschaftsverlag Huber-Klett.

Eheberatungsklinik der „Family Planning Association" mitarbeiten, die Möglichkeit einer Kombination von körperlichen und seelischen Untersuchungen für therapeutische Zwecke studiert haben, und zwar in Fällen von Unfähigkeit zur Vollziehung der Ehe. Die Resultate dieses – echt psychosomatischen – Ansatzes sind vielversprechend.[1]

Wir möchten wiederholen, daß dies ein weites, für die tägliche Praxis äußerst wichtiges Feld ist, das noch auf seine gründliche Erforschung wartet.

11.

Am Schluß dieses Kapitels glauben wir, noch zwei weitere, miteinander verbundene Probleme wenigstens kurz erwähnen zu sollen. Wie in den Kapiteln 10 und 11 dargestellt, bekommt der Patient in den meisten Interviews, besonders in den für erfolgreich gehaltenen, irgendetwas für ihn Wertvolles. Es kann eine neue Einsicht, eine etwas realistischere Beurteilung seiner Probleme und seines Wesens sein, oder es ist das unvergeßliche Erlebnis, einmal verstanden worden zu sein und auf diese Weise etwas wirklich Neues über sich selbst erfahren zu haben usw. In der Regel muß der Patient dafür durch Hinnahme und Erduldung einiger spannung- oder sogar schmerzbereitender Erkenntnisse bezahlen. Jeder Psychotherapeut weiß, daß diese beiden dynamischen Prozesse existieren, und jeder achtet darauf, daß der Gewinn und der Preis, den der Patient dafür zahlen muß, in einer vernünftigen Beziehung zueinander stehen. Wir wissen auch, daß manche Patienten besonders empfindlich oder wehleidig sind; ihre Stabilität ist so schwach, daß sie nur einen geringen Spannungsanstieg ertragen können; andere wieder sind so gut abgeschirmt, daß sie eine Menge hinnehmen können, ohne eine Miene zu verziehen; schließlich gibt es auch gemischte Typen, die an manchen Stellen empfindlich, an anderen gefühllos sind.

Das alles ist jedoch nur bloßes empirisches Wissen, und es wäre sehr wertvoll zu erforschen, welche Art von Spannung und welche Spannungsintensität bei welchen Patienten die günstigsten Resultate ergeben. Die Lage wird noch erschwert durch unsere Ahnung, daß die Art und Weise, wie man den Patienten im Interview unter Druck setzt und ihm dann wieder hilft – oder auch nicht hilft –, ihn zu ertragen, das Ergebnis des Interviews für den Patienten erheblich beeinflußt.

Das zweite Problem, mit dem eben genannten eng verbunden, ist die Frage, wie man ein Interview beenden soll. Soll der Arzt versuchen, es abzurunden, es irgendwie in lehrhaftem Ton zusammenzufassen, die Hauptpunkte anzuführen, die logische Ordnung der Schritte zu zeigen, die zu seinen Schlußfolgerungen und seinen Empfehlungen führten; oder sollte er es dem Patienten überlassen, das für sich allein zu tun; oder sollte er versuchen, den Patienten zu veranlassen, eine Zusammenfassung des in gemeinsamer Arbeit Erreichten zu formulieren?

Wir möchten hervorheben, daß auch die Art und Weise, wie der Arzt das Interview beendet, den Patienten für oder gegen das beeinflußt, was der Arzt ihm zu erleben half. So gehören diese zwei Probleme – die Abwägung der Gewinne und des Preises im Laufe eines Interviews und die Methode der Beendigung – zu einem Grenzland: sie beenden die diagnostische Periode und leiten zur Therapie über. Auch sie ergeben zweifellos ein vielversprechendes Forschungsfeld.

Zu Beginn des Kapitels 13 versicherten wir unseren nicht-psychiatrischen Kollegen, daß, entgegen ihren Erwartungen, der Psychiater nicht viele Berufsgeheimnisse über die Führung eines Interviews besitzt. Wir hoffen, daß die letzten drei Kapitel sie überzeugt haben, daß dies wirklich der Fall ist. Das psychiatrische Interview ist, im Gegensatz zu den klinischen Untersuchungen, nicht vereinheitlicht und automatisiert. Seine vielen Probleme werden im allgemeinen unbeachtet gelassen, beiseitegeschoben oder vertuscht. Es ist durchaus nicht unmöglich, daß dieses Kapitel den ersten veröffentlichten Versuch einer mehr oder weniger systematischen Übersicht über dieses Gebiet darstellt.

Dennoch ist an der Erwartung unserer Kollegen doch auch etwas Wahres. Das von ihnen vermutete Berufsgeheimnis liegt in der Vertrautheit mit dem Unbewußten und seinen scheinbar irrationalen Mechanismen, die der Psychoanalytiker während seiner Ausbildungszeit gewinnt. Diese Vertrautheit läßt ihn Verknüpfungen und Zustandsbilder verstehen, die einem nicht auf diese Weise ausgebildeten Arzt sinnlos oder unverständlich erscheinen.

Wir dürfen jedoch nicht vergessen, daß dieser Faktor, so beträchtlich er ist, kein sine qua non bedeutet. Wie die in diesem Buch erwähnten Fallberichte zeigen, hat jeder Arzt die Möglichkeit, sich mit den

Funktionsweisen der Seele etwas bekannt zu machen. Natürlich kann man nicht erwarten, daß er den gleichen Grad der Vertrautheit erreicht, zu dem der Analytiker nach vieljährigem Studium gelangt; daher wird ein Teil der Interviewtechnik doch immer noch ein Berufsgeheimnis oder eine Art esoterischen Wissens für ihn bleiben.

Aber das ist nur die eine Seite des Bildes. Die andere Seite ist, daß die praktischen Ärzte und Fachärzte wiederum viel von Dingen und Erscheinungen verstehen, die dem Psychoanalytiker unbekannt und sogar unerreichbar sind. Darum möchten wir auch dieses Kapitel mit unserer stehenden Behauptung abschließen, daß ein wirklicher Fortschritt hier nur erreicht werden kann, wenn praktische Ärzte und Fachärzte einerseits und Analytiker andererseits sich auf gleicher Basis zusammenfinden, um die immer noch ungelöst vor uns stehenden Probleme gemeinsam zu erforschen.

ZUSAMMENFASSUNG

Die autogene und die iatrogene Krankheit

Wir stellten in der Einleitung fest, daß unser gegenwärtiges Wissen zu einer systematischen Darstellung des Gesamtgebietes der Psychotherapie nicht ausreicht. Daher hatten wir uns in diesem Buch die Aufgabe gestellt, das Feld von einigen der störendsten Vorurteile und Fehlauffassungen zu säubern und dann ein paar zuverlässige Arbeitshypothesen aufzustellen, die eines Tages zu einer umfassenden Theorie ausgebaut werden könnten. Alle strittigen Probleme versuchten wir so weit wie möglich zu vermeiden und nur Themen zu erörtern, bei denen man eine gewisse Übereinstimmung der Meinungen erwarten durfte.

Unserer Auffassung nach war einer der Hauptfaktoren, der die Entwicklung einer eigenen psychotherapeutischen Methodik innerhalb der Medizin verhinderte, die Halbwahrheit, daß einzig und allein der Psychiater imstande sei, dem praktischen Arzt und den anderen Fachärzten zu raten, was in einem gegebenen Fall zu tun oder zu lassen sei. Wir widmeten den ganzen Teil I dem Nachweis, daß ausschlaggebend der Rahmen ist, in welchem die Therapie durchgeführt wird; er bestimmt weitgehend die Techniken und die dementsprechenden Ergebnisse. Da die Psychiater und erst recht die Psychoanalytiker nur mit den Techniken vertraut sind, die durch ihre eigenen individuellen Behandlungsrahmen gegeben sind, haben ihre wohlgemeinten Ratschläge und Anleitungen eher dazu beigetragen, die Entwicklung einer systematischen psychotherapeutischen Methodik zu verhindern als sie zu fördern. Wir hoffen, unser Beweismaterial hat überzeugend dargelegt, daß jeder medizinische Rahmen seine eigenen Möglichkeiten und Grenzen hat und daß jeder Zweig, statt eines unbesehenen Imports fremder Techniken, darauf ausgehen müßte, seine eigenen, seinem besonderen Rahmen entsprechenden psychotherapeutischen Techniken zu entwickeln.

Es gibt jedoch eine Anzahl von Grundproblemen, die fast überall, wo Psychotherapie angewendet wird, in gleicher Form auftreten. In der Organmedizin gilt es als ausgemacht, daß es der Arzt ist, der den Patienten untersucht, die Diagnose stellt und die Behandlung vorschreibt. Dieser traditionelle Vorgang, der sich für die Organmedizin wohl bewährt hat, wurde in Bausch und Bogen und ohne nähere Betrachtung in die Psychotherapie und Psychodiagnose übernommen und hat hier unnötige Hemmungen und Schwierigkeiten verursacht. Wir haben in Teil II versucht zu zeigen, daß einzelne dieser Schwierigkeiten vermieden werden könnten, wenn Techniken entwickelt würden, die als natürliche Konsequenz des psychotherapeutischen Rahmens wirkten, gerade so wie das traditionelle Vorgehen die natürliche Konsequenz des ärztlichen Rahmens des Organmediziners ist. Wir hoffen, daß die von uns herausgehobenen und beschriebenen Techniken – Untersuchung durch den Patienten selber, Achtung auf den Einfluß der Gefühlsregungen des Arztes, Konzentrierung auf den anwesenden Patienten, statt der Versuchung zu erliegen, den abwesenden zu behandeln usw. – im großen Ganzen als nützlich anerkannt werden und erste Schritte in Richtung zu einer systematischen Psychotherapie bilden können.

Wir schlossen Teil II mit einer Untersuchung über den Ort der Psychotherapie innerhalb der Medizin und kamen zu der Ansicht, daß er durch zwei grundlegende Unterschiede bestimmt ist. In der Organmedizin hat der Arzt eine hauptsächlich intellektuelle Aufgabe. Er braucht nicht sorgsam auf seine eigene affektive Beteiligung oder auf die Gefühle des Patienten zu achten; bei einer Anzahl klinischer und chirurgischer Maßnahmen ist es sogar vorzuziehen, wenn der Patient anästhesiert werden kann. Das ist in der Psychotherapie alles nicht möglich; hier müssen, abgesehen von den intellektuellen Problemen, die auftauchenden Gefühlsregungen sowohl beim Patienten als auch beim Arzt sehr sorgfältig beobachtet und verstanden werden. Der andere Kardinalunterschied besteht darin, daß es in der Organmedizin genügt, wenn die Therapie dem Arzt sinnvoll erscheint; vom Patienten wird nur verlangt, daß er die ärztlichen Vorschriften genau befolgt. Ganz im Gegensatz dazu ist es in der psychologischen Medizin wesentlich, daß die Therapie dem Patienten ebenso wie dem Arzt einleuchtet.

In Teil III versuchten wir, diese komplizierte Wechselwirkung zwischen Arzt und Patient zu analysieren. In etwas vereinfachter Form kann man sagen, daß der „Sinn", den Patient und Arzt in der Therapie zu erkennen imstande sein müssen, von zwei Teilfunktionen abhängt: zunächst muß der Arzt seinen Patienten verstehen, dann muß er seinem Patienten dazu verhelfen können, sich selber zu verstehen. Von diesem Blickwinkel her haben wir die verschiedenen Formen der Psychotherapie und ferner in Teil IV die Besonderheiten des psychiatrischen Interviews und dessen viele ungelöste Probleme betrachtet.

Wir hoffen, daß sich in unserem Buch zwei Hauptthemen klar abzeichnen, wobei das zweite einen Sonderfall des ersten bildet. Auf der Grundlage unserer Erfahrung mit den verschiedenen Formen von Psychotherapie glauben wir, daß die gegenwärtig vorherrschende Theorie, wonach es sich hierbei lediglich um eine Therapie *an* einem individuellen Patienten durch jeden Arzt, der die korrekte, genormte Technik beherrscht, handele, bald auf Grenzen stößt. Ein wirklicher Fortschritt in unserem Verständnis kann nur erwartet werden, wenn anerkannt wird, daß die *Psychotherapie ihrem Wesen nach eine Wechselwirkung* zwischen dem Patienten und seinem Arzt ist. Dementsprechend haben wir uns entschlossen, unsere Diskussion um die Technik des Arztes herum zu entwickeln, und haben daher die Psychopathologie oder Psychodynamik des Patienten in diesem Buch kaum jemals erwähnt.

Dies steht nun im Gegensatz zur Praxis der meisten Autoren, die bisher über Psychotherapie geschrieben haben. Ihre Diskussion dreht sich in der Regel um die Psychopathologie, und ihre Fallberichte beschreiben wohlausgebildete Syndrome und oft eher Krankheiten als individuelle Patienten. Über die Psychotherapie wird wenig gesagt und kann auch nur wenig gesagt werden, außer daß sie im einen Fall empfohlen, im anderen nicht empfohlen wird. Es ist natürlich bestechend, zu glauben, daß sich alles andere von selbst ergibt, wenn man nur die Psychopathologie des Patienten versteht, so daß keine Notwendigkeit besteht, den therapeutischen Prozeß selbst zu untersuchen. Wie der Arzt die Psychotherapie durchführt, ist scheinbar seine eigene Sache, sobald die psychodynamisch formulierte Differentialdiagnose gestellt ist. In diese Falle sind wir nicht gegangen; aber unsere Leser könnten meinen, wir seien in eine andere geraten, dadurch nämlich, daß wir zwar in allen Einzelheiten beschreiben, was sich im Arzt während der

Therapie ereignet, nicht aber, was am Patienten geschieht. Man könnte uns mit Recht vorwerfen, daß man doch von keiner echten Therapie sprechen kann, wenn die Ursache der Krankheit nicht erkannt wird. Hier müssen wir uns schuldig bekennen, denn wir haben, wie gesagt, auf die Ätiologie der Krankheiten nicht viel Aufmerksamkeit verwendet. Aber vielleicht dürfen wir die Tatsache, daß unsere Ideen sich als durchführbar erwiesen und auch einige erkennbare Resultate gezeitigt haben, als Beweis anführen, daß etwas Vernünftiges darin steckt.

Unser zweites Hauptthema bedarf einiger einführender Worte. Wir haben soeben hervorgehoben, daß man allgemein die Stellung einer ätiologischen Diagnose über die Beschwerden des Patienten als erste Aufgabe des Arztes betrachtet. Wenn das erreicht ist, so, glaubt man, könne auch eine gezielte, wirksame Behandlung verschrieben werden. Leider ist es sogar in der Organmedizin nicht immer möglich, zu einer richtigen nachprüfbaren Diagnose zu kommen; stattdessen wird nicht selten eine *Schein-Diagnose* gestellt, die Nachahmung einer echten Diagnose. Dies ist gefährlich, denn Patient und Arzt könnten versucht sein, die angebliche, unechte Ätiologie zu behandeln, eine sinnlose Mühe, die nur zur Verschwendung von Zeit, Geld und Kraft führt und in der Regel den Patienten viel Schmerzen, Enttäuschung und sogar Verzweiflung kostet.

Diese Gefahr besteht natürlich immer. Sie ist am geringsten bei Patienten, deren Krankheit vom Typ eines Unfalls ist, wie in Kapitel 9 erörtert. Je weniger die Krankheit diesem Typ gleicht, umso größer ist die Gefahr einer Schein-Diagnose. Diese Gefahr kann jedoch erheblich vermindert werden, wenn der Arzt sich klar macht, *daß er es bei jedem Patienten nicht mit einer, sondern mit zwei Krankheiten zu tun hat.* Wenn der Patient zu uns kommt und klagt – wir lassen das Verb absichtlich ohne nähere Bestimmung –, dann hat er aus seinen neuen Empfindungen, Befürchtungen, Ahnungen und Schmerzen sich bereits ein mehr oder weniger festes Bild gemacht, das man die *autogene Krankheit* nennen könnte. Der Arzt, der die Anamnese aufnimmt, dem Patienten zuhört, ihn untersucht, formt sich aus allen diesen Elementen ebenfalls ein mehr oder weniger festes Bild, das wir – sit venia verbo – die *iatrogene Krankheit* nennen wollen. Die klinische

Medizin ist nun der festen Überzeugung, daß beide Krankheiten zum Verschwinden gebracht werden können, wenn die realistischere iatrogene Krankheit kuriert werden kann. In Fällen, in denen eine richtige ätiologische Diagnose gestellt werden kann – vorausgesetzt, daß es sich um eine heilbare Krankheit handelt –, geschieht dies auch oft, aber doch keineswegs immer.

In der medizinischen Wissenschaft konzentriert sich, besonders seit Bestehen der pathologischen Anatomie als höchster Berufungsinstanz für alle medizinischen Probleme, praktisch alle Aufmerksamkeit auf das Studium der iatrogenen Krankheit, während die autogene Krankheit, die ja oft keine anatomische Grundlage hat, mehr und mehr als störendes, aber weitgehend irrelevantes Ärgernis betrachtet wird. So wurde auch weder ihre Diagnose noch ihre Therapie ernstlich beachtet, obwohl ihr Vorhandensein die Ärzte zwang, widerwillig einige empirische, nicht ganz aufrichtig bejahte und sogar nicht einmal ganz ehrliche Techniken zu entwickeln, die ihrem Einfluß entgegenwirken sollten.

Eine klare Vorbedingung für die Behebung dieses Dilemmas ist die Forderung, daß der Arzt lernen muß, nicht nur die „wirkliche", iatrogene, sondern auch die autogene Krankheit des Patienten zu diagnostizieren und herauszufinden, welche Art von Hilfe für beide notwendig ist. Die Abstempelung des Zustandes als Neurose, Überarbeitung, psychosomatisch kann höchstens den Arzt, kaum aber den Patienten beruhigen.

Eine wichtige erste Aufgabe in der psychologischen Diagnostik ist die Herstellung einer Verbindung zwischen dem, weswegen der Patient seinem Gefühl nach gekommen ist (der autogenen Krankheit) und dem, was der Arzt von seinem Zustand verstehen konnte (der iatrogenen Krankheit). Diese Verknüpfung muß für beide einen Sinn ergeben und muß den Patienten gefühlsmäßig befriedigen, weil er sich sonst unverstanden, enttäuscht, verärgert, im Stich gelassen fühlt. Wie jeder Arzt weiß, kann sich ein solches Gefühl auch bei Patienten einschleichen, deren „wirkliche" Krankheit fachmännisch und wirksam behandelt, vielleicht sogar geheilt wurde. Von der psychologischen Medizin her gesehen liegt hier die Erklärung, warum das bloße Zuhören, selbst auf die mitfühlendste Weise, nur sehr selten als Therapie ausreicht; ebenso wenig wie es hilft, wenn man den Patienten zwingt, den Erklärungen des Arztes zuzuhören. Es ist leicht, dies auszusprechen, aber in der Praxis gar nicht so einfach, sowohl von der Scylla des bloßen mitfühlenden Zuhörens als auch von der Charybdis des Sich-Hinreißenlassens von seinen eigenen „wissenschaftlichen" Vorstellungen freizusteuern.

Wir haben eine ganze Menge über die iatrogene Krankheit gelernt, die in der psychologischen Medizin gewöhnlich als Psychopathologie oder Psychodynamik beschrieben wird. Unsere Kenntnis der autogenen Krankheit ist sehr viel weniger systematisch; sie wird etwas herablassend unter der Überschrift „subjektive Symptome" behandelt. Das iatrogene Krankheitsbild ist immer in Worten ausdrückbar; in der ganzen organischen wie psychologischen Medizin wurde keine Mühe gespart, diese Worte und die dahinterstehenden Vorstellungen präzise, unzweideutig und durch Experiment und Beobachtung nachprüfbar zu machen. Wir möchten betonen, daß alle diese Funktionen – Beschreibung in präzisen Worten, Experiment, Beobachtung – vom Arzt geleistet werden, für den die betreffenden Erscheinungen Dinge der äußeren Welt sind. Das trifft für die autogene Krankheit nicht zu, die fast gänzlich auf subjektiven, d. h. innerlichen Erlebnissen beruht, und diese sind niemals eindeutig oder präzise. Worte sind zur Beschreibung der inneren Welt sehr schlecht geeignet, außer vielleicht die Worte der Dichter. Während die iatrogene Krankheit aus Wahrnehmungen aufgebaut wird, die weitgehend durch die projektiven Sinne, hauptsächlich durch Sehen und Hören erzielt werden, in geringerem Grade noch durch den Tastsinn, benutzt die autogene Krankheit Wahrnehmungen durch die primitiveren Sinnesorgane, wie Schmerzgefühl, allgemeine Körperempfindungen usw.

Dies alles führt zu alarmierenden Unterschieden zwischen den beiden Bildern. Das autogene Bild ist nebelhaft und vage; die Worte, in denen es ausgedrückt wird, können sich sogar zur Verzweiflung des Arztes wandeln, obwohl die Substanz der Krankheit möglicherweise die gleiche geblieben ist; kein Wunder, daß der medizinische Wissenschaftler wie der praktische Arzt ihre Aufmerksamkeit mehr der greifbareren, zuverlässigeren iatrogenen Krankheit zugewandt haben. Man könnte nun die wichtige Frage stellen, welche der beiden Krankheiten die wesentlichere ist. Im Falle eines perforierten Blinddarms, eines hypoglykämischen Kollapses, einer operablen Krebsgeschwulst ist es zweifellos die iatrogene; aber gilt das für jede dem Arzt vorgetragene Beschwerde? Gibt es die „wirkliche" Krankheit, als ein Ding an und für sich, neben diesen beiden Bildern? Und falls ja, welches ist dann das wahrere, der wirklichen Sache näher kommende Bild? Wenn z. B. nur eine Schein-Diagnose gestellt werden kann, kommt dann die iatrogene Krankheit der Wahrheit näher oder die autogene? Wir erwähnen alle diese grundlegenden Probleme nur um der Vollständigkeit willen, da wir keine echten Lösungen anzubieten haben, obwohl wir uns schon seit einiger Zeit darum bemühen.

Aber wie sehr auch die beiden Krankheitsbilder voneinander abweichen mögen, diese doppelte Funktion – das Vorhandensein der beiden Krankheiten zu erkennen und sie zu etwas Sinnvollem zu vereinen – stellt einen wichtigen Sonderaspekt der Wechselwirkung zwischen Arzt und Patient in der Psychotherapie dar; wir haben ihn weiter oben als unser zweites Hauptthema bezeichnet. Um der Kürze willen wollen wir von „Konvergenz"[1] sprechen. Bis jetzt haben wir unsere Diskussion auf die Bedeutung dieses Vorgangs für die psychologische Diagnose beschränkt, aber wir glauben, daß er für die eigentliche Psychotherapie ebenso wichtig ist.

Wir haben uns schon mit einigen Aspekten der Funktion des „Zur Konvergenz bringen" beschäftigt, als wir in den Kapiteln 10 und 11 das berufsmäßige Verstehen von Menschen und das Befähigen von Menschen, sich selber zu verstehen, erörterten. Von diesem Gesichtspunkt her beruht jede Deutung oder auch jede Erklärung, Konfrontation usw., die man in der Psychotherapie gebraucht, auf diesen beiden grundlegenden Funktionen, d. h. auf ihrer Konvergenz – nämlich dem Erkennen eines neuen und bisher verborgenen Teils der autogenen Krankheit des Patienten, dann der weiteren Ausformung des iatrogenen Bildes der Krankheit durch dieses neue Teilstück und schließlich dem Versuch, beides zu integrieren, indem man diese neue Entdeckung dem Patienten auf die eine oder andere Weise mitteilt.

Bis zur Entdeckung der Psychoanalyse und der Entstehung der ver-

---

[1] englisch „matching", aneinander messen: im Deutschen fehlt das kurze, einprägsame Wort, und so muß das Fremdwort aushelfen.

schiedenen psychotherapeutischen Schulen war der therapeutischen Wirkung der Worte, die der Psychotherapeut zu diesem Zweck wählte, nicht viel Aufmerksamkeit zugewandt worden. Ein Vergleich der Fallbeschreibungen bei den verschiedenen Schulen zeigt, daß jede Schule – zusätzlich zu den gewöhnlichen Worten und Sätzen – ihre eigenen Begriffe gebildet hat und – weit wichtiger – offenbar Phänomene und Vorgänge beobachten und beschreiben kann, die von anderen Schulrichtungen nicht beschrieben und vielleicht auch nicht beobachtet werden. Dies betrifft sowohl die Diagnose als auch die Therapie. Hier ergibt sich eine Anzahl schwieriger Probleme: Ereignen sich diese therapeutischen Prozesse nur, wenn der Patient nach der von der betreffenden Schule vertretenen Weise behandelt wird? Oder sind diese Prozesse ubiquitär, obwohl sie nur von derjenigen Schulrichtung beobachtet werden, die Worte dafür entwickelt hat? Und wenn sie beobachtet und ordnungsgemäß behandelt werden, führen sie zu anderen Ergebnissen und sind diese Ergebnisse signifikant besser oder schlechter als die anderer Schulen? Auf alle diese Fragen gibt es noch keine definitiven Antworten, obwohl sie in den letzten Jahren mehr und mehr in den Mittelpunkt der Aufmerksamkeit gerückt sind.

Unserer Meinung nach stellt dieser ganze Fragenkomplex nur einen Spezialfall des generellen Problems der „Konvergenz“ dar, die in der Psychotherapie auf Schritt und Tritt geschieht. Leider wissen wir nicht genug darüber, warum manche ihrer Formen – sei es in Worten, sei es durch nicht-verbale Mitteilung – sich im einen Fall als therapeutisch, in anderen als wirkungslos erweisen, obwohl hier schon verschiedene Theorien vorgeschlagen wurden. Um nur einige zu erwähnen: korrigierende emotionelle Erfahrung, nichtdirektive Beratung, und nicht zum wenigsten die Theorie der Deutung in der Psychoanalyse. Unseres Erachtens beschreiben alle diese Formulierungen nur immer eine Seite des gleichen Prozesses: der Arzt hilft dem Patienten, einen Teil der äußeren oder seiner eigenen inneren Welt und seiner Rolle darin auf eine neue Weise zu sehen, was wiederum zu einer neuen Beziehung zwischen dem Patienten und jenem Weltausschnitt führt.

Der Vorgang, den wir „Konvergenz“ nannten, ist z. B. auch mit dem Satz gemeint: „Der Arzt hilft dem Patienten, etwas neu zu sehen.“ Um das deutlicher zu machen – auch wenn wir uns dabei wiederholen müssen: a) der Arzt erkennt die beiden Krankheiten und bringt sie zunächst bei sich zur Konvergenz, um einen Sinn in ihnen zu erkennen; b) er spricht seine Befunde in Worten aus, die so gezielt sind, daß c) der Patient seinerseits die Vorstellungen des Arztes, d. h. die iatrogene Krankheit mit seinen Gefühlen, seiner eigenen autogenen Krankheit zur Konvergenz bringen kann und beide zusammen für ihn einen Sinn ergeben.

Wir glauben, daß die Psychotherapie innerhalb der Medizin in einer besonders günstigen Lage ist, wichtige klinische Beobachtungen zum Studium dieser therapeutischen Wechselwirkung beizutragen, weil in den meisten medizinischen Fällen die autogene und die iatrogene Krankheit lebhafter, greifbarer und voneinander besser abgehoben sind als in der eigentlichen Psychiatrie. Das würde das Studium dieser beiden Krankheiten und ihrer Wechselwirkung sehr erleichtern, und wir betrachten dieses Buch als einen Beitrag zu diesem Studium.

Wir wissen, daß einige Schritte in diesem Gedankengang nicht ganz sicher und etwas stark vereinfacht sind, so daß sie überprüft und präzisiert werden müssen. Das können wir hier noch nicht tun. Zum Abschluß unseres Buches, das ein Zwischenbericht unserer verschiedenen Forschungsprojekte ist, wollten wir andeuten, in welcher Richtung unsere gegenwärtigen Vorstellungen gehen, d. h. den Ort anzeigen, den wir erreicht haben und die Richtung, die unsere zukünftige Forschung vielleicht einschlagen wird.

ANHANG

Katamnesen

Wir haben in der Psychoanalyse gelernt, am nächst folgenden Traum des Patienten zu erkennen, ob die Deutung des vorigen Traums richtig war oder nicht. Unserer Meinung nach sollte man eine ähnliche Probe aufs Exempel auch für die Medizin einführen. Die bloße Verfolgung des Krankheitsverlaufs ist zweifellos nicht genügend. In vielen Fällen ersetzt der Patient eine Krankheit, die er dem Arzt angeboten, die aber keine konstruktive Aufnahme bzw. keine ihn befriedigende Antwort erhalten hat, durch eine andere, die von der ersten scheinbar ganz unabhängig ist. Viele Fälle haben uns das gelehrt. Wir glauben daher, daß man den Patienten als ganzen Menschen katamnestisch verfolgen muß, wenn man feststellen will, ob die Behandlung ihm geholfen hat, seine Konflikte zu lösen, oder ihn nur gezwungen hat, seine Symptome zu wechseln. Um zu zeigen, was diese Methode zu leisten vermag, haben wir uns entschlossen, jeden in diesem Buch berichteten Fall bis August 1960 katamnestisch zu verfolgen.

Fall 1, Frau Q. (berichtet durch Dr. M.)

Im Laufe der Jahre ist Frau Q. sehr viel unabhängiger geworden. Gleichlaufend damit erlebte sie ihre Ehe als zunehmend unbefriedigend, vor allem in sexueller Beziehung. Sie schloß Freundschaft mit einem anderen Mann, einem Inder, der nett, großzügig ist, sie sehr gern hat und sie gut behandelt. Insofern ist er also das gerade Gegenteil ihres Ehemannes. Schließlich entschloß sie sich, ihren Mann zu verlassen und die Scheidung wegen Grausamkeit zu betreiben.

Zunächst zog sie mit ihrem Kind zu ihren Eltern, blieb aber auf der Liste unseres Kollegen. Die Eltern verurteilten ihre Affaire mit dem Inder und weigerten sich, das Kind zu versorgen, indem sie erklärten, das sei Frau Q.s Pflicht. Andererseits waren sie bereit, sie bei sich wohnen zu lassen. Unter diesen Umständen mußte sie Unterstützung von ihrem Freund annehmen.

Während dieser Zeit kam Frau Q. öfter zu ihrem Arzt, berichtete ihm vom Stand der Dinge und bat ihn auch, in ihrem Scheidungsprozeß als Zeuge aufzutreten, was er auch tat. Herr Q. verweigerte jedoch die Scheidung, versprach vor dem Richter, sich zu bessern und erklärte sich zur Versöhnung bereit, was Frau Q. jedoch nicht annahm. Unter diesen Umständen sprach der Richter die Scheidung nicht aus, übertrug aber Frau Q. die Sorge für das Kind.

Nun lebt sie mit ihrem Freund zusammen und gilt offiziell als seine Haushälterin. Sie findet sich mit den Schwierigkeiten ihrer Lage erstaunlich gut ab und hofft, bald ein Kind zu haben.

Sie ist in diesen letzten Jahren nie krank gewesen. Bezüglich ihrer Eifersucht auf ihre Schwester und Schwägerin ist weiter nichts getan worden; der Arzt glaubt, daß sie sie nur noch selten oder überhaupt nicht sieht.

Nach Meinung des Doktors ist sie sehr gereift, zieht sich nett an, sieht nicht länger schlampig aus. Sie weiß, daß man ihr ihren Sohn wegnehmen könnte, wenn ihr Ehemann ihr nachweisen kann, daß sie in Ehebruch lebt. Sie sagt, daß sie den Jungen sehr liebe, aber sie könne ihm nicht ihr Leben und ihre Unabhängigkeit opfern. Es war für sie eine schwere Entscheidung, ob sie bei ihren Eltern bleiben sollte, die sie nicht sehr gut behandelten, wo sie aber den Sohn behalten konnte, oder zu ihrem Freund ziehen und riskieren sollte, daß man ihr das Kind wegnahm. Nach langen Überlegungen und ohne jede Hilfe von außen entschloß sie sich für das zweite.

Dies ist nun eine verwickelte Lage, die schwer zu beurteilen ist. Halten wir uns zunächst an die Tatsachen. Frau Q. lebt zum erstenmal in ihrem Leben mit einem passenden Partner in sexuell befriedigender Beziehung zusammen. Sie ist unabhängig geworden, stützt sich nicht mehr auf ihre Mutter oder ihren etwas ungeschliffenen Ehemann, konnte in einer schwierigen Situation ihre eigene Entscheidung treffen. Sie achtet auf sich, ihre Erscheinung ist ihrer Lebenslage angemessen. Wenn wir dieses Bild mit der Verfassung vergleichen, in der sie sich 1952 ihrem Doktor präsentierte, so müssen wir zugeben, daß sie kaum noch wiederzuerkennen ist.

Dagegen muß aufgerechnet werden, daß es ihr nicht gelungen ist, ihre Ehe erfolgreich zu gestalten, noch auch ihre Angelegenheiten so zu ordnen, daß der Ehemann der Scheidung zustimmte oder aber sie den Richter von ihrer Ansicht überzeugte. In dieser Hinsicht ist sie völlig gescheitert. Dann das sehr komplizierte Problem, daß sie sich einen Inder zum Partner wählte. Wir können nicht beurteilen, ob in ihrer Gesellschaftsschicht sogar eine legale Heirat mit einem Inder anerkannt wird und müssen diese Frage offen lassen; es werden nur wenige weitere Jahre nötig sein, um zu zeigen, ob ihre Wahl sinnvoll oder neurotisch war. Aber selbst unter Berücksichtigung dieser Unsicherheit kann man wohl zugeben, daß dieser Fall im ganzen korrekt behandelt wurde. Vielleicht hätte der Arzt eingreifen können, als er erfuhr, daß die Ehe zu zerbrechen drohte. Das ist jedoch ein besonderes Problem in der therapeutischen Beziehung. Ist jede zerbrechende Ehe als Symptom einer Krankheit zu betrachten und zu behandeln, oder geht das über die Grenzen der ärztlichen Verantwortung hinaus? Hier gibt es keine festen Regeln;

manche zerbrechenden Ehen sind zweifellos neurotisch und sollten behandelt werden, andere sind es entschieden nicht. In diesem Fall entschloß sich der Arzt, sich als passiver Beobachter zu verhalten; erst eine längere Katamnese kann uns sagen, ob er damit recht hatte. Es kann jedoch kein Zweifel daran bestehen, daß er in der Ausübung seiner vielfältigen Rollen als praktischer Arzt, Psychotherapeut, Geburtshelfer, dann wieder praktischer Arzt usw. Frau Q. erheblich geholfen hat, den Reifegrad zu erreichen, den sie jetzt hat.

Fall 2, Herr V.

Frau Dr. H. berichtet dazu: Herr V. hat lange Zeit weder mich noch meine Partner konsultiert. Andererseits hat sich zwischen mir und seiner Frau wieder ein recht guter Kontakt gebildet. Sie führt die Kasse in dem Gemüsegeschäft, in dem ich regelmäßig kaufe, und sie bemüht sich immer sehr um mich. Sie kommt selten in die Sprechstunde, hat mich aber gelegentlich wegen ihrer beiden jüngeren Kinder konsultiert. Das letztemal, als sie mit den Kindern kam, war auch der Ehemann dabei, es war vor ungefähr zwei Monaten. Sie kam allein ins Behandlungszimmer, der Mann blieb im Wartezimmer. Als ich sie nach ihm fragte, antwortete sie, es ginge ihm sehr gut; er habe übrigens eben zu ihr gesagt, er müsse doch das Wartezimmer sehr gut gestrichen und tapeziert haben, da es immer noch so anständig aussehe.

Von seiner Schwiegermutter, die auch meine Patientin ist, hörte ich, daß das Geschäft sehr gut geht. Er hat seinen früheren Partner hinausgeworfen und seinen jüngeren Bruder ins Geschäft genommen; er beschäftigt jetzt 12 Leute. Er selber hat nur noch selten einen Pinsel in der Hand und hat mit der Geschäftsführung genug zu tun. – Das Ehepaar kauft sich zur Zeit ein Haus außerhalb Londons und beabsichtigt, nächstes Jahr dort hinauszuziehen.

Kommentare von Frau Dr. H. zu diesem Fall:

„Ich würde gern noch einmal ein Gespräch mit diesem Patienten führen, denn ich halte den Fall noch nicht für abgeschlossen. Es war verkehrt, daß ich ihn mit den Maler- und Tapezierarbeiten in meinem neuen Haus beschäftigte. Die Tatsache, daß er wieder etwas für eine Frau tun sollte, so wie in der Kindheit für seine Mutter, verstärkte sein Bild von mir als Mutterfigur; dies wurde noch verschärft, als mein Mann seine Arbeit kritisierte, so wie es sein, Herrn V.s, Vater früher tat. Da ich es versäumt habe, dem Patienten diese Deutungen zu geben, kann ich die Behandlung nicht als richtig abgeschlossen ansehen, trotz der wirklichen Erfolge, die Herr V. in seiner Ehe und seinem Beruf erreicht hat. Vielleicht kommt er deshalb nicht in die Sprechstunde, weil er neue Kritik fürchtet. Daß er über den guten Zustand des Wartezimmers eine Bemerkung machen mußte, scheint mir dafür zu sprechen."

Dieser Bericht zeigt, wie hoch unser Standard ist, den wir an die Resultate der Behandlungen anlegen. Wenn man Herrn V.s Zustand mit dem von 1953 vergleicht, als man ihm in der Universitätsklinik eine so schlechte Prognose stellte, muß man die Behandlung als außerordentlich erfolgreich betrachten. Damals war er ständig krank, konnte sich auf keinem Arbeitsplatz halten, hatte dauernd Streit mit seiner Frau, die ernsthaft daran dachte, ihn zu verlassen, das Töchterchen hatte eine starke Enuresis. Jetzt hat er drei normale Kinder, eine zufriedene Frau, ein gutgehendes Geschäft. Mehrere Jahre lang ist er überhaupt nicht krank gewesen, und doch ist Frau Dr. H. nicht ganz zufrieden mit ihrer Arbeit und erwägt ernsthaft, sie durch ein langes Interview mit Herrn V. abzurunden.

Obwohl ihre Idee, warum Herr V. sie vermeidet, plausibel klingt, glaube ich, daß ein wichtigerer Faktor die veränderte Atmosphäre zwischen Patient und Arzt war, die wir in Kapitel 2 diskutierten. Wir sagten damals, im Sommer 1958, voraus, daß Herr V. sich von ihr lösen würde, wenn die Ärztin nicht imstande sein würde, die alte Atmosphäre wieder herzustellen. Und so ist es augenscheinlich auch gekommen.

Fall 3, Fräulein I.

Der Arzt berichtete: Ich habe sie seit dem letzten Bericht (also 1958) nur bei wenigen Gelegenheiten gesehen. Sie scheint eine glückliche, ausgeglichene, verheiratete, junge Frau zu sein, die ihren Mann vergöttert. Abgesehen davon, daß sie noch keine Kinder haben, möchte man diese Behandlung als vollen Erfolg verbuchen.

Wir stimmen dem Arzt völlig zu und möchten ihm nur empfehlen, bei nächster Gelegenheit die Frage eines Kindes anzuschneiden. Falls er das nicht zu seiner Zufriedenheit aufklären kann, müßte er die Patientin noch einmal zu einem psychotherapeutischen Interview überweisen.

Fall 4, Herr N.

Der Arzt berichtet: Die Familie scheint gesund. Die seltenen Beschwerden sind rein organischer Art. Die Kinder sind wirklich wohlgelungene Exemplare: der Junge 1,80 m groß und ein athletischer Typ, so normal, wie man nur wünschen kann, das Mädchen hübsch, glänzende Schülerin, die beste der Klasse usw., über die es überhaupt keine Klagen gab. Herr N. zeigt keinerlei Depression oder Angst. Er hat mir gesagt, sexuell sei alles normal, er habe jene Phase überwunden. Wenn ich irgendwo Zweifel habe, so höchstens bei Frau N., die zwar bei den seltenen Gelegenheiten, bei denen ich sie sah, behauptete, es sei „alles gut“, ich fühlte aber eine gewisse Unterströmung, aber doch nur eine milde. Ich bin darauf nicht eingegangen, da ich mich nicht entschließen konnte, die Familie, so wie sie sich jetzt darbietet, zu stören. Ich kann hinzufügen, daß meine Beziehung zu der ganzen Familie ausgezeichnet ist, besser noch als vor dem psychiatrischen Interview. Ich bin der wahre Freund, der sich ehrlich für sie interessiert hat und sie an die beste Stelle gewiesen hat, wo Rat zu bekommen war.

Offenbar war unser Urteil bezüglich dieser Familie zu vorsichtig. Der Junge konnte seine Schwierigkeiten überwinden und hat sich gut entwickelt. Herrn N.s Besserung hat angehalten, und es zeigte sich kein Schimmer eines Rückfalls. Sogar Frau N. hat aufgehört, sich über Müdigkeit, Depression und Kopfschmerzen zu beklagen; immerhin gibt es bei ihr noch eine „Unterströmung"; vielleicht hat sie die Last der unterdrückten Aggressivität ihres Mannes zu ertragen, die für einen gut beherrschten zwanghaften Mann charakteristisch ist. Damit hätten wir diesen Fall zur Beleuchtung der Verantwortung des Arztes in Kapitel 8 benutzen können. Wenn er sich für eine Politik des Abwartens entscheidet, bedeutet das doch, daß er etwas „lehrt", nämlich daß sich Frauen mit den Eigenarten ihrer Männer abfinden müssen, auch wenn es ihnen schwer fällt. Hätte er sich dagegen entschlossen, fortzufahren in seiner Psychotherapie, so hätte seine „Lehre" gelautet, daß eine Frau die zwanghaften Verhaltensweisen des Mannes nicht zu dulden brauchte, auch wenn das den Familienfrieden stören und ein vielleicht nur knapp ausgewogenes Gleichgewicht erschüttern könnte.

Fall 5, Frau L.

Die Familie ist 1957 aus der Gegend des Arztes verzogen. Es ging Frau L. damals entschieden besser, obwohl sie noch immer darunter litt, wenn sie allein zu Hause bleiben mußte. Sie meinte, sie könnte nun wohl mit der Eisenbahn reisen, vermied es aber doch, das auszuprobieren. Als sie sich verabschiedete, dankte sie ihrem Arzt sehr herzlich für alles, was er für sie getan hatte, und bot sogar an, ihn für die vielen Konsultationen zu bezahlen, was der Arzt jedoch – wenn auch bedauernd – ablehnen mußte.

Im Januar 1958 kam Herr L. einmal in das Stadtviertel und besuchte auch den Arzt. Er erzählte, daß es seiner Frau recht gut ginge, keine erkennbaren Schwierigkeiten. Sie hätte ihre Reaktionen auf eine Eisenbahnreise noch nicht ausprobiert, er glaubte aber, sie würde es gut können. Seither hat der Arzt nichts mehr von der Familie gehört.

Unserer Meinung nach ist das ein klassischer Fall. Ein gewissenhafter Arzt, der keine Mühe scheut, eine dankbare, die Leistung anerkennende, mitarbeitende Patientin – und doch keine wirkliche Änderung, weil die ganze Untersuchung allein durch den Arzt, fast ohne Beteiligung der Patientin durchgeführt wurde.

Fall 6, Frau X.

Unsere optimistische Vorhersage war in diesem Fall offenbar nicht gerechtfertigt. Im Februar 1960 erschien sie in der Ambulanz der Klinik, hatte eine Konsultation beim diensthabenden Arzt und wurde von diesem in die gynäkologische Abteilung mit der Bitte um Beratung über Empfängnisverhütung überwiesen. Leider konnte man ihr erst für Ende April einen Termin geben, da die Warteliste so lang war. Daher kam sie zwischendurch im März noch einmal zu dem diensthabenden Arzt in die Poliklinik. Sie fühlte sich damals ganz wohl und hatte die Absicht, den Termin in der Gynäkologie wahrzunehmen. Sie erschien dort aber nicht, antwortete auch nicht auf einen Brief, den sie von dort erhielt, noch auch auf einen weiteren Brief, den ihr der Arzt der Poliklinik im Sommer schickte.

Man könnte an zwei mögliche Gründe denken, warum Frau X. den Termin nicht einhielt und danach vollständig verschwand. Zunächst könnte man an die unmenschliche Warteliste denken. Ein Patient braucht eine Behandlung, wenn er in Not ist, und nicht erst dann, wenn er nach der Warteliste dran ist. Sehr wahrscheinlich hätte Frau X. die Untersuchung und Beratung im Februar, als sie noch unter der Wirkung des Interviews stand, gern angenommen. Ende April war die Wirkung des Interviews vielleicht verblaßt, und die Untersuchung erschien ihr nur eine unangenehme Drohung. Dann könnte man ihre Ignorierung der Briefe mit ihrem Mißgefühl erklären: einerseits weiß sie, daß etwas wegen ihrer ehelichen Beziehungen unternommen werden müßte, andererseits hat sie die angebotene Hilfe nicht angenommen und weiß nun nicht, was sie tun soll.

Oder aber der Grund liegt in einem technischen Fehler bei der Überweisung. Hier gibt es so viele Möglichkeiten, daß man nur einige der wichtigsten herausgreifen kann. Vielleicht ergab sich der Entschluß, sie in die Gynäkologie zu schicken, nicht aus der gemeinsamen Untersuchung durch Patient und Arzt hinsichtlich ihrer ganzen Lebenslage; nur der Arzt traf diese Entscheidung und diktierte sie der Patientin. Besonders wenn die Untersuchung irgendwelche Schuldgefühle bei der Patientin erweckt, kann es sein, daß sie zwar gehorsam seinen Vorschlägen zustimmt, vielleicht sogar danach handelt; sobald aber das Schuldgefühl beschwichtigt ist, verschwindet sie nach ein oder zwei Interviews. Das ist ein bei uns wohlbekannter Lauf der Dinge. Es könnte aber auch sein, daß die Patientin den ganzen Verlauf als mangelndes Interesse an ihren Beschwerden verstand. Was sollte sie auch von einem Arzt denken, der sie erst in Spannung und Angst hinsichtlich dieser Untersuchung versetzte und sie dann über zwei Monate lang sich selbst überließ, ohne irgendetwas für sie zu tun? Ihr Besuch im März paßt in dieses Bild gut hinein.

Aber welches auch immer der Grund für ihr Verschwinden sein mag, es ist gut möglich, daß sie im Laufe der Zeit eine neue „Krankheit“ anbietet und wieder zur Untersuchung und Beratung an die gleiche Abteilung überwiesen wird. Es ist aber sehr fraglich, ob sie dann noch den gleichen Assistenzarzt antrifft.

Nachschrift im Oktober 1960:

Wir hatten unser Buch zwar im September abgeschlossen, haben aber Interesses halber noch das folgende weitere Stück der Katamnese dieser Patientin nachtragen wollen. Am 19. Oktober 1960 erhielten wir folgenden schriftlichen Bericht des Assistenzarztes der Poliklinik:

„Frau X. tauchte heute in meiner Ambulanz auf, so daß ich nun einige katamnestische Angaben über sie machen kann. Sie war nicht beim Gynäkologen erschienen, weil sie so sehr Angst hatte. Ich konnte nicht herausbringen, weshalb sie diesmal eigentlich zu mir kam; ich glaube deshalb, weil bei ihrem Vater eine Lungentuberkulose festgestellt worden ist und weil sie fragen wollte, ob nun die ganze Familie geröntgt werden müßte. Zu meiner Freude schien sie sehr gebessert. Sie erzählte, sie sei nicht mehr deprimiert, und schreibt ihre Besserung ihrem Mann zu. Er hat zum erstenmal ein Kondom benutzt, so daß sie sich besser ‚entspannen' konnte, wie sie es nennt. Ich glaube wirklich, daß es ihr viel besser geht und habe sie daher auch nicht wieder einbestellt."

In diesem kurzen Bericht gibt es nun soviele interessante Punkte, daß man in Versuchung kommen könnte, ein ganzes Kapitel darüber zu schreiben.

Zunächst das neue „Angebot". Diesmal handelt es sich um Angst wegen einer möglichen Ansteckung, aber man kann hinter dieser generellen Angst unschwer entdecken, daß auch mit ihr selber etwas nicht stimmt, und daß dies vielleicht mit der Beziehung zu ihren Eltern, speziell zu ihrem Vater zusammenhängen könnte. Ein weiteres Motiv für dieses „Angebot" könnte der Versuch sein, die Aufmerksamkeit des Arztes von ihren ehelichen Problemen ab- und auf ein weniger peinliches Gebiet hinzulenken.

Vielleicht aber war der Hauptgrund ihres Kommens ihr Bedürfnis, ihre Schuldgefühle zu beschwichtigen, die sie wegen ihres Nichteinhaltens des Termins und Nichtbeantwortens der Briefe hatte. Ihr Erscheinen, als sie nicht erwartet wurde, war dann eine Art Kompromiß; sie war gekommen, aber zu der ihr genehmen Zeit.

Der gleiche Zug eines annehmbaren Kompromisses ist auch in ihrem Bericht über die Änderungen in ihrem Eheleben zu erkennen. Obwohl sie nicht so weit gegangen ist, das zu tun, was der Arzt ihr riet, ist alles jetzt viel besser; sie ist nicht mehr depressiv, der Ehemann geht mehr auf sie ein, sie kann sich besser „entspannen" usw. Fast mit Sicherheit wollte sie etwa Folgendes zu verstehen geben: „Ich bin eine vernünftige Frau, ich habe alles getan, was man von mir erwarten konnte, Ich erkenne Ihre Hilfe durchaus an, aber bitte lassen Sie uns damit aufhören." Wie der Bericht zeigt, hat der Arzt sich dem gebeugt.

Es ist sehr befriedigend für uns zu sehen, daß unsere Analyse der möglichen Wirkungen der „Untersuchung durch den Patienten" im großen Ganzen richtig war. Frau X. hatte die Möglichkeit erhalten, sich selbst besser zu verstehen, und war auf der Grundlage dieses Selbstverständnisses imstande, ihr Leben anders zu gestalten. Dieses Selbstverständnis ist aber offenbar doch nicht so tief, daß sie sich der sie ängstigenden gynäkologischen Untersuchung aussetzen konnte. Man kann wohl annehmen, daß im Februar die Wirkung ihrer neuen Entdeckung stark genug gewesen wäre, diese Angst zu überwinden, aber im Laufe der Zeit ließ die Wirkung nach, und ihre Abwehrmechanismen gewannen wieder an Kraft.

Hier haben wir ein weiteres Beispiel für unsere Behauptung, daß kein Arzt seine Lehrfunktion ausschalten oder umgehen kann. Unser Ambulanzarzt mußte wählen, entweder auf das „Angebot" der Patientin einzugehen oder tiefer zu sondieren, um herauszufinden, warum sie noch immer vor einer gynäkologischen Untersuchung Angst habe. Er ging auf ihr Angebot ein, und das ist seine Lehre für Frau X. Erst eine Katamnese von fünf bis zehn Jahren kann uns sagen, welches die Folgen dieser Entscheidung sein werden, und dann erst können wir beurteilen, ob seine Lehren gut oder schlecht waren.

Fall 7, Herr G.

Der Bericht des Arztes stammt vom August 1960. Herr G. kommt etwa alle sechs Wochen, um sich seine Rezepte für Nembutal und Antacide erneuern zu lassen. Am 2. Mai (während der Hausarzt im Urlaub war) wurde angerufen und um einen Hausbesuch gebeten; der Patient litt an „schwerer Verdauungsstörung". Der Vertreter verschrieb ein krampflösendes Mittel, und eine Woche später besuchte der Hausarzt selbst den Patienten noch einmal. Am 20. Mai wurde er gesundgeschrieben. Im übrigen hat der Patient aber ununterbrochen gearbeitet. Wegen seiner „unruhigen Beine" hatte er von einem Freund von einem neuen Mittel gehört und es ausprobiert. Außer in der ersten Nacht hat es aber nicht geholfen.

Obwohl die in dem Bericht erwähnte Episode zweifellos einen leichten Rückfall darstellt und damit das so günstige Behandlungsergebnis etwas beeinträchtigt, nachdem die Behandlung so abrupt mit dem Interview im November 1958 eingesetzt hatte, ist sein gegenwärtiger Zustand doch unvergleichlich besser als früher. Während er in den sechseinhalb Jahren davor von sechs Arbeitstagen immer mindestens einen wegen Krankheit versäumt hatte, ist er seit Januar 1959, also während 20 Monaten, nur achtzehn Tage lang krank gewesen, d. h. er hat nur an einem von dreißig Tagen gefehlt. Somit hat die allgemeine Besserung, die wir vorhergesagt hatten, angehalten.

Hinsichtlich der Zukunft sind wir nicht so zuversichtlich. Offenbar ist unser Kollege, der behandelnde Arzt, doch nicht imstande oder bereit, die persönliche Beziehung, die Herrn G. so viel bedeutet, aufrechtzuerhalten und gleitet vielleicht in die Beziehung zurück, die vor dem Interview im November 1958 bestand. Sein Bericht spricht nur von den körperlichen Symptomen, von den verschriebenen Medikamenten und Attesten, erwähnt aber Herrn G.s „Beziehung zu seiner Arbeit und zur Welt im ganzen" nicht mehr. Wir haben diese Entwicklung schon bei Fall Nr. 2 angetroffen; auch dort kam es durch die veränderte Beziehung dazu, daß der Patient sich von seinem Arzt wieder entfernte. Diese Gefahr besteht auch im Falle des Herrn G., und wenn der Doktor die Verbindung nicht bald wieder aufnimmt, wird es Herrn G. wieder schlechter gehen, oder er wird auf irgendeine Weise zu einem der anderen Ärzte in der Partnerschaft überwechseln.

Fall 8, Frau C.

Über diese Patientin berichtet der Hausarzt vor unserem Seminar im Juli 1960. „Ich habe sie nach langer Pause jetzt einmal wiedergesehen. Sie ist immer noch nicht schwanger. Sie hat die Frauenklinik (Abteilung für Subfertilität) regelmäßig aufgesucht, aber nicht an den Tagen, wo ich Dienst hatte. Diesmal kam sie aber, als ich da war, und fragte die Schwester, ob sie mich sehen könnte. Die Schwester meldete sie mir mit den Worten: ‚Sie werden sie nicht wiedererkennen, sie hat sich so verändert.‘ Sie sieht jung und vergnügt aus. Sie unterzieht sich den Routinetests: Tuben o. B., Biopsie o. B., ziemlich guter postcoitaler Test, aber da der Ehemann keine allzu gute Sperma-Zählung hat, ist das nur normal. Die Schwester berichtete, daß die Scheide etwas zu trocken wäre und sie deswegen Tabletten bekäme. Ich weiß nicht, warum sie nicht empfangen kann. Allerdings habe ich nicht die Aufzeichnungen gesehen, nur die Patientin selbst. Ich begann mit: ‚Sie sind noch nicht schwanger?‘ und sie antwortete: ‚Nein, aber ich mache mir doch nicht zuviel Sorgen deshalb. Ich versuche, es vernünftig anzusehen und mich nicht darüber aufzuregen.‘ Sie und ihr Mann kämen jetzt viel besser miteinander aus, der Geschlechtsverkehr ist lustvoll für sie. ‚Wissen Sie noch, wie ich schier krank wurde, als Sie davon sprachen? Wenn ich eine Frau träfe, die sich so idiotisch aufführte wie ich damals, dann könnte ich sie jetzt davon überzeugen, daß es schön ist.‘ In der Subfertilitäts-Klinik machte sie auch erst Umstände, aber jetzt ist sie vernünftig und tut, was man ihr sagt. Sie hat zwar noch etwas Angst, redet sich aber selber gut zu. Überhaupt hat sie mehr Selbstvertrauen. Ich fragte sie: ‚Was meinen Sie, was hat nun eigentlich geholfen?‘ Sie erwiderte: ‚Ich glaube, daß Sie mich ausschimpften. Ich dachte, wenn der Arzt so darauf besteht, es nicht aufgibt und mich durchaus wiedersehen will, dann muß es ihm doch lohnend erscheinen.‘ Ich fragte: ‚Und vorher hatten Sie nicht das Gefühl, daß es sich um Sie lohnte?‘ Sie: ‚Nein, aber als Sie immer wieder sagten, ich müßte noch einmal kommen, bekam ich das Gefühl, daß etwas an mir dran wäre.‘ Das schien mir recht interessant. Sie sagte auch: ‚Merkwürdig, auch mit meinen Eltern komme ich jetzt besser aus.‘ Vorher hatte sie von großen Gegensätzen zwischen ihr und den Eltern gesprochen. Sie sagte: ‚Ja, ich hatte das Gefühl, da wäre eine Mauer, und meine Eltern stünden auf der anderen Seite, mein Mann mit ihnen. Als ich die Schranke zwischen mir und meinem Mann durchbrochen hatte, bekam ich plötzlich auch besseren Kontakt mit meinen Eltern und komme jetzt ganz ordentlich mit ihnen aus.‘"

Die Behandlung hatte Anfang 1958 stattgefunden, so daß die Katamnese über zwei Jahre ging. Die Besserung scheint stabil zu sein, und wir begannen die Diskussion im Seminar mit Glückwünschen über die erfolgreiche Behandlung. Dann aber begannen wir im einzelnen zu untersuchen, was sich in dem obigen Interview ereignet hatte. Bald wurde klar, daß der Arzt sich, bildlich gesprochen, in der Dankbarkeit und Anerkennung der Patientin gesonnt hatte und in der angenehmen Atmosphäre vergaß, zu untersuchen, was wirklich geschah. Als wir ihn über diesen Punkt befragten, antwortete er: „Frau C. hielt unser Gespräch nicht für eine Konsultation, sie erzählte mir nur, wie ihr Leben jetzt weiterging." Das konnten wir natürlich nicht durchgehen lassen und mußten darauf hinweisen, daß nur der Arzt entscheiden kann, ob ein Gespräch ein nicht-ärztliches sein soll, nicht aber der Patient.

Wir können hier nicht die ganze Diskussion wiedergeben, wollen aber die Hauptergebnisse nennen. Nach einer sehr erfolgreichen und intensiven Behandlungszeit 1958 wurde die Patientin der Subfertilitäts-Klinik übergeben, wo sie eine ausschließlich körperliche Behandlung erhielt. Erst nach zwei Jahren und nach Überwindung erheblicher administrativer Schwierigkeiten gelang es Frau C., ihren ursprünglichen Arzt wiederzusehen. Ihre Dankbarkeit und die etwas übertrieben günstige Beschreibung ihres Lebens wurde vom Arzt wortwörtlich akzeptiert, und weder er noch die Patientin kamen darauf zu untersuchen, warum sie ihn eigentlich hatte sprechen wollen, warum sie alles so schön darstellte und ob nicht möglicherweise seelische Schwierigkeiten verhinderten, daß sie ein Kind bekam. Stattdessen konzentrierten sich beide, wie aus dem Bericht deutlich ersichtlich, auf die möglichen körperlichen Ursachen und deren Behandlung. Von diesem Gesichtspunkt her könnte man die Unterhaltung als ein abriegelndes Interview bezeichnen.

Plötzlich erinnerte sich der Arzt doch noch einiger anderer Dinge aus dem Interview und konnte sie sich nun auch zusammenreimen. Er erkannte, daß die Patientin ihn als eine idealisierte Elternfigur behandelt hatte, die man sich unbedingt als gute erhalten muß, wobei alle Kritik und Aggressivität gegen andere Menschen gerichtet werden muß. Er machte sich klar, daß er auf das Spiel der Patientin während des Interviews insofern eingegangen war, als er ihr Lob und ihre Anerkennung sehr gern entgegengenommen und damit sozusagen zugestimmt hatte, daß die verschiedenen aggressiven und kritischen Bemerkungen, die sie während des Interviews gemacht hatte, nichts mit ihm zu tun hätten.

Damit kamen wir zu dem Dilemma, das wir in Kapitel 8 erörterten. Soll der Doktor versuchen, eine Idealfigur zu bleiben, geduldig, allwissend, zu der die Patientin von Zeit zu Zeit kommen kann, oder soll er der Patientin zeigen, wie sie ihre Aggressivität abspaltet, sie gegen andere und möglicherweise gerade gegen die Behandlung richtet? Jetzt entschied sich der Arzt für die letztere Taktik, und wir müssen abwarten, wie es weitergeht.

Fall 9, Frau P.

Seit dem letzten Interview, im Juni 1960, wurde die Patientin weder von unserem Kollegen noch von seinen Partnern gesehen. Da die Zeit von knapp drei Monaten zu kurz ist, ist keine Katamnese möglich.

Fall 10, Frl. F.

Dr. G. berichtete: „Es kam wieder ein Hilferuf in Gestalt schwerer diffuser Kopfschmerzen, und ich versuche es jetzt mit Psychotherapie."

Das ist fraglos wieder ein „Angebot", aber diesmal versucht der Arzt, vielleicht auf Grund unserer Seminardiskussionen, nicht gefühlsmäßig zu reagieren, sondern die ganze Situation mit der Patientin zu sammen zu untersuchen.

Fall 11, John K.

Der Arztbericht lautete folgendermaßen: „John kam einmal während der Ferien, als die Abendsprechstunde besonders voll war. Er war sehr unverbindlich und sagte, er könne nicht nachmittags kommen, da er bei seinem Onkel arbeite. Wenn nicht mehr so viel zu tun wäre, würde er wiederkommen. Ihm ginge es besser, und alles wäre gut in dieser besten aller Welten. Er war sehr erleichtert, als ich ihn gehen ließ.

Eine Woche darauf wurde ich zu den K.s gerufen. John hatte wieder einen schweren Asthmaanfall. Er lag wieder auf der Couch, mochte kaum den Mund auftun und antwortete auf einige Fragen gar nicht; ich konnte nichts aus ihm herausbekommen. Frau K. war schuldbeladen, und ich forderte sie auf, mich aufzusuchen.

Sie kam einige Tage später am Nachmittag und beklagte sich über Johns aggressive, übelnehmerische Haltung ihr gegenüber. Sie sagte, sie bände ihre Kinder nicht zu Hause fest, wie ich vielleicht glaubte. Aber John wäre in der Billiarddiele in schlechter Gesellschaft, und ein Nachbar hätte ihr erzählt, er hätte John im Park mit den Mädchen herumspielen sehen (mit einer Gruppe sehr ausgelassener Teenager). Er ließe sich leicht von anderen verleiten.

Sie hat auch mit ihren anderen Kindern Sorgen. Ihr Mann war Witwer, als sie ihn heiratete, seine erste Frau war bei der Geburt der damals vierjährigen Bertha gestorben. Es ging alles gut, bis jemand dem Kind erzählte, daß Frau K. nicht seine richtige Mutter sei. Bertha ist nun aber glücklich verheiratet und hat selber drei Kinder.

Muriel, ihre eigene Tochter, ist 24 Jahre alt, lernte Drogistin, erklärte aber vor vier Jahren plötzlich, sie wolle einen Arbeiter heiraten. Als die Mutter Einwendungen machte, wurde sie schwanger und heiratete. Der Mann trinkt und mißhandelt sie, und sie hat ihn kürzlich verlassen. Ich kenne Muriel ganz gut, sie war bei mir und berichtete von ihren Sorgen; sie ist frigide und der Mann nahezu impotent.

Freddy, der älteste der Söhne, ist 22 Jahre alt und wohnt zu Hause. Er hat keine Zeit für Mädchen. Er wollte ein Handwerk erlernen, aber die Mutter nahm ihn aus der Lehrstelle heraus, da er so schlecht aussah. Er ist jetzt ungelernter Bauarbeiter.

Peter, der nächste Sohn, und der Ehemann wurden überhaupt nicht erwähnt.

Sie bleibt immer wach, wenn die Kinder ausgehen, sie kann einfach nicht schlafen, selbst wenn es Freddy (22jährig), der gute Junge, ist.

Ich hatte das Gefühl, daß Frau K. und John über meine Kräfte gingen. Ich schlug vor, John in psychiatrische Behandlung zu überweisen, und sie stimmte lebhaft zu. Ich sah auch John, und auch er willigte ein, obwohl ich nicht glaube, daß er verstand, um was es ging. Er denkt, es handelte sich um eine Asthmabehandlung."

Es ist gut möglich, daß der Arzt recht hatte und daß die Behandlung entweder von John oder von seiner Mutter seine technischen Möglichkeiten übersteigt. Mancher Leser würde dazu sagen wollen, daß es für alle Beteiligten besser gewesen wäre, wenn der Arzt diesen Entschluß schon vor Jahren gefaßt hätte. Aber beide Auffassungen sind nur teilweise richtig und verkennen die Hauptsache.

Erstens ist es völlig klar, sowohl aus dem Fallbericht wie aus der Katamnese, daß es dem Arzt nie gelungen ist, den wirklichen Patienten, nämlich John, zu untersuchen, viel weniger noch, John dazu zu bringen, sich selbst zu untersuchen. In dieser Hinsicht erinnert der Fall an den der Frau L., Fall 5, wo der Arzt zwar auch alle Einzelheiten kannte, das Ganze aber niemanden einleuchtete.

Statt sich mit dem anwesenden Patienten zu beschäftigen, wendete der Arzt seine ganze Aufmerksamkeit der Mutter zu. Frau K. war aber doch jeweils der „abwesende Patient". Wohl war die Entscheidung schwierig, welcher der beiden sich anbietenden Patienten als der wirkliche Patient angesehen werden mußte. Wir sahen ein ähnliches Problem in Fall 13, aber da entschied sich der Arzt für den einen der beiden – in diesem Falle für die Frau – und hatte es nicht zu bereuen. Es kam zu zwei bemerkenswerten Veränderungen, zuerst bei der Frau, wie die Katamnese zeigen wird, dann aber auch bei dem Mann. Alles, was der Arzt dagegen in unserem Falle erzielte, war eine sehr vollständige Liste der schlechten Ergebnisse, die Frau K. durch ihre Erziehungsweise bei ihren Kindern erzielt hatte. Es sieht ganz nach einem Sündenregister aus, was Frau K.s Schuldgefühle steigern mußte. Es ist eine allgemeine Erfahrung, daß die Patienten unter dem Druck von Schuldgefühlen gehorsam sind, was aber in der Regel zu keinen großen therapeutischen Veränderungen führt. Genau so war es offenbar auch bei Frau K. Sie mußte einfach den Vorschlag annehmen, ihren Sohn zum Psychiater zu schicken. Wir bezweifeln aber, ob es ihr gelingen wird, ihr Verhalten gegenüber ihrem Sohn zu ändern, und ob sie imstande sein wird, mit der psychiatrischen Behandlung mitzuarbeiten, die mindestens eine zeitlang die Spannung zwischen Mutter und Sohn fast mit Sicherheit vermehren wird.

Dieselben Zweifel muß man bezüglich der Einwilligung Johns in die psychiatrische Behandlung hegen. Der katamnestische Bericht zeigt nur zu deutlich, daß diese Entscheidung allein vom Arzt gefällt wurde, also nicht aus einer gemeinsamen Erwägung der Gesamtsituation durch Patient und

Arzt erwuchs. Obwohl Johns Widerstand und Unwillen sorgfältig und korrekt diagnostiziert wurden, wurden sie keineswegs behandelt; die ganze Aufmerksamkeit richtete sich auf die Mutter, deren frühere und jetzige Fehler in aller Ausführlichkeit geschildert werden. Da John auf das, was ihn in einer psychiatrischen Behandlung erwartet, überhaupt nicht vorbereitet ist, sind wir ziemlich sicher, daß der Psychiater anfangs beträchtliche Schwierigkeiten mit ihm haben wird, und es würde uns nicht überraschen, wenn es aus irgendeinem Grunde entweder überhaupt nicht zu dieser Behandlung kommt, oder, falls doch, sie nach kurzer Dauer abgebrochen würde. So erinnert die Überweisung Johns sehr an den Fall der Frau X., Fall 6, und möglicherweise aus den gleichen Gründen.

Fall 12, Frau B.

Der Arzt berichtete: „Herr B. suchte schließlich tatsächlich den Psychiater auf, aber dieser berichtete, daß Herr B. nur zweimal gekommen war, obwohl er die Behandlung dringend brauchte. In ärztlicher Eigenschaft habe ich Frau oder Herrn B. seither nicht gesehen, wohl aber gelegentlich auf der Straße, wo ich sie zusammen traf und wir etwas plauderten; sie machten äußerlich den Eindruck, als verstünden sie sich gut. Eine andere Patientin, die das Ehepaar gut kennt und die Patientin ursprünglich zu mir schickte, bemerkte kürzlich: ‚Die B.s geben eine Gesellschaft. Das ist noch nie vorgekommen, und wir, ihre Freundinnen, halten das für ein sehr gutes Zeichen.'"

Diese Katamnese bestätigt unsere Beurteilung des Falles. Zweifellos ist der Mann krank und sehr behandlungsbedürftig. Es ist jedoch fraglich, ob man viel für ihn tun könnte, jedenfalls im gegenwärtigen Augenblick. Hätte der Doktor darauf bestanden, ihn, den abwesenden Patienten, zu behandeln, während er Frau B. vor sich hatte, so würde er wahrscheinlich nicht viel mehr erreicht haben als der Psychiater, so daß alle seine Bemühungen vergebens gewesen wären; indem er sich entschlossen der gegenwärtigen Patientin zuwandte, konnte er die Situation etwas entspannen, wie aus der Katamnese hervorgeht.

Fall 13, Frau D.

Laut dem Bericht des Hausarztes wurde die Frau im Juli 1959 schwanger. Sie ließ es sich durch einen Test bestätigen, konnte die übliche gynäkologische Untersuchung nicht abwarten.

April 1960: normale leichte Geburt eines Knaben Anfang März; die Entbindung war für die Patientin sogar lustvoll. Mann und Frau sind sehr glücklich über das Kind. Die Schwiegermutter starb im Januar an Krebs, und die Familienatmosphäre ist seither sehr viel besser geworden.

Juni 1960: Ehelicher Verkehr normal. Der Mann will nicht, daß seine Frau Verhütungsmittel gebraucht und will es lieber seinerseits tun. Sie hat dem bereitwillig zugestimmt. Beide denken daran, bald ein zweites Kind zu haben.

Ich sah den Ehemann nach der Sprechstunde; beide waren gekommen, um mir das Kind vorzuführen. Er schien mir in Benehmen und Reden selbstbewußter und entschiedener, weniger schüchtern und um Entschuldigung bittend als jemals zuvor. Ich glaube nicht, daß er „der gehorsame Ehemann seiner Frau" geworden ist. Sie schienen mir vielmehr ganz gut im Gleichgewicht.

Offenbar war unsere Vorhersage ziemlich richtig und höchstens etwas zu vorsichtig. Wenn eine längere Katamnese zeigt, daß der Arzt recht hatte in seiner Beurteilung der vorhandenen und zukünftigen Möglichkeiten von Herrn D., dann wäre die Geschichte dieses Paares ein ausgezeichneter Beweis für die Richtigkeit unserer Ansicht, daß man immer den gegenwärtigen Patienten behandeln müsse.

Fall 14, Frau W.

Nach dem psychiatrischen Interview sah der Arzt die Patientin über ein Jahr lang nicht mehr. Anfang August tauchte sie wieder auf, und der Arzt berichtete: „Ihr Symptom war Druckgefühl auf dem Kopf. Beim zweiten Mal ging es ihr viel besser, alle Symptome verschwunden! Sie sagte, sie könnte jetzt, nachdem sie den Psychiater aufgesucht hatte, viel besser mit ihren häuslichen Pflichten fertig werden – es geht letzten Endes darum, daß der Mann krank ist und sie braucht. Meinem Eindruck nach ist er sogar kränker als das letztemal. Sie hatte ihm erzählt, daß sie einen Psychiater aufgesucht habe, wollte ihm aber den Namen nicht sagen; sie forderte ihn aber auf, sie das nächstemal zu begleiten. Er lachte und wollte es zuerst nicht glauben – schließlich gab er zu, es könnte wahr sein. Ich glaube, sie versucht auf ihre Weise mitzuhelfen, aber ob man das als die richtige Art bezeichnen kann, ist fraglich.

So scheint es, daß das psychiatrische Interview nicht viel Wirkung gehabt hat, jedenfalls nicht in der Richtung, daß es Frau W. ermöglicht hätte zu erkennen, daß auch sie krank und hilfsbedürftig ist.

Was sie aus dem Interview entnahm, war nicht das, was der Psychiater ihr geben wollte, sondern das, was sie daraus entnehmen wollte, nämlich daß ihr Mann krank sei und sie brauche. Das ist kein seltener Ausgang, und es würde sich lohnen zu untersuchen, welche Mechanismen die Patienten benützen, um dahin zu gelangen. Andererseits muß man zugeben, daß das psychiatrische Interview erreichte, daß sie ein Jahr lang ohne ärztliche Hilfe auskam. Leider wissen wir die wirkliche Bedeutung dieser Atempause nicht: war es, weil das Interview sie zu sehr erschreckte oder im Gegenteil hatte es ihr Gelegenheit gegeben, über ihre innersten Probleme zu sprechen und so den Druck etwas von ihr zu nehmen?

Fall 15, Familie F.

Der Arzt berichtete, daß seine Beziehungen zu der ganzen Familie möglicherweise noch besser geworden sind. Er fuhr fort: „Ich kann mit keinen persönlichen Schwierigkeiten aufwarten, um die Diskussion anzuregen, selbst wenn ich wollte. Aber habe ich nun recht oder unrecht, ich habe mich entschlossen, alles zu lassen wie es ist. Die Gründe sind, daß ich erstens die F.s längst nicht mehr so oft sehe. Alle drei Mitglieder der Familie kommen viel weniger häufig mit körperlichen Beschwerden. Der Junge ist inzwischen ein langer Bursche geworden, seine Haut wurde schnell besser, er macht nichts davon her, hat es übrigens nie getan, und sieht nicht so aus, als ob er seine Eltern daran noch viel teilnehmen ließe. Vom Ehepaar sehe ich sehr wenig, sie scheinen sich zu irgendeinem Gleichgewicht durchgerungen zu haben, wie stabil und glücklich, kann ich nur raten. Aber ich glaube, doch ziemlich stabil und dauerhaft. Was das Glück betrifft, glaube ich nicht, daß ich ihnen eine zusätzliche Dosis davon verschreiben kann. Wenn ihr Leben auch vielleicht nicht gerade sehr lustig ist, so sieht es doch auch nicht sehr elend aus.

Was mich dazu führte, die Hände davonzulassen, war die Diskussion in der Gruppe, daß bei einem Eingreifen sehr wohl die Ehe zerbrechen, auf alle Fälle aber eine erhebliche Störung in der Beziehung zwischen Mann und Frau eintreten könnte. Vor Jahren wurde den jungen Chirurgen immer geraten: ‚Öffnen Sie niemals eine Bauchhöhle, falls Sie nicht auf alles gefaßt sind, was Sie darin vorfinden werden!' Etwas ähnliches sah ich vor mir. Ich war der Meinung, ich dürfte diesen Fall nicht anschneiden, wenn ich nicht der festen Überzeugung wäre, daß er hinterher besser aussehen würde als vorher. Ich konnte das vor zehn Jahren bestimmt nicht, und ich glaube, ich könnte es auch heute noch nicht, und ich glaube auch nicht, daß dies ein Fall ist, für den ich von anderer Seite hätte Hilfe erhalten können. Ich hätte es alles mir selber aufpacken müssen. Aber selbst wenn ich die Zeit hätte, glaube ich, daß die Aufgabe für mich zu schwer wäre, so daß der Ausgang auf alle Fälle zweifelhaft war. Vielleicht irre ich mich; aber ich wäre nur froh, wenn ich später einmal gegenteilige Argumente hören würde."

Wir meinen, daß dieser Bericht eine bewundernswerte Beschreibung der Lage ist, wie sie der Arzt vor sich sieht. Wir können nur noch darauf hinweisen, daß es eben dies ist, was der Arzt seine Patienten „lehren" wollte. Wie er mit Recht betont, sind die Ergebnisse nicht allzu schlecht, und so wird es vielleicht nicht so schwer für ihn und für den Leser sein, zu erkennen, daß sowohl die guten als auch die nicht so guten Ergebnisse durch seine „Lehren" mitgestaltet wurden.

Fall 16, Herr K.

Der Arzt berichtete:

„Ich sah Herrn K. seit Dezember 1958 bei folgenden Gelegenheiten: 1. 5. Juni 1959. Er war „wackelig". Wir hatten ein langes Gespräch. Er war vor drei Wochen befördert worden und war nun Vorarbeiter. Es kam heraus, daß sein Vater an einem 10. Juni gestorben war – einem doch recht suggestiven Datum. Daraus ergaben sich einige ziemlich naheliegende Deutungen, die er willig annahm. Wie immer wirkte sich das gut aus, und ich sah ihn erst am 5. April 1960 wieder. Diesmal war es Dyspepsie und Depression. Dyspepsie hatte er seit sehr langer Zeit zum ersten Mal wieder, übrigens nicht sehr schwer. Als ich mit ihm sprach, war das wirkliche Hauptsymptom Angst. Ich gab ihm erneut ein langes Interview, und es wurde wieder eine annehmbare auslösende Ursache gefunden. Seine Schwester hatte einen schweren Unfall gehabt, sie hatte eine Verbrennung erlitten und befand sich im Krankenhaus. Wieder naheliegende Deutungen mit dem üblichen Ergebnis. Er war schon am Abend zuvor dagewesen, aber da hatte mein Partner Sprechstunde, und das hatte ihn unsicher gemacht. Wir verabredeten, daß er mich anrufen könnte, wenn er mich wegen einer derartigen Situation sehen wollte, ‚die wir beide ja mühelos verstehen' (was er kopfnickend bestätigte). Er war darüber sehr befriedigt, und alles ging gut. Ich habe ihn seither nicht gesehen."

Dieser Bericht bestätigt alle unsere Vorhersagen. Die Beziehung zwischen Arzt und Patient ist so gut, daß Herr K. bei jedem Unheil um Hilfe bitten kann, in vollem Vertrauen darauf, daß er sie erhalten wird. Ferner ist die Depression oder Angst unter Kontrolle, und jede Verschlimmerung kann in gemeinsamer Arbeit zwischen einem mitarbeitenden Patienten und einem verständnisvollen Arzt schnell behoben werden. Die Dyspepsie, die Herrn K. jahrelang plagte, war schon in dem Interview im März 1958 behoben, abgesehen von dem leichten Rückfall, der sich ein einziges Mal binnen zwei Jahren ereignete und nur einige Tage dauerte. So ist die Lage ganz unserer Erwartung entsprechend.

Aber trotz dieser günstigen Katamnese, die sich nun schon über fast zweieinhalb Jahre erstreckt, waren wir nicht ganz zuversichtlich hinsichtlich der Zukunft von Herrn K., aus Gründen, die in Kapitel 8 im einzelnen erörtert wurden.

Kehren wir noch einmal zu der Aussage zurück, die wir im ersten Abschnitt dieses Kapitels machten. Wir meinen, daß die katamnestischen Berichte weitgehend beweisen, daß es möglich ist, auf der Grundlage der in diesem Buch beschriebenen Beobachtungen den Gang der Dinge ziemlich genau vorauszusagen.

Wir haben 16 Fälle näher dargestellt. Von diesen ist Fall 9 wegen der Kürze der Zeit katamnestisch noch nicht erfaßbar. Von den restlichen 15 haben sich unsere Vorhersagen nur in einem Falle, nämlich Fall 6, als unrichtig erwiesen, während sie in 14 Fällen stimmten. Allerdings war unsere Vorhersage in Fall 14 zwar in der Richtung korrekt, aber etwas zu optimistisch, dagegen in den Fällen 4, 13 und 15 ebenfalls in der Richtung korrekt, aber etwas zu vorsichtig. In den Fällen 1, 2, 3, 5, 7, 8, 10, 11, 12 und 16 war beides, sowohl die Richtung der Entwicklung wie auch Inhalt und Ausmaß richtig vorhergesagt.

Tabelle der Vorhersagen

Zu kurze Katamnese		1
Vorhersage unrichtig		1
Richtung und Ausmaß der vorhergesagten Entwicklung		
a) so gut wie richtig	10	
b) zu vorsichtig	3	
c) zu optimistisch	1	14
Gesamtzahl der Fälle		16

NAMEN- UND SACHREGISTER

Konzepte der Humanwissenschaften

Bücher bei Klett-Cotta für Sozial- und Erziehungsberufe. Eine Auswahl.

Psychoanalyse

Michael Balint, Enid Balint
Psychotherapeutische Techniken in der Medizin
4. Auflage 1990, 289 S., ISBN 3-608-95762-6

Rubin und Gertrude Blanck
Jenseits der Ich-Psychologie
Eine Objektbeziehungstheorie auf der Grundlage der Entwicklung
1989, 280 S., ISBN 3-608-95445-7

Peter Blos
Sohn und Vater
Diesseits und jenseits des Ödipuskomplexes
1990, 272 S., ISBN 3-608-95492-9

Luc Ciompi
Affektlogik
Über die Struktur der Psyche und ihre Entwicklung.
Ein Beitrag zur Schizophrenieforschung.
4. Auflage 1994, 413 S., ISBN 3-608-95037-0

James Masterson
Psychotherapie bei Borderline-Patienten
2. Auflage 1992, 335 S. ISBN 3-608-95874-6

Wolf-Detlef Rost
Psychoanalyse des Alkoholismus
Theorie, Diagnostik, Behandlung
4. Auflage 1992, 275 S., ISBN 3-608-95459-7

Elaine V. Siegel
Tanztherapie
Ein psychoanalytisches Konzept
3. Auflage 1992, 251 S., ISBN 3-608-95404-X

Konzepte der Humanwissenschaften

Bücher bei Klett-Cotta für Sozial- und Erziehungsberufe. Eine Auswahl.

Neue Therapien/Humanistische Psychologie/ Transpersonale Psychologie

Ruth C. Cohn
Von der Psychoanalyse zur themenzentrierten Interaktion
Von der Behandlung einzelner zu einer Pädagogik für alle.
12. Auflage 1994, 248 S., ISBN 3-608-95288-8

Rudolf Dreikurs
Grundbegriffe der Individualpsychologie
7. Auflage 1994, 180 S., ISBN 3-608-90107-8

Meine Stimme begleitet Sie überallhin
Ein Lehrseminar mit Milton H. Erickson, hrsg. von Jeffrey K. Zweig
5. Auflage 1992, 377 S., ISBN 3-608-95015-X

Mary McClure Goulding, Robert L. Goulding
Neuentscheidung
Ein Modell der Psychotherapie.
4. Auflage 1992, 359 S., ISBN 3-608-95436-8

John Grinder, Richard Bandler
Therapie in Trance
Hypnose: Kommunikation mit dem Unbewußten.
Neurolinguistische Programme.
7. Auflage 1994, 331 S., ISBN 3-608-95140-7

Stanislav Grof
Topographie des Unbewußten
LSD im Dienst der tiefenpsychologischen Forschung.
6. Auflage 1993, 272 S., ISBN 3-608-95232-2

Frederick S. Perls
Gestalt - Therapie in Aktion
7. Auflage 1993, 292 S., ISBN 3-608-95453-8

Konzepte der Humanwissenschaften

Bücher bei Klett-Cotta
für Sozial- und Erziehungsberufe. Eine Auswahl.

Texte zur Familiendynamik

Maurizio Andolfi, Claudio Angelo, Paolo Menghi,
Anna Maria Nicolo-Corigliano
Das Spiel mit der Maske
Therapeutischer Wandel in rigiden Familiensystemen
1986, 220 S., ISBN 3-608-95363-9

Richard Fisch, John H. Weakland, Lynn Segal
Strategien der Veränderung
Lösungen in der Kurzzeittherapie
2. Auflage 1991, 352 S., ISBN 3-608-95358-2

Kurt Ludewig
Systemische Therapie
Grundlagen klinischer Theorie und Praxis
2. Auflage 1993, 228 S., ISBN 3-608-91648-2

Salvador Minuchin, Lester Baker, Bernice l. Rosman
Psychosomatische Krankheiten in der Familie
5. Auflage 1991, 387 S., ISBN 3-608-95228-4

Peggy Papp
Die Veränderung des Familiensystems
1989, 292 S., ISBN 3-608-95463-5

Mara Selvini Palazzoli u. a.
Paradoxon und Gegenparadoxon
Ein neues Therapiemodell für die Familie mit schizophrener Störung
8. Auflage 1993, 167 S., ISBN 3-608-95375-2

Helm Stierlin, Ingeborg Rücker-Embden,
Norbert Wetzel, Michael Wirsching
Das erste Familiengespräch
Theorie - Praxis - Beispiele
6. Auflage 1992, 225 S., ISBN 3-608-95362-0